汉语词汇语法史论文续集

蒋绍愚 著

2012年·北京

图书在版编目(CIP)数据

汉语词汇语法史论文续集/蒋绍愚著. —北京:商务印书馆,2012

ISBN 978-7-100-08497-0

I. ①汉… II. ①蒋… III. ①汉语史—文集 IV. ①H1-09

中国版本图书馆 CIP 数据核字(2011)第 153757 号

HÀNYǓ CÍHUÌYǓFǍSHǏ LÙNWÉN XÙJÍ

汉语词汇语法史论文续集

蒋 绍 愚 著

商 务 印 书 馆 出 版

(北京王府井大街36号 邮政编码 100710)

商 务 印 书 馆 发 行

北 京 瑞 古 冠 中 印 刷 厂 印 刷

ISBN 978-7-100-08497-0

2012 年 4 月第 1 版　　开本 850×1168 1/32

2012 年 4 月北京第 1 次印刷　　印张 21

定价: 43.00 元

目　　录

关于汉语史研究的几个问题

从20世纪50年代以来,汉语史的研究有了长足的发展。在进入21世纪的时候,我们面临的问题是:汉语史的研究如何深入?这个问题很大,在汉语语音史、语法史、词汇史等方面都有不少问题需要进一步研究,有不少空白需要填补;但本文不打算涉及这些具体问题,而是谈三个与汉语史研究有关的问题。

一 汉语史研究的分和合

汉语有漫长的发展历史。对汉语的研究,开始大致是两分的:“古代汉语”和“现代汉语”。而且,除了音韵学很早就分出“古音”和“今音”,在20世纪初就提出了“北音学”以外,“古代汉语”通常是作为一个平面来研究的,如“古汉语语法”实际上就是先秦语法,“古汉语词汇”实际上也是先秦词汇。1957年王力先生《汉语史稿》出版,标志着汉语史研究的开始。汉语史是强调汉语的历史发展的,不再把“古代汉语”看作一个平面。王力先生把汉语史分为四个时期:上古、中古、近代、现代,并且提出了各个时期的时间界线。顾名思义,“汉语史”是应该包括现代汉语的。但是,后来似乎形成了一种共同的看法:汉语史的研究只限于现代汉语之前(下面说到“汉语史”时,都按照这种通常的理解）。这样就成为“汉语史”和“现代汉语”的两分。20 世纪 80 年代吕叔湘先生提出了“古代汉语”和“近代汉语”两分的看法，认为“现代汉语”只是“近代汉语”的一个阶段。这个看法是很有道理的，从本质上说，从晚唐五代到清代这一时期的汉语和现代汉语并没有质的不同，至少，两者之间是有很密切的联系的。但是，在实际研究工作中，要把现代汉语合并到“近代汉语”中去，看来是有困难的。不过，从那以后，“近代汉语”的重要性越来越被人们认识到，“近代汉语”的研究成了一个重要的研究领域。再往后，随着汉语史研究的逐步深入，人们又认识到“近代汉语”不是由“古代汉语（上古汉语）”直接演变来的，中间还隔着一个“中古汉语”时期，这个时期非常重要，其语言特点既不同于“上古汉语”，又不同于“近代汉语”；“中古汉语”也应该是一个重要的研究领域。这样，整个汉语的历史又分成上古、中古、近代、现代四个时期。看起来，这似乎回到了王力先生《汉语史稿》的提法，但是，这不是简单的回复，而是反映了将近半个世纪研究的进展和深入。王力先生在《汉语史稿》中讲到汉语史的分期时说：“因为我们对于汉语的历史，特别是对于汉语语法的历史，还没有充分研究过。现在只能提出一个初步意见。”这是符合当时的实际情况的。当时整个学术界对汉语史的研究还不深入，王力先生只能凭他自己渊博的学识来做一个大致的判断。而经过将近半个世纪的研究，人们对汉语史的研究比较深入了，对“近代汉语”、“中古汉语”的特点以及上下线问题都有了比较充分的讨论。在此基础上再提出“近代汉语”、“中古汉语”，就比 20 世纪 50 年代时的认识深入多了。自从再次提出“近代汉语”和“中古汉语”之后，这两个领域中的研究有了很大进展。1985 年召开了第一次近代汉语学术研讨会，2000 年召开了第一次中古汉语学术研讨会。此后两个研讨会都定期举行，推动了这两个领域的研究。

“上古汉语”、“中古汉语”、“近代汉语”的分期是符合汉语实际的，做这样的区分对学术研究也有好处。汉语的历史实在太长了，研究者用毕生的精力也未必能通晓从上古到近代的汉语。把汉语的历史研究分成几段，研究者专攻其中一段，比较容易深入。各个时期汉语史的研究深入了，连贯起来，整个汉语史的研究也就深入了。

但是，我们必须看到，如果把“上古”、“中古”、“近代”、“现代”的研究割裂开来，互不通气，那就会不利于汉语史的研究。

（一）首先，汉语史的研究应当既有分又有合。

为了研究的需要，汉语史应当分期；但实际上汉语的历史发展是连续的。对有些语言现象的考察必须把几个不同时期联系起来。

如，处置式“把”字句是在唐代出现的，但是早在东汉的佛典中就有了表处置的“取”字句和“持”字句，东汉的某些“将”字句也可以看作是处置式的萌芽。这些都是必须和“把”字句联系起来研究的。同一种语法格式的历史发展不能因为不同时期而分割开，这是不言而喻的。

几种不同的语法格式也会相互联系，有时也需要把不同时期打通，做综合的研究。如汉语表被动的标志，上古有“为”、“见”、“被”等，中古“被”字句进一步发展，近代出现了“教”、“给”等。研究表被动的“教”字句、“给”字句的形成，当然是近代汉语范围的事。“教”字句和“给”字句本来都是表示使役的，为什么能发展为表被动呢？使役句和被动句最主要的差别在于：使役句在动词前面的是施事，被动句在动词前面的是受事。用“教”字、“给”字构成的使役句要演变为被动句，一个必要的前提是在“教”字句、“给”字句的句首出现受事主语，如白居易诗“茶教纤手侍儿煎”这样的使役句才有可能发展为被动句。这就牵涉到受事主语句的历史发展。汉语的受事主语句不是一成不变的，从先秦到明清有很多变化。先秦两汉时还不可能出现像“茶教纤手侍儿煎”这种类型的带受事主语的使役句，所以当时的使役句“使”字句、“令”字句不可能变为被动句。只有到唐代，受事主语句的发展条件成熟，当时的“教”字句以及清代的“给”字句才能演变为被动句。所以，近代汉语中出现的“教”字句、“给”字句由使役到被动的演变，必须和受事主语句从上古到中古以至近代的发展联系起来研究，才能把它演变的条件和机制说清楚。(见蒋绍愚 2004a)

再如，在现代汉语中，“我吃完了”和“饭吃完了”都可以说，其主语一是施事，一是受事，而其谓语却一样，都是“述补＋了”；也就是说，施受关系的表述采用的是同样的形式。这种现象是什么时候出现的？应该说是述补结构出现以后，我们见到的例子是在唐代。如“天子怒，当时打杀”(《入唐求法巡礼行记》卷四)，“无公验者并当处打杀”(同上，卷四)。以“述补＋了”为谓语的出现于宋代，如“子夏此章皆是说到诚处，说得重了”(《朱子语类》卷二一)，“此‘直’字说得重了”(同上，卷三六)。对这种现象的研究也必须联系到上古和中古汉语。上古汉语中也可以有受事主语句，但其形式是和施事主语句不同的。如“韩献子将斩人”(《左传·成公四年》)是施事主语句，动词“斩”(及物)后面必须有宾语。如果“斩”后面没有宾语，它前面的名词就成了受事主语，整个句子就成了所谓“反宾为主”的形式，如“龙逢斩，比干剖”(《庄子·胠箧》)。从什么时候起，上古的这种施受关系的不同形式变成后来的施受关系用同一种形式？是什么因素促使这种变化？这都需要把上古、中古、近代联系起来研究。特别是近代的无标记被动句(“无公验者并当处打杀”)的兴起，肯定是与上古无标记被动句(“龙逢斩，比干剖”)的衰亡有关的，这两者应该放在一起来研究。

研究词汇的历史演变也需要把几个时期打通。有的词的演变是经过很长时间才完成的。如“走”从先秦的“跑”的意义演变为“行走”的意义，经过了一个逐渐演变的过程。在中古时可以看到有一些“走”的“速度快”的意义逐渐减弱，到唐代有少数例子“走”已有“行走”的意义。但在明代的语料中，“走”还兼有“跑”和“行走”的意义，而且比例大致相当。直到《红楼梦》中，“走”的意义才和现代汉语一样。这类词义演变的研究，是无法用分段的办法来做的。(见蒋绍愚 2005)

到目前为止，汉语史的研究主要是专题和专书的研究。这是十分必要的，是汉语史研究的基础工作，今后必须继续做好。但与此同时，也还应注意一些更宏观的问题，考虑一下几千年来汉语在总体上发生了什么变化。比如，汉语表达的精密化，从综合到分析的发展，从无界到有界的发展，汉语语法化的规律，汉语词汇演变的规律等，这些问题都是我们需要考虑的。当然，这些问题相当大，我们不能凭“想当然”来回答，也不能仅凭一两个例子就做出普遍性的概括。要解决这些问题，必须经过全面深入的研究，包括对相关问题研究成果的综合和深化。如果要研究这些问题，就更需要把各个历史时期联系起来，有时还要把语法和词汇联系起来。即使做的不是这样的宏观研究，而是研究具体的专题或专书，最好也要把具体问题放到汉语发展的大背景上来考察，这样可能眼界更开阔，研究更深化。从这方面讲，汉语史研究也应该既有分又有合。

(二)其次，汉语史的研究应当和现代汉语的研究结合起来。

如果把汉语的研究分成现状的研究（现代汉语的研究）和历史的研究（汉语史的研究）两大块，那么，无可否认，现状的研究更为重要。这是关系到十三亿中国人民学习和使用汉语的大问题（中国的少数民族也要学习汉语），是关系到世界各国人民学习汉语的大问题。当然，研究汉语历史的重要性也是不容低估的：一方面，要了解中国的历史文化必须研究汉语的历史，另一方面，汉语的现状是汉语历史发展的结果，要清楚地了解汉语的现状，也离不开汉语历史的研究。这些道理，研究汉语史的人都懂得，但是，怎样使汉语史的研究能加深对现代汉语的了解，这种意识却不是很强。似乎现代汉语的研究和应用完全是搞现代汉语的人的事，我们搞汉语史的就顾研究历史；至于汉语史研究的成果和现代汉语有什么关系，那也是搞现代汉语的学者的事情，和我们没有关系。这样，汉语史的研究就完全局限于历史的领域，而失去了对现代汉语研究和应用的参与意识。其实，在这方面，汉语史的研究是大有可为的。事实上，现代汉语的一些语法、词汇问题，要从历史上考察才能说得更清楚。

举两个例子。

1.研究现代汉语的学者提出了这样一个问题：为什么只能说“他是小王的老师”，不能说“他是小王的教师”？这个问题是从配价语法的角度来回答的："老师"是二价名词，所以可以有两个论元"他"和"小王"。"教师"是一价名词，所以只能有一个论元"他"。（见陆俭明 2003）这当然是正确的回答。但是，如果进一步问："老师"和"教师"指的是同一种人，为什么一个是二价，一个是一价？这个问题，无法从现代汉语的平面上回答，而必须从汉语史的研究找答案。从汉语史的角度看，"老师"和"教师"虽然都有一个语素"师"，但是这两个"师"实际上是不同的。"老师"古代就称"师"，是传道授业的人，所以总是和被传授的人分不开的。《荀子·修身》："师者，所以正礼也。"《礼记·文王世子》："师也者，教之以事而喻诸德者也。""老师"最早见于《史记·孟子荀卿列传》："齐襄王时而荀卿最为老师。"这个"老"是"年老"的意思。现代汉语中"老"是词头，但"师"仍是这个"师"，所以"老师"是二价名词。"教师"的"师"是表示一类有某种技能的人，如古代有"渔师"、"罟师"，现代有"厨师"。左思《吴都赋》"篙工楫师"吕向注："工，谓所善；师，谓所长。皆使其驾行舟者。""教师"在元曲中可以见到：张国宾《罗李郎》3："人都道你是教师，人都道你是浪子。"意思是教习歌舞技艺的人，到清代才指传授知识的人。因为和"罟师"、"厨师"一样是一种职业，所以是一价名词。从这个例子不但可以看到汉语史和现代汉语的联系，而且可以看到词汇和语法的联系。

2. 有些现代汉语的复合词，被认为其构词方式是无法分析的。如"卧病"，意思是"因病而卧床"，但"卧"在前，"病"在后，和汉语的语序相反，是一种无法解释的构词方式。确实，从现代汉语的角度来看，"卧病"一词中两个语素的这种顺序在构成句子的词序中是找不到的。但是，"今天的词法曾是昨天的句法"

(T. Givon)。这种词序在汉语史中是否能找到呢？我们找到了这样的句子："诘朝尔射死艺"(《左传·成公十六年》),"冬暖而儿号寒,年丰而妻啼饥"(韩愈《进学解》)。"死艺"、"号寒"、"啼饥"都是"因～而V",但语序都是"～+V"。在古汉语中,"卧病"或"卧疾"也是这种词序的一个词组:谢灵运《命学士讲书》:"卧病同淮阳,宰邑旷武城。"谢灵运《斋中读书》:"卧疾丰暇豫,翰墨时间作。"白居易《琵琶行》:"我从去年辞帝京,谪居卧病浔阳城。"古汉语的这种词序在现代汉语中消失了,但"卧病"凝固成一个词在现代汉语中保存下来。如果只看现代汉语的平面,"卧病"的构词方式确实是不好解释的;但如果把汉语史联系起来考察,就不但能解释这种构词的由来,而且可以看到句法和词法之间的历史上的联系。

还有些问题,如果把汉语史和现代汉语结合起来,就会认识得更全面。这里也举一个例子。

比如汉语中的"把"字句,它的性质和功能该怎么认识？王力先生称之为"处置式",顾名思义,是对于对象的处置。有的学者认为,"处置"不能概括"把"字句的用法,比如:"这班学生把王老师教惨啦",不能说是"学生"对"王老师"的处置;因此,"把"字句的作用应该这样表述:如果将"把"字句写作"A把BC了",那么,这个句子表示的是"由于A的关系,B变成了C所描述的状况"。(见薛凤生1993)换句话说,这是把"把"字句的功能看作是"致使"。确实,这种解释适合于现代汉语中很多"把"字句。但是,如果看一看近代汉语中的"把"字句,就会看到,有很多"把"字句不能这样解释。"把"字句产生的初期,很多句子是单个动词做谓语,而"把"后面的名词是这个动词的受事。比如:宋之问《温泉庄卧病》:“徒把凉泉掬。”《祖堂集》卷一六:“仰山便把茶树摇。”都不能解释为“致使”。其实,在现代汉语中也有不少“把”字句不能解释为致使。如:“小张把小王看了一眼。”“王老师把这班学生教惨啦!”那么,应该怎样来看待“把”字句呢?应该说,“把”字句有一个历史发展过程,在“把”字句产生的初期,主要是表示处置;后来,逐渐演变为表示致使,但还有一些仍然表示处置。至于这个由表处置到表致使的变化是在什么历史时期逐渐发生的?为什么会发生这种变化?这些问题是有待于深入研究的。

这不过是随手举出的几个例子,这样的例子还能举出一些。但重要的不是再找若干零星的例子,而是要从整体上把汉语史和现代汉语结合起来深入研究,弄清楚现代汉语体系形成的历史过程。如果能这样做,一定能有巨大的收获:一方面可以对现代汉语了解得更深入,另一方面可以对语言演变的规律有更多的发现。这项工作以前是做得不够的。近代汉语本来是和现代汉语关系最密切的,但是,以往的近代汉语在溯源方面做得比较多,而对近代汉语如何向现代汉语发展的研究则十分薄弱。这在今后是需要努力加强的。

汉语史研究和现代汉语研究的结合还有另一个方面:应该说,现代汉语的研究方法走在汉语史研究的前面。当然,汉语史研究的对象和现代汉语研究的对象并不相同:后者研究的是活的口语,前者研究的是死的历史文献(汉语史的研究也可以用现代汉语方言做参考,这在下面就会说到;但汉语史研究的基本资料还是历史文献)。所以,汉语史研究不能盲目搬用现代汉语的研究方法。但是,现代汉语的一些研究方法,至少是汉语史研究应该借鉴的。

二 汉语史研究与现代汉语方言研究的结合

汉语史研究与现代汉语方言研究的结合有极大的好处。汉语史研究依据的是死的历史资料，现代汉语方言是活的语言数据。汉语历史演变中出现的一些语言现象，往往在现代汉语方言中依然保留，把两者结合起来进行研究，可以相互补充。同时，现代汉语方言中的一些语言现象，是在历史文献中和普通话中看不到的，这对汉语史的研究也有启发。

就语法而言，以方言的语法和汉语的历史语法相比，有三种情况：

(一)方言中一些方言的语法形式在汉语语法史上出现过，这对于研究汉语语法史当然很有帮助。

1.在上古汉语中，表示一种新情况的出现，在句尾用“矣”，如《左传·成公二年》：“余病矣。”从唐代开始也可以用“也”，如《旧唐书·安禄山传》：“阿与，我死也。”从宋代开始用“了”，如《朱子语类》卷七：“不知不觉自好了。”“矣”和“也”在现代汉语方言都有保留。台湾闽南话的[a˙](矣)，如：“伊去[a˙]”显然是上古汉语中的“矣”的保留形式。陕西清涧话用[. lɛ](了也)，也可以用[ɛ](也)，如“大了他自然儿解开(明白)[ɛ]”，是唐代语法形式的保留。

2.汉语史上的处置式，南北朝时用“将”，唐代才用“把”，而且早期的处置式，有的动词后面的宾语仍然保留。如陆勋《志怪》：“船者乃将此蟾以油熬之。”粤语的处置式用得不多，用处置式时多用“将”字，少用“把”字，而且动词后往往有一个代词宾语“佢”复指“把”的宾语，如：“我想将呢棵树斩咗佢。”这和汉语史的早期形式非常一致。汉语式上的处置式，句中的动词最初是单音节的，如宋之问《温泉庄卧病寄杨炯》：“徒把凉泉掬。”后来才逐渐发展为双音节的。台湾闽南话的处置式谓语动词可以是单音节的，如：“阿公把阿英骂。”这也和汉语史上处置式的早期形式一致。有的学者认为，现在见到的唐代早期的处置式多出现在诗句中，动词都是单音节，这是受诗律限制的结果，未必是当时实际语言的形式。但是，现代台湾闽南话中的情况可以说明，唐代口语中处置式以单音节动词为谓语不是不可能的。

3.在汉语史上，述补结构带宾语时，补语和宾语有两种位置：一是宾语在述语和补语之间，一是补语在述语和宾语之间。如动结式的VOC和VCO：“打头破”和“打破头”（均见于《百喻经》）。能性补语的肯定式“V得OC”和“V得CO”：晏殊《踏莎行》：“垂杨只解惹春风，何曾系得行人住？”《朱子语类》卷五九：“亦只是大纲如此说，不是实考得见古制。”能性补语的否定式“VO不C”和“V不CO”：《北梦琐言》：“聚六州四十三县铁打一个错不成也。”《祖堂集》卷二：“分付不着人，所以向你道。”复合的趋向补语，宾语也有两种位置：一是宾语在复合的趋向补语之前，一是宾语在复合的趋向补语中间，即“VOCC”和“VCOC”：《朱子语类》卷一：“有人见海边作旋涡吸水下去者。”《朱子语类》卷一二〇：“忽然部中又行下一文字来。”汉语史上出现过的这两种词序，前一种在现代汉语普通话中不存在了，但在其他方言中还保留。如吴语的VOC“打其杀”，V得OC“打得佢过”，VO不C“打伊勿过”；客家话的V得OC“食得饭落”；粤语的VOCC“拎咗条手巾子出嚟”。这些都是汉语史上曾经有过而在现代普通话中已经消失了的形式。

4. 唐代的差比句中，在用表示比较的“比”或“于”的同时，还常常用“校”字，在白居易的诗中，这些形式很常见。如：《江楼夕望招客》：“能就江楼销暑否？比君茅舍校清凉。”《以诗代书酬慕巢尚书见寄》：“不知待得心期否？老校于君六七年。”这种用法在现代汉语普通话中也消失了，但在有的方言中还存在。如台湾闽南话的比较级在用“过”、用“并”的同时，还用“较”字，如“阿明较悬(高)过阿平”、“阿明并(比)阿平较悬”。

这些语法形式如果和汉语语法史结合起来研究，肯定能够相得益彰。

(二)方言中一些语法形式和汉语语法史上出现过的形式不一致，但有关系。

1. 表示体貌的助词。汉语语法史上表完成的动态助词和表持续的动态助词是两个不同的词，前者是“了”，后者是“着”，尽管有一个时期“着”既可以表持续也可以表完成，但两者的分工基本上是明确的。而在现代汉语方言中，情况并不一样。在粤语和客家话中，表完成的动态助词和表持续的动态助词也是不同的词，粤语是“咗”和“住”、“紧”，客家话是[t'et^{22}]和[ten^{31}](等)。而在吴语中，表完成的动态助词是“仔”，表持续的动态助词是“勒海”，但“仔”也可兼表完成持续。在台湾闽南话中，用[le^{0}]表动作的持续完成。这里有两方面的问题值得研究：(1)这些动态助词的历史渊源是什么？“咗”大概来源于“着(著)”，“仔”有的学者也认为是来源于“着(著)”，但它们都不是表持续，而是表完成，这是怎样一种历史发展？“勒海”的来源大概是表存在的同形动词。而其他动态助词的来源待考。(2)为什么"仔"可以兼表完成持续?为什么[le^{0}]可以兼表持续完成?在汉语语法体系中,"完成"和"持续"这两种体貌有什么关系?为什么在有的方言中两者用不同的助词,而在有的方言中两者用同一个助词?

2.动词重迭,表示短时貌。在汉语史上,最初动词重迭是表示动作反复进行的,如《古诗十九首》:"行行重行行,与君生别离。"表示短时貌的动词重迭是很晚产生的,而且是先有"V 一 V"(第二个 V 是同形动词做动量词),然后才发展为"VV"。如《朱子语类》:"试定精神看一看。"《元曲选·竹坞听琴》:"也到员外家看看去。"但客家话中没有"V 一 V",而是说"VV na^{55} le^{22}",如"看看 na^{55} le^{22}",而且后面不能带宾语,不能说"看看 na^{55} le^{22}书",只能说"书看看 na^{55} le^{22}"。那么,客家话的动词重迭是不是没有经过"V 一 V"的途径?它是怎样发展来的?又:广州话中"VV"和"V 一 V"用得很少,动词重迭的主要形式是"V 下",这是从"V 一下"发展来的。这又是一种什么样的发展途径?为什么广州话中"VV"和"V 一 V"都用得很少,而"V 一下"——"V 下"却发展成短时貌的主要形式?

3."把"字句和"被"字句。从语用的角度看,"把"字句和"被"字句都具有一种功能:把动词的宾语提前。"把"字句是把动词的宾语提前为"把"的宾语,"被"字句是把动词的宾语提前为句子的主语。在汉语史上,当句子的谓语发展得越来越复杂的时候,往往用"把"字句或"被"字句把动词的宾语提前。如《红楼梦》九回:"把宝玉的一碗茶也砸得碗碎茶流。"这句话也可以说成"宝玉的一碗茶也被砸得碗碎茶流",但说成"砸得宝玉的一碗茶碗碎茶流"就不太顺。在现代汉语方言中，也能看到用"把"字句或"被"字句把动词的宾语提前的情形，如台湾闽南话不说"阿公罚阿明跪"，而说"阿公把阿明罚跪"或"阿明与(被)阿公罚跪"，但其条件不是因为句子的谓语复杂，而是相反：如果动词的直接宾语是一个动词，而且是单音动词时，不能采用"V+O+O"形式，而要用"把"字句或"被"字句把后一个宾语提前。虽然这和汉语史上看到的情形不一样，但对我们研究"把"字句、"被"字句和一般动宾结构的关系以及"把"字句、"被"字句的表达功能会有一些启发。

(三)方言中一些语法形式是汉语语法史上不曾见到过的。如台湾闽南话和客家话用三个单音形容词重迭来表示高级，如"红红红"、"甜甜甜"。台湾闽南话中可以用动词重迭做谓语，如"cit^4 碗饭冷冷"；可以在动词重迭后面带补语，如"撞撞破"、"割割 ho^7(与)断"等；还有"动词+动词词尾+结果补语"的形式，如"走 $liau^2$(了)真紧"、"走 ka^1 真紧"、"走 $tioq^8$(着)真紧"；处置式中"把"的宾语如果是第三人身，就可以省略，如"阿公把(阿英)骂"。客家话可以用"述语+间接宾语+直接宾语"的形式，如"我分佢一领衫"，也可以用"述语+直接宾语+间接宾语"的形式，但动词限于"分"和"送"，而且要重复一次，如"我分一领衫分佢"。(汉语史上也有"V_1+直接宾语+V_2+间接宾语"的形式，但 V_1 和 V_2 不同形。)

这些现象虽然和汉语语法史的研究没有直接关系，但对我们很有启发。这告诉我们：汉语史上出现的语法演变并不是汉语语法演变的唯一的、必然的途径。在对汉语语法史上的演变做出解释的时候，也必须考虑这一点，而不能把话说得太绝对。

是的，语法的发展不是杂乱无章的，往往有一定的规律；一种语法形式为什么是这样发展而不是那样发展，往往也有道理可讲。在汉语语法史的研究中，除了客观地描写出语法演变的趋势外，还要探究语法为什么这样发展，这是研究工作深入的表现。比如，在近代汉语中，曾经有过不少虚词（“毕”、“竟”、“讫”、“已”，还有“了”和“着”）可以表示完成貌，最后，在北方广大地区“了”排除了其他虚词，成为唯一的一个表示完成貌的助词。在对此做出准确的描写的基础上，再进一步说明为什么“了”能排除其他虚词，这是完全必要的。但是，方言语法的研究告诉我们：在不同方言中，语法的发展是多种多样的。因此，当我们对汉语语法史上的演变做出解释的时候，我们只能说，在汉语北方话或汉语共同语中，这样一种发展有其必然性，而在其他方言中，完全可能有另一种发展。比如，在粤语和吴语中就不是“了”排斥了“着”，而是“着”排斥了“了”。一切以时间、地点、条件为转移，语法的发展也是这样。

三　基础研究与理论思考的结合

汉语史的基础研究是对汉语历史演变的语言材料做全面的调查、细致的描写和深入的分析。这方面的工作必须加强，没有扎实的材料，就谈不上汉语史研究。但是，光是掌握了材料而只把材料加以罗列，或做简单的分类排比也是不够的，还必须在研究中加强理论思考，在描写的基础上进一步做出解释，探索汉语发展演变的动因和机制。当然，理论思考必须和基础研究结合，离开了汉语史的语言事实而空谈理论，是没有价值的；强使汉语史的语言事实迁就某种理论，更是不足取的。

近年来，认知语言学的发展很迅速。认知语言学确实为语言研究提供了一个新的视角，从认知的角度来观察和解释汉语的历史演变，可以使我们开阔视野，加深认识。但有以下几点值得注意：

（一）形式主义试图从语言结构内部去寻找对语言现象的解释，功能主义试图从语言结构外部寻找对语言现象的解释。应该说，这两种研究方法是相辅相成的，而不应该互相排斥。因为，事实上，支配语言结构的既有“临摹原则”，也有“抽象原则”。功能主义不可能解释汉语史上所有的演变。

比如，戴浩一提出的“时间顺序原则”在很大程度上能解释现代汉语中表方位的介词词组在动词之前和动词之后的顺序，但却不适合古代汉语。比如，现代汉语中的两种词序：“在房间里读书”和“走到房间里”，表方位的介词词组一个在动词之前，一个在动词之后，这可以用“时间顺序原则”来解释。但这两个短句用古汉语表达，就成了“读于室”和“入于室”，表方位的介词词组都在动词之后。从古汉语到现代汉语的这种词序的变化，如何加以解释呢？能不能说，汉民族对于动作和相关的时空关系的认知方式从古到今发生了变化呢？当然，从道理上讲，人们对同一个对象或同一种关系可以从不同角度去认识，正确的认知方式可以不止一种(这在下面还要说到)，所以，同一个民族的认知方式在历史上发生变化也不是不可能的。但具体到表方位的介词词组和动词之间的词序这个问题上，我们却很难说清楚古汉语说“读于室”和“入于室”是一种什么认知方式，这种认知方式又如何变成现代汉语的按照时间顺序来认知动作和处所关系的这样一种认知方式。对于这个问题，我的看法是：首先，古汉语的这种词序，不是由“临摹原则”决定的，而是由“抽象原则”决定的：凡是由“于＋处所名词”构成的介词词组，不管它和动词的时间顺序如何，绝大多数放在动词后面。其次，从古汉语的词序到现代汉语词序的改变，即从“抽象原则”到“临摹原则”的改变，也无法从语言外部，从认知的角度加以解释，而只能从语言结构内部的变化来解释。由于汉语内部结构的一系列变化，使得古汉语中处于动词和处所名词之间的“于”动摇以至于消失。“于”是按抽象原则确定词序时一个明确的标志，凡是有“于”的词组都放在动词后面。既然这个标志动摇以至于消失，那么“抽象原则”也就逐渐削弱，最后被“临摹原则”所取代。（详见蒋绍愚 1999）

又如，汉语述补结构的历史发展的大致轮廓是：从动词连用“V＋V＋O”发展为述补结构“V＋C＋O”，如《史记》的“击破沛公军”是“V＋V＋O”，到《百喻经》的“打破瓶”是“V＋C＋O”；六朝时述补结构除了“V＋C＋O”外，还有另一种形式“V＋O＋C”，如《百喻经》的“打头破”；后来在北方话和共同语中“VOC”消失，一律说成“V＋C＋O”，但在现代汉语的一些方言中“V＋O＋C”仍然保留。这种发展也很难完全从语言外部，完全从认知的角度加以解释。尽管述补结构到六朝时才产生，但人们对某个对象施加某种动作，从而造成某种结果，这样一种“动作——对象——结果”之间的关系，应该说人们是早就认识了，这种认识不能说是六朝时产生述补结构的原因，更不能说这种认识到六朝时述补结构产生之后才有。当然，我们可以说，用连动结构表达动作和结果，说明人们把动作和结果是分开看的，用述补结构来表达，说明人们把动作和结果联系得更紧密。但这是语言结构的变化反映出来的人们认知的变化，我们很难把这种认知的变化作为语言结构变化的原因，语言结构的变化（从连动到述补）的原因还要从语言内部找，这就是大家熟知的及物动词不及物化，以及使动用法的衰微等等。至于“V＋C＋O”和“V＋O＋C”两种结构，从认知的角度来看，应该是“V＋O＋C”这种词序更准确地摹写了客观世界中“动作——对象——结果”的关系：动作先涉及对象，然后对象出现某种结果。那么，为什么这种格式到现代汉语北方话中全部消失，而让位于“V＋C＋O”呢？这也很难完全从认知的角度加以解释，而首先要从汉语述补结构的发展，述语和补语的黏合程度越来越强这些方面考虑。这里当然也包含认知的因素，但也有语言自身发展的原因，这两方面是应该结合在一起考虑的。另外，“V＋O＋C”这种格式，在现代汉语北方话中是全部消失了，但在其他方言中还广泛使用。这种方言之间的差异，也很难从认知的角度来解释，只能说是因为不同方言的语言结构不同，发展速度不同。

（二）从认知的角度解释语言现象和语言演变，不能简单化，不能认为对同一事物只能有一种认知方式，从而只能有一种语言表达形式。比如，《说文》：“櫋，屋櫋联也。”又：“楣，秦名屋櫋联也。齐谓之产（檐），楚谓之梠。”又：“槐，屋梠也。”“楣”、“产（檐）”、“梠”、“櫋”、“槐”是同一事物的不同名称。为什么同一事物有不同名称呢？这个问题不能一概而论，因为对事物的命名未必都是有理据的。但这一组名称都有各自的理据，《释名》和《说文》段注对此有很好的解释。《释名·释宫室》：“梠，连旅之也（据《御览》改）。或谓之櫋。櫋，绵也。绵连榱头使齐平也。”“楣，眉也，近前各两，若面之有楣也。”《说文》“产，屋梠也”段注：

“檐之言廉也。”《说文》“梍，屋梠也”段注：“梍之言比叙也。”《释名》和段注用的都是声训，声训有很多不可信，但这几个词的解释还是可信的，都说明了这些词的理据，即人们给事物命名时的认知上的依据。从这一组词可以看到，人们对同一事物可以从不同角度去认识：称之为“楣”是因为它在房屋正面的前上方，如同眉在人脸上的位置；称之为“檐”是因为它在屋顶的边沿；称之为“櫋”和“梠”是因为它的作用是把椽子连接起来（而表示“连接”的意思在古汉语词汇系统里既可以用“绵”，也可以用“旅”）；称之为“梍”是因为它的作用是使椽子排列整齐（比叙）。

这是词汇方面的例子。语法方面也是这样。比如，汉语的差比句，古今形式不同，古代汉语说“高于山”，这是先说所比较的性状，再说比较的标准。现代汉语普通话说“比山高”，这是先说比较的标准，再说所比较的性状。这两种不同的表达也是对同一种现象从不同角度的认知。这两种不同的认知方式以及与之相联系的语言表达方式，也分别出现在不同的语言中，如英语“higher than mountain”，是先说所比较的性状再说比较的标准；日语“山より高い”，是先说比较的标准再说所比较的性状。语言类型学的研究或许会告诉我们，在人类诸语言中哪一种表达方式更普遍，但从认知的角度看，却分不出两种方式的优劣高下。不错，比较的时候总是先有比较的标准，再有比较的结果，从这方面说，“比山高”是对现实世界的临摹。但是，“高、低、大、小”等性状本身就是相对的，先感到某物有某种形状，再说明这种性状是相对于某个标准而言的，这也是人们的一种认知过程。所以，我认为这两种差比句反映的是对同一种现象从不同角度的认知。至于汉语的差比句为什么会从“高于山”变为“比山高”，这也很难从认知的角度加以说明，就是说，我们无法从认知心理上解释为什么从古到今会有这种认知角度的变化。也许，这种历史演变的原因，还要从语言结构的变化和语用原因等方面找，比如，汉语词序发展的总趋势是连动结构中的第一个动词往往虚化为介词，因此介词结构从动词后面移到动词前面，从“高于山”到“比山高”的变化正好和这种总趋势一致；“于”所担负的功能太多了，从语用的角度看它必然要被各种专职的介词代替，等等。（当然，连动结构中的第一个动词的虚化也有认知方面的原因，但毕竟不能把这种原因看作从“高于山”到“比山高”这种变化的直接动因。）

（三）同一种现象用两种不同语言形式来表达，这究竟是反映了人们认知方面的差异，还是反映了两种语言表达方式的差异？这不能仅仅根据一两个例子下结论，而要综合大量语言材料进行深入细致的分析。

比如，汉语说“她嫁错了人”，英语说“She has married the wrong guy”。有的学者认为：“两个句子的差别来自同样有效的观念系统的语法体现。汉语把错误归于‘嫁’，英语只报道想嫁的人和所嫁的人之间有差距。”（见戴浩一 1990）也就是说，当一件事出错的时候，说汉语的人着眼于行为者做事的差错，说英语的人着眼于对象的差错。这样，两个民族对于同一个事件有不同的认知，当然，这两种认知都是合理的（同样有效的）。

如果真是这样，那么，在表达一件事情出错时，汉语都应该用动词或动词的修饰语来表示差错，英语都应该用宾语的修饰语来表示差错。但事实并非如此。下面的例子表明，在表达一

件事情出错时,汉语和英语都有几种方式:

英语:

(1) We have mistaken the house. = We came to the wrong house.

He'd mistaken the address, and gone to the wrong house.

I mistook him for his brother.

He made mistakes in calculations.

Mishear misread mispronounce misplace misprint mislead

(2) A letter for me was left by mistake at his desk.

The parents may mistakenly believe that they are to blame for their child's illness.

They were wrong about my age.

You guessed wrong.

I blamed him wrongly.

(3) He did it the wrong way. He came the wrong way.

He said the wrong thing. He was on the wrong train.

He got the wrong number. He arrested the wrong man.

He is the wrong man for the job.

汉语:

(1)错＋V/＋O	(2)V＋错/＋O	(3)V＋/错＋O
错怪了他		
	写错了字	写了错字
	说错了话	说了错话(说了一句不该说的话)
	做错了事	做了错事

	嫁错了人	(嫁了一个不理想的丈夫)
错误地做出了这个决定	做错了决定	做出了错误的决定
错误地选择了这个职业	选错了职业	选择了错误的职业
	把背心做大了	做了一件大背心
	把颜色涂深了	涂了深颜色

确实,汉语和英语在语言表达上是有差别的:英语可以用"wrong"修饰名词表示想要支配的对象和实际支配的对象有距离,而汉语不能用"错"修饰名词来表达这种意思,在现代汉语中,这种意思是用"错"做动词的补语来表达的。但这是汉、英两种语言的词汇、语法系统的差异,而不是两个认知系统或观念系统的差异。(1)英语的"wrong"有几个意思:1. Not morally right; unjust. 2. (a) not true or correct. (b) (pred) (of a person) mistaken. 3. [usu. attrib] not required, suitable or the most desirable. 第3个意思(不合适的)是汉语的"错"所没有的。所以英语可以用"wrong+N"表示动作的对象和预想的有距离,汉语就不能用"错+名词"来表示这种意思。(2)相反,汉语中用"错"、"大"、"深"等性质形容词修饰名词,多半是表示事物的固有性质,而不是表示对象的性质和预想中不一致;要表示对象的性质和预想中不一致,通常要用述补结构。这在"把背心做大了/做了一件大背心"和"把颜色涂深了/涂了深颜色"的对比中看得最清楚。"选错了职业 /选择了错误的职业"的对比也可以说明这一点:前者是说选的职业和设想的不一样,后者是说这个职业本身就不好。正因为这样,所以,英语"She has married the wrong guy"正好用汉语的"她嫁错了人"来表示。这不

是对同一件事认知的角度有所不同,而是同一种认知(选择的丈夫和预想不一致)用不同的语言形式表达。而且,这也不能绝对化,比如,英语"She has married the wrong guy"用汉语"她嫁了一个不理想的丈夫"(或"所适匪人")来表达也很切合,英语和汉语的这两种表达在句子结构上也没有什么不同。所以,我们不能仅仅根据一个例句就做出普遍性的概括,说两个民族对于同一个事件有不同的认知。

这里还有一个问题:述补结构"V 错"是后起的,在《朱子语类》中才看到。那么,在"V 错"出现以前,要表示"动作的对象和预想的有距离"的意思,用的是什么语言形式呢?这是汉语史需要研究的问题。粗略地说,在"V 错"出现之前,相应的形式是"误 V"。但"误 V"可以表示两个意思:1. 不小心错了,如《史记·留侯世家》:"误中副车。"2. 故意错了,如李端《弹筝》:"欲得周郎顾,时时误拂弦。"在"错"产生"错误"义以后,出现了"错 V","错 V"也可以表示两个意思:1. 不小心错了,如东汉失译《分别功德论》:"投饭于钵,错注于地。"(转引自汪维辉《东汉——隋常用词演变研究》)2. 故意错了,如《朱子语类》:"临陈时,是胡乱错杀了几人。"后来才出现述补结构"V 错",而"V 错"只能表示第 1 个意思。不过这只是我初步的看法,这个问题还需要深入研究。

我想,用认知语言学的理论对一些研究工作中已涉及的问题做出解释,固然很有必要,可以深化我们对语言现象和语言演变的认识。但是,从认知的角度去深入探讨一些以前没有涉及过的问题,也应该是我们的一项重要任务。比如,要表示"动作的对象和预想的有距离"的意思,在历史上用的是什么语言形式?

诸如此类的问题,都很值得研究。也就是说,汉语史不但要研究某一种语法格式(如述补式、处置式)在历史上的演变,而且要研究同一种认知在历史上用哪些不同的语法形式表达。汉语史研究视角和研究范围的扩大,将是21世纪汉语史研究的新进展。

参考文献

曹广顺、遇笑容　2000　《中古译经中的处置式》,《中国语文》第6期。

戴浩一　1990　《以认知为基础的汉语功能语法刍议》,《国外语言学》第4期。

蒋绍愚　1999　《"抽象原则"和"临摹原则"在汉语语法史中的体现》,《古汉语研究》第4期。

——　2004a　《受事主语句的发展与使役到被动的演变》,《意义与形式——古代汉语语法论文集》,Lincom Gmbh.

——　2004b　《从"尽V/V尽"和"错V/V错"看述补结构的形成》,《语言暨语言学》第5卷第3期。

——　2005　《从{走}到{跑}的历史替换》,《汉语史研究:纪念李方桂先生百年冥诞论文集》,中央研究院/美国华盛顿大学。

李小凡　1998　《苏州方言语法研究》,北京大学出版社。

刘子瑜　2002　《再谈唐宋处置式的来源》,《语言学论丛》第二十五辑。

陆俭明　2003　《现代汉语语法教程》,北京大学出版社。

吕叔湘　1984　《近代汉语指代词·序》,学林出版社。

罗肇锦　1985　《客语语法》,学生书局。

梅祖麟　1988　《汉语方言里虚词"着"三种用法的来源》,《中国语言学报》第3期。

王　力　1957　《汉语史稿》,科学出版社。

项梦冰　2004　《闽西方言调查研究》,新星出版社。

谢信一　1991　《汉语中的时间和意象》,《国外语言学》第4期。

薛凤生　1994　《"把"字句和"被"字句的结构意义》,《功能主义与汉语语法》,北京语言学院出版社。

杨秀芳　1991　《台湾闽南语语法稿》,大安出版社。

张洪年　1972　《香港粤语语法的研究》,香港中文大学出版社。

朱冠明　2002　《中古译经中的“持”字处置式》,《汉语史学报》。

Tai James　1985　Temporal Sequence and Chinese Word Order, In *Iconicity in Syntax*, edited by John Haiman, Amsterdam: John Banjamins Publishing Company.

（原载《汉语史学报》第五辑，上海教育出版社，2005 年 5 月）

打击义动词的词义分析*

本文的意图是通过上古汉语、现代汉语和英语中的“打击”义动词的词义分析，来探讨词汇和词义方面的一些重要问题。分两个部分讨论。

第一部分

“打击”包括用手打击，用脚打击，用头打击，用身体打击。为了使讨论集中，本文只涉及用手的打击。

下面把上古汉语、现代汉语和英语中的用手的“打击”义动词列成三个表。“上古”指先秦到西汉，收的词主要据《说文》。《说文》虽成书于东汉，但其反映的词汇面貌基本是上古的，《说文》对词的解释以及该词例句都列在表一后面。词后面的解释如果不特别注明，就是《说文》的释义。例句尽量找先秦和西汉的，实在找不到，只好用魏晋以后的。当然，《说文》的释义都比较简单，不足以反映一个词的实际用法和复杂的语义。但本文的目的不在于对上古的打击义动词的语义做深入分析，所以仍以《说文》为依据来列表。英语所收的词根据“Webster's New

* 作者2005年在瑞典高等社会科学院访问时完成了本文的初稿，并和挪威的何莫邪先生、法国的贝罗贝先生进行过讨论，得到他们很多启发和帮助，谨在此一并致谢。

Dictionary Synonyms"(1978)和"The Oxford Large Print Thesaurus"(1997),并参考了高虹、郑锦全(2003)。中英文都有一些词是一词多义的,本表只列一个主要意义,其他意义不列。

在列出三个表之后,再就一些有关问题进行讨论。

一 上古汉语中手的打击义动词

表一

<table>
<tr><td colspan="6">上位义:击、打</td></tr>
<tr><td rowspan="8">A 工具</td><td>手</td><td colspan="4">摽、挌、殴、搏、扑</td></tr>
<tr><td>鞭</td><td colspan="4">鞭</td></tr>
<tr><td>竹</td><td colspan="4">笞、笪、抶、搒</td></tr>
<tr><td>杖</td><td colspan="4">捶</td></tr>
<tr><td>刀斧</td><td colspan="4">斫、斲、斮、斯、析、劈、伐、斩、刜、刺</td></tr>
<tr><td>棍状物</td><td colspan="4">筑、捣</td></tr>
<tr><td>椎</td><td colspan="4">椓、豛、毅</td></tr>
<tr><td>车鞅</td><td colspan="4">抰</td></tr>
<tr><td rowspan="11">B 方式</td><td>旁击</td><td colspan="4">擊</td></tr>
<tr><td>侧击</td><td colspan="4">扺</td></tr>
<tr><td>横擿</td><td colspan="4">敲</td></tr>
<tr><td>敲击</td><td colspan="4">榷</td></tr>
<tr><td>拘击</td><td colspan="4">摷</td></tr>
<tr><td>反手击</td><td colspan="4">批</td></tr>
<tr><td>两手分击</td><td colspan="4">捭</td></tr>
<tr><td>繇击</td><td colspan="4">豉</td></tr>
<tr><td>从上击下</td><td colspan="4">⿱殳女</td></tr>
<tr><td>下击上</td><td colspan="4">炈</td></tr>
<tr><td>过击</td><td colspan="4">拂</td></tr>
<tr><td rowspan="4">C 部位</td><td rowspan="2">背</td><td>挨,扑</td><td rowspan="4">C 对象</td><td>衣</td><td>⿰扌保</td></tr>
<tr><td>挞(目的:罚)</td><td>悬衣</td><td>毄</td></tr>
<tr><td rowspan="2">头</td><td>摼(方式:捣)</td><td>金鼓</td><td>⿰扌從</td></tr>
<tr><td>毃</td><td></td><td></td></tr>
</table>

续表

<table>
<tr><td rowspan="4">D
力
度</td><td>深</td><td>扰</td></tr>
<tr><td rowspan="2">小
轻</td><td>攴</td></tr>
<tr><td>拍，拊</td></tr>
<tr><td>强</td><td>攻</td></tr>
<tr><td>E
速度</td><td>快</td><td>扚</td></tr>
<tr><td rowspan="3">F
目的
/
结果</td><td>击中</td><td>撹，毄</td></tr>
<tr><td>击伤</td><td>擊，疻，痏</td></tr>
<tr><td>发声</td><td>攷（考），敂（叩/扣）（对象：门、钟），
鼓（对象：鼓）</td></tr>
</table>

上位义：击、打。

击，攴也。段注："攴训小击，击则兼大小言之。"例多不举。

打，《说文新附》："打，击也。"王延寿《梦赋》："撞纵目，打三颅。"

A. 工具

1. 徒手：

摽，击也。《左传·哀公十二年》："长木之毙，无不摽也。"

挌，击也。凡今用格斗字当作此。《后汉书·陈宠传》："断狱者急于篣格剧烈之痛。"

殴，捶毄物也。《汉书·梁王襄传》："后数复殴伤郎。"

搏，《广雅》："搏，击也。"《史记·灌夫传》："夫醉，搏甫。"

扑，《广韵》："扑，打也。"《战国策·楚策》："若扑一人，若捽一人。"

2. 用工具：

(1)鞭

鞭，殴也（依段注本）。段注："鞭所以殴人之物，以之殴人亦曰鞭。"《左传·庄公八年》:"鞭之出血。"

(2)竹

笞,击也。《汉书·刑法志》:"笞者,箠长五尺,其本大一寸,其竹也,末薄半寸,皆平其节。"《新唐书·刑法志》:"其用刑有五:一曰笞……汉用竹,后世更之以楚。"

笪,笞也。《病妇行》:"有过慎莫笪笞。"

抶,笞击也。《左传·文公十年》:"无畏抶其仆以徇。"

搒,《广韵》:"搒,笞也。"《汉书·张耳传》:"吏搒笞数千。"

(3)杖

捶,以杖击也。《荀子·正论》:"捶笞膑脚。"

(4)刀斧

斫,击也。《史记·孙子吴起列传》:"乃斫大树白而书之。"

斲,斫也。《孟子·梁惠王下》:"匠人斲而小之。"

斮,斩也。《尚书·泰誓》:"斮朝涉之胫。"

斯,析也。《诗经·陈风·墓门》:"墓有荆棘,斧以斯之。"

析,破木也。《诗经·齐风·南山》:"析薪如之何?匪斧不克。"

劈,破也。上古无例证。

伐,击也。《诗经·大雅·皇矣》:"是伐是肆。"郑笺:"伐,谓击刺之。"

斩,截也。《战国策·秦策》:"斩首二十四万。"(也可用于物,如《墨子·非攻》:"斩其树木。")

剸,击也。《左传·昭公二十六年》:"苑子剸林雍,断其足。"

刺,直伤也。《孟子·梁惠王上》:"是何异刺人而杀之?"

(5)棍状物

筑,捣也。《三国志·夏侯玄传》注引《魏氏春秋》:"使勇士以刀环筑腰杀之。"

搗，手椎也。一曰筑也。《诗经·小雅·小弁》："惄焉如搗。"

(6)椎

椓，击也。《诗经·周南·兔罝》："椓之丁丁。"

㱾，椎毄物也。段注："谓用椎击中物，与攴部㩻、木部椓音义略同。"

㩻，击也。段注："此与木部椓音义皆同。"

(7)车鞅

抰，以车鞅击也。

B. 方式

摮，旁击也。《公羊传·宣公六年》："公怒，以斗摮而杀之"何休注："摮，犹摮也。摮，谓旁击头项。"

扺，侧击也。(《广韵》引作"侧手击也"。)扬雄《解嘲》："泾阳扺穰侯。"

敲，横擿也。段注："横投之也。"

㩧，敲击也。《汉书·五行志》："㩧其眼以为人彘。"

㨿，拘击也。段注："拘止而击之也。"

批，反手击也。《左传·庄公十二年》："遇仇牧于门，批而杀之。"

捭，两手击也。段注："谓左右两手横开旁击之也。"左思《吴都赋》："拉捭摧藏。"

殳，縣击也。古文"投"如此(依段注本)。段注："縣击者，远而击之。"《左传·襄公十年》："知伯怒，投之以机。"

㪙，从上击下也。《齐民要术·种瓠》："着三实，以马棰㪙其心，勿令蔓延。"

㪃，下击上也。

拂，过击也。段注："徐锴曰：击而过之也。刀部曰：㓤，击也。义同。"《仪礼·士昏礼》："主人拂几授校。"

C. 部位/对象

挨，击背也。《列子·黄帝》："既而狎侮欺绐，挡㧙挨抌，亡所不为。"

扑，挨也。华峤《后汉书》："尚书近臣乃至捶扑牵曳。"

挞，乡饮酒罚不敬挞其背也。《尚书·益稷》："挞以记之。"

摼，捣头也。

敲，击头也。《吕氏春秋·当务》："下见六王五伯将敲其头矣。"

搛，衣上击也。王筠《句读》："此谓振去衣上尘也。"

毃，县物寿殳击也。王筠《句读》："暴衣物者以条振去其尘谓之毃，俗语正如许说。"

摐，《广雅》："摐，撞也。"《史记·司马相如传》："摐金鼓，吹鸣籁。"

D. 力度

抌，深击也。段注："《刺客列传》：'左手把其袖，右手揕其匈。'揕即抌字。"

支，小击也。

拍，拊也。《韩非子·功名》："一手独拍，虽疾无声。"

拊，揗也。段注："尧典曰：'击石拊石。'拊轻击重，故分言之。"

攻，击也。段注："《考工记》'攻木攻皮攻金'注：'攻犹治也。'引伸之义。"

E. 速度

扚，疾击也。

F. 目的/结果

擿，中击也。段注："击而中之也。"

毂,相击中也。《周礼·考工记·庐人》:“毂兵同强。”义同“击”。

擊,伤击也。段注:“伤击者,击之而伤也。”

痕,殴伤也。朱骏声《说文通训定声》:“凡殴使皮肤起青黑而无创瘢者为痕,有创瘢者为痏。”

痏,痕痏也。

攷,敂也。也写作“考”。《诗经·唐风·山有枢》:“子有钟鼓,弗鼓弗考。”

敂,击也。段注:“自扣、叩行而敂废矣。”《周礼·司关》:“四方之宾客敂关。”

鼓,击鼓也。《诗经·小雅·伐木》:“坎坎鼓我。”

二 现代汉语中手的打击义动词

表二

<table>
<tr><td colspan="6">上位词:打</td></tr>
<tr><td>C对象</td><td colspan="2">人或物</td><td>人</td><td>脸</td><td>物</td></tr>
<tr><td></td><td colspan="4">B方式·D强度·E速度</td><td>F结果/目的</td></tr>
<tr><td rowspan="6">A
工
具</td><td>拳</td><td>重击:捶</td><td rowspan="6">揍(力度:重)
殴打(方式:连续,力度:重)</td><td></td><td rowspan="5">出声:敲
破碎:瓴
去掉表层:削</td></tr>
<tr><td>手掌</td><td>猛推:搡
轻击:拍</td><td>掴</td></tr>
<tr><td>刀斧</td><td>重击:砍
连续重击:剁
快速断开:劈</td><td></td></tr>
<tr><td>条状物</td><td>重击:捅
轻击:戳,扎
快击:抽</td><td></td></tr>
<tr><td>块状物</td><td>远击:拽</td><td></td></tr>
<tr><td>重物</td><td>重击:砸</td><td></td><td>重击,使结实:夯</td></tr>
</table>

三 英语中手的打击义动词

表三

上位词:strike							
C 对象/部位		对象:人	部位				对象:物
			头	脸	屁股	耳	
A 工具	手	buffet					
	手掌	cuff clout slap		smack	spank		
	拳	plug	conk			box	
	鞭	flay flog lash paddywhack tan thrash whip					
	鞭/杖	baste belabor					
	杖	cane					
	棍棒	club cosh cudgel drub					
	大头棒	bludgeon					
	警棍	truncheon					
	皮带	belt strap					
	板子	paddle					
	桦树条	birch					
	刀	knife					
	刀/斧						chop
	锤						hammer

续表

	不连续	连续
B方式·D力度·E速度	hit 打击 bop 打击 smite 打击 sock 投物打击 swipe 挥击 swat 重拍 bash 重击 punch 用拳猛击 slug 重击 slog 重击 thump 重击 wallop 重击 whack/thwack 重击 biff 急速地打 clip 急速地打 tap 轻轻地打 rap 急速地轻打	beat 连续地打 pummel 用拳连击 clobber 粗暴地连击 pelt 粗暴地连击
	结果:使对象变形	结果:使对象发声
F结果/目的	brain 打碎脑袋 batter 打得皮肤青肿或破裂 bruise 打得皮肤青肿 contuse 打得皮肤青肿 maul 打得皮肤青肿 bash 打碎 smash 打碎 pound 捣烂 tamp 砸实	bang 发大声撞击 knock 敲击

四 对三个表的说明

列上述三个表的目的是要对上古汉语、现代汉语和英语的打击义动词的词义结构进行分析和比较。本文采用的方法是以概念场为参照背景的“概念要素分析法”。

对于词义结构的分析，20 世纪 80 年代在国内通行的是“义素分析法”(componential analysis)。“义素”是由处于同一语义场中的相邻或相关的词相比较而得出的。用义素来分析词义，是词义研究的一种进展。但是它主要适用于同一个共时平面的同一种语言的词汇系统，要用于不同历史时期的语言的词汇系统的比较，或者两种不同语言的词汇系统的比较，就有相当大的局限。因为不同历史时期或者不同语言的词汇系统是不同的，语义场的划分未必相同，即使在同一语义场中，相邻或相关的词也未必相同，就像在上面看到的那样，同属于“打击”语义场的词汇，古代汉语、现代汉语和英语各不相同，因此，用这种方法分析出来的义素，有些可能只适合于某一词汇系统，而对于不同词汇系统之间的比较就可能未必适合。那么，有什么办法可以对不同的词汇系统进行比较呢？

早在 1931 年，德国语言学家特里尔(J. Trier)就说过：一个时代的一个词汇场(lexical field, Wortfeld)之所以能和另一个时代的词汇场进行比较，是因为它们覆盖着同一个概念场(conceptual field, Sinnfeld)。① 这种想法是有道理的，因为词汇表达

① 转引自 J. Lyons *Semantics*, pp. 251 – 253。

概念，各种语言的词汇系统不同，但概念场大体上是人类共同的，把不同系统的词汇放到概念场的背景上，就有了一个共同的坐标，这就可以互相比较。所以，以概念场为参照背景来分析词义，进而对不同语言或不同历史时期语言的词汇系统进行比较，是一个可行的办法。

但是，特里尔的说法比较粗略，正如莱昂斯(J. Lyons)1977所指出的：他没有明确给出“词汇场”和“概念场”的定义，也没有明确说出两者的区别。此外，他也没有具体说明这种比较究竟如何进行。今天，我们来进行研究，有些问题还应当进一步明确和细化。

首先，应当明确：“概念场”是一个层级结构(hierarchical structure)。包括全部概念的是总概念场，总概念场下面又分若干层级[①]，为了表述的清晰，我们把总概念场下面的各个层级称为“概念域”(conceptual domain)，比如打击(Striking)，位移(Moving)，饮食(Eating and Drinking)，观看(Looking)等，都是人类共同的概念域。本文讨论的是“打击”概念域。“词汇场”也是一个层级结构，包含一个语言系统的全部词汇的是总词汇场，总词汇场下面又分若干层级，上位词在较高的层级，下位词在较低的层级。各个层级的词汇，分别覆盖在相应的概念域中。不同词汇系统的词汇面貌是不相同的，所以，同一个概念域被词汇覆盖的情况也会不同，即覆盖在这个概念域上的成员不同，各个

① 比如梅家驹等的《同义词词林》(上海辞书出版社，1983)分为12大类(人、物、时间与空间、抽象事物、特征、动作、心理活动、活动、现象与状态、关联、助语、敬语)，94个中类(如“动作”下面又分为上肢动作、下肢动作、头部动作、全身动作四类)，1428小类。这些大类、中类、小类，就是不同的层级。

成员的分布不同。

其次,仅仅说到"概念场上覆盖着词汇场"是不够的,还必须进一步说明这些词在概念场上是如何分布的,这些词在某个概念域中的位置是不是可以用明确的坐标来标明。我认为,在每一个概念域中,都存在一个由各种维度交叉而构成的多维网络。比如,"打击"这个概念域,除"动作:打击"这一维度之外,还有六个维度,即:a. 打击的工具,b. 打击的方式,c. 打击的对象/部位("对象"指是人还是不同的物,"部位"指如果是人,那么打击的是什么部位),d. 打击的力度,e. 打击的速度,f. 打击的目的/结果(未实现的是目的,已实现的是结果)。每一维度都包含若干或多或少的节点,如"力度"方面有"轻/重"两个节点。而"工具"方面就包含相当多的节点,如"鞭/棍/刀斧……"等等。几个维度的节点以不同的组合方式交会在一起,形成一个一个不同的交会点,一个概念域中的不同概念就处在这个多维网络的不同交会点上;而那些组合在一起的若干维度上的节点,就是构成某个概念的概念要素。词是表达概念的,所以,某个概念的概念要素,就是这个相应的词的词义要素,这些要素构成这个词的词义结构;这个词就处在这个概念域的多维网络中的由这些概念要素交会而成的交会点上。比如,现代汉语的"夯",其词义结构是由"[动作:打击]+[对象:物]+[工具:重物]+[方式:连续向下]+[力度:强]+[目的:使结实]"几个要素组成的。这种用"概念要素"来分析词义结构的方法,我们称之为"概念要素分析法"。①

① 既然概念要素就是词义要素,为什么不叫"词义要素分析法"呢?这是因为:1."词义要素分析法"的名称容易和"义素分析法"混同。2. 更重要的是,这些要素不是由词义分析得出的,而是把词放在某个概念域的多维网络的背景上,借助与之相应的概念的构成要素的分析而得出的。

当然,除了"动作:打击"这一要素是必需的,并不是每一个打击义动词都需要同时具备其他六个维度的要素,如"夯"就不要求"速度"这一维度要素,速度快或速度慢都可以是"夯"。现代汉语的"敲",除"打击"要素外只要求一个要素:"出声",其他的要素,如对象、工具、方式、力度等,在这个词的词义结构中都不要求反映,"敲"的对象可以是钟、鼓、门或头,工具可以是木棒或手,方式可以是横击或竖击,力度可以是轻击或重击,速度可以是快击或慢击。而英语的"knock"就不一样,其词义结构中要求对象维度的要素:对象只能是"door/window",而不能是"bell/drum";要求方式维度的要素:是轻敲而不是撞击,如果是"a harder blow and a louder sound",就成了另一个词"bang"。如果一个打击义的词的词义结构除了"打击"要素外不要求任何其他要素,那就是"打击"语义场中处于最上位的词,如上古汉语的"击",现代汉语的"打",英语的"strike"。

上面三个表的栏目,就是按这六个维度来设计的。应当说明的是:表格总是简单的,而词义结构是复杂的,用表格的方式无法把一些词的词义结构清楚地反映出来。一个词往往有多个词义要素,在二维的表格中只能反映其中的一个或几个。如在现代汉语打击义动词的表中,我们把"夯"放在纵坐标"C 对象:物"和"F 结果/目的",以及横坐标"A 工具:重物"的位置上,只能表示其三个概念要素,而其他两个概念要素[方式:连续向下]和[力度:强]就无法表示出来。上古汉语的"斫"、"斲"、"斮",只能放在"A 工具:刀斧"栏中,无法反映其"力度:重"的要素。"攷(考)"、"敂(叩/扣)"、"鼓"只能放在"F 目的/结果:发声"一栏,而其对象的不同只能用括号来说明。英语的纵坐标为"A 工具”，横坐标为“C 对象：人”中的那些词，其方式都是“连续打”，但这在表中也无法反映。所以，上面三个表只能反映一些大致的情况，而不能代替对这些词的词义结构的分析。

把这三个表加以比较，可以看到三个语言系统中的打击义动词的总体结构是不相同的。1. 在三个表中，有一些词的坐标是相同的，如上古汉语的“击”、现代汉语的“打”和英语的“strike”，上古汉语的“鞭”和英语的“whip”（现代汉语没有相应的词，只有一个词组“鞭打”与之相应），现代汉语的“掴”和英语的“smack”，这说明这些词的词义结构大致相同。但大部分词的坐标是不同的，这表明这三个词汇系统中的大部分词的词义结构不同。有些词，如英语中的“spank”，无论在上古汉语中还是在现代汉语中，都没有对应的词；有些词虽然大致上对应，但其词义结构也并非完全相同，如现代汉语的“敲”和英语的“knock”（见下）。这从某一个局部反映出上古汉语、现代汉语和英语的词汇系统的不同。2. 三个表虽然都从上述六个维度来分析词义，但三个表的结构都不相同。这不是我们的设计有问题，而是由于上古汉语、现代汉语和英语中打击义动词的实际情况不一样。三个表的结构各有自己的特点。上古汉语的表中，表示不同方式的打击义动词很多，这些动词主要着眼于方式的不同，而对于工具、力度、速度等就不加区别。英语的表中，表示不同工具的打击义动词很多，这些动词主要着眼于工具的不同，而对于方式、力度、速度等就不加区别。而在现代汉语的表中，一个明显的特点是：很多打击义动词之间的区别，兼有工具、方式、力度、速度，以及目的/结果几个维度的不同，如“搡”是用手猛推，“劈”是用刀斧快速断开，“夯”是用重物连续地砸实。这种情况也许和我们对这些动词的了解程度有关。对现代汉语，我们有较强的语感，能够根据词在实际语言中使用的情况，了解到一个词多维度的概念要素。而对英语和上古汉语，我们就不那么熟悉，所以只能抓住一些打击义动词的主要的概念要素。尤其是上古汉语，我们主要依据《说文》，而《说文》讲的是词的本义，而且讲得很简单。所以，上古汉语、现代汉语、英语的打击义动词的词义结构究竟有什么不同，还有待于深入研究。

但是，表格给我们提供的信息毕竟是有限的，要深入对上古汉语、现代汉语和英语的打击义动词进行分析研究，就要采用以概念场为参照背景的"概念要素分析法"，对具体词逐个地做分析和比较。用这种方法可以深入地揭示不同语言系统中意义相近的词的词义结构的差异。比如，上面提到现代汉语的"夯"，在英语中有一个词和它相近："tamp"，其意义是"to pack down tightly by a succession of blows or taps"，但使用的工具可以是捣棒，而不一定是重物。所以，"tamp"的词义结构包含"[动作：打击]+[方式：连续向下]+[力度：强]+[目的+使结实]"四个要素，但是没有包含"[工具：重物]"的要素。两相比较，可以知道，这两个不同词汇系统中的词意义相近，但它们的词义要素和词义结构并不完全相同。又如，英语的"bruise"意思是"to injure by blow that discolors skin without breaking it or any bone"，其词义要素是"[动作：打击]+[结果：皮肤青肿但没有破]"。古代汉语有一个类似的词"痕"，《说文》："痕，殴伤也。"朱骏声《说文通训定声》："凡殴使皮肤起青黑而无创瘢者为痕，有创瘢者为痏。"（见表一）其概念要素也是"[动作：打击]+[结果：皮肤青肿但没有破]"。但英语的"bruise"实际上是侧重结果，比如,可以说“she bruised her knee”,膝盖青肿可能是擦伤的结果,未必有“打击”的动作。而“痕”是动作和结果并重,如《汉书·薛宣传》:“遇人不以义而见痕者,与痏(王念孙谓当作‘痕’)人者罪钧。”“痕”的词义结构中显然包含“打击”的动作。所以“bruise”和“痕”的词义要素和词义结构也不完全相同。

用这种方法还可以用来比较汉语发展史上两个时期词汇的变化。比如说,为了研究上古汉语到现代汉语中打击义动词的变化,可以把上述表一和表二放在上下两个平面上,这两个平面互相映照,构成一个统一的汉语历史概念域。凡是在表一和表二中有的词,都作为这个概念域中的成员,各自处在这个历史概念域的上/下平面中,处在该平面中若干维度的节点的各个交会点上。这两个历史平面的各个交会点是一一对应的,但是两个平面的各个交会点上的词汇表现有的一样,有的不一样。通过这两个平面的比较,就可以看到汉语打击义动词的历史变化。这种以概念场为参照背景的历史词汇研究也是细致而复杂的工作,这不是本文的任务,在这里只说几种最显著的变化。为了叙述的方便,上古汉语平面用A表示,现代汉语平面用B表示。

1. A和B的对应的交会点上都有同一个词。如:

A[工具:手掌]+[力度:轻]+[对象:人/物]=拍。

B[工具:手掌]+[力度:轻]+[对象:人/物]=拍。

这说明古今词汇没有变化。

2. A和B对应的交会点上有不同两个词。如:

A[工具:刀斧]+[力度:重]+[结果/目的:断]+[对象:物]=斫。

B［工具：刀斧］+［力度：重］+［结果/目的：断］+［对象：物］=砍。

这说明古今有词汇替换。

3. 对应的交会点上 A 有词，B 无词。

A［工具：手］+［对象：人］+［方式：两手分击］=捭。

B［工具：手］+［对象：人］+［方式：两手分击］=O。

这说明“两手击”这种动作古今都存在，但古代有词汇表现，现代没有（只能用词组表示）。

4. 对应的交会点上 B 有词，A 无词。

A［工具：手掌］+［对象：人］+［部位：脸］=O。

B［工具：手掌］+［对象：人］+［部位：脸］=掴/打耳光。

这说明“用手掌打脸”这种动作古今都存在，但上古没有词汇表现（只能用词组“批颊”表示），现代汉语中有词汇表现（“掴”或更口语化的短语词“打耳光”）。

5. 再复杂一点的历史变化在两个平面的比较中也能看到。比如“打击物体使之发声”，A 有两个交会点，一个交会点上是“敂（叩/扣）”和“攷（考）”两个词，另一个交会点上是“鼓”这个词；B 只有一个交会点，有“敲”一个词。其间复杂的对应关系到下面再说。

第二部分

上面是以上古汉语、现代汉语和英语的打击义动词为案例，讨论了以概念场为参照背景的“概念要素分析法”。下面再深入一步，讨论几个相关的问题。

一 概念化(conceptualization)和词化(lexicalization)

上面说过,“各种语言的词汇系统不同,但概念场大体上是人类共同的”,这是我们采用以概念场为参照背景的“概念要素分析法”的前提。现在我们要进一步讨论这个前提究竟对不对。

传统的看法认为,概念是人类共同的。这话说得不完全对。很多实际例子说明,有些概念并不是人类共同的。比如颜色的概念。汉民族把光谱分为“赤、橙、黄、绿、青、蓝、紫”七色,当然这就是七个概念。但这七个概念是不是人类共同的?这就很难说了。说英语的民族就分不清“青”和“蓝”,不能说他们的概念和汉民族一样。菲律宾的 Hanunóo 语只有四个颜色词:“(ma) biru”(黑和其他深颜色),“(ma) lagtiˀ”(白和其他浅颜色),“(ma)raraˀ”(栗色、红色和橙色),“(ma)latuyˀ/”(浅绿、黄和浅棕),更不能说他们的关于颜色的概念和世界上其他民族一样。当然,对颜色词的深入研究表明,各种对颜色的切分并不完全是任意的,而是受生理、心理、社会文化因素的制约,但无论如何,世界上并不存在人类共同的关于颜色的概念,这是不可否认的事实。认知语言学认为,概念结构也受社会历史文化的影响,有不少例证可以支持这个看法。以与“打击”有关的概念为例,中国古代用鞭子打叫“鞭”,用竹片打叫“笞”,毫无疑问是两个概念。在现代汉语中,“鞭”不单说了,但仍有一个复音词“鞭打”来表达这个动作,所以“用鞭子打”仍是一个概念。“笞”到唐代也改为“用楚(荆条)打”,在现代“用竹片打”更是很少见了,所以对一般人来说“用竹片打”已经不是一个概念,但读古书的人还是知道“笞”的古义是“用竹片打”,对他们来说,“用竹片打”仍是一个概念。在英语中,有“whip”这个词表达“用鞭子打”这个动作,也有这个概念,但没有“用竹片打”这样一个概念(除非是有人对中国古代文化有一定的了解)。其他的民族,如果他们生活的环境根本没有竹子,或有竹子却不用来打人,他们的思想中大概也不会有“用竹片打”这样一个概念。同样,英语中有“birch”(用桦树条打)一词,这在英语民族中无疑是一个概念;但是,在汉民族中却不是,桦树在汉民族生活的地区不少见,但不用来打人,即使有人偶尔用桦树条打人,人们可以用“用桦树条打人”这个词组来表达这个动作,但是不会形成一个概念,因为那并非常见。至于古汉语的“抉”(以车鞅击)和英语的“truncheon”(用警棍打)就更不可能是全人类共同的概念。

上面的例子是因为一些概念牵涉到“竹片”、“桦树条”、“车鞅”、“警棍”等事物,这些事物并非人类都有,或者即使有也并非都用来打人,所以说这些概念不是人类共同的。那么,那些不牵涉这样一些特殊事物的打击动作,比如,打头、打脸、打屁股等,这些动作肯定是人类都有的,这些动作是否都能形成人类共同的概念呢?确实,英语中有“conk”、“smack”、“spank”等词,这毫无疑问是概念。现代汉语中没有相应的词,但“打头”、“打耳光”、“打屁股”这些常见的词组也可以表达概念。但我们能不能推而广之,说任何一个对人体部位的打击动作都可以形成人类共同的概念呢?比如,“打眼睛”、“打眉毛”、“打后背”、“打膝盖”是否都是人类共同的概念?回答应该是否定的。在古代汉语中有“挨(击背)”这个词,可以说是一个概念。而在现代汉语中,这个动作依然存在,但肯定已经不是一个概念了。

上面的事实告诉我们，概念并非全都是人类共同的。有些概念在一个民族的观念里存在，在另一个民族的观念里不存在；在同一个民族中，可能在一个时期存在，在另一个时期不存在。

所以，本文说“概念场大体上是人类共同的”是一种有分寸的说法。这意思是说：概念场中的一些主要的概念域是人类共同的，这些概念域中的各个概念要素是人类共同的。这就使得我们可以运用以概念场为参照背景的概念要素分析法来分析、比较各种不同语言的词汇和词义。至于概念，那就不能一概而论，认为全都是人类共同的。应该说，一些主要概念可能是人类共同的，但也有一些概念不是人类共同的。

既然人类面对着同一个世界，为什么有一些概念会不相同呢？这就牵涉到“概念化”(conceptualization)的问题，即概念是如何形成的。人们常常说，概念是客观世界在人们头脑中的反映。一般来说，这话不算错。但是，这是什么样的反映？是机械的、照相式的反映？还是能动的反映，或者说是人们的主观认知的结果？如果是机械的、照相式的反映，那么，作为同一个客观世界的反映，人类的概念不应该有什么不同。如果是能动的反映，或者说是人们的主观认知的结果，那么，由于社会文化的原因，或者认知的角度不同，人类的概念就未必完全相同。

这里着重说认知角度的不同而造成概念的不同。还是以有关打击的概念为例。从上面的三个表可以看到，同一种打击动作，在不同语言系统中形成的概念可能是不一样的。比如，“打击物体使之发声”这种动作无疑是个民族都具有的。这种动作，在现代汉语中用“敲”这个词来表达，可以说是一个概念。但是同是“打击物体使之发声”这种动作，在上古汉语中形成的概念及其词汇表现却和现代汉语不一样。上古汉语表达这种动作不用"敲"这个词,在《说文》中,"敲"是"横擿","毃"是"击头"(见表一),都和"打击物体使之发声"无关。上古汉语用来表达"打击物体使之发声"这种动作的是"敂"(常写作"叩"或"扣")或"攷(考)"。如"叩门"、"叩关"、"叩钟"、"考钟"、"考金石"等。这不值得奇怪,同一个概念在不同的语言系统中用不同形式的词来表达是常有的事。值得注意的是:上古汉语中绝不说"叩鼓"或"考鼓"①,而只说"击鼓"、"伐鼓"、"鸣鼓",或者单说一个"鼓"。(《说文》:"鼓,击鼓也。"文献中单用"鼓"表示"打鼓使之发声"的例证很多,不备举。)这就给我们提出一个问题:"打击物体使之发声"这种动作,在上古时期的汉民族的心目中,究竟是一个概念还是两个概念?如果是一个概念,为什么在语言表达时,"打击门/钟/金石使之发声"和"打击鼓使之发声"分得那么清楚呢?再看一看别的语言。"打击物体使之发声"这种动作在说英语的民族中无疑也是存在的,但同是这个动作,如果对象是门窗,轻叩时用的词是"knock",重击时用的词是"bang"(如"He banged on the door until it was opened")。如果对象是钟,所用的词是"strike",如果对象是鼓,所用的词是"beat"。这也告诉我们,"打击物体使之发声"这种动作,在说英语的民族的思维中根据对象和方式、力度的不同而分成不同的类。

同一类事物或动作,在不同的语言系统中可以分成不同的小类,从而有不同的词汇表现,这一点我在《两次分类——再谈

---

① 《诗经·唐风·山有枢》:"子有钟鼓,弗鼓弗考。"这应当理解为"弗鼓鼓,弗考钟"。

词汇系统及其变化》(参见蒋绍愚 1999)一文中已经说过。这里要对这个问题做进一步的分析。为什么"打击物体使之发声"这一动作在古代汉语、现代汉语、英语中会有不同的分类,从而有不同的词汇表现?这是因为,"打击物体使之发声"实际上只涉及了"打击"和"结果:发声"两个维度,打击动作的其他维度(如工具、方式、力度、速度、对象/部位等)并没有涉及。从道理上讲,如果把其他的各个维度都考虑在内,"打击物体使之发声"还可以分成很多小类,比如用手/棍棒/石头/鞭子打,打一下/连续打,轻轻地打/重重地打,快打/慢打,打钟/鼓/门/人的头部/人的腿等等,在客观世界中其发出的声音都不会相同,如果人们把每一个发出不同声音的打击动作都看作独立的一类,每一类都形成一个独立的概念,那么,仅就"打击物体使之发声"这一大类而言,其中就会包含多得数不清的概念,也就需要用多得数不清的词来表达,这么庞大的一个概念系统和词汇系统,这对于人类的思维和语言交际会是一个不堪负荷的沉重负担。所以,概念必须是抽象、概括的,"打击物体使之发声"这一动作不能分得这么细,不能成这么多的类,只能分得粗一点,分成两类、三类或一类;在这种比较粗的分类过程(或者说"认知过程")中,就只能考虑某些维度,而其他的维度就必须忽略不计。但是,究竟哪些维度应该考虑,哪些维度应该忽略不计,这却没有一定之规,而是各个语言社团约定俗成的。比如,在说现代汉语的语言社团中,把所有"打击物体使之发声"的动作都看作一类,而对其他各个维度一律忽略不计。而在说古汉语的语言社团中,却要考虑"对象"这一维度,把"打击物体使之发声"的动作根据对象的不同来分类,对象为"鼓"的是一类,用"鼓"来表达,除此以外的是另一类,用"敂(叩/扣)"和"攷(考)"来表达。在英语中,除了考虑"对象"这一维度,还要考虑"力度"和"方式"的维度:对象为门窗的分为两类,轻的用"knock",重的用"bang"来表达,对象为钟、鼓的也分为两类,但没有专用的动词,而是用本来只表示打击不表示发声的两个动词来表达:撞击用"strike",连击用"beat"。

这种"分类"的不同不仅仅表现在各种有细微差别的打击动作上,就是人类的一些最基本的生存活动也有"分类"的不同。比如,在说现代汉语的人看来,"吃"和"喝"应该是不同的两类,"穿"和"戴"应该是两类,这种分类似乎是天经地义的。但实际上却并非如此,我们不必去寻找另一种语言来进行比较(如以英语的"wear"和现代汉语的"穿"、"戴"比较),就在汉语的历史上,就有过不同的分类:在中古汉语中,不论是鞋帽还是衣服,其穿戴的动作都是同一类,都用"著/着"来表达;在近代汉语中,不论是饭还是茶、酒,其摄入的动作都是同一类,都用"喫/吃"来表达。

戴浩一(2002)说:"每一个语言有不同的概念化。"如果他的意思是各种语言的概念化不会完全相同,那么,我同意他的意见。

除了概念化,还有一个"词化"(lexicalization)的问题。[①] 同一个概念可以用词表达,也可以用大于词的语言单位(词组,甚至句子)表达,但这两者是有区别的:前者是某些概念要素进入了一个词的词义结构之中,这就是"词化"。后者则不然,是某些概念要素分别用不同的词表达。哪些概念要素词化了,用一个

① "Lexicalization"这个术语有两个意思:1.由大于词的语言单位凝固成词的过程。这个意义在汉语中通常翻译为"词汇化"。2.某些概念要素进入一个词的词义结构之中。这个意义本文翻译为"词化",以显示和第一个意义的区别。本文只讨论"词化",不讨论"词汇化"。

词表达,哪些概念要素没有词化,分别用几个不同的词表达,这在不同语言可能是不一样的。而且,同样是词化,词化的方式也可能不同。这些都会使得不同语言的词汇出现不同的面貌。

词化方式的不同可参看 L. Talmy (1985)。他讨论了"词化模式(lexicalization patterns)"的问题,把"位移动词(motion verb)"分解为六种"语义要素(semantic elements)":"位移(Motion)"、"路径(Path)"、"物体(Figure)"、"背景(Ground)"、"方式(Manner)"、"动因(Cause)"。他认为各种语言的位移动词有两种不同的"词化模式"。一种是"位移+方式"或"位移+动因"模式,"位移"和"方式/动因"要素包含在一个动词之中。如英语的"The bottle floated out of the cave","floated"是"moved (Motion)+floating (Manner)"。另一种是"位移+路径"模式,"位移"和"路径"的要素包含在一个动词之中。如西班牙语的"La botella salió de la cueva flotando","salió"是"moved(Motion) + out(Path)"。他用大量的例证说明了印欧语中的罗曼语(特别是西班牙语)是后一种模式,除此以外的印欧语(如英语)是前一种模式。

词化和非词化的例子在汉语中很容易找到。比如,古代汉语的一系列动词都是把"动作+方式"/"动作+对象"/ "动作+主体"/"动作+背景"两个概念要素包含在一个词中的,而在现代汉语中把两个概念要素分别用不同的词表达:

a. 动作+方式

瞻,《说文》:"瞻,临视也。"段注:"今人谓仰视曰瞻。" 向上看

顾,《说文》:"顾,还视也。" 回头看

睨,《说文》:"睨,衺视也。" 斜看

睇,《说文》:"睇,小衺视也。" 悄悄地斜看

窥,《说文》:"窥,小视也。" 从小孔中看

b. 动作+对象

沐,《说文》:"沐,濯发也。" 洗头

沬(颒),《说文》:"颒,洒面也。" 洗脸

盥,《说文》:"盥,澡手也。" 洗手

洗,《说文》:"洗,洒足也。" 洗脚

澣(浣),《说文》:"澣,濯衣垢也。" 洗衣

c. 动作+主体

集,《说文》:"群鸟在木上也。" 一群鸟停在树上

骤,《说文》:"马疾步也。" 马快跑

d. 动作+背景

跋,《毛传》:"草行曰跋。" 在草上走

涉,《毛传》:"水行曰涉。" 蹚着水走

这些例证说明除了概念化的不同,词化的不同也深刻地影响各种语言的词汇的面貌。我们运用以概念场为参照背景的概念要素分析法来分析、比较不同词汇系统的词和词义,一定要注意到这些问题。如果简单地认为概念都是人类共同的,而相同的概念都会有相同的词汇表现,那么,除了语音形式的不同之外,不同语言系统的词汇就没有差别性可言了。

二 义位和义元

为了以概念场为背景进行不同词汇系统的词汇和词义的比

较研究，这里想提出一个术语："义元"。

上面讲到，在"打击"概念场中，在若干维度的节点的交会点上，有的在上古汉语中有词汇表现（如"捭"），现代汉语中这个词消失了；有的相反，上古汉语没有词汇表现，到后来才有词汇表现（如"掴"）；有的在英语中有词汇表现（如"spank"），而在汉语中从古到今都没有词汇表现。在表述这样的语言事实的时候，似乎还缺少一个恰当的术语：那些在某一词汇系统中有词汇表现，而在另一词汇系统中没有词汇表现（只能用大于词的单位来表达）的交会点，用什么术语来表达？

我们能不能用"义位"这个术语来表述？义位确实是语义的术语，但按照汉语语言学中通常的用法，"义位"是词的一个义项，它是和"词"联系在一起的，离开词就无所谓义位。[①] 我们可以

---

① 这里遇到一个术语的问题。在汉语语言学中，"义位"通常认为是"sememe"的译名，而且是这样定义的："指一个词的一个义项。"但"不自由的语素义，在字词典里算一个义项，但不能算为义位。"（张志毅、张庆云《词汇语义学》，商务印书馆，2001，15—16页）

但是，sememe有不同的用法。布龙菲尔德用它表示"词素意义"。布龙菲尔德《语言论》："语言信号中有意义的最小单位：义位（glosseme）；义位的意义是义素（noeme）。(a)词汇的：词素（morpheme）；词素的意义是词素意义（sememe）。"（中译本，袁家骅、赵世开、甘世福译，商务印书馆，1985，332页）有些语义学著作不用这个术语，如J. Lyons *Semantics* 把"eye"的两个义位"organ of sight"和"hole in a needle"称为"one lexeme with a number of meanings"(p. 22)。G. Leech *Semantics*(Ricgard Clay (The Chaucer Press) Lit.，1981)把"一词多义"解释为"the existence of more than one semantic specification for the same lexical item"(p. 229)。J. Saeed *Semantics*(Blackwell Publishers Lit.，外语教学与研究出版社，2000)在谈到"一词多义"时说："polysemous senses are listed under the same lexical entry."(p. 64)。

另一方面，有的用"lexeme"来表示通常说的"义位"，如张家骅等《俄罗斯当代语义学》（商务印书馆，2003）："词汇语义学……研究对象是作为义项从内容与形式统一的词中分离出来的词汇语义单位。"（3页）"词用于一个特定的义项时，称作词汇语义单位。一个词有几个义项就是几个词汇语义单位。"（28页）"词汇语义单位"（接下页）

说:"攷"有"敲击"和"考核"两个义位,"敂"有"敲击"和"询问"两个义位,"攷"的一个义位和"敂"的一个义位意义相同;但不能说"攷"和"敂"有同一个义位,正如我们不能说"攷"和"敂"有同一个义项一样。义项是分属于两个词的,不可能两个词有同一个义项;义位也是如此,不可能两个词有同一个义位。

在讨论词汇的历史替换时,人们会说:"在'睡眠'语义场中,有一个表示'睡醒'的义位,这个义最初用'觉'表示,后来用'醒'表示。"其实这样说是不妥当的。怎么会有离开了词而独立存在的"义位"?

在讨论语义场的历史变化时,人们会说:"上古汉语中没有'用手掌打脸'这个义位,这种动作只能用'批颊'这个词组来表达,后来才形成一个新的义位,用'掴'这个词来表达。"这样说也是不妥当的。那就意味着"义位"可以先于词而存在。

上述表述之所以不妥当,主要是因为缺乏一个合适的术语。所以我想提出"义元"这个术语。什么叫"义元"?就是处在某一个概念场的多维网络结构的某一个交会点上的、在某一个语言系统中可以有词汇表现的语义单位。它的分布的背景是概念场,但它本身属于语义层面。"义元"的英译可以是"semantic unit"。

(接上页)是俄文"Пексема"的中文翻译。但"lexeme"一般指"词位"。如 J. Lyons *Semantics* 把"eye"称为"one lexeme",把"found"(establish)和"found"(melt and pour into a mould)称为"two distinct lexemes"。(p. 22)有的著作中"lexeme"的定义是不明确的。如 J. Saeed *Semantics* 认为"lexeme"就是"semantic word",同时又说"(left)foot","foot(of the mountain)","(a)foot(long)"这三个"foot"是"three lexemes",并且说"another way of describing this is to say that we have three senses of the word *foot*"。(p. 58)

本文按照国内通行的用法来使用"义位"这一术语。

所谓“处在某一个概念场的多维网络结构的某一个交会点上的语义单位”，指的是这种语义单位是根据它所在的概念场中的若干维度的节点交会而确定的。比如前面说过，现代汉语的“夯”，其词义结构包括“[动作:打击]+[工具:重物]+[方式:连续向下]+[力度:强]+[目的:使结实]”几个要素，也就是说，在这五个维度的节点的交会点上，在现代汉语中有一个义元，这个义元用“夯”来表达。这样来定义“义元”，就是把它放在概念场的背景上。

所谓“可以有词汇表现”，指的是这个语义单位可以用词或者熟语来表达。“义元”必定处在某个概念域的几个维度的节点的交会点上，但处在某个概念域的几个维度的节点的交会点上的却不一定是义元。比如在“打击”概念场中，“[动作:打击]+[工具:手指]+[对象:眼睛]”这几个维度的节点的交会点是“用手指戳眼睛”，这种动作在人们意识中肯定有反映，但至少在古代汉语、现代汉语、英语这几个语言系统中，这种意义都不用词来表达，所以它不是义元。在实际生活中，用任何一种东西打人都是可能的，比如“用砖头打”、“用松树条打”、“用鞋子打”、“用书本打”、“用眼镜打”……都是可能发生的动作，这些动作也都会反映在人的意识里，而且都在概念场中处在几个维度的节点的交会点上(这样的交会点可以有无数个)，但它们未必有词汇表现。这说明这些动作不是经常发生的，在人们的意识里没有形成固定的语义单位，所以不是义元。只有能有词汇表现的才是固定的语义单位，比如“[动作:打击]+[工具:手掌]+[部位:屁股]”这个语义单位，在英语中用“spank”这个词表达，在现代汉语中用“打屁股”这个熟语表达①，所以在英语和现代汉语中，都是一个义元。

为什么要说“在某一个语言系统中可以有词汇表现”？因为前面说过，各种语言的概念化和词化不完全相同，所以在不同的语言中，义元也不完全相同。“以车鞅击”在英语中不是一个义元，“用警棍打”在古汉语中不是一个义元。“把饭食咽下去”和“把酒、茶等咽下去”在现代汉语中是两个不同的义元（分别用“吃”和“喝”表达），“把饭食或酒、茶等咽下去”在近代汉语中是一个义元（都用“吃”表达）。“moved ＋ out ”在西班牙语中用“salió”表达，是一个义元，在英语中不能用一个词表达，不是一个义元。“打击头部”这种语义，在英语中有“conk”表达，是一个义元；在汉语中不用词或熟语表达，不是一个义元。“洗手”这种语义，在古汉语中用“盥”表达，是一个义元；在现代汉语中不用词或熟语表达，不是一个义元。

“义元”和“义位”的不同在于：“义元”是以概念场为背景，来考察处于概念场中的哪些语义单位与词有联系（有什么词汇表现），而“义位”是从词出发，来分析词的几个义项分别处在概念场的什么位置上（表达什么不同的义元）。“义元”和“义位”都是把概念场和词汇联系起来考察，但考察的角度是不同的。简单地说，前者是立足于概念场而联系到词，后者是立足于词而联系到概念场。

有了“义元”这个术语，我们可以清楚地表达用“义位”不便

① 这是现代汉语中熟语，指大人用手掌打孩子的屁股。中国古代的“打屁股”是一种刑罚，是用板子打屁股，这是另一个义元。

于表达的内容。比如，我们不能说“斫”、“砍”、“chop”有同一个义位，但可以说“斫”、“砍”、“chop”都处在“打击”概念域的下列维度的节点的交会点上，“[动作:打击]+[工具:刀斧]+[方式:重击]+[目的/结果:使对象断裂]”，它们表达的是同一个义元。

在研究词汇和词义的历史发展的时候，用“义元”这个术语，也有助于我们把问题说得更清楚。比如在拙作《关于汉语词汇系统及其发展变化的几点想法》一文中，第一节是“义位的有无和结合关系”，其中有这样一段话：

> 这里我们需要使用“义位”这一概念。“义位”是属于语言深层结构的，反映人们思想中对客观事物的分类。上面所举的事物、动作、性状自古到今都存在，但人们在思想中对它们的分类不同。有的是古人把它们分出来作为一个义位，如“羹”、“胾”、“酣”；而在现代汉语的语义系统中却没有这些义位，在今人看来“羹”和“胾”都是肉，它们的区别可以用词组来表达。相反，有的在上古汉语的语义系统中没有形成义位，如“泼”、“掴”、“噇”，当时人们觉得“弃水”的“弃”和“弃物”的“弃”并无区别。后来人们才把“弃水”这个动作从一般的“弃”中分出来，形成一个新的义位，而称之为“泼”。这就是义位的有无问题。

这段话中的“义位”都应该改为“义元”；“义元”要像上文那样定义。

又如，关于表示“打击物体使之发声”的动词的古今变化，可以这样来表述：

> 在上古汉语里，表示“打击物体使之发声”这个动作根据打击对象的不同分为两个义元：1.“[动作：打击]+[对象：门、钟]+[结果/目的：发声]”；2.“[动作：打击]+[对象：鼓]+[结果/目的：发声]”。前一个义元用“敂(叩/扣)”和“攷(考)”两个动词来表达，后一个义元用“鼓”这个动词来表达。在现代汉语里，表示“打击物体使之发声”这个动作的只有一个义元：“[动作：打击]+[对象：物体]+[结果/目的：发声]”，用“敲”这个动词来表达。

这样的表述，可以把“动作”、“义元”、“词”三个不同的层面分得比较清楚。“动作”是客观世界的一部分；“义元”是客观世界在人的意识里的反映，是语义单位；“词”是语言单位，是用来表达义元的。“词”和“义元”并不都是一一对应的。

以上想法都是一些探索，是否妥当还得请诸位同行指教。

参考文献

戴浩一　2002《概念结构与非自主语法：汉语语法概念系统初探》，《当代语言学》第1期。

蒋绍愚　1989《关于汉语词汇系统及其发展变化的几点想法》，《中国语文》第1期。

——　1999《两次分类——再谈词汇系统及其变化》，《中国语文》第5期。

——　2006《汉语词义和词汇系统的历史演变》，《北京大学学报》第4期。

Hong Gao, Chin Chuan Cheng　2003　Verbs of Contact in English and Their Equivalents in Mandarin Chinese，《语言暨语言学》第4卷第3期。

Lyons, John　1977　*Semantics*, Cambridge Press.

Talmy, Leonard　1985　Lexicalization patterns: semantic structure in lexical forms, in Timothy Shopen, ed., *Language Typology and Syntactic Description*, Vol. 3. Cambridge: Cambridge University Press, pp. 36-149.

（原载《中国语文》2007 年第 5 期）

汉语词义和词汇系统的历史演变初探——以“投”为例

词义和词汇是有系统性的，这一点已经是大家的共识。但是，怎样把握词义和词汇系统？怎样描写汉语词义和词汇系统的历史发展？这些问题还没有很好地解决。本文拟以“投”为中心，来探讨这些问题。全文分两个部分，第一部分讨论词义系统，第二部分讨论词汇系统。

一

1.1“投”是汉语中很常用的一个词，从古到今，“投”有多种意义。怎样掌握和分析“投”的词义？这些意义是否有联系？也就是说，“投”的词义是否有系统性？这是本文要讨论的第一个问题。

传统训诂学为我们的词义研究提供了宝贵的材料。古书中对“投”有大量的注解，可以作为我们研究“投”的词义的重要参考。《故训汇纂》已经把“投”的各种古注汇集在一起，这里不必再罗列。总起来看，古注都是采取同义词相释的办法，比如：《左传・昭公五年》：“受其书而投之，帅士而哭之。”杜预注：“掷也。”

有时找不到同义词，就只能找一个在上下文中可以替换的词来解释，如《吕氏春秋·离俗》：“而自投于苍领之渊。”高诱注：“犹沉也。”无论采用哪一种办法，古注解释的都是“投”字的上下文意义（context meaning）。我们要研究“投”的词义，还必须对这些众多的上下文意义进行分析和归纳，才能确定这些“投”究竟是一个词还是几个词，究竟应该分为哪几个义位（sememe）。现代编纂的词典，已经做了这种工作，例如《汉语大词典》把“投”分为19个义项：

［投］

①掷；扔。《左传·成公二年》：“齐高固入晋师，桀石以投人。”②向下跳。《汉书·扬雄传》：“乃从阁上自投下。”③掷入，投进去。韩愈《鳄鱼文》：“以羊一猪一，投恶溪之潭水。”④仆倒；跌落。《左传·昭公十三年》：“王闻群公子之死也，自投于车下。”⑤投射。巴金《家》二三：“他向克明这面投了一瞥憎恨的眼光。”⑥置放；弃置。《孙子·九地》：“投之亡地然后存，陷之死地然后生。”韩愈《平淮西碑》：“蔡之卒夫，投甲呼舞。”⑦迁置；贬徙。《礼记·乐记》：“下车而封夏后氏之后于杞，投殷之后于宋。”郑玄注：“举徙之辞也。”⑧投靠，投奔。《世说新语·赏誉下》：“卫玠避乱，从洛投敦。”⑨投宿。杜甫《石壕吏》诗：“暮投石壕村，有吏夜捉人。”⑩投赠。《诗·卫风·木瓜》：“投我以木瓜，报之以琼琚。”⑪呈交；寄。《唐语林·补遗三》：“有举子投卷。”⑫合；投合。《楚辞·大招》：“二八接舞，投诗赋只。”王逸注：“投，合也。”⑬犹靠近。王安石《送程公辟守洪州》诗：“九江右投贡与章，扬澜吹漂浩无旁。”⑭挥。参见“投袂”。⑮用。《老子》：

“兕无所投其角,虎无所措其爪。”《盐铁论·世务》引此,投,作“用”。⑯投壶。《礼记·少仪》:“侍投则拥矢。”参见“投壶”。⑰骰子。《古文苑·班固〈弈志〉》:“夫博悬于投,不专在行。”⑱介词。(1)犹到,待。《后汉书·独行传·范式》:“投其葬日,驰往赴之。”(2)犹向。《史记·淮阴侯列传》:“足下右投则汉王胜,左投则项王胜。”⑲姓。 [为节省篇幅,每个义项一般只引一个例句,有的例句有删节。]

但是,《汉语大词典》的释义基本上也是采用同义词相释的办法,如果找不到同义词,也是找一个在上下文中可以替换的词来解释(如⑭挥,⑮用)。这种办法有其优点:简明易懂,便于使用者掌握“投”的词义。但也有其局限,第一是把一些统一的义位分割开了,第二是看不出这些义位之间的联系。关于这两点,下面将会说到。

1.2 那么,应该怎样对“投”的词义进行分析呢?

首先,要抓住“投”的基本意义。“投”的基本意义,古今是一致的。《说文》:“投,擿也。”《现代汉语词典》:“投,向一定目标扔。”这个基本意义,是我们分析“投”的其他意义的出发点。

其次,要把“投”的各个意义放到相应的概念域(conceptual domain)中,分析它的概念要素(conceptual components)。[1]“概念域”是一个层级结构(hierarchical structure),比如“运动”这个上位概念域,有这样一些层级:(方框表示概念域,[ ]中的是这个概念域的成员,表中所列只是举例性的。)

---

① 关于“概念域”和“概念要素”等,笔者已有另文讨论。

表一 “运动”概念域的层级结构

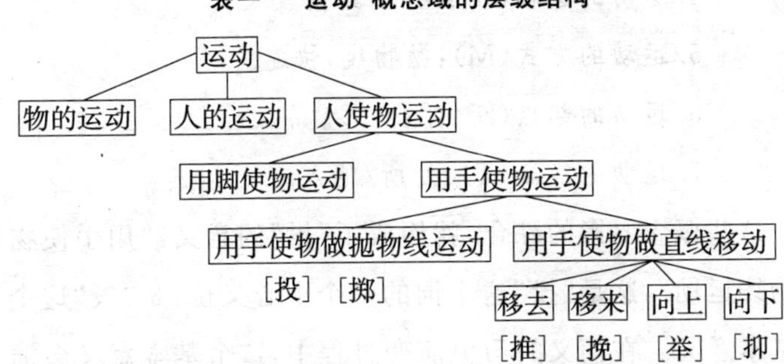

“投”的基本意义是“用手使物做抛物线运动”，属于“用手使物做抛物线运动”的概念域，在这个概念域中还有别的成员，如“掷”。其同位概念域是“手使物做直线移动”，这个概念域还有下位概念域，如“移去”、“移来”、“向上”、“向下”等，在这些概念域中的成员分别有“推”、“挽”、“举”、“抑”等。这些成员共同的上位概念域是“用手使物运动”，同属于这个上位概念域中的成员（如“投、掷、推、挽、举、抑”等）都有一些共同的概念要素，即：核心要素（K），运动的主体（F），运动的驱动者（C），运动的途径（P）、运动的方式（M）、运动的起点（S），运动的终点（T）。这些成员的核心要素（K）都是“运动”，运动的主体（F）都是“物”，运动的驱动者（C）都是“人”，运动的起点（S）都是“手”，这是它们共同的；而运动的途径（P）、运动的方式（M）、运动的终点（T）这三个概念要素则各个成员各不相同，这些不同构成了各个成员之间的区别。就“投”（用手使物做抛物线运动）来说，它的概念要素是：

1. 核心要素（K）：运动。

2. 运动的驱动者（C）：人。

3. 运动的主体（F）：物。

4. 运动的途径(P):空中,距离较长。

5. 运动的方式(M):抛物线,快速。

6. 运动的起点(S):手。

7. 运动的终点(T):处所/他人。

这些概念要素的综合,就构成了“投”的意义:“用手使物做抛物线运动”,这是“投”这个词的一个中心义位,是“投”这个词的基本意义。在词义的历史演变过程中,这个基本意义会演变为其他意义,有的意义离这个基本意义近,有的意义离这个基本意义远。我们可以以这个基本意义为出发点,把“投”的其他意义贯串起来。根据其他意义和这个基本意义的远近,我们把“投”分为三个词,用{投1}、{投2}、{投3}表示。每个词下又分若干义位,用[投1A]、[投1B]、[投2A]、[投2B]等表示。一个义位演变为另一个义位,其概念要素必然会发生变化。但是由[投1A]演变而来的其他义位,大都是表示空间运动或位移的,这些义位仍可以用上述概念要素来分析,只是有些概念要素改变了,有些概念要素消失或淡化了(下面表中用—表示),有的还要加上概念要素“目的”(O)。有些义位是这些表示空间运动或位移的义位的隐喻或投射,其核心要素必然要改变,其他概念要素也会有变化,但因为这些义位还是表示关系变化或时间推移的过程,和空间运动或位移的过程类似,所以大体上还是能用上述概念要素来分析。详见下面的分析和表格。

1.3 下面分析“投”的各种意义。

1.3.1 {投1}:用手使物运动以及直接由此演变出来的意义。

1.3.1.1 [投1A]:投掷。

K	C	F	P	M	S	T
运动	人	物	空中,距离较长	快速,抛物线	手	他人/处所

用手加力于物,使之离开自身在空中快速地做抛物线运动,到达某处或某人身边/身上。这是{投}的基本意义。典型的例子如《左传·昭公五年》:“投其首于宁风之棘上。”(终点是处所)《左传·成公二年》:“齐高固入晋师,桀石以投人。”(终点是人)

这就是《汉语大词典》的①。其实,《汉语大词典》的③“投入,投进去”也应属于这个意义,“投恶溪之潭水”,“潭水”是运动的终点(处所),不过这个处所不是一个二维的平面,而是一个三维的立体;“掷入,掷进去”的“入,进去”是“投”和“恶溪之潭水”搭配而产生的意义,不是“投”的词义。

1.3.1.2 [投 1B]:扔掉。

K	C	F	P	M	S	T	O
运动	人	物	空中,距离较短	快速,直线	手	地上	舍弃

古注中有不少把“投”注为“弃也”,有的词典为“投”列了一个义项“抛弃”。但仔细考察,有的句子中的“投”显然不同于“弃”,如《诗经·小雅·巷伯》:“取彼谮人,投畀豺虎;豺虎不食,投畀有北;有北不受,投畀有昊。”毛传:“弃也。”这个“投”的词义如果是“弃”,后面就不可能跟着“畀”;还是孔颖达疏说得对:“若有北不肯受,则当掷予昊天。”这个句子中的“投”应该是“掷”义。有些句子中的“投”似乎可以解释为“弃”,如《楚辞·天问》:“稷维元子,帝何竺之?投之于冰上,鸟何燠之?”王逸注:“弃也。”《吕氏春秋·贵直》:“简子投枹曰:‘乌乎!’”高诱注:“弃也。”《战国策·秦二》:“扁鹊怒而投其石:‘君与知之者谋之,而与不知者败之。’”高诱注:“弃也。”但深入考察,这些句子中的“投”和“弃”

仍然有区别。古代的“弃”的对象大多是抽象的东西，如《老子》：“绝圣弃智。”《孟子·滕文公上》：“尽弃其学而学焉。”有时“弃”也以具体的东西为对象，但这件东西原来不是在手中的，如《孟子·梁惠王上》：“弃甲曳兵而走。”而“投”的对象总是原来握在手中的东西，上述“投”表示将手中之物投于地，这是“投”和“弃”的区别。又如《后汉书·陈蕃传》：“以谏争不合，投传而去。”李贤注：“投，弃也。传谓符也。”《后汉书·范滂传》：“滂怀恨，投版弃官而去。”“投传”、“投版”都表示“弃官”，但是这个抽象的意义还是通过“投＋具体的物”来表达的，即用“扔掉官符/手板”来表示“弃官”的意思，“投”还是包含“投地”这种动作及其目的“舍弃”，而不单纯是“舍弃”之义。但古人把上述句子的“投”注为“弃”也不是没有道理的，因为这种“投”的动作已和[投 1A]有所不同，是将手中之物投于地（所以距离较短，运动方式是直线），而且其目的是舍弃，古人把这些“投”注为“弃”，是特别强调其目的。这种“投”既包含动作投掷，又包含结果弃去，可以用“掷去”或“扔掉”来表示，我们把它另立为一个义位[投 1B]。

是不是有的“投”不包含“投地”的意义而只表示“舍弃”呢？《吕氏春秋·乐成》：“孔子始用于鲁，鲁人鷖诵之曰：‘麛裘而韠，投之无戾，韠而麛裘，投之无邮。’”高诱注：“弃也。”这个例句中“投”的对象是人，“投”不可能是用手把人扔到某处，所以高诱注为“弃也”。但这个例句不典型，因为句中的“投”也可以理解为“放逐”（见下）。此外，还有一些例句，都是“投命”连用，如《吴子·励士》：“是以一人投命，足惧千夫。”《后汉书·仲长统传》：“刺客死士，为之投命。”孔融《汝颍优劣论》：“虽慕忠谠，未有能投命直言者也。”《抱朴子·外篇·嘉遁》:“陈贾刎颈以证弟,仲由投命而葅醢,嬴门伏剑以丧心。”颜延年《阳给事诔》:“故宁远司马濮阳太守阳瓒,滑台之逼,厉诚固守,投命徇节,在危无挠,古之烈士无以加之。”“投命”的“投”古人也有注为“弃”的。《文选·潘岳〈西征赋〉》:“临危而智勇奋,投命而高节亮。”李善注:“杜预《左氏传注》曰:‘投,弃命也。’”但这些“投”也可以理解为“致”的意思。《周易·困》:“君子以致命遂志。”疏:“君子期于致命丧身,必当遂其高志。”“投命”即“致命”(献出自己的生命),未必就是“舍命”之意。[①] 除“投命”外,“投”表示“舍弃”的例子很少。如《生经》卷四七:“为其君王,投弃躯命。”唐陆贽《翰苑集》卷一九:“临难则投弃城镇。”都是“投弃”连用。据此,我认为比较谨慎的做法是不为“投”立一“舍弃”的义位。

1.3.1.3[投1C]:放逐。

K	C	F	P	M	S	T	O
位移	君主	臣民	—	—	朝廷	边裔	抛弃

“投”的对象如果是臣民,“投”就不可能是手的动作,而是表示君主使之从朝廷移到边裔,即放逐。例如《庄子·在宥》:“然犹有不胜也,尧于是放讙兜于崇山,投三苗于三峗,流共工于幽都,此不胜天下也。”释文:“崔本投作杀,《尚书》作窜。”这种用法后代较多,如《旧唐书·宣宗纪》:“积恶既彰,公议难抑,是宜移投荒服,以谢万邦。”柳宗元《别舍弟宗一》:“一身去国六千里,万

① 还有一些例句中“投命”的意义和上述《吴子》等例不完全相同,如《后汉书·臧洪传》:“足下徼利于境外,臧洪投命于君亲。”但仔细玩味,这种“投”和上述《吴子》等例的“投”实际上还是同一个,意义都是“致,交出”。不过上述《吴子》等例的“投命”是为某人/某事献出生命,《后汉书·臧洪传》这一类的“投命”是为人效死力。

死投荒十二年。”

[投1C]是[投1A]——[投1B]——[投1C]这样演变而来的。和[投1B]比较,[投1C]的七个概念要素都改变了,但[投1C]的F也是发生了位移,而且位移的目的是把F抛弃,这和[投1B]相似,所以[投1C]是[投1B]的隐喻。这种演变过程可以从下面的例句看出来。《左传·文公十八年》:“舜臣尧,宾于四门,流四凶族,浑敦、穷奇、梼杌、饕餮,投诸四裔,以御螭魅。”杜预注:“弃也。”孔颖达疏:“投者,掷去。”孔颖达疏是侧重于动作,看作[投1A];杜预注是侧重于目的,看作[投1B];其实它是[投1B]的隐喻,应该是一个新的义位[投1C]。

说[投1C]是[投1B]的隐喻,还有一条证据:《周礼·掌戮》:“杀其亲者焚之,杀王之亲者辜之。”郑玄注:“《易》曰:‘焚如,死如,弃如。’”贾公彦疏:“弃如,流宥之刑。”可见在古人的观念里,“流放”就是被君主抛弃。

《礼记·乐记》:“下车而封夏后氏之后于杞,投殷之后于宋。”郑注:“举徙之辞也。”这种“举徙”不是惩罚,而是礼遇。这是“投”的一种特殊用法,这种用法仅此一例,不应为此立一义位。

1.3.1.4 [投1D]:放置。

K	C	F	P	M	S	T
位移	人	物/人	—	—	自身处	他处

[投1A]的T如果是处所,那么“投”的结果是F处于某地。这个结果和“置”相同,“置”的结果也是某物处于某地。“投”和“置”的不同在于M:“投”是用手使物在空中经过快速抛物线运动而处于某地,而“置”是用手使物经过速度不太快的位移而处于某地(而且,往往是手之所及之处)。对一个事件的叙述,如果

不强调 P 和 M 的不同，而着眼于手使 F 处于某地这个结果，那么，用“投”用“置”就都可以。如上引《楚辞·天问》：“稷维元子，帝何竺之？投之于冰上，鸟何燠之？”说的是稷诞生时的事。对同一个事件，《诗经·大雅·生民》的叙述是：“诞寘之寒冰，鸟覆翼之。”当然，在这两个句子中，“投”和“寘”的词义是不一样的，对同一个事件的叙述也不完全相同（《天问》说是扔到冰上，《诗经》说是放到冰上）。但位移速度的快慢是相对的，语言的使用者有时也会用“投”来表示“用手使物经过不太迅速的位移而处于某处”这种过程，这种用法逐渐积累，就会使“投”产生一种新的语义：放置。在历史资料中，“投”的语义的这种变化，在先秦文献就有例子，如《孙子·九地》：“投之无所往，死且不北，死焉不得，士人尽力。”梅尧臣曰：“置在必战之地。”张预曰：“置之危地。”《孙子·九地》：“投之亡地然后存，陷之死地然后生。”这句话在《史记·淮阴侯列传》中作“兵法不曰‘陷之死地而后生，置之亡地而后存’？”但这两个例句中的“投”都不是用手使物位移，而是抽象的“放置”。“投”表示用手把物放置在某处的例子，要到《论衡》才见到。《论衡·商虫》：“藏宿麦之种，烈日干暴，投于燥器，则虫不生。”《论衡·是应》：“司南之杓，投之于地，其柢指南。”至于在实际语言中，“投”是先产生抽象的[放置]义，还是先产生具体的[放置]义，由于历史资料的不完备，就不好确定了。

古书中还有把“投”注为“下”的，如《战国策·赵策三》：“鲁人投其籥，不果纳。”鲍彪注：“投者，下其牡。”“下其牡”指把锁簧插入锁中。还有一些句子虽然没有注解，但“投”也可以用“下”来替换。如《汉书·外戚传》：“今皇后当免身，可因投毒药去也。”《论衡·顺鼓》：“投一寸之针，布一丸之艾于血脉之蹊，笃病有瘳。”这种“投”其实也是[投 1A]的变体。[投 1A]的 P 变为“距离较短”，M 变为“直线向下，一般速度”，就变成了这些“投”。不过，这种“投”只出现在“投其簭”、“投药”、“投针”等组合中，而不能自由组合，所以不必单列一个义位。

1.3.1.5 [投1E]：致送。

K	C	F	P	M	S	T	O
关系改变	人	物	—	—	自身	他人	赠与

[投 1A]这种动作的目的，除了把某物抛弃以外，还可以把某物致送某人，尤其是当[投 1A]的 T 是人的时候。最典型的例子是《诗经·卫风·木瓜》：“投我以木瓜，报之以琼琚。”《汉语大词典》把这个例句列在“投赠”义项下。其实，这个“投”还是[投 1A]，即表示“投掷”的动作，只是其目的是赠送。为了说明这一点，我们可以分析几个类似的例句。1.《诗经·大雅·抑》：“投我以桃，报之以李。”郑笺：“犹掷也。”这说明在古人的语感里，这种“投”仍是[投 1A]。2.《淮南子·说山》：“和氏之璧，夏后之璜，揖让而进之，以合欢；夜以投人，则为怨。”这个“投”也是动作为投掷，目的是赠送。如果“投”的词义是单纯的“赠送”，那即使是夜间“投(赠)人”，也不会“为怨”。3.《世说新语·容止》注引《语林》：“安仁至美，每行，老妪以果投之，满车。张孟阳至丑，每行，小儿以瓦石投之，亦满车。”“以果投之”和“以瓦石投之”的“投”，尽管目的不同，但不能说是两个不同的“投”，而都是[投 1A]。《礼记·曲礼》：“毋抟饭，毋放饭，毋流歠，毋咤食，毋啮骨，毋反鱼肉，毋投与狗骨。”孔颖达疏：“投，致也。”其实这个“投”也是动作是投掷，目的是给予。

但这种目的是“致送”的[投 1A]用得多了，也会使“投”的语义发生变化。等到“投”的“投掷”义消失，仅仅表示“致送”义时，就成了[投 1E]。

[投 1E]在不同的上下文中可以有不同的意义。有时表示给予，如《大戴礼记·千乘》：“以财投长曰贷。”王聘珍解诂：“致也。”孔广森补注：“与也。”有时表示“送交”，较早的例子是《三国志·魏志·国渊传》：“时有投书诽谤，太祖疾之。”①《洛阳伽蓝记·景宁寺》：“或有人慕其高义，投刺在门。”有时表示“赠送”，如《史记·鲁仲连邹阳列传》：“苏秦相燕，燕人恶之于燕王，燕王按剑而怒，食之以駃騠；白圭显于中山，中山人恶之于魏文侯，文侯投以夜光之璧。”《汉书·邹阳传》作“文侯赐以夜光之璧”。表“赠送”的意义常“投赠”连用，例子见于唐代，如李白《赠易秀才》：“少年解长剑，投赠即分离。”②“给予”、“送交”、“赠送”的意思略有区别，但都是把自己的东西给他人，可以归并为一个义位。

[投 1E]是[投 1A]的隐喻。[投 1A]是 C 使 F 从自己手里经过位移到达 T 那里，[投 1E]是 C 使 F 从自己所有经过致送到达 T 那里成为 T 所有，两者有相似之处。不过[投 1A]表达的是物的位移，[投 1E]表达的是占有关系的转移，前者是物理现象，后者是社会现象。

1.3.2 {投 2}：身体的运动以及由此演变出来的意义。

1.3.2.1 [投 2A]：人使自己的身体在空中快速运动到达某处。

K	C	F	P	M	S	T
运动	人	自身	空中	快速	原处	他处

① 《史记·贾谊传》：“过湘水，投书以吊屈原。”《汉书·赵广汉传》：“又教吏为缿筩，及得投书，削其主名，而托以为豪桀大姓子弟所言。”这两个“投”是“投掷”之意。

② 有的“投赠”是“投诗而赠之”之意，如杜甫《投赠哥舒开府翰二十韵》。

构成[投1A]的六个概念要素中，F由“物”变成“驱动者本身的身体”，S由“手”变为“身体原来的所在处”，P和M略有改变(距离长短和曲线直线淡化，方向向下)，T只能是处所，不能是人，这就成了[投2A]。

[投2A]在古书中很常见，如《吕氏春秋·离俗》：“而自投于苍领之渊。”高诱注：“犹沉也。”《左传·昭公十三年》：“王闻群公子之死也，自投于车下。”《汉书·扬雄传》：“惟寂寞，自投阁。”《汉书·外戚传》：“从床上自投地，啼泣不肯食。”这些句子中的“投”，诸家的注释相当分歧。高诱注为“沉”，《汉语大词典》归到“仆倒；跌落”的义项下，《王力古汉语字典》归到“以身投入”下。但这些解释都只适合于某些句子，而不适合于其他句子。这是不奇怪的，因为古人的注释和现代的词典都是采用以词释词的方法，而[投2A]在古汉语中没有同义词，在现代汉语中也没有词来表达这个意义，而所以，只能随文解释了。如果采用概念要素分析法，就可以很清楚地看到，这些“投”都有同样的概念要素，都是[投2A]。

《诗经·小雅·小弁》：“相彼投兔，尚或先之；行有死人，尚或墐之。”郑笺：“掩也。”朱熹注：“投，奔。……相彼被逐而投人之兔。”郑笺和朱注不一样。我赞同朱注。这个“投”的意思是：兔的身体急速向前运动，结果入人之怀(T)。它是[投2A]的变体，其概念要素基本和上述“投”一样，只是P不是经过空中而是在地上，M不是向下而是向前。①

① “投兔”的“投”不是人的动作，而是兔的动作；但这是[投2A]的灵活用法，不妨碍我们对[投2A]的词义分析。下面{投3}也是一样，“兕无所投其角”是兕的动作，但我们仍把{投3}归入“人体运动”概念域下。

如果把[投 2A]的概念要素 K 改为“位移”，P 改为“地面”，M 改为“慢速，向前”，而且位移的结果不是到达 T 而是趋近 T，其意义就变成了“趋向，靠近”，如孟郊《题林校书花严寺书窗》：“拟古投松坐，就明开纸疏。”再进一步演变，就从动态的“趋向，靠近”成为静态的“靠近，邻近”，如王安石《送程公辟守洪州》：“九江右投贡与章，扬澜吹漂浩无旁。”这就是《汉语大词典》的⑬“犹靠近”。不过这个意义的“投”用得不多，似不必单列一个义项。

1.3.2.2 [投 2B]：投奔，投靠。

K	C	F	P	M	S	T
关系改变	人	自身	—	—	原来的依附者	新的依附者

这是由[投 2A]通过隐喻而形成的。[投 2A]是自身经过位移从原处位到达他处，是身体位置的转移，[投 2B]是自身经过关系的变化从原有的依附某人变为依附另外的人(但 T 只能是人，不能是处所)，是依附关系的转移。[投 2B]的例子始见于《史记》。《史记·淮阴侯列传》：“足下右投则汉王胜，左投则项王胜。”《世说新语》中这种用法很多，如《世说新语·识鉴》：“王大将军既亡，王应欲投世儒，世儒为江州。王含欲投王舒，舒为荆州。”

到《西游记》中，“投”演变为介词，义同“往”。“投西而去”之类的话很常见。

1.3.2.3 [投 2C]：投宿。

K	C	F	P	M	S	T	O
位移后停留	—	人	地面	—	原处	他处	留宿

[投 2A]的概念要素中,P 变为地面,C 和 M 淡化,加上 O“留宿”,这就成了[投 2C]。目前见到的最早的例句是《汉书·东方朔传》:“投宿诸宫。”稍后有《后汉书·方术列传》:“使者二人当到益部,投部候舍。”《世说新语·雅量》:“公东出,乘估客船,送故吏数人投钱唐亭住。”在唐诗中很多,如杜甫《石壕吏》:“暮投石壕村。”

1.3.2.4 [投 2D]:到(某时)。

K	C	F	P	M	S	T
时间推移	—	时间	时段	—	原来的时点	新的时点

[投 2C]的 F 换成“时间”,P 换成“时段”,S 换成“原来的时点”,T 换成“新的时点”,去掉 O,表示时间经过一个时段到了某个新的时刻,就成了[投 2D]。这是从空间到时间的投射(projection)。目前见到的最早的例句是《汉书·游侠传》:“投暮,入其里宅,因自匿不见人。”《后汉书》中也有,如《仇览传》:“母守寡养孤,苦身投老,奈何肆忿于一朝,欲致子以不义乎?”《范式传》:“式便服朋友之服,投其葬日,驰往赴之。”

这个“投”开始时是动词,后来逐渐虚化为介词。到元刊杂剧中,出现了“投至”这个复合介词,用得很多。如《拜月亭》三折:“碧荧荧投至那灯儿灭。”在《西游记》中改为“投到”,如《西游记》三九回:“投到回来,好天明了。”到《红楼梦》中,又都不见了。这些词的兴衰,可能与方言有关。

1.3.3 {投 3}:肢体和头向下或向前快速运动。

K	C	F	P	M	S	T
运动	人	肢体或头	空中,距离较短	快速,直线	原处	下方/前方

{投3}仅一个义位。[投1A]的F换成人身体的一部分(臂/袂、足、角等),P为空中,距离较短,M为快速,直线,S为原处,T为下方/前方,就成了{投3}。{投3}包括“投袂”、“投足”、“投角”的“投”。这些“投”在古注中释义很不一致,词典也分成几个不同的义项,如《左传·宣公十四年》:“楚子闻之,投袂而起。”杜预注:“振也。”《文选·江淹〈杂体诗〉》:“投袂既愤懑。”刘良注:“投袂,犹奋袂也。”《吕氏春秋·古乐》:“昔葛天氏之乐,三人操牛尾投足以歌八阕。”高诱注:“投足,犹蹀足。”《老子》第五十章:“兕无所投其角,虎无所措其爪,兵无所容其刃。”《汉语大词典》把“投袂”的“投”解释为“挥”,把“投其角”的“投”解释为“用”,有的字典解释为“触”。这些都是随文解释,而且把一个统一的义位拆开了。根据概念要素的分析,这些“投”只是一个,都是{投3}。

除此以外,还有几个《汉语大词典》所列的“投”的意义没有说到,这里附带说一下。《汉语大词典》的⑤“投射”是现代的意义,显然是从“投掷”演变来的;“投掷”的对象从物体变成光线,就成了“投射”。《汉语大词典》的⑯用“投”表示“投壶”是语用现象而不是“投”的词义,不应列为义项。⑰“骰子”是名词,显然与“投掷”义有关联。⑫“合;投合”义与[投1A]的关系较远,但还是有联系的。《吕氏春秋·精谕》:“白公曰:‘若以石投水奚若?’孔子曰:‘没人能取之。’白公曰:‘若以水投水奚若?’孔子曰:‘淄、渑之合者,易牙尝而知之。’”以一物投于相同的物中,两者就相合了。

这样,我们通过概念要素分析的方法,可以把“投”所有的意义一一加以说明、归纳和联系。

1.4 下面，我们把“投”的各个义位列一总表。

表二 “投”的各个义位总表

义位	意义	概念域	K	C	F	P	M	S	T	O	时代
[投 1A]	投掷	用手使物运动	运动	人	物	空中，距离较长	快速抛物线	手	他人/处所	—	先秦
[投 1B]	扔掉	用手使物运动/所有关系改变	运动	人	物	空中，距离较短	快速直线	手	地上	舍弃	先秦
[投 1C]	放逐	对人的惩处	位移	君主	臣民	—	—	朝廷	边裔	抛弃	先秦
[投 1D]	放置	用手使物移到某处	位移	物/人	物	—	—	自身处	他处	—	先秦
[投 1E]	致送	所有关系改变	关系改变	人	物	—	—	自身	他人	赠与	汉代
[投 2A]	身体向下运动	人体运动	运动	人	自身	空中	快速	原处	他处	—	先秦
[投 2B]	投奔投靠	人际关系改变	关系改变	人	自身	—	—	原来的依附者	新的依附者	—	汉代
[投 2C]	投宿	行旅	位移后停留	—	人	地面	—	原处	他处	留宿	汉代
[投 2D]	到（某时）	动态的时间关系	时间推移	—	时间	时段	—	原来的时点	新的时点	—	汉代
{投 3}	肢体或头快速运动	人体运动	运动	人	肢体或头	空中，距离较短	快速直线	原处	下方/前方	—	先秦

1.5 上面对“投”的词义做了分析，所采用的方法可以称之为“概念要素分析法”。和传统的用同义词相释以及用替换法来分析归纳词义的做法相比，“概念要素分析法”的好处是很明显的。(1)用同义词相释和替换法来分析词义，都是凭借相应的词来分析词义，如果一个多义词的某个意义可以用同义词A解释，另一个意义可以用同义词B解释，再一个意义可以用同义词C解释，就把这个多义词分为三个义位，并用A,B,C来说明其意义。这种方法的好处是简单明了，容易掌握。但是，如果找不到同义词，就只能用替换法，即在某种组合关系中，这个词可以用另一个词替换而意义大致不变。比如说，把“投袂”中的“投”解释为“振”、“奋”、“挥”，把“自投于河”的“投”解释“沉”或“跳”。其实“投”和“振”、“奋”、“挥”并不是同义词，“投”和“沉”、“跳”也不是同义词，它们的替换只限于某种固定的上下文中，超出了这种语言环境，就不能互相替换；用替换法解释词义已经不准确，据此而确定为一个义位就更加不妥。(2)词汇系统反映人们对客观世界的能动的认识，在不同的历史阶段，人们对客观世界的“两次分类”的结果不同，形成词汇系统的不同。[①] 比如，先秦时期人们把“足”、“袂”、“角”的向下或向前快速移动归为一类，都用“投”表示，是一个义位。后来，人们不再把这些动作归成一类，当然也就不会用同一个词表示，所以，后代的人不会认为“投足”、“投袂”、“投角”的“投”是一个义位，而会把它们分成三个义位，分别找一个可以替换的词来解释，把“投足”的“投”解

① 见蒋绍愚 1999:《两次分类——再谈词汇系统及其变化》,《中国语文》第5期。

释为“蹀”，把“投袂”的“投”解释为“振”，而“投角”的“投”实在找不到可替换词，就只能根据异文说它的意思是“用”。这不仅是释义不准确，而且是把一个义位拆成三个了。(3)采用这种分析法，对词义的分析只到义位这一级，对于义位构成的进一步分析就无能为力了。这些用同义词相释和替换法来分析词义所无法解决的问题，概念要素分析法都能解决。(1)因为它不是用相应的词来分析词义，而是用概念要素来分析词义。一个词或一个义位，可能找不到同义的或可以替换的词或义位，但从原则上讲，任何一个词或义位都能分析为概念要素，所以，即使一些义位没有同义词或替换词，也能运用概念要素加以分析。(2)原来是一个义位，后来不再构成同一义位的，也可以通过概念要素的分析，认定它当初是一个义位。(3)这种分析，能达到义位构成这一级，把义位再分解。

当然，概念要素分析法对一些有比较实在的意义的词的分析比较有效。至于一些比较抽象的词，如“思”、“忆”、“爱”、“欲”、“有”、“无”等，如何确定其概念要素，还需要进一步研究。

1.6 “投”的词义演变，实际上在上面也已经谈到了，即：“投”中心意义是[投 1A](投掷：用手使物做抛物线运动)，其他意义(除[投 1A]之外的{投 1}{投 2}{投 3}的各个义位)都是从[投 1A]演变而来的。不过，这主要根据概念要素的变化而推断的，未必都能由历史资料来证明其演变过程。布龙菲尔德《语言论》说过：“我们遇见一种形式在某个时候用于意义 A 而后来在另一个时候用于意义 B，我们看到的显然至少是两度转移的结果，就是说，该形式从 A 类环境的应用扩展到 A—B 类较大环境的应用，最后是该形式不再用于接近老式 A 类环境以至于部分地废弃,终于是只用于 B 类环境……斯培尔伯(H. Sperber)指出意义的引申决不能认为是理所当然的事,如果想要了解,第一步就非得找出新意义首次出现的上下文……在大多数情况下,这种企图注定是要失败的,因为文献记载并不包含那些关键性的话语……文献记载只给我们提供了说过的话语的极微小的一部分,而这微小的部分所包括的几乎总是很讲究的雅语,避免了带有新奇成分的说法。”(中译本 531—545 页)确实,语言历史演变的情况应该是 A——A/B——B(不过,要补充一点:很多词的词义演变是 A——A/B——B,但 B 出现后 A 还继续存在),而且必然是先出现 A,然后出现 A/B,最后出现 B。但从历史文献上,有时不容易看到这种理想的记载。上面我们看到,从[投 1A](投掷)到[投 1B](扔掉)和 [投 1E](致送),大致能看到 A——A/B——B 按时代的先后出现的历史记载,但[投 1A](投掷)和[投 1C](放逐)、[投 1D](放置)及其过渡形式基本上都出现在同一时代的文献中。至于从[投 1A]到{投 2}和{投 3},就连过渡形式也找不到了。正如布龙菲尔德所说,很多词义演变过程没有在文献中记载下来,这是研究历史词汇学的一个几乎是难以克服的困难。但尽管如此,从词义之间的关系来看,我们还是可以说,{投 2}和{投 3}都是从[投 1A]演变来的。

那么,这种词义演变有没有什么规律呢?因为本文只是对“投”的词义演变做了研究,并没有涉及更多的词义演变,所以无法概括出词义演变的规律。但仅从“投”这一个案例就可以看到,传统所说的“扩大,缩小,转移”已经远远不够用了;通常所说的“从工具到动作”、“从性状到事物”等引申途径也还不足以解释从[投 1A](投掷)到[投 1B](其中有的“投”表示“舍弃”)和从

[投1A](投掷)到[投1E](致送)的演变;这种演变,应该说是“从动作到目的”,而且,是“隐喻”在词义演变中起了较显著的作用。另外,我们看到,有时概念要素的改变会导致词义的变化,比如[投1A](投掷)有P(空中,距离较长)和M(快速,曲线)两个概念要素,如果不强调这两个概念要素,只是人用手使物处于某地,那就成了“放置”。又如[投1A](投掷)的F由“物”变成“人(自身)”,P和M也稍作一些改变,由“空中,距离较长”变为“空中,(距离长短淡化)”,由“快速,抛物线”变为“快速,(直线曲线淡化)”,这就变成[投2A](身体向下运动)。但概念要素的改变有哪些不同的类型?有没有规律可循?什么是变化的动因?这些问题都还有待于进一步研究。

既然“投”的各种意义都是从它的基本意义演变而来的,各种意义之间有紧密的联系,我们可以说“投”的词义是一个系统。那么,是不是每一个词的词义都是有系统性的呢?从总体上说,回答应该是肯定的。但是,由于词义发展的历史情况非常复杂,有些词(字)的各种意义之间的联系我们无法弄清。比如,“策”的本义是“马鞭”,它还有一个意义是“策谋”,这两个意义是否有历史联系?会不会是毫无关系的两个词?段玉裁《说文解字注》说:“计谋曰筹策者,策犹筹,筹犹筭,筭所以计历数,谋而得之犹用筭而得之。”认为这是引申义。朱骏声《说文通训定声》:“假借为莢。”认为这是假借义。由于历史资料的缺乏,这个问题不好回答,就只好存疑了。[①]

① 上面的内容,基本上在拙作《“投”的词义分析与词义演变》(将刊于《丁邦新先生七秩寿庆论文集》)中已经说过。但因为和下面的问题关系密切,所以仍写在本文中。

二

2.0 上面讨论了“投”的词义的历史演变。下面以“投”为中心讨论词汇系统的历史演变。

本文考察汉语词汇系统历史演变的基本方法是:把汉语不同时代的词汇放到概念场中进行比较。早在1931年,德国语言学家J. Trier就说过:一个时代的一个词汇场(lexical field)之所以能和另一个时代的词汇场进行比较,是因为它们覆盖着同一个概念场(conceptual field)。[①] 概念场是基本稳定的,特别是一些基本的概念域和概念要素是很稳定的,而词汇是随着时代而变化的。以概念域为背景,把汉语的发展分为若干个历史时期,把各个时代平面的词放到概念场中,比较它们的异同,就可以了解汉语词汇系统的历史演变。

不过,J. Trier在20世纪30年代提出的这个说法比较粗略,有必要加以细化。实际上,概念场是一个由各级概念域构成的层级结构;多数词不止一个义位,处于各个概念域中的不是词,而是义位。(当然,如果是单义词,那么一个词就是一个义位。)上位义位/词处于较高的概念域,下位义位/词处于较低的概念域。要考察汉语词汇系统的历史演变,应该把汉语的各个历史时期的词汇各自分解为义位,分别放到不同的概念域中作为其中的成员,然后,以某一个较高的概念域为背景,把这个概念域中各个层级的下位概念域中的成员一一列出并加以考察,

① 转引自J. Lyons *Semantics*, Cambridge University Press, 1981, p. 253。

一方面分析成员的历史变化，另一方面还要分析其分布的历史变化。成员的变化就是通常所说的词汇替换，但以往所说的词汇替换往往只着眼于单个词语的一对一的替换，而实际上没有那么简单，这将在下面2.9中进一步说明。分布的变化指的是：在同一时代平面上，各个成员在概念域中所占的位置是不完全相同的，各个成员作为基本同义的语义单位，相互之间还有一些区别(包括语义的区别和组合关系的区别)，因而并非在任何场合下都可以互相替换；发展到另一个历史时期，不但概念域中的成员发生了变化，而且这些成员在同一个概念域中所占的位置也会发生变化。这就是分布的变化。分析某一个较高的概念域中的全体成员及其分布在不同历史时期的变化，就可以对这一部分词汇的历史演变做出比较清晰的描写和比较深入的解释。如果能把几十个主要的概念域的词汇的历史演变研究清楚，那么，汉语词汇系统的历史演变也就有了一个大致的轮廓。至于选择哪一个较高的概念域，要根据研究的目标而定。如果要研究关于“运动”的动词的系统性的历史变化，就要选择“运动”概念域。如果像本文那样只研究与“投”有关的词汇的系统性的历史变化，就要选择与“投”的各个义位有关的几个概念域。

用这样一种构想可以对汉语整个词汇系统的历史发展做出分析，但这个任务不是一个人可以完成的。本文只能选择几个与“投”有关的概念域，做一个局部的尝试。

上面说过，[投1A]是属于“用手使物运动”这个概念域的。当[投1A]演变出其他的义位或其他的词时，有的还属于同一概念域，有的属于不同的概念域。从1.4的表二可以看到，与“投”有关的共有八个概念域。下面就对这八个概念域做一个大致的描写，看看这八个概念域中，在不同的历史时期的有代表性的文献中究竟有哪些成员以及它们如何分布，由此来考察有关这一部分词汇的系统的历史演变。

这八个概念域都包含若干个层级的下位概念域，而“投”的各个义位都处于这八个概念域的最低概念域中。为了有一个系统观念，本文把这八个概念域的各个层级的下位概念域全都用图表列出，如果要详细研究这些概念域中的词汇的系统性演变，应该对这八个概念域的各级下位概念域中的成员及其分布都进行分析。但限于篇幅，本文只对“投”所在的最低概念域做详细分析，其他的概念域从略。

本文检索的文献有：1. 先秦文献：包括《十三经》、先秦诸子、《国语》、《战国策》、《楚辞》中屈宋的作品。2.《史记》。3.《论衡》。4.《世说新语》。5. 佛典：包括《六度集经》、《生经》、《贤愚经》、《杂宝藏经》、《百喻经》。6. 敦煌变文。7.《朱子语类》。8.《元刊杂剧三十种》。9.《西游记》。10.《红楼梦》。这些作品不足以全面反映一个时代的词汇面貌，但本文意在词汇系统历史演变的示例，姑且只用这些文献为代表。

概念域中成员的变化用列表的方式来显示。“投”分解为义位，用“投 1A”、“投 1B”等表示，但由“投”为语素构成的复音词和带宾语的“投”不标“1A”、“1B”等。其他的成员按理也应以义位为单位，但为了方便起见，除了“掷”、“抛”等在两个概念域出现的表明“掷 1”、“掷 2”、“抛 1”、“抛 2”外，其他的不再说明是这个词的哪一个义位。表中所列的成员不可能穷尽，而只能列举主要的。加/表示异体字，加 * 表示常见，加 — 表示少见，加()表示在该文献中没有此成员，但此成员在该时代已经出现，[ ]中的词表示此成员常带此宾语,空格表示该文献中此成员尚未出现,0 表示该文献中无成员(无此字,或有此字而无此意义)。列表只能显示成员的变化,不能反映分布的变化,分布的变化等有关词汇系统历史演变的问题,用表后的[说明]来补充。

下面就对八个概念域逐个讨论。

2.1 "用手使物运动"概念域

从上面 1.2 的表一可以看到,"用手使物运动"概念域下面有两个下位概念域:"用手使物做抛物线运动"和"用手使物做直线移动"。下面分别讨论。

2.1.1 "用手使物做抛物线运动"概念域

先秦	投 1A＊	擿一					投 1B
史记	投 1A＊	擿一					投 1B
论衡	投 1A	0[①]					投 1B
世说新语	投 1A	掷 1＊					投 1B
佛典	投 1A	掷 1＊	抛 1				投 1B,投弃[躯命]
敦煌变文	投 1A—	掷 1	抛 1＊				投 1B—
朱子语类	投 1A	掷 1＊	0				
元刊杂剧	0	0	抛 1＊	摔			
西游记	0	掷 1	抛 1＊	摔—	丢 1—		
红楼梦	0	掷 1＊	抛 1	摔	丢 1—	扔 1—	

[说明]

(1)在这个概念域中的"投"有两个义位:[投 1A]和[投 1B],[投 1B]包含"投掷"的动作和"舍弃"的目的,所以兼跨两个概念域(除此外又属"舍弃"概念域,见下 2.2.1)。"掷"、"抛"、"丢"、"扔"都分为两个义位,一个属此概念域,一个属"舍弃"概

① 《论衡·程材》:"儒生掷经,穷竟圣意。文吏摇笔,考跡民事。""掷"为"籀"之误。

念域(均见下 2.2.1)。

(2)这个概念域中词汇的历史演变,我们首先看到的是成员的替换。[投 1A]从《论衡》开始,就用得不如“掷”多,在敦煌变文中就很少,在《朱子语类》中只有两例“投白豆一粒于器中”(另一例也是“投白豆”);从《元刊杂剧》开始就无“抛掷”义。《红楼梦》无[投 1A]。《红楼梦》三六回:“宝玉回房,写了帖子,上面只写‘槛内人宝玉熏沐谨拜’几字。亲自拿了到栊翠庵,只隔门缝儿投进去,便回来了。”似乎是“抛掷”义,但一二〇回:“贾政打发众人上岸投帖辞谢朋友。”两相比较,“投进去”的“投”仍是“投帖”的“投”([投 1E])。可见到唐代以后,“投”的[投 1A]义位就逐渐消失了,代之而起的是“抛”。然后,到明清时又出现了“摔”、“丢”、“扔”。

(3)但是,只说到成员的变化是不够的,还必须考察其分布的变化。处于同一概念域的若干个词,如果是等义词,那就处于同一位置上,分布并无不同。如果意义有差别或组合关系不同,那么它们的分布就有所不同。

“掷/擿”和“投”在《说文》中互训,但两者的意义还是有区别的。“掷”的对象不是大的东西,而用力较猛,物在空中经过的距离较短,路径不是抛物线而是直线,或者终点是确定的人,目的是击中其人,或是终点是较低的处所(多为地或河),目的是丢弃其物。所以,它们在这个概念场中的分布并不完全相同,在某些场合也不能互换。如《左传·成公二年》:“桀石以投人。”不能换成“掷”,因为句中的“石”较大(所以要“桀”),“投”的距离较远,而且投的是不确定的人。《晋书·吕光载记》:“以革索为羂,策马掷人,多有中者。”“掷”不能换成“投”,因为革索所为之羂不大,掷的距离较近,而且掷的是确定的人。当然,“投”和“掷”有时也可以互换,如“投鼠忌器”亦作“掷鼠忌器”,“投笔”亦作“掷笔”,毕竟两者还有相同的地方。

《玉篇》:“抛,掷也。”但实际上“抛”和“投”、“掷”也不完全相同。在本文的文献中最早出现“抛”的是《六度集经》卷八四:“沙门食竟,抛钵虚空。”句中的“抛”是向上抛,不能换成“投/掷”。而且,上引《左传》、《晋书》中的“投人”、“掷人”都不能换成“抛”,可见要表达“用手使物在空中运动以击中人”的意思,只用“投/掷”,不用“抛”。《西游记》中“抛”比“掷”多,但《红楼梦》中“掷”比“抛”多(不过《红楼梦》中“掷”多次用于“掷骰子”)。

《字彙》:“摔抾,弃于地也。”《西游记》四四回:“那大圣径至沙滩上,使个神通,将车儿拽过两关,穿过夹脊,提起来,摔得粉碎。”《红楼梦》八回:“宝玉听了,将手中茶杯顺手往地下一摔,豁琅一声打了个粉碎。”据《字彙》的解释和例句来看,“摔”的终点是地,目的是使物破碎,因此用力必然是很猛的。所以它和“投/掷/抛”都有所不同。当然也有这样的例句,《红楼梦》六〇回:“便将粉照芳官脸上摔来。”这是着眼于用力之猛,其意义和“掷”差不多了。

“丢”是明代出现的一个词。《字彙》:“丢,一去不还也。”翟灏《通俗编》:“舍去曰丢,见李氏《俗呼小录》。”按照这种解释,“丢”是“丢失”之义,典型的例子如《红楼梦》九五回:“今日听见荣府里丢了什么哥儿的玉了。”《红楼梦》一一九回:“贾兰也不及请安,便哭道:‘二叔丢了!’”这和本概念域无关。但除此以外还有别的例子,如《西游记》五〇回:“行者忍不住焦躁,把金箍棒丢将起去,喝声‘变!’”《西游记》二四回:“他欠起身来,把一个金击子，瞒窗眼儿，丢进他道房里。”这些“丢”大致相当于“抛/掷”，这就处在本概念域中了。从词义演变的一般趋向来看，“丢”可能是从“抛掷”义演变为“舍弃”义，如《西游记》五一回：“唬得那几个小妖，丢了枪棒，跑入洞里。”（动作为扔下，目的为舍弃）《西游记》八四回：“那贼见官军势大，不敢抵敌，放下大柜，丢了白马，各自落草逃走。”（没有扔下的动作，只有舍弃的意义）再从“舍弃”义演变为“丢失”义。“舍弃”是有意地使某物不属自己，“丢失”是无意中使某物不属自己，其演变的轨迹是不难看到的，如《西游记》一四回：“这猴子跌倒在地，丢了铁棒，不能举手。”“丢了铁棒”和上例“丢了枪棒”非常相近，只不过后者是有意的，前者是无意的；如果无意中丢掉了铁棒，而又不知现在何处，那就是丢失了。但是，本文调查的文献有限，无法用历史文献来证实这种演变的途径。

“扔”产生得更晚。从《红楼梦》的例句看，“扔”的动作和“抛”相近，但或者带有“舍弃”的目的，或者对对方有轻蔑之意。如《红楼梦》六一回：“凡箱柜所有的菜蔬，只管扔出去喂狗，大家赚不成！”《红楼梦》九一回：“便从靴掖儿里头拿出那个揭帖来，扔与他瞧。”这是和“抛”不同的地方。

(4)如果截取这个概念域中“先秦文献”和《红楼梦》两个层面的词来比较，我们可以看到，从先秦到清代，不但其成员发生了变化，从[投 1A]变为“掷 1”、“抛 1”、“摔”、“丢 1”、“扔 1”，而且它们的分布也发生了变化。这不是仅仅用“词汇替换”所能解释得了的。从某一个概念域中成员及其分布的变化来考察词汇系统的历史演变，这是更全面也更有效的方法。

2.1.2“用手使物做直线移动”概念域又包含四个下位概念域，下面的表只列这四个最低的概念域。

2.1.2.1“用手使物移去”概念域

先秦	推*	排	挤	攘
史记	推*	排—	0	攘[四夷]
论衡	推*	0	0	0
世说新语	推*	排—	0	0
佛典	推*	排	0	攘
敦煌变文	推*	推排,排[山]	0	0
朱子语类	推	0	0	0
元刊杂剧	推	0	0	0
西游记	推	0	0	0
红楼梦	推	0	0	0

2.1.2.2“用手使物移来”概念域

先秦	輓*	牵	引		摄	扣	掣		
史记	輓*	牵[牲畜]	引	拽—	摄[衣]	扣—	掣—		
论衡	挽*	0	引	拽	0	扣[马]	0		
世说新语	0	牵—	引	0	0	0	0		
佛典	挽	牵	引	拽	牵摄—	0	0		
敦煌变文	挽—	0	0	拽—	0	0	掣拽	拖*	(拉)①
朱子语类	挽—	牵	引—	拽—	0	0	0	拖—	0
元刊杂剧	挽—	牵[衣]	0	拽	0	0	0	拖*	0
西游记	挽	牵[牲畜]	0	0	0	0	掣	拖*	拉
红楼梦	挽[手]	0	0	0	0	0	掣—	拖	拉*

2.1.2.3“用手使物向上移动”概念域

先秦	举*	揭	擢	拔*	揠
史记	举*	揭	擢[发/筋]	拔*	0
论衡	举*	揭	0	拔*	0
世说新语	举*	0	0	拔*	0
佛典	举*	0	擢—	拔*	0
敦煌变文	举*	0	0	拔*	0
朱子语类	举*	0	0	拔*	0
元刊杂剧	举*	0	0	拔*	0
西游记	举*	0	0	拔*	0
红楼梦	举*	0	0	拔*	0

---

① 《说文》:“拉,摧也。”“牵引”义是后起的。敦煌变文无“拉”,“牵引”义的“拉”较早的例子是刘禹锡《花下醉中联句》:“谁能拉花住? 争得换春回?”

2.1.2.4 "用手使物向下移动"概念域

先秦	抑 *	按	
史记	抑 *	按剑	
论衡	0	0	
世说新语	抑 *	按	
佛典	抑 *	按	捺一
敦煌变文	抑 *	按	0
朱子语类	抑 *	0	遏捺一
元刊杂剧	0	按 *	按捺一
西游记	0	按 *	0
红楼梦	0	按 *	按捺一

[说明] 上面的五个表说明了"用手使物运动"这个高层概念域下面的五个最低层概念域中的词汇的历史变化,如果把它们放在一起加以分析,就可以看到"用手使物运动"的一群词的历史演变。但限于篇幅,本文对后四个表不做详细的分析,只做一些必要的说明。

(1)首先要说明,这四个概念域是有交叉的。"移去"、"移来"只是着眼于用手使物运动是离人而去还是向人而来,而移动的路径既可以是平面的,也可以是向上或向下的,比如"推"和"排"既可以是推上,也可以是推下;"引"和"拽"既可以是拉上,也可以是拉下。所以"移去"、"移来"和"向上"、"向下"两个概念域交叉。这在列表时就无法显示了。

(2)图表显示的主要是成员的历史变化。但除此之外还有分布的变化。例如,在"手使物向内移动"的概念域中,先秦有"輓"、"掣"和"引"三个成员,到《红楼梦》中,这三个成员基本上不用了,使用的是唐代新出现的词"拉"。这是成员的变化。但除此之外还有分布的变化。"輓/挽"和"掣"意义是有区别的,

“挽/挽”用力均匀，速度较慢(如“挽弓”、“挽舟”)，“掣”用力较猛，速度较快(如“掣肘”、“掣笔”)，也就是说，它们在这个概念域中各自占一个位置。而“拉”就兼包了“輓/挽”和“掣”的意义，在这个概念域中占据了两者的位置。这是“輓”、“掣”和“拉”在概念域中分布的不同。“引”是“用手使物移来”，但移动的方向可以是向上或向下。比如，白居易有一首诗《井底引银瓶》，这个“引”肯定是向上移动，也就是说，“引”本身就可以兼表“移来”和“向上”。而在现代汉语中要表述这个动作，仅仅把“引”换成“拉”就不够了，在“拉”的后面还要加上趋向补语“上来”。这是因为“拉”本身通常只表示平面的移动，不能兼表“移来”和“向上”。这是“拉”和“引”在概念域中分布的不同。这些都是在研究词汇系统的历史变化时应当仔细考察的。

2.2 “所有关系的改变”概念域

“所有关系的改变”概念域的层级结构可图示如下：

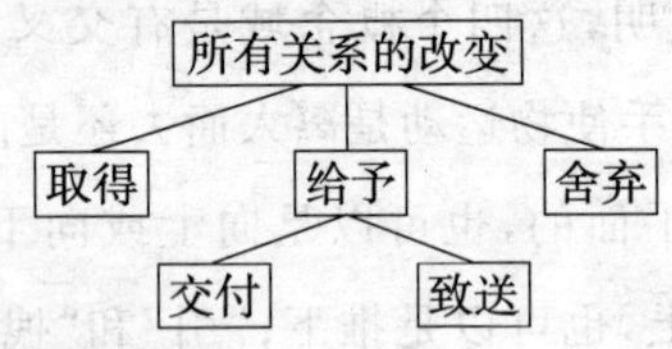

2.2.1 “舍弃”概念域

先秦	弃 *	舍	捐	蠲	委	投 1B				
史记	弃 *	舍/捨	捐	蠲一	0	投 1B				
论衡	弃 *，弃捐	舍/捨	捐	0	委	投 1B				
世说新语	弃 *	舍/捨	捐	0	委	投 1B	(掷 2)① 掷去			

① 《世说新语》中“掷”单用无“抛弃”义，但陶渊明诗中有，例见下[说明]。

续表

佛典	弃	舍/捨	捐＊	0	委	投1B，投弃［躯命］		抛2		
敦煌变文	弃＊	舍/捨	捐，捐舍	0	0	投1B—	掷2，抛掷	抛2，抛弃		
朱子语类	弃＊	舍/捨	捐弃—	0	0	0	0	0		
元刊杂剧	弃＊，舍弃	舍/捨割舍	0	0	0	0	0	抛2，抛弃抛闪		
西游记	弃＊	捨	捐［躯］	0	0	0	0	抛2，抛撇	丢2	
红楼梦	弃＊，嫌弃，抛弃	捨	0	无	0	0	0	抛弃抛闪	丢2	扔2

［说明］

(1)在这个概念域中，［投1B］是非典型成员。如前所述，“投”单用总是兼表动作（抛掷）和目的（舍弃），只有少数“投弃”没有“抛掷”义，只表示“舍弃”。［掷2］比［投1B］典型：［掷2］单用即有“弃”义，如陶渊明《杂诗十二首》之二：“日月掷人去。”又如敦煌变文《伍子胥变文》：“年光虚擲守空闺，谁能渡得芳菲节。”敦煌变文《李陵变文》：“君须去，努力同归，莫相抛掷。”“掷去”连用屡见，仅《世说新语》就有两次，《世说新语·德行》：“管宁、华歆共园中锄菜，见地有片金，管挥锄与瓦石不异，华捉而掷去之。”《世说新语·豪爽》：“桓公读高士传，至于陵仲子，便掷去。”而“投去”连用罕见，经查检仅得一例：柳宗元《乞巧文》：“投去印绶。”但表“舍弃”的［掷2］用得不多，从《朱子语类》开始就不见［掷2］了。

(2)“弃”、“舍”和“丢”、“扔”虽然都有“舍弃”义，但用法有所不同。“弃”、“舍”可以直接带宾语，“丢”、“扔”必须说“丢了”、“丢下”，“扔了”、“扔下”，也就是说，光用“丢”、“扔”通常表示动作，加上“了”、“下”才表示结果。这也是它们分布的不同。

(3)“投”、“掷”、“抛”、“丢”、“扔”这些词的两个义位分属两个概念域(“扔 2”比“扔 1”常见)，说明从“投掷”义很容易发展出“舍弃”义。不但汉语如此，英语的“throw away”(失去)、“throw over”(抛弃)也是如此。可见在“投掷”和“舍弃”之间存在一种联想和隐喻关系，这是有普遍性的。但同中又有异：有的词“投掷”义常见，“舍弃”义少见(如“投”)；有的词则相反，“舍弃”义常见，“投掷”义少见(如“扔”)。

2.2.2“致送”概念域

先秦	与＊	予	畀	授		付		致		赠＊	遗	送
史记	与＊	予＊	畀一	授		0		致	投 1E	赠＊	遗	送
论衡	与	予	畀	授		付		0	0	赠＊	遗	送
世说新语	与＊	0	0	授		付		致	0	赠＊	遗	送
佛典	与＊	予	0	授		付		0	0	赠＊	遗	送
敦煌变文	与＊	予	0	授	(交)	付		0	投[书]	赠	遗赠一	送＊
朱子语类	与＊	[取]予	畀一	0	交付一	付		0	投[牒]	赠	遗一	送
元刊杂剧	与＊	0	0	授一	交，交付	分付		0	0	赠	0	送
西游记	与＊	0	0	0	交，交付	付		0	投[简]	赠	0	送
红楼梦	与	0	0	0	交，交付	付	给＊	0	0	赠	0	送＊

[说明]

(1)这个概念域，实际上还应细分为两个，表的左边从“与”到“给”是“给予”概念域，表的右边从“赠”到“送”是“赠送”概念域。但因“投”兼有“给予”和“赠送”两个意思，而且有时不易区分，所以合在一起。

(2)“投”是这个概念域中的非典型成员，用得不多，能够搭配的词(如“书”、“简”、“牒”等)也很少。“投赠”连用，唐诗中屡见，但有的是“投诗赠之”，有的等于“赠送”，例已见前1.3.1.5。

2.3“对人的惩处”概念域

“对人的惩处”概念域的层级结构可图示如下：

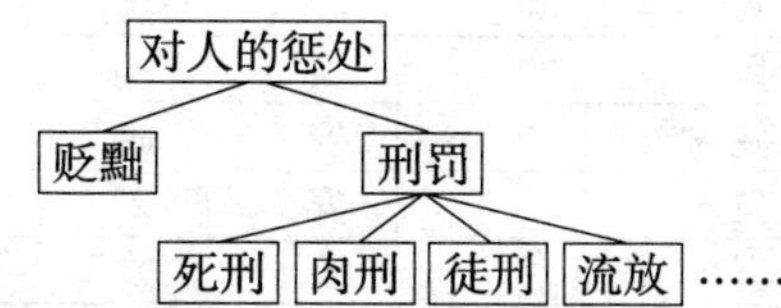

“流放”概念域

先秦	放1＊	逐	流	窜	投1C	
史记	放1＊，放逐	逐	流，流放，放流	0	0	
论衡	放1＊，放流	0	0	窜	0	
世说新语	放1＊	0	流	0	0	
佛典	0	逐＊	0	0	0	
敦煌变文	0	0		0	0	
朱子语类	0	贬逐	0	贬窜	0	
元刊杂剧	放1—	逐—	流，递流，流递	0	0	递配
西游记	0	0	0	0	0	0
红楼梦	0	0	0	0	0	0

[说明]

(1)[投1C]主要在先秦使用，后代只用在固定组合(如“投荒”)或仿古的句子中，在本文调查的文献中未见。

(2)“配”、“发配”、“充军”从宋代起就很常用。但在本文调查的文献中未见。

2.4“用手使物改变位置”概念域

“用手使物改变位置”概念域的层级结构可图示如下：

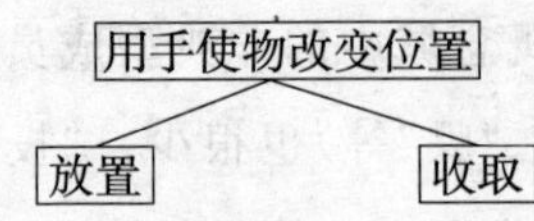

“放置”概念域

先秦	置*	措	安		
史记	置*	0	0		
论衡	置*	0	0		投 1D—
世说新语	置*	0	安		0
佛典	置*	0	安	放 2—	0
敦煌变文	置*	0	安	0	0
朱子语类	置*	0	安	放 2—	0
元刊杂剧	放置*	0	0	放 2	0
西游记	0	0	安	放 2*	0
红楼梦	0	0	安放	放 2*	0

［说明］

(1)［投 1D］在历代用得不多，典型用例在本文所调查的文献中只见于《论衡》(例见上 1.3.1.4)。［投 1D］是这个概念域的非典型成员，不但用得很少，而且在用法上和“置”、“放”、“搁”等有一个显著的差别：“置”、“放”、“搁”等既可以是动作，也可以是状态(某物置/放/搁在某处)，“投”没有表示状态的用法。

(2)这个概念域的典型成员最初是“置”，后来逐渐被“放”取代。明清以后的口语中又出现一个“搁”，但“搁”一般只用于具体的动作，很少用于抽象意义，所以“搁”在概念域中的分布和“置”、“放”不同。

2.5“人体运动”概念域

“人体运动”概念域的层级结构可图示如下：

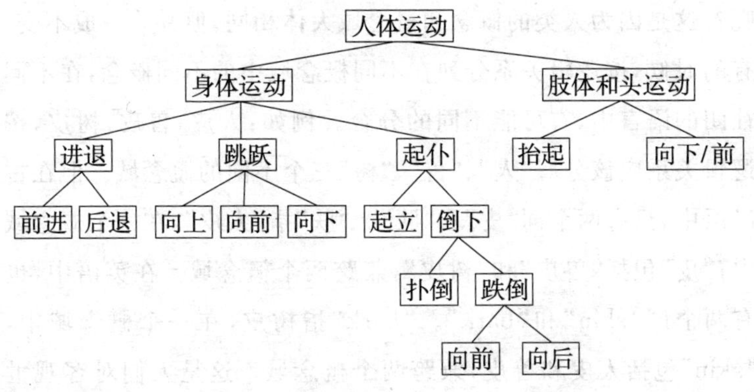

2.5.1"身体向下跳"概念域

先秦	投 2A	跳—①
史记	投 2A	0
论衡	投 2A	0
世说新语	投[水]	跳[上船]
佛典	投[岩/水/地]	跳[下车]
敦煌变文	投[崖/陷阱]	跳掷
朱子语类	投[河/火]	跳
元刊杂剧	0	跳[河/江]
西游记	投[河]	跳[河]
红楼梦	投[井/河]	跳[井/河]

[说明]

(1)首先要说明,秦汉时的[投 2A]兼跨"身体运动"概念域中的两个最低概念域:"向下跳"和"扑倒"。前者如《吕氏春秋·离俗》:"而自投于苍领之渊。"后者如《汉书·外戚传》:"从床上自投地,啼泣不肯食。"上面已经说过,根据概念要素的分析,这两个"投"是一个义位。为什么一个义位会兼跨两个最低概念域

① "跳"先秦很少,目前见到仅一例:《楚辞·九辩》:"见执辔者非其人兮,故駶跳而远之。"《史记》中的"跳"通"逃"。《论衡》无"跳"字。到六朝时"跳"才多起来。

呢？这是因为人类的概念和概念域大体相同，但并非一成不变。有的时候，按逻辑关系分列在不同概念域中的不同概念，在不同社团的语言中，有可能不同的分合。例如：人皮，兽皮，树皮，按逻辑关系应该分属“人”、“兽”、“树”三个不同的概念域。但在古汉语中，只有两个词“皮”和“肤”。“肤”指“人皮”，在一个概念域中；“皮”包括“兽皮”和“树皮”，兼跨两个概念域。在英语中，也有两个词“skin”和“bark”。“bark”指树皮，在一个概念域中，“skin”包括人皮和兽皮，兼跨两个概念域。这是人们对客观世界分类不同的缘故（见蒋绍愚 1999）。同样地，在现代汉语中，人们把“向下跳”和“扑倒”这两种动作分成两类，分属两个概念域。但在秦汉时期，人们把这两种动作合成一类，用同一个[投 2A]表达；因此，[投 2A]就兼跨“向下跳”和“扑倒”两个概念域。

(2)但这种兼跨两个概念域的情况难以用图表来表示，所以在上面的图表中只把[投 2A]列入“向下跳”概念域。在这个概念域中，我们列入了另一个词“跳”。从使用的频率看，[投 2A]是随着时代而递减，“跳”是随着时代而递增，而且“投河/崖/井”等后来说成“跳河/崖/井”。但对于这种变化，我们不能用“词汇替换”来表述，不能简单地说“跳”替换了“投”。因为[投 2A]和“跳”在概念域中的分布是交叉的，有相同的部分，即都可以表示“向下跳”；但也有不同的部分，即[投 2A]还可以表示“扑倒”，这种意义不能用“跳”代替，如“投地”不能换成“跳地”，而“跳”还可以表示从低处到高处，或者往前或往后，这种意义古代并不用[投 2A]表示。表中把“跳”列入，只是表示“跳”表达的概念有和[投 2A]相同的一部分。如果要准确地说明[投 2A]在历史上的变化，那么，应该说，古代有一个独立的概念表示“身体从高处到低处运动”这种运动，用“投”这个词表达。后来这个语言社团对客观世界的认知（概念）发生了变化，“身体从高处到低处运动”不再是一个统一的概念，而是分解为“向下跳”和“扑倒”两个概念，前者和“向上跳/向前跳/向后跳”合在一起成为一个概念，用“跳”来表达，后者用“扑倒”来表达。这也是人们对客观世界分类的变化。

（3）从“人体运动”这个较高层的概念域来看，这个概念域中的成员及其分布在历史上变化是很大的。A. 在“进退”概念域中，成员没有变化，从古到今“进”和“退”一直是基本成员（只是后来出现了复合词“前进”和“后退”）。但古代“进”的反义词只有一个“退”，后来“进”的反义词有两个：“退”和“出”，也就是说，后来的“进”增加了一个义位，这个义位在古代是用“入”来表达的（入室→进屋）。B. “跳跃”概念域先秦分为三个下位概念域：“向上”、“向前”、“向下”，其中的词汇分别是“踊”、“跃”、[投 2A]的一部分。后来出现了新词“跳”取代了它们（“跃”作为语素还保留着），并且用词语的组合“向上跳”、“向前跳”、“向下跳”来表达原来由“踊”、“跃”、[投 2A]的一部分表达的动作。C. 在“起仆”概念域中，古代在最低层概念域“起立”中的词有“兴”（由躺着到起立）、“作”（由坐着到起立，也可以是由躺着到起立）、“起”（泛指起立），在“扑倒”概念域中有[投 2A]的一部分，在“向前跌倒”概念域中有“仆”，在“向后跌倒”概念域中有“偃”、“僵”。到后来，“兴”、“作”、“起”的区别消失了，都用词组“站起来”表达。[投 2A]的一部分由“扑倒”代替。“仆”、“偃”、“僵”的区别在词汇中也消失了，由“跌倒”来取代了它们，而它们的区别用词组“向前倒”、“向后倒”来表达。“起仆”概念域的变化充分反映了汉语词汇在历史发展中的一种趋势:用上位词取代下位词,而原先下位词的语义差别改用词组来表达。这也可以说是从综合到分析。

2.5.2“肢体和头向下/前”概念域

先秦	投3			
史记	0	顿[足]		
论衡	0	0		屈伸[其体]
世说新语	0	0		0
佛典	0	0	拂[袖]	伸[臂/手]
敦煌变文	0	0	拂[袖]	0
朱子语类	0	0	0	伸[手]—
元刊杂剧	0	0	拂[袖]	伸[脖项]—
西游记	0	顿[足]	0	伸[手/脚/头]
红楼梦	0	顿[足]	摔[手]—	伸[手/腿/头]

[说明]

(1)这个概念域中的四个成员应该分为两类:[投3]、顿、拂(摔)为一类,是肢体和头快速向下/前运动。“伸”为另一类,是肢体和头向下/前运动而不强调快速。

(2)“投3”也是一个古代独有的概念,当时的语言社团把“足/袖/角”等向下或向前的快速运动合成一个概念,用“投”来表达。后来这个概念不存在了,人们把“足/脚快速向下运动”和“袂/袖快速向下运动”看作两个不同的动作,分别用“顿(足)”和“奋(袂)/甩(袖)”来表达。至于犀牛的角快速地向前顶这种动作,后来人们并没有把它单独看作一类,而是把它放在“顶”这个概念中,这种动作的“很快的”、“向前”等特性,在语言中不是用一个专门的词,而是在“顶”这个词前面加上修饰语“很快的”和“向前”来表达。这里我们又看到一个实例:概念是概括的,并不是客观世界有一种动作就有一个相应的概念,用一个概念概括几种动作是常有的事。而且,某一种动作和别的哪几种动作合在一起构成一个概念,并不都是永远不变的,如在古代,“(角)快速地向前运动”和“(足/袂)快速地地向下运动”构成一个概念,用“投”表示,在现代,“(角)快速地向前运动”和“(头)用力向前运动或向前伸出坚持不动”构成一个概念,用“顶”表示。这种情况,也是“分类”的变化,而不能简单地说成“投”和“顶”的词汇替换。

2.6“人际关系改变”概念域

“人际关系改变”概念域的层级结构可图示如下:

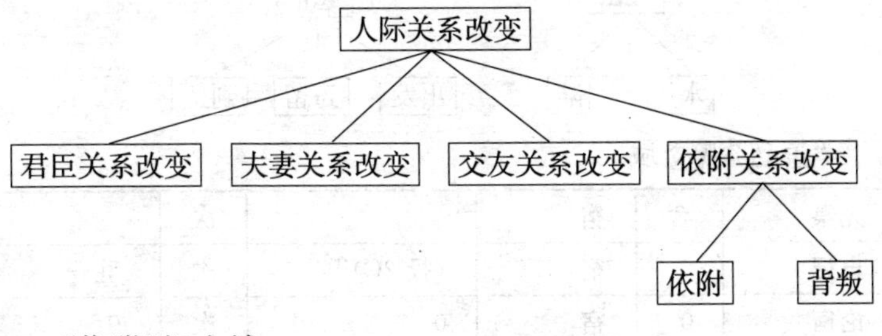

“依附”概念域

先秦		依	附
史记	投 2B—	依	附
论衡	0	0	附
世说新语	投 2B *	依附	亲附
佛典	投 2B	依附,皈依 *	0
敦煌变文	投 2B *	依附—	附—,阿附
朱子语类	投 2B *	依归—,依倚—	0
元刊杂剧	投 2B *,投奔	0	0
西游记	投 2B *,投奔	皈依 *,归依	0
红楼梦	投 2B *,投奔,投靠 *	依—	0

［说明］

(1)“投 2B”在《史记》仅一例(见前 1.3.2.2)，在《世说新语》中很常见。直到《红楼梦》仍是“投 2B”多于“投靠”、“投奔”。

(2)“投”和“依”、“附”不完全相同。“投”是动态的，表明从不依附到依附。“依”、“附”是静态的，表明既成的依附关系。也就是说，它们在概念域中的分布不同。

2.7 “行旅”概念域

“行旅”概念域的层级结构可图示如下：

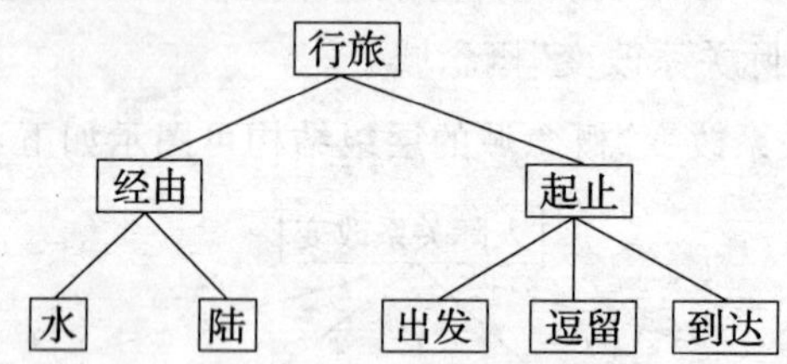

“逗留”概念域

先秦	舍	宿		次	
史记	0	宿	(投 2C)①	次	驻一
论衡	0	宿	0	次	0
世说新语	0	0	投 2C	次	0
佛典	0	宿	0	0	0
敦煌变文	0	宿	(投 2C)	0	驻
朱子语类	0	宿一	0	0	驻
元刊杂剧	0	宿一	0	0	驻［马］
西游记	0	宿	投［旅店］，投宿	0	0
红楼梦	0	宿，歇宿	投［店］	0	0

① “投 2C”在《论衡》和敦煌变文中均未见，但在《汉书》、《后汉书》中和唐诗中有，例见上 1.3.2.3。

［说明］

(1)这个概念域中，“次”、“驻”是军队的住宿，和“舍”、“宿”、[投 2C]有所不同。[投 2C]又和“舍”、“宿”不同，“舍”、“宿”是在某处过夜，“投”是找地方过夜。

(2)在敦煌变文以后，[投 2C]逐渐不用了，偶有使用也是结合成“投旅店”、“投店”等固定组合。取代[投 2C]的是复合词“投宿”。

2.8“时间关系”概念域

“时间关系”概念域的层级结构可图示如下：

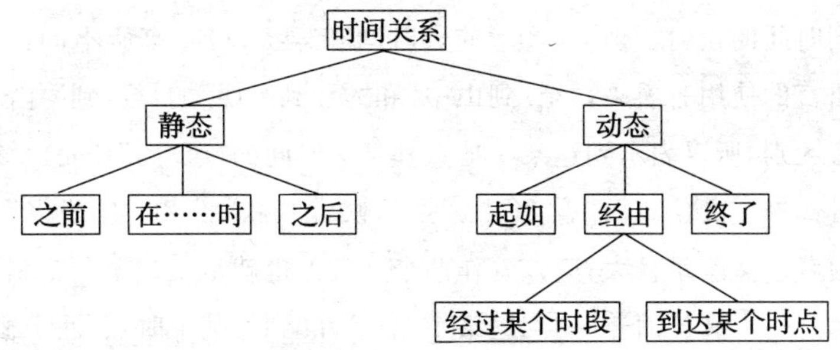

“到达某个时点”概念域

先秦	至＊	到	
史记	至＊	到	
论衡	至＊	到	(投 2D)①
世说新语	至＊	到	0
佛典	至＊	到	投[老]－
敦煌变文	至＊	到	0
朱子语类	至＊	到	投[明]－
元刊杂剧	至	到＊	投至＊
西游记	至	到＊	投到[回来]－
红楼梦	至	到＊	0

① “投 2D”在《论衡》中未见，但在《汉书》中有，例见上 1.3.2.4。

［说明］

(1)在这个概念域中,“至”和“到”是典型成员。“至”在先秦很常见,“到”在先秦较少,在以后的历史发展中,“到”的使用频率逐渐超过了“至”(在《祖堂集》中“到”已超过“至”)。[投 2D]是非典型成员,历来用得不多,而且能搭配的词语很有限。只是在《元刊杂剧》中“投至”很常用,例见上 1.3.2.4。

(2)“至”、“到”都可以表示到达某一地点和某一时间,从认知的角度看,有关时间的观念是由有关空间的观念投射来的。从[投 2C]（“投部候舍”)发展为[投 2D](“投老”),也是由空间到时间的投射。但[投 2D]的表时间和“至”、“到”有所不同:在语言的使用者看来,“至/到山中”和“至/到天明”的“至/到”并没有区别,所以表示到达某一地点和某一时间的“至/到”还是应该看作一个义位。而[投 2C]（“投部候舍”)和[投 2D](“投老”)两者意义差距较大,应该看作两个义位。也就是说,“至”和“到”都是一个义位而兼跨“到达某个地点”和“到达某个时点”两个概念域,而[投 2C] 和[投 2D]是两个义位,分别处于“行旅中逗留”和“到达某个时点”这两个概念域中。因此,“至/到”和[投 2D]在概念域中的分布也是不一样的。

2.9 小结

在做了上面的分析之后,我们要简单地谈一谈对于词汇系统和如何考察词汇系统的历史演变的一些看法。

(一)以概念场为背景来考察词汇系统,是文本采取的基本方法。把词的各个义位放到概念场的各个概念域中,就可以看到,处于同一个概念域中的各个义位具有同位关系,和处于上位/下位概念域中的义位具有上位/下位关系,这样,这些义位就构成了一个系统。而一个词的各个义位又是互相关联的，所以词汇也构成一个系统。这是我们对词汇系统的基本看法。

（二）考察词汇系统的历史演变，是一个非常庞大的工程。词汇系统非常复杂，而且我们现在对词汇系统及其历史演变知之甚少，所以要研究汉语整个词汇系统的历史演变，至少在目前还无从谈起。我们只能从局部做起，局部的研究做好了，对词汇系统及其历史演变的认识就会加深，而且，通过局部研究成果的积累，可以逐步向整体研究前进。局部研究可以有两种做法。(1)以词为出发点。选择若干组使用频率高、古今变化大的词，把它们各自分解为义位，放到相应的概念域中作为其中的一个成员，并且在各个概念域中找出别的成员；然后考察这些成员及其分布在不同历史时期的变化。这是本文采取的做法。(2)以概念域为出发点。选择若干重要的较高的概念域，全面考察其中成员及其分布在不同历史时期的变化。这两种做法只是出发点不同，实际上主要方法是一样的：都是以概念场为背景，考察其中成员及其分布在不同历史时期的变化。不过，本文的目的主要是通过“投”这个案例来探讨这种做法的可行性，所以采取了以词为出发点的做法。而对于词汇系统历史演变的研究来说，以概念域为出发点的做法可能更为合适。

（三）以概念场为背景，考察其中成员及其分布在不同历史时期的变化，是研究词汇系统的历史演变的一种切实可行的方法。本文用这种方法对“投”这一个案例做了考察，从中就可以看到一些有关词汇系统的历史演变的值得重视的问题。

(1)词汇系统的历史演变最明显的表现是同一概念域中成员的变化，也就是通常所说的词汇替换。按理说，既然概念域中的成员表达的是某一个概念，那么，只要这个概念继续存在，如果某个成员消失了，在语言中总会有别的成分来代替它，用以表达这个概念。不过，这种替换并不只是简单的一对一的替换。有的是一对几，如[投 1A]后来换成了"抛 1"、"摔"、"丢 1"、"扔 1"。有的是几对一，如"置"、"措"、"安"换成了"放"。有的是用复音词替换了单音词，如用"放逐"、"充军"替换了[投 1C]。有的是用一个词组替换了单音词，如"站起来"替换了"作"、"兴"、"起"。有的是原来就有几个成员表达同一个概念，后来其中一个成员消失了，当然就不一定需要别的成分来替换，如表示"到某时"的原来就有"至"和"到"，从东汉开始[投 2D]也可以表达这个意思，到明清时[投 2D]又消失了，而且没有别的语言成分替换它。

(2)词汇系统历史演变的另一个重要方面是分布的变化。以往研究词汇系统的历史演变时侧重于成员的变化，对分布的变化注意得不够，这是今后应当加强的。成员的变化是显性的，研究时要立足于准确的描写。分布的变化是隐形的，研究时要立足于深入的分析；而这种深入的分析能告诉我们一些对历史词汇学非常重要的东西。比如，从[投 1]到"抛 1"、"摔"、"丢 1"、"扔 1"，不仅仅是成员的变化，更重要的是分布的变化，可以说，和[投 1] 相比，"抛 1"、"摔"、"丢 1"、"扔 1"对动作的方式表达得更加细致(见 2.1.1)。又如，从"挽"、"掣"、"引"到"拉"也是如此，和"挽"、"掣"相比，"拉"不强调动作的方式，而和"引"相比，"拉"更强调动作的方向(平移)(见 2.1.2)。这些都是很值得注意的问题。在汉语词汇的历史演变中，分布的变化有没有一些共同的趋势和规律？这个问题本文研究得不够，今后还有待于深入。

(3)成员和分布的变化，都是在一个概念域里观察到的词汇演变。除此之外，词汇系统还会由于人们对客观世界的“分类”不同而产生变化。例如，秦汉时的[投 2A]是把“人使自己的身体在空中快速运动到达某处”的动作看作一类，后来把这类动作分成“向下跳”和“扑倒”两类(见 2.5.1)。秦汉时的[投 3]把“肢体和头向下或向前快速运动”的动作看作一类，后来用“顿”和“拂”(捽)分别表示脚和袖的动作，把“角向前快速运动”合并到“顶”这一类中(见 2.5.2)。这种“分类”的变化不但引起了词汇替换，而且造成了跨概念域的变化。这也是词汇历史演变的一个重要内容。

(4)处于同一个概念域中的成员是互相关联的，概念域也是互相关联的。不但处于上下位关系的概念域互相关联，就是不属于同一层级关系的概念域，有的也会互相关联。例如本文中观察到的“投掷”概念域和“舍弃”概念域就互相关联。而且，其关联在历史上有变化：上古是[投 1A]一个义位兼跨两个概念域，后来是“抛”、“丢”、“扔”各分两个义位分别处于两个概念域(见 2.1.1)。如果把研究的范围再扩大一点，我们可以期待发现更多的概念域之间的联系。这对词汇系统及其历史演变的研究也是很重要的。

(5)汉语词汇从古到今有一种“从综合到分析”的演变趋势(见蒋绍愚《古汉语词汇纲要》，北京大学出版社，1989)，这在本文的研究中也有反映：在“起立”概念域中，古代有“起”、“作”、

“兴”三个成员，这三个动词自身就包含着“身体向上”的概念要素；后来都用“站起来”表达，不但词换成了词组，而且“身体向上”的概念要素从动词内部分离出来，用补语“起来”表达（见2.5.1）。不过，“从综合到分析”说的是一种演变的总趋势，而不是说到从古代汉语到现代汉语，词汇全都由综合式变成了分析式。比如，和古代的[投 1] 相比，现代的“抛 1”、“摔”、“丢 1”、“扔 1”还多了一点综合，分别把“向上”、“使之破碎”、“对对方轻蔑”等要素也包括在动词自身之内。汉语词汇系统在历史演变中有哪些趋势和规律，也是我们应当密切注意的一个问题。

总之，本文所做的只是一个案例的研究，意在探讨一种研究词义系统、词汇系统及其历史演变的方法。文中难免有考虑得不全面、不周密之处，希望得到专家和读者的指正，更希望能引起大家的讨论。

参考文献

1.《十三经注疏》，中华书局，2000。
2.《诸子集成》，上海书店，1986。
3.《国语》，上海古籍出版社，1988。
4.《战国策》，上海古籍出版社，1985。
5.《楚辞补注》，中华书局，1981。
6.《二十四史》（标点本），中华书局，1963。
7.《论衡校释》，中华书局，1990。
8.《大正新修大藏经》，台北财团法人佛陀教育基金会，1990。
9.《世说新语笺疏》，中华书局，1983。
10.《全唐诗》，中华书局，1960。
11.《敦煌变文校注》，中华书局，1997。
12.《朱子语类》，中华书局，1986。
13.《新校元刊杂剧三十种》，中华书局，1980。

14.《西游记》,人民文学出版社,1955。
15.《红楼梦》,人民文学出版社,1982。

（原载《北京大学学报》(哲学社会科学版)第43卷第4期,2006年3月）

词汇、语法和认知的表达

一

人们是怎样用语言来表达对客观世界的认知的？概括地说，是在认知过程中，通过第一次分类形成义元（semantic unit），通过第二次分类把义元结合成词，然后通过语法组合把词组合成句，来表达对万事万物的运动、状态和关系的认知。关于第一次分类和第二次分类，在拙作《两次分类》中已有所论述，但只说到词的形成为止；至于通过语法把词组合成句，就留给语法去讨论了。

词汇和语法是语言的不同层面，对它们的研究大致有个分工，这是对的。但词汇和语法不是截然分开的，词汇和语法的相互关系，是当前语言学十分关注的一个重要话题。本文打算在《两次分类》的基础上，从认知及其表达的角度，对这个问题做进一步的探讨。

两次分类的结果，是形成了一个一个的词。词是语言的基本单位，表达世界上形形色色的事物、动作、性状和关系。但在现实世界里，事物和动作、性状都不是孤立的存在，而是互相关联的。某个事物发出某个动作、具有某种性状，或者某个动作涉及某个事物，这就形成了形形色色的事件（event）。用语言表达人们对世界的认知，往往不是表达单个的事物、动作、性状，而是表达各种事件（而且还表达其相互关系）。“吃饭”、“穿衣”是人类最基本的活动，都涉及动作（“吃”和“穿”）和对象（“饭”和“衣”）。人们很早就认识了这种基本活动，并用语言把它表达出来。那么，究竟是怎样表达的呢？在现代汉语中，是通过语法手段把“吃”这个动词和“饭”这个名词加以组合，把“穿”这个动词和“衣”这个名词加以组合，构成述宾词组，来表达这两个事件的。但在上古汉语中却并不如此，下面将会看到，在上古汉语中，“食”这个词就包含了动作及其对象；“衣”这个词也包含了动作及其对象。也就是说，人们对一个事件中动作和对象的认知，有时是把它们包含在一个词的语义构成中来表达，有时是用两个词的语法组合来表达。这种表达的差异，就形成了不同历史时期（或不同语言）的词汇和语法的差异，而且词汇和语法是相互关联的。

关于汉语不同历史时期中概念表达方式的不同，王力先生在一篇文章中曾经说到过：

> 我问我的研究生，“吃饭”这个概念，上古汉语里怎么说，许多人回答不上来。说成“食饭”吗？不是的。“饭”字在上古汉语里只当动词用，不当名词用。《论语·述而》：“饭疏食，饮水。”“饭疏食”是吃粗粮的意思。那么能不能把“吃饭”译成“饭食（sì）”呢？那也不行。上古没有这种构词法。上古时代，人们把“吃饭”这个概念简单地说成“食（shí）”或“饭（上声）”。例如：《左传·成公二年》：“余姑翦灭此而朝食。”《史记·廉颇列传》：“廉将军虽老，尚善饭。”（《研究古代汉语要建立历史发展的观点》）

在谈到语义结构和语言形式之间的关系的时候，我们不能不提到 L. Talmy 的词化理论(lexicalization)。L. Talmy 把运动事件(motion event)概念结构分解为六个要素：MOTION(运动)，FIGURE(主体)，GROUND(背景)，PATH(路径)，MANNER(方式)，CAUSE(原因)。这几个语义要素在不同语言里的表现形式是不一样的。在罗曼语中，PATH 这个要素融合(conflate)在主要动词里表达，而 MANNER 这个要素用附加语(satellite)来表达。如：

La botella salió de la cueva flotando.（西班牙语） salió＝MOTION＋PATH，flotando＝MANNER。

而在罗曼语以外的印欧语中，MANNER 这个要素融合在主要动词里表达，而 PATH 这个要素用附加语来表达。如：

The bottle floated out of the cave.（英语） floated＝MOTION＋ MANNER，out＝ PATH。

这就告诉我们，两个语义要素，在有的语言里可以包含在一个词的语义构成中来表达，在有的语言里则是通过两个词的语法组合来表达。

L. Talmy 分析的是运动事件。那么，别的事件（如“吃饭”、“穿衣”等包括“动作”和“对象”的事件）的表达是否也是这样呢？语义要素表达形式的不同，可以在不同的语言里看到，那么，是否也可以在同一语言的不同历史阶段中看到呢？而且，词语不同的语义构成，会不会影响到它的语法组合呢？这些问题是需要深入讨论的。

下面将通过“食—吃”和“衣—着—穿”的历史替换来讨论这些问题，并着重说明词汇和语法的关联。“食—吃”和“衣—着—

穿”的演变，通常只看作是新词代替了旧词，是词汇的更替，与语法无关。实际上，这不仅仅是简单的词汇替换，这里还有分类的变化，有词的语义构成的变化；也不是和语法无关，这里有因为词的语义构成的变化而产生的语法组合的变化。

二　食—吃

（一）古汉语的“食”有两个读音两个意义：①乘力切（今读 shí），吃饭或吃。②祥吏切（今读 sí），给人吃饭或吃。本文主要讨论前一个“食”，兼及后一个“食”。

2.1.1 从语义构成看，乘力切的动词“食（shí）”可以分为两个变体“食^1”和“食^2”。

“食^1”是基本的，既表示动作，也隐含了对象“饭”。这是上古汉语表达“吃＋饭”这个事件的基本形式，即动作的对象包含在动词“食”的语义构成中。“食^1”的语法表达形式主要是“食^1＋0”（即“食”后面不带宾语）。“食^1”的例句较多，在我调查的先秦秦汉三十种文献中约 320 例。

“食^2”只表示动作，不隐含对象；对象是“饭”以外的其他东西，而且多数是定指的，必须单独说出来。“食^2”的语法表达形式是“食^2＋宾语”（宾语包括“之”）。“食^2”例句不多，在先秦秦汉三十种文献中，“食＋N”约 50 例，“食＋之”约 90 例。

2.1.2 “食^1”和“食^2”的语义构成不同，所以它们能出现的语法组合也不同。

A.“食^1”能出现的语法组合：

(1) “食^1”最常见的语法组合是“食^1＋0”，即不带宾语。

"食[1]"的对象"饭"只能隐含,不能作为宾语出现。古代汉语中没有"食饭"的说法。

(2)如果出现"食[1]+N",N绝不是"食[1]"的对象,而是"食[1]"的凭借。如:

公食[1]贡,大夫食[1]邑,士食[1]田,庶人食[1]力,工商食[1]官,皂隶食[1]职,官宰食[1]加。(《国语·晋语四》)

宋公於是以门赏耏班,使食[1]其征。(《左传·文公十一年》)(征:征收的税。)

君子不食[1]姦,不受乱。(《左传·昭公二十年》)(食姦:指受禄于奸邪之人。)

"食[1]"也可以能进入"食+于+N"的组合,N也表示"食[1]"的凭借。

皆有常职以食[1]于上。(《孟子·万章下》)

"食[2]"如果出现在"食[2]+N"的组合中,N一定是"食[2]"的对象(见下)。"食[2]"如果要放在"于+N"的前面,其宾语"之"必须出现,构成"食+之+于+N"的组合,而且N只能是"食[2]"的具体处所。

见埜人方将食[2]之于岐山之阳。(《吕氏春秋·爱士》)(仅1例)

(3)"食[1]"既然隐含了对象,就表达一个事件(event),所以能居于句首,表示话题或时间。

食必粱肉,衣必文绣。(《国语·齐语》)

唯食忘忧。(《左传·昭公二十八年》)

秦王恐之,寝不安席,食不甘味。(《战国策·齐策五》)

食舍肉。(《左传·隐公元年》)

“食^2”不能，因为它只表示动作，不隐含对象，不表达一个事件。

(4)“食^1”能构成“A ＋食^1”的固定词组，A 表示“食^1”这种事件的方式。如：

吾侪偷食，朝不谋夕。(《左传·昭公元年》)

后车数十乘，从者数百人，以传食于诸侯。(《孟子·滕文公下》)

臣下职，莫游食，务本节用财无极。(《荀子·成相》)

南郭处士请为王吹竽，宣王说之，廪食以数百人。(《韩非子·内储说下》)

“食^2”不能，因为它不表达事件，“A ＋食^2＋之”只能表示一个具体的动作。如：

夫草有莘有藟，独食^{2}之则杀人，合而食之则益寿。(《吕氏春秋·似顺》)

“A＋食^2＋之”的例子在先秦很少见。

(5)“食^1”能构成“VP 而食^1”的组合，VP 是一般性的行为，表示“食^1”这种事件的前提或方式。如：

贤者与民并耕而食，饔飧而治。(《孟子·滕文公上》)

力作而食，生利之民也。(《韩非子·六反》)

吾能令农毋耕而食，女毋织而衣。(《管子·轻重甲》)

夫圣人量腹而食，度形而衣。(《淮南子·俶真》)

“食^2”不能，只能有“VP 而食^{2}之”，“VP”和“食^2”都是具体的动作。如：

缩頞而食^{2}之。(《吕氏春秋·遇合》)

攫其甑中而食^{2}之。(《吕氏春秋·任数》)

上时赐食于家，必稽首俯伏而食[2]之。(《史记·万石张叔列传》)

(6)“食[1]”能构成“A食[1]+者”、“VP而食[1]+者”的组合，表示靠某种方式吃饭(谋生)的一类人。如：

持手而食[1]者不得立宗庙。(《荀子·礼论》)

明君使人无私，以诈而食[1]者禁。(《韩非子·难三》)

夫农者寡，而游食[1]者众，故其国贫危。(《商君书·农战》)

问邑之贫人债而食[1]者几何家？(《管子·问》)

“食[2]”不能。因为“VP_2而食”只能表示具体的动作，不能表示某类人的特点(用以谋生的方式或手段)。

B.“食[2]”能出现的语法组合：“食[2]”只表示动作，不隐含对象，所以其对象必须出现。

最常见的是作为宾语出现，即出现在“食[2]+N”中，如：

臣闻齐人将食[2]鲁之麦。(《左传·文公十七年》)

有时“食”后面也可以没有宾语，即“食[2]+0”。但“食”的对象仍需出现，或是出现在上文中，或者是在对话的场合，出现在外在的语境中。对象如果在上文出现，“食”后面要有“之”，或者“食”前面要有“不”或“可”。如：

将使鳖长而后食之。(《国语·鲁语下》)

沽酒市脯不食。(《论语·乡党》)

有献不死之药于荆王者，谒者操以入。中射之士问曰：“可食乎？”(《战国策·楚策四》)

如果前后都不出现对象，那么，这个“食”一定是“食[1]”。如：

有一妇人踰垣入，至公所。公曰：“我欲食[1]。”妇人曰：“吾无所得。”公又曰：“我欲饮。”妇人曰：“吾无所得。”(《吕

氏春秋·知接》)

2.1.3 祥吏切的“食(sí)”实际上也有隐含对象和不隐含对象之分,两者能进入的语法组合也不同:

不隐含对象的“食”能进入下列组合:

(1)“食+N_1(与事,人或动物)+N_2(受事,某种食物)”

夫以鸟养鸟者,宜栖之深林,游之坛陆,浮之江湖,食之鳅鲦。(《庄子·至乐》)

隐含对象的“食”因为不能带受事宾语,所以不能进入这种语法组合,只能进入下列组合:

(2)“食+N(与事,人)”

是故退睹其友,饥则食之,寒则衣之。(《墨子·兼爱下》)

“食之”可以翻译为“给他饭吃”,但“食之”的“之”只表示“他”(与事),而译文中的“饭”(受事)实际上是原文的“食”中隐含的,在原文的语法组合中并没有出现。

(二)后来“喫/吃”代替“食”(下面在例句中写作“喫”,在论述中“喫”和“吃”都用“吃”表示),但这不是简单的词汇替换。

2.2.1 “吃”和“食”的分类不同。

第一次分类:

上古摄入固体食物是“食”,摄入液体是“饮”,分为两类。中古不论摄入固体食物还是摄入液体都是“吃”,合成一类。近现代摄入固体食物是“吃”,摄入液体是“喝”,又分为两类。

	摄入固体食物	摄入液体
上古	食	饮
中古	吃	
近现代	吃	喝

第二次分类：

上古动词的“食”和名词的“食”关系密切，可以看作是名词的“食”的派生词。中古以后的“吃”和名词“食”、“饭”没有关系，而和“遭受，承受”义的“吃”结合在一起，成为一个多义词。

上古	中古以后
食(N)——食(V)	吃 吃(吃)　　吃(吃惊)

2.2.2 “吃”和“食”的语义构成不同。

“食[1]”既表示动作，也隐含了对象“饭”。“吃”只表示动作，不隐含对象“饭”。

2.2.3 “吃”和“食”的语法组合不同。

A.“吃”的宾语可以既可以是“饭/食”，也可以是“水/酒”。“食”的宾语不能是“水/酒”。

B.“吃”的词义不隐含对象“饭”，所以，“吃”后面一般都必须出现宾语，如果后面没有宾语，“饭、食”之类的对象就必须是在前面或在语境中已经出现。而且，宾语不论是“饭”还是其他东西，在语法组合上都没有区别。

每到日西独喫饭，饥人遥望眼精(睛)穿。(《敦煌变文新书·佛说阿弥陀经讲经文二》)

目连见阿娘喫饭成猛火，喫水成猛火。(《敦煌变文新书·大目乾连变文》)

目连，汝阿娘如今未得饭喫，无过周匝一年七月十五日，广造盂兰盆，始得饭喫。(《敦煌变文新书·大目乾连变文》)

母喫热饭，不异镬汤煮身；母喫冷物，恰如寒冰地狱。(《敦煌变文新书·大目乾连变文》)

陛下合得龙肉喫。(《敦煌变文新书·叶净能诗》)

“吃”和“食[1]”的语法组合有相当大的差别。“食[1]”能进入的六种语法组合,第(1)、(2)种“吃”也可以进入,但情况不同。“食”的(3)、(4)、(5)、(6)种语法组合“吃”都不能进入,如果要进入都要说成“吃饭”。

(1)“吃”最常见的语法组合是“吃+N(宾语,“吃”的对象)”。可以说“吃饭”。“吃”的对象不论是“饭”还是别的食物,一般都必须出现。如果出现在“吃+0”的组合中,“吃”的对象要在上文或语境中出现。

(2)近代汉语中不能用“吃+N”表示“吃”的凭借。(“吃食堂”、“吃劳保”这样的语法组合是出现得很晚的。)“吃”如果进入“于/在+N+吃”这样的组合中,N不能表示“吃”的凭借,只能表示“吃”的处所。

(3)“吃”单用不能居于句首表示话题或时间。

(4)“吃”不能构成“A+吃”(A表示“吃”的时间或方式)的固定词组,“A+吃”只是一种临时的组合。

(5)“吃”不能构成“VP而吃”的组合,不能用这种方式表示“吃饭”这种事件的前提或方式。

(6)“吃”不能构成“靠VP(而)吃+的人”这种组合,不能用这种组合来表示某一类人的特点。

这都和“吃”的语义构成有关。

还有一个问题需要说明:祥吏切的“食(sì)”实际上是用读音的不同来表示它和乘力切的“食(shí)”的语法功能的不同:它可以带与事宾语(表示“与某人食”)。再进一步发展就成为“饲养”义。后来带与事宾语的“食(sì)”消失了,“食(sì)+之”和“食

(sì)＋之＋N"的表达法被"与＋他＋吃"和"与＋他＋吃＋N"的表达法代替。这也不仅仅是简单的词汇替换,而是同时也有语法的变化。"食(sì)"的语法组合,"吃"都不能进入。至于"食(sì)"的"饲养"义,后来用"饲"来替换,这就和"吃"没有关系了。

三 衣—着—穿

(一)古代汉语有两个"衣",名词的"衣"(於希切,今读 yī)和动词的"衣"(於既切,今读 yī,旧读 yì)。下面只讨论动词的"衣"。

3.1.1 动词"衣"的语义构成也可以分为"衣¹"和"衣²","衣¹"既表示动作,也隐含了对象"衣服";"衣²"只表示动作,不隐含对象。因此,其语法组合也有不同:(但"衣"的情况比"食"简单。)

A."衣¹"只有下列(1)—(3)种组合:

(1)衣¹＋0

织而衣¹,耕而食。(《庄子·马蹄》)

禹之裸国,裸入衣¹出。(《吕氏春秋·贵因》)

(2)衣¹＋N(N是"衣"的凭借)

民参其力,二入于公,而衣¹食其一。(《左传·昭公三年》)

(3)衣¹＋N(与事,人)

翟虑织而衣¹天下之人矣。(《墨子·鲁问》)

是故退睹其友,饥则食之,寒则衣¹之。(《墨子·兼爱下》)

B."衣²"只有下列(1)、(2)种组合:

(1)衣²＋N(N表示衣服的质料或某种衣服)

冬日衣²皮毛,夏日衣²葛絺。(《庄子·让王》)

晏子衣^{2}缁布之衣，麋鹿之裘。（《晏子春秋》卷六）

注意：古代汉语没有“衣衣”或“衣裳”，只有“衣其衣”。

于父之执，可以乘其车，不可以衣^{2}其衣。（《礼记·坊记》）

（2）衣^{2}＋N_1（与事，人）＋N_2（受事，某种衣服）

乃生男子，载寝之床，载衣^{2}之裳，载弄之璋。乃生女子，载寝之地，载衣^{2}之裼，载弄之瓦。（《诗经·小雅·斯干》）

或：衣^{2}（与事省略）＋以＋N（受事，某种衣服）

今取猨狙而衣以周公之服。（《庄子·天运》）

（二）后来“衣”换成了“著（zhuò）”，又换成了“穿”。但这也不是简单的词汇替换。

3.2.1 “衣”和“著”、“穿”的分类不同。

首先是第一次分类的不同：

上古穿戴的动作是三分的：“冠”、“衣”、“履”。中古合成一类，都叫“著（zhuò）”。近现代分为两类：“戴”和“穿”。

	帽子	衣服	鞋
上古	冠	衣	履
中古	著		
近现代	戴	穿	

其次是第二次分类的不同：

上古的动词“衣”是名词“衣”的派生词。中古表示穿戴的“著”和表示“附着”的“著”结合成一个词。近现代表示“穿衣、穿鞋”的“穿”和表示“穿过”的“穿”结合成一个词。

上古	中古	近现代
衣 n——衣 v	著 著（附着）　著（穿衣）	穿 穿（穿过）　穿（穿衣）

3.2.2“衣”和“著”、“穿”的语义构成不同。

“衣[1]”既表示动作，也隐含了对象“衣服”。“著”和“穿”只表示动作，不隐含对象。

3.2.3“衣”和“著”、“穿”的语法组合不同：

A.“衣”的宾语只能是“衣/服”，“著”的宾语可以是“帽/衣/鞋”，“穿”的宾语可以使“衣/鞋”。

B.“著”和“穿”的对象必须出现。或是作为“著/穿”的宾语出现，构成着“著/穿＋N”的组合；N可以是“衣”(泛指衣服)，也可以是衣服的质料或某种衣服(因为是和“衣”比较，所以只说衣服，不说帽和鞋)。或是“著/穿”后面没有宾语，构成“著/穿＋0”，但“著/穿”的对象要在上文或语境中出现。

山公大儿著短帢，车中倚。(《世说新语·方正》)

王浚冲为尚书令，著公服，乘轺车。(《世说新语·伤逝》)

谢遏夏月尝仰卧，谢公清晨卒来，不暇著衣，跣出屋外。(《世说新语·排调》)

郭巨愿埋亲子息，老莱欢著彩衣裳。(《敦煌变文新书·二十四孝押座文》)

便是善惠身上著禄(鹿)皮之衣。(《敦煌变文新书·太子成道变文二》)

其天女著衣讫，即腾空从屋窗而出。(《敦煌变文新书·搜神记》)

机梭抛处既辛勤，锦绮著时令爱惜。(《敦煌变文新书·长兴四年中兴殿应圣节讲经文》)

贞夫曰：“宋王有衣，妾亦不著。”(《敦煌变文新书·韩朋赋》)

（“穿”的语法组合与“著”相同，不举例。）

和“衣”相比，“著/穿”只有上述“衣^2”的第（1）种语法组合。没有上述“衣^1”的（1）、（2）种语法组合，这是因为“著/穿”的语义构成中只表示动作，不隐含对象。“著/穿”也没有“衣^1”的第（3）种和“衣^2”的第（2）种语法组合，这是因为上古汉语中“衣/食”类动词带与事宾语的用法从中古开始已经衰落。

人们对世界的认知怎样通过词汇和语法的手段来表达？词汇和语法有没有关系？是什么关系？这是语言研究中的一个重要问题。本文只是就两组例子做了简单的分析，见解也很肤浅，只是希望起一个抛砖引玉的作用，引起大家对这个重要问题的关注和进一步讨论。

参考文献

胡敕瑞　2005　《从隐含到呈现（上）》，《语言学论丛》第三十一辑。

——　2009　《从隐含到呈现（下）》，《语言学论丛》第三十八辑。

蒋绍愚　1999　《两次分类》，《中国语文》第5期。

——　2007　《打击义动词的词义分析》，《中国语文》第5期。

王　力　1982　《研究古代汉语要建立历史发展的观点》，《王力文集》第十六卷。

Talmy, Leonard　1985　*Lexicalization patterns: semantic structure in lexical forms*, in Timothy Shopen, ed., “Language Typology and Syntactic Description”, Vol. 3. Cambridge: Cambridge University Press, pp. 36－149.

先秦秦汉文献三十种

1.《易经》，2.《尚书》，3.《诗经》，4.《周礼》，5.《仪礼》，6.《礼记》，7.《左传》，8.《公羊传》，9.《穀梁传》，10.《孝经》，11.《论语》，12.《孟子》，13.《逸周书》，14.《国语》，15.《战国策》，16.《老子》，17.《庄子》，18.《墨

子》，19.《荀子》，20.《孙子》，21.《韩非子》，22.《吕氏春秋》，23.《晏子春秋》，24.《商君书》，25.《管子》，26.《慎子》，27.《尹文子》，28.《吴子》，29.《大戴礼记》，30.《楚辞》。

（原载《语言教学与研究》2011 年第 4 期）

从{走}到{跑}的历史更替*

本文讨论从{走}到{跑}的历史更替，着重考察这种替换是怎样发生的。

为了使"词"和"意义"不至于混淆，本文用{　}表示词，用[　]表示意义。[　]中的意义，都用现代汉语中两个音节或多音节的词语表示。

1. 先秦和现代"行走"语义场的分布

先秦的{走}相当于现代汉语的{跑}，先秦的{行}相当于现代汉语的{走}。先秦的{走}和{行}的词义分析没有数据可参考，我们先考察现代汉语的{跑}和{走}在词义上的区别。

《现代汉语词典》：

"走：人或鸟兽的脚交互向前移动。"

"跑：两只脚或四条腿迅速前进。"

"WORDNET"：

WALK：use one's feet to advance；advance by steps.

* 本文写作过程中得到中研院语言研究所筹备处语料库和华中科技大学中文系李崇兴先生提供的语料，谨致谢忱。

RUN:move fast by using one's feet, with one foot off the ground at any given time. => travel rapidly, speed, hurry, zip--(move very fast)

按照这两种解释,现代汉语{跑}与{走}词义的区别在于速度。但实际上,{跑}与{走}词义的区别除了速度以外,还在于双脚运动的方式:《中国大百科全书·体育卷·竞走》:"走与跑的根本区别在于步走时两脚必须与地面轮流接触,不能有腾空阶段。"而且,跑的时候两腿弯曲程度大,步子大;走的时候两腿弯曲程度小,步子小。先秦{走}和{行}的词义的区别也是这样。

先秦时[行走]语义场中除了{走}和{行}以外还有三个词:{奔}、{趋}、{步}。这五个词按速度从快到慢排列是{奔}—{走}—{趋}—{行}—{步},它们分别占据[行走]语义场的"A—B—C—D—E"五个位置。这五个词的共同的义素是:"双脚在地面移动,使身体向某处前进。"五个词的区别性义素如下表:

		速度	方式
A	奔	5(很快)	两脚有腾空阶段,两腿弯曲程度大,步子大。
B	走	4(快)	两脚有腾空阶段,两腿弯曲程度大,步子大。
C	趋	3(较快)	两脚没有腾空阶段,两腿弯曲程度小,步子小。
D	行	2(不快)	两脚没有腾空阶段,两腿弯曲程度小,步子小。
E	步	1(慢)	两脚没有腾空阶段,两腿弯曲程度小,步子小。

为了叙述的方便,我们把这五个词的共同的义素"双脚在地面移动,使身体向某处前进"记为Q,把{走}的义素"速度快"记为Sb,义素"两脚有腾空阶段,两腿弯曲程度大,步子大"记为Fb,把{行}的义素"速度不快"记为Sd,义素"两脚没有腾空阶段,两腿弯曲程度小,步子小"记为Fd。

到现代汉语中,{奔}、{趋}一般不单用,{步}不用作动词,

"行走"语义场中只剩下B、D两个位置，形成二元对立，分别由{跑}和{走}占据。列表如下：

		速度	方式
B	跑	快	两脚有腾空阶段，两腿弯曲程度大，步子大。
D	走	不快	两脚没有腾空阶段，两腿弯曲程度小，步子小。

从先秦到现代，"行走"语义场的变化是：(1)占据语义场的B位置的词，由先秦的{走}变为现代的{跑}；(2){走}的词义，由先秦的[奔跑]变为现代的[行走]，{走}移到了语义场中的D位置。(3)先秦的{行}，在现代汉语普通话中退出了"行走"语义场。本文着重讨论从{走}到{跑}的历史替换，考察这种历史替换是如何发生的？究竟是{跑}排挤了{走}，使之从B位置移到D位置？还是{走}的词义逐渐发生了变化，使之从B位置移到D位置，然后B位置由{跑}来填补？下面分历史阶段加以考察。

2. 先秦的{走}：词义偏移

在先秦，{走}绝大多数是[奔跑]的意思。有少数不能解释为[奔跑]，如：

①《左传·襄公三十年》："吏走问诸朝。"《释文》："'吏走'一本作'使'。'走'如字，速疾之意也。一曰：走使之人也。"

②《仪礼·士相见礼》："请吾子之就家也，某将走见。"注："走犹往也。今本无'走'。"

③《吕氏春秋·期贤》："若蝉之走明火也。"注："趋也。"

④《吕氏春秋·荡兵》："民之号呼而走之。"注："归。"

⑤《吕氏春秋·期贤》:"齐王走莒。"注:"走,奔也。"

⑥《战国策·秦策》:"三国疾攻楚,楚必走。"注:"去也。"

按:例①②有异文,姑且不论。例③—⑥的古注其实都不很准确。例③④的{走}注为"趋"和"归",但一般的"趋"(不是"小步快走"的"趋",而是"趋向"的"趋")、"归"不强调速度,而例③④的{走}仍有"向某一目标快速前进"的意思。例⑤的{走}注为"奔",实际上也不是"奔跑"的"奔",而是"出奔"的{奔};但"出奔"一般也不强调速度,只是"从原处逃到他处"的意思。而这里用"走",是强调"快速地从原处逃到他处"的意思。从义素分析来看,这三个例句的"走"都是保持了{走}的义素 Sb,忽略了义素 Fb,对义素 Q 的"目标"更加强调。例⑤的{走}所含的"出奔"义则是句子的上下文赋予的。例⑥的{走}注为"去",其实也不是简单的"离开"。这个{走}是《孟子·梁惠王上》"弃甲曳兵而走"的进一步发展。《孟子》的{走}是"奔跑以脱离险境",它还是两脚的奔跑,所以仍有义素 Fb 和 Sb。而同时有强调奔跑的目的是为了脱离险境;这种"脱离险境"的意义,一方面是上下文赋予的,另一方面也是隐喻在起作用:快速奔跑的目的常常是为了脱离险境,所以可以用{走}来表示"奔跑以脱离险境"的意义。上古的{走}和现代的{跑}都可以表示"逃跑"的意义。例⑥的{走}不但忽略了义素 Fb,而且也忽略了义素 Q,同时对义素 Sb 也不很强调,主要强调运动的目的(脱离险境),所以词义成了"逃跑",这更是隐喻在起作用,上古的{走}和现代的{跑}都可以表示[逃跑]义,这是和隐喻有关的。

我们把上述例句中{走}的词义变化称为"词义偏移"。"词义偏移"是由于保持这个词的某些义素(如 Q 和 Sb),忽略这个词的某些义素(如 Fb,有时还有 Q),强调其另一些原来隐含的义素(如“目标”),加上一些由隐喻而产生的义素(如“目的:脱离险境”)而出现的词义变化,是特定的上下文语境造成的,所以,还不是固定的新的词义。但是,下面我们将会看到,词义偏移如果多次出现,就会发展成一个固定的新的词义。

还有一例需要讨论。

⑦《战国策·赵策》:“老臣病足,曾不能疾走。”(马王堆帛书《战国策》同)

从文义看,见太后无须乎跑,只须快走,而“快”的意义已经由“疾”表达了,所以{走}的词义也许不是[奔跑],而是相当于{行}的词义[行走]。但《礼记·玉藻》:“凡君召以三节,二节以走,一节以趋。在官不俟屦,在外不俟车。”按照礼仪,见君主不能“行”,而必须“趋”或“走”,所以触龙对赵太后说“曾不能疾走”也许是礼仪的要求。下文说“故愿望见太后”,事实上见太后不必“望”,说“望”也是为了表示尊敬,这和用{走}是同一个道理。如果这样看,那么这里的{走}的词义还是[奔跑],而不是[行走],只是这个词是用在表谦敬的场合而已。

3. 《史记》中的{走}:多种意义

《史记》中的{走}有以下几种意义:

A. 和先秦的{走}相同,义为[奔跑]。如:

⑧《史记·楚世家》:“弃疾使船人从江上走呼曰:‘灵王至矣!’”

B.［逃跑到……］。如：

⑨《史记·吴王濞列传》："刘仲不能坚守，弃国亡，闲行走雒阳，自归天子。"《索隐》："谓独行从他道逃走。"

这种词义和上述例⑥中的词义相同，但｛走｝后面接处所名词，表示"逃跑到……"。这种词义在《史记》中用例很多，应该看作一个固定的新的词义。

C.［趋向］。如：

⑩《史记·张释之列传》："上指示慎夫人新丰道，曰：'此走邯郸道也。'"《集解》："如淳曰：走音奏，趋也。"《索隐》："音奏。案：走犹向也。"

这类注明"向也"或"趋"的｛走｝在《史记》中共 8 例，其中注明"音奏"的 4 次。这类｛走｝词义和上述例③④⑤一样，但比例③④⑤又进了一步：a.｛走｝的主语不是"人"，｛走｝也没有了义素 Sb 和 Fb，只保留义素 Q，所以《索隐》说："走犹向也。"b. 因为出现的频率很高，已经成了一个固定的、新的词义。而且，根据如淳等的注，读音已变为去声，因此，甚至可以说是衍生而成为另一个新词。

"走，趋也，向也"这种词义，虽然和"行走"的词义不同，但因为它忽略了义素 Sb 和 Fb，对｛走｝由语义场中的 B 位置移到 D 位置是有影响的。因为 B 位置和 D 位置的区别，正是在于 Sb—Sd 和 Fb—Fd 的不同。"走，趋也，向也"这种词义既然可以忽略义素 Sb 和 Fb，就为｛走｝由 B 位置移到 D 位置创造了条件。

D. 只强调义素 Sb，不强调 Fb—Fd 的区别。如：

⑪《史记·殷本纪》："恶来有力，蜚廉善走。"

这个{走}包括[快跑]和[快步行走]。

4. 《论衡》中的{走}：多为[奔跑]义

《论衡》中的{走}都是[奔跑]的意思。如：

⑫《论衡·幸偶》："鲁人为父报仇，安行不走，追者舍之。"

但在转述《史记·张释之列传》中的"有一人从桥下走出，乘舆马惊"一段话时，说：

⑬《论衡·难岁》："行逢车驾，逃于桥下，以为文帝之车已过，疾走而出，惊乘舆马。"

把《史记》中的"走出"改为"疾走而出"，说明当时{走}的义素 Sb 已减弱，需要加"疾"来强调。

5. 《世说新语》中的{走}：有两例为[快步行走]

《世说新语》和注中的{走}有两例只强调义素 Sb，不强调义素 Fb 和 Fd 的区别。就是说，从上下文看，{走}的词义不会是[奔跑]，而是[快步行走]。如：

⑭《世说新语·贤媛》："初，重在家，有人走从门入，出髻中疏示重。重看之色动，入内示其女。"

⑮《世说新语·汰侈》刘注引《语林》："刘寔诣石崇，如厕，见有纱帐大床，茵蓐甚丽，两婢持锦香囊。寔遽反走，即谓崇曰：'向误入卿室内。'"

6.《贤愚经》、《百喻经》中的{走}:有两例义素 Fb 和 Sb 减弱

《贤愚经》、《百喻经》中的{走},词义大部分是[奔跑]。如:

⑯《贤愚经》卷一一:“佛见其来,徐行舍去。指鬘极力,走不能及。”

⑰《贤愚经》卷一三:“须达闻之,遣人追逐。象走驶速,不能及逮。”

⑱《百喻经·伎儿着戏罗刹服喻》:“伴中着衣者,亦复寻逐,奔驰绝走。”

有一些是[逃走]义。如:

⑲《贤愚经》卷二:“六师惊怖,奔突而走。”

⑳《百喻经·小儿得大龟喻》:“龟得水已,即便走去。”

《贤愚经》中有两例{走}很值得注意:

㉑《贤愚经》卷一三:“亦往王边,次应现伎,上索而走。索走既竟,王脱不见。”

㉒《贤愚经》卷一三:“上幢投窗,空中索走,如是种种,众多戏事。”

《汉语大字典》在{走}字条“(三)步行,两脚交互向前迈动”下引了古代三个例句:

张衡《西京赋》:“走索上而相逢。”《礼记·玉藻》:“走而不趋。”《木兰辞》:“两兔傍地走,安能辨我是雄雌。”

按:《礼记·玉藻》例原文是:“父命呼,唯而不诺。手执业则投之,食在口则吐之,走而不趋。”是说儿子听到父亲之命要立即

前往，要[跑]而不要[小步快走]。《汉语大字典》误引。《木兰辞》例的{走}仍是[奔跑]。

但《西京赋》例中的{走}确实很值得注意。“走索”是民间杂技的一种，《西京赋》薛综注：“索上长绳，系两头于梁，举其中央，两人各于一头上，交相度，所谓儛絙者也。”《西京赋》例可与上述《贤愚经》两例参见。张衡的《西京赋》在《后汉书》中不载，最早见于《昭明文选》。《昭明文选》时代和《贤愚经》相近，在两部书里出现三例和{索}搭配的{走}，确实应该引起重视。那么，应该怎样来看待这个{走}呢？“走索”类似于今天的“走钢丝”，如果用“走钢丝”模拟，也许可以说“走索”的“走”应该是[行走]，因而把这三个例子看作{走}表示[行走]义的最早例子。但是，实际上“走索”的“走”是一种特殊的双脚运动，既不同于“奔跑”，也不同于一般的“行走”。当时的人没有专门创造一个词来表达这种特殊的双脚运动，就用{走}来表达它，这只能说是当时的{走}除表示[奔跑]外还表示这样一种特殊的双脚运动，而不应该看作在南北朝时{走}已有[行走]的意义。（这可以用现代汉语中的“吃奶”来比较。“吃奶”的{吃}，既不同于“喝”，也不同于一般的“吃”，如果用另一种方式表达，“吃奶”可以说成“吸吮乳汁”。但这只能说明现代汉语中的{吃}除了表示一般的[吃]以外，还表示一种特殊的摄取食物的动作，而不能据此认为现代汉语中的{吃}有了[吸吮]的意义。）如果在南北朝时{走}已有[行走]的意义，那么，为什么这种{走}只和“索”搭配？为什么除了这三例以外，直到晚唐五代的敦煌变文中才见到{走}有[行走]义？这是很难解释的。所以我认为，不把这三例中的{走}看作[行走]义，这样处理比较慎重。但无论如何，这种{走}已不是[奔跑]了，这可以看作{走}的义素 Fb 和 Sb 的减弱。

7. 敦煌变文中的{走}:[行走]义成为固定的义位

到敦煌变文中,{走}的词义发生了较大的变化。

A. 有不少{走}表示长距离的行走,虽然是否有[快速]之意难以确定,但在行走方式上显然不再是 Fb,而是 Fd 了。如:

㉓《父母恩重经讲经文》:"不孝父母,走在他乡,抛弃尊亲,不皈于舍。"

㉔《张议潮变文》:"下有押衙陈元弘走至沙州界内,以(与)游弈使佐承珍相见。"

㉕《李陵变文》:"李陵闻言,向南即走,行经三日,遂被单于趁来。"

B. 有很多{走}处在"走+V+L"的结构中,"V"是表到达或趋向的动词,"L"是处所名词,如"走到 L"、"走至 L"、"走向 L"、"走入 L"等。"走+V+L"表示行进到某处或向某处行进,主要表示[行进],不注意速度和方式。{走}的词义大致可以认为不是[奔跑]而是[行走],和{行}的词义相同。把这些"走到 L"、"走至 L"、"走向 L"、"走入 L"等与"行至"、"行入"对比,其间并无不同。如:

㉖《难陀出家缘起》:"走到门前略看,即便却来同饮。"

㉗《难陀出家缘起》:"难陀闻说此来由,走到佛前说豆流。"

㉘《难陀出家缘起》:"难陀闻语欢喜,走到佛前,欲得出家。"

㉙《李陵变文》:"讫遂降蕃,走至单于大帐前。"

㉚《舜子变》:"舜子走入宅门,跪拜阿娘四拜。"

㉛《唐太宗入冥记》:"唱喏走入,拜了起居,再拜走出。"

比较:

㉜《大目乾连冥间救母变文》:"行至一长者家门前。"

㉝《捉季布变文》:"行入市门。"

C. 从上下文语境看,有的{走}的词义显然已不是[奔跑],而是[行走]。如:

㉞《汉将王陵变》:"陵有老母,八十有五,走待人扶,食须人喂。"①

㉟《金刚般若波罗密经讲经文》:"信脚夜行迷暗走,不知南北与西东。"

㊱《祇园因缘记》:"望舍利弗边并无火,即自行走。"

㊲《降魔变文》:"岂容不知急缓,来至此间,不识闲忙,走向此间坐睡。"

㊳《太子成道变文(三)》:"毗沙门空中嗔怒一喝,喝去泥神,趍走太子辇前,一步一礼。"

例㉞从语境看不可能是[奔跑],例㉟㊱{走}和{行}连用或并用,例㊲㊳有"不识闲忙"、"一步一礼"等说明{走}的义素已不是Fb、Sb,而是Fd、Sd。

上述A、B和C,可以看作是{走}的词义从[奔跑]演变为[行走]的历史过程在同一时代平面上的反映。

[奔跑]义的{走}的义素Fb可以变为Fd。在《吕氏春秋》、《史记》、《世说新语》中,有的Fb和Fd的区别已经忽略。

[奔跑]义的{走}的义素Sb也可以变为Sd。在《论衡》和

① 此例杨克定(1992)已经注意到。

《贤愚经》中已出现{走}的 Sb 义素减弱。

{走}和{行}的区别就在于 Sb—Sd 和 Fb—Fd 的对立。既然{走}的义素 Fb 可以变为 Fd,义素 Sb 也可以变为 Sd,那么,{走}就可能逐渐由[奔跑]义变成 [行走]义。敦煌变文中的这三类,体现了逐渐变化的过程。A 类的{走}在方式上已和{行}相同,但速度还可能较快。B 类方式和速度都和{行}相同,但还比较强调趋向。C 类就已经和{行}完全相同了。在敦煌变文中,{走}的[行走]义已经比较常见,可以看作一个固定的新的义位了。

{走}本来是表示[奔跑]义的,但到敦煌变文中有相当一些{走}已表示[行走]义了,{走}传达的信息有些模糊。这引起了[行走]语义场的另一变化:用另一些词,如{奔走}、{奔波}、{奔驰}或{奔}等,来表示[奔跑]义。如:

㊴《董永变文》:"三个女人同作伴,奔波直至水边傍。"

㊵《父母恩重经讲经文》:"门外忽闻啼哭也,慈母奔波早到来。"

㊶《伍子胥变文》:"贤臣贵宰奔走启告吴王……"

㊷《庐山远公话》:"望见本师在于寺内,奔走下山,直至大师面前。"

㊸《祇园因缘记》:"其夜严饰宅宇,广敷茵蓐,大小奔驰,营办食饮。"

㊹《孝子传》:"出闻已大怒,便持刀逐贼,奔三五里趁跌狂贼。"

㊺《李陵变文》:"胡还大走,汉亦争奔。"

《史记》、《论衡》和《世说新语》这种用法都很少见。

㊻《史记·乐书》:"大风至而雨随之,飞廊瓦,左右皆奔走。"

㊼《论衡·定贤》:"匮乏无以举礼,羸弱不能奔远,不能任也。"

㊽《世说新语·方正》刘注引《汉晋春秋》:"沈、业奔走告昭,昭为之备……昭弟屯骑校尉伷入,遇髦于东止车门,左右诃之,伷众奔走。"

㊾《世说新语·规箴》:"谢中郎在寿春败,临奔走,犹求玉帖镫。"

《贤愚经》、《百喻经》中有不少"奔突"、"奔驰",但都用作状语。"奔"和"奔走"用作主要动词的各一例:

㊿《贤愚经》卷一一:"彼人唤我,令遮王马,高奔叵御,下手得石,捉而掷之。"

51《贤愚经》卷一三:"复以铁棒,打令奔走,东西驰骋,无有休息。"

可见,敦煌变文中用{奔走}、{奔波}、{奔驰}或{奔}表示[奔跑]义,是和{走}的词义变化有关的。

8. 《祖堂集》的{走}:多数为[奔跑]义

《祖堂集》的情况有所不同。其中{走}多数是[奔跑]义,不能解释为[奔跑]义的多数是[逃跑]义。

52《祖堂集》卷一七:"担却一个佛,傍家走飚飚,渴鹿趁阳焰相似。"

53《祖堂集》卷五:"师便打趁雪峰,雪峰便走。"

54《祖堂集》卷八:"因兵马入云居山,众僧总走。"

(55)《祖堂集》卷一〇："尽大地一时火发，是你小小之辈走却不难。"

(56)《祖堂集》卷一七："沙汰僧流，毁坼佛宇。东奔西走，窜身无所。"

(57)《祖堂集》卷一八："师却于半夜时叫唤：'贼也，贼也！'大众皆走。"

确定能解释为[行走]义的，大约只有7例。

(58)《祖堂集》卷三："有一个禅师来，纔望见，走出过门前桥，迎接礼拜。"

(59)《祖堂集》卷五："和尚望见道吾，便走下来，引接道吾上法堂。"

(60)《祖堂集》卷六："赵州走入里头，师便归山。"

(61)《祖堂集》卷六："师云：'不许夜行，投明须到。'赵州便下来一直走。"

(62)《祖堂集》卷六："大众一时走上，师便关却门。"

(63)《祖堂集》卷一一："和尚见走到什摩处？"

(64)《祖堂集》卷一六："侍者到于半路，逢见涅盘堂主着纳衣走上来。"

但用{奔}表示[奔跑]义的不多，仅有一例：

(65)《祖堂集》卷一一："在耳曰闻，在手执捉，在脚云奔。"

9.《朱子语类》中的{走}：多数为[行走]义

《朱子语类》继承敦煌变文而又有发展，其中的{走}多数是[行走]义。如：

⑯《朱子语类》卷二："只似在圆地上走，一人过急一步，一人差不及一步。"

⑰《朱子语类》卷一八："譬如人在淮河上立，不知不觉走入番界去定也。"

⑱《朱子语类》卷二一："且如今向人说，我在东，却走西去那一边，便成妄诞了。"

⑲《朱子语类》卷二四："今日所言要往东，明日走在西去，这便是言不可行。"

⑳《朱子语类》卷三二："大抵看理只到这处便休，又须得走过那边看，便不是了。"

㉑《朱子语类》卷八三："看论孟未走得三步，看左传底已走十百步了。"

㉒《朱子语类》卷一〇〇："建阳旧有一村僧宗元，一日走上径山，住得七八十日。"

㉓《朱子语类》卷一一九："小路有个物事引着，不知不觉，走从小路去。"

㉔《朱子语类》卷一二〇："是自家心只在门外走，与人相抵拒在这里，不曾入得门中。"

㉕《朱子语类》卷一二〇："若不问来由，一向直走过均亭去，迤逦前去，更无到建阳时节。"

㉖《朱子语类》卷一三三："一婢走出来告云，日逐有官员来议事。"

很少表示[奔跑]义。

㉗《朱子语类》卷一三："既仕，则复患禄之不加。趋走奔驰，无一日闲。"

⑱《朱子语类》卷三七:“所谓‘未学行,先学走’也。”

⑲《朱子语类》卷四七:“想当时列国多此等事,夫子不得不星夜急走。”

⑳《朱子语类》卷五二:“今人奔走而来,偶吃一跌,其气必逆而心不定。”

㉑《朱子语类》卷一〇一:“得一日,忽开谕其子弟以奔走之事,其子弟骇愕,即告之曰:‘若有贼来,先及汝等,汝等能走乎?’”

㉒《朱子语类》卷一〇一:“一日,呼之来前,曰:‘汝曹曾学走乎?’诸生曰:‘某寻常闻先生长者之教,但令缓行。’柔直曰:‘天下被汝翁作坏了。早晚贼发火起,首先到汝家。若学得走,缓急可以逃死。’”

㉓《朱子语类》卷一〇一:“张教京家子弟习走。其子弟云:‘从来先生教某们慢行。今令习走,何也?’张云:‘乃公作相久,败坏天下。相次盗起,先杀汝家人,惟善走者可脱,何得不习!’”

㉔《朱子语类》卷一二七:“逆亮临江,百官中不挈家走者,惟陈鲁公与黄瑞明耳。”

从上面例句可以看出,{走}的[奔跑]义或是在“奔走”并用的场合,或是用在文言成分比较多的语句中。

但用{奔}表示[奔跑]义也不多。

㉕《朱子语类》卷一三二:“战败,奔入城,王斩之。”

《朱子语类》中有不少{走}已经用作[行走]义,而表示[奔跑]义很少用{奔},{跑}也还没有使用,那么,在口语中用什么来表示[奔跑]义?看来,还是用{走}。如下面几句基本上是用口语记录的，表示[奔跑]义仍用“走”：

㊽《朱子语类》卷一三八：“有一乡人卖文字，遇虎，其人无走处了。”

在《朱子语类》卷一三八中，同一件事，有两个学生做了不同的记录，一个比较文，一个比较白，两者用的词语有很大差别，但前者表示[逃跑]用{走}，后者表示[奔跑]和[逃跑]也用{走}。

一人的记录是：

㊾“王侍郎普之弟某，经兵火，其乳母抱之走，为一将官所得。乳母……自求一好马，抱儿以逃。追兵踵至，匿于麦中，如此者三四。”

另一人的记录是：

㊿“李伯时家遭寇，伯时尚小，被贼并妳子劫去……妳子……自乘一马而去。少顷，闻前面有人马声，恐是来赶他，乃下马走入麦中藏……幸而小底不曾啼，遂无事……渠知无事，遂又走。”

表示[行走]和[奔跑]都用同一个{走}，这种情况一直继续到明代初年的《老乞大谚解》、《朴通事谚解》中。

10. 《元刊杂剧三十种》中{走}：表[行走]义增多

在《元刊杂剧三十种》中{走}既表示[奔跑]义又表示[行走]义，但表示[行走]义的增多了。下面举[行走]义的一些例句：

(89)《魔合罗》二：“他他他走将来展脚舒腰。”

(90)《贬夜郎》三：“又无落花轻泛波纹细，怎生误走到武陵溪！”

㉑《岳孔目》一:“走在门前哭罢又在门前笑,走到我阶头前指定阶头闹。”

㉒《霍光鬼谏》一:“老臣就今日辞了我主,向五南采访,走一遭去。”

㉓《霍光鬼谏》二:“将一个亲子妹向君王行托献。大古里是布衣走上黄金殿。”

㉔《任风子》四:“婆娘家到得那里,子三句言语,早走将回去。”

㉕《气英布》三:“骊山驿监夫步走,拖狗皮醉眠石臼。”

㉖《竹叶舟》二:“子俺阆苑遨游,再休向邯郸路儿上走。”

㉗《博望烧屯》二:“却待盼望程途,肯分截着走路。”

㉘《小张屠》二:“怎生走了几日,到不得泰安神州?”

其中最明显的是“走一遭”,《元刊杂剧三十种》共8例,其中的{走}无疑是[行走]义。

有一些例句中的{走}很难区分究竟是[行走]义还是[奔跑]义。如:

㉙《竹叶舟》四:“见他战笃速惊急列慌慌走着,划地痴汉呆答孩孜孜觑我。”

只有使用成语典故的场合,才能确定{走}是表示[奔跑]义。如:

⑩⑩《范张鸡黍》:“闻得君命至呵,早不俟驾披襟走不迭。”

11.《原本老乞大》和《老乞大谚解》、《朴通事谚解》中的{走}:[行走]义[奔跑]义并存

在新发现的《原本老乞大》中,“走”共8例。其中表示[行

走]义的4例,有3例是“走一遭”,另1例如下:

⑩《原本老乞大》:“月黑也,恐怕迷失走了,悮了路子。”

另4例是:

⑩《原本老乞大》:“你烧的锅滚时……气休教走了。”

⑩《原本老乞大》:“那贼将那人的缠带解下来看呵,却是纸,就那里撇下走了。”

⑩《原本老乞大》:“那贼便将一个弓手放箭射下马来,那贼往西走马去了。”

⑩《原本老乞大》:“那人们却是达达人家走出来的。”

这4例中的{走}在现代汉语中都可以说成{跑}。

在《老乞大谚解》中,《原本老乞大》的8例{走}都还保留。但有几例{走}不同,反映出词汇的变化。如:

⑩《老乞大谚解》:“偏我出外时,顶着房子走?也要投人家,寻饭吃里。”

按:《原本老乞大》作“偏俺出外呵,顶着房子行那?”

⑩《老乞大谚解》:“月黑了,恐怕迷失走了,误了走路。”

按:《原本老乞大》作“月黑也,恐怕迷失走了,悮了路子。”

在《朴通事谚解》中,{走}表示[行走]义。如:

⑩《朴通事谚解》:“他走到金水河里,将一块青泥来。”

也表示[奔跑]或[逃跑]义。如:

⑩《朴通事谚解》:“五岁的小厮急且那里走?”

⑩《朴通事谚解》:“老李……便要打杀那媳妇,那妇人便走了,走到官司告了。”

⑪《朴通事谚解》:“夹着那屁眼,东走西走,不得捻指歇息。”

⑫《朴通事谚解》:“把别的打的四分五落里,东走西散,

这般赶退了。”

⑬《朴通事谚解》:“门前栓着带鞍的白马来,不知怎生走了。”

有的一段话,前面的{走}是[逃跑]义,后面的{走}是[行走]义,说明当时语言中{走}确实兼有两义,只能根据上下文区分:

⑭《朴通事谚解》:“那驴养下来的,只躲着我走,讨了半年不肯还我,把我的两对新靴子都走破了。”

{奔}不用。({奔}仅《老乞大》一例:“拣着买,这的忒细,这的却又麤奔,似这一等儿着中,恰好。”非[奔跑]义。)

12. {跑}的词义变化和{走}—{跑}的替换

“跑”字六朝就有。但在明代以前不是[奔跑]义。《广韵·肴韵》:“跑,薄交切,足跑地也。”据此,读音也是平声,而不是现在的上声。

《西京杂记》卷四:“马鸣,局不肯前,以足跑地久之。”(见《汉语大字典》引)

《贤愚经》中写作{爮},也是[足刨地]义:

⑮《贤愚经》卷一〇:“麤脚利角,爮地大吼,奔突来前。”

在《全唐诗》中共8例,都是[马足刨地]之义。

⑯刘商《胡笳十八拍》:“马饥跑雪衔草根,人渴敲冰饮流水。”

⑰李益《再赴渭北使府留别》:“截海取蒲类,跑泉饮鷫鹔。”

⑱马戴《边将》:“红缰跑骏马,金镞掣秋鹰。”

⑲吴融《赋雪》:“结冻防鱼跃,黏沙费马跑。”

⑳赵延寿《塞上》:“鸟逢霜果饥还啄,马渡冰河渴自跑。”

㉑韦应物《调笑令》:“胡马,胡马,远放燕支山下,跑沙跑雪独嘶,东望西望路迷。”

㉒成彦雄《煎茶》:“岳寺春深睡起时,虎跑泉畔思迟迟。”

其中马戴例《汉语大词典》作为[奔跑]之义,但其实是不对的。联系《全唐诗》其他例句看,“跑骏马”的{跑}仍是[马蹄刨地]之义。

除此之外,本文上面所引的作品中全没有{跑}字。仅元刊杂剧《贬夜郎》第二折“(末跪马了)”,宁希元校作{跑},但没有版本根据。

[奔跑]义的{跑}出现在明代。明代李翊《俗呼小录》:“趋谓之跑。”可见这是当时的俗语。这个{跑}和“足跑地”的{跑}是否有关系,不很清楚。

在我调查的三部书《元曲选》、《西游记》、《金瓶梅》中,都有[奔跑]义的{跑}。这三部书的成书年代的先后难以确定,从刊刻来看,《西游记》世德堂本刊于万历二十年(1592年),《元曲选》刊定于万历四十四年(1616年),《金瓶梅词话》最早刊于万历四十五年(1617年)。但三部书的情况不同,不能按照其刊刻时间的先后来断定书中语言现象的时间早晚。

12.1《元曲选》中的{跑}

在臧晋叔编的《元曲选》中,除音释外,{跑}共出现34次。其中2次在唱曲中,1次为[奔跑]义,1次为[刨地]义:

㉓《货郎旦》第四折:“折跑盘旋骤着龙驹。”

㉔《误入桃源》第三折:“往时节将嫩苗跑土栽。”

32次在道白中。其中1次为[爪刨]义,1次为[逃跑]义,2

次为[行走]义,28次为[奔跑]义。各举一例如下:

⑫⑤《来生债》第二折:"好大雨,水浮水浮……狗跑儿浮……仰蛙儿浮。"

⑫⑥《隔江鬭智》第二折:"只一阵烧的那曹操往许都一道烟也似跑了。"

⑫⑦《陈州粜米》楔子:"便往陈州开仓,跑一遭去来。"

⑫⑧《陈州粜米》楔子:"拣着好东西揣着就跑。"

12.2《金瓶梅词话》中的{跑}

《金瓶梅词话》中的表示[奔跑]义的{跑}不很多:

⑫⑨《金瓶梅词话》一九回:"把衣服扯的稀烂,得手纔跑了。"

⑬⓪《金瓶梅词话》三三回:"得手拏着衣服,往外一溜烟跑了。"

⑬①《金瓶梅词话》三〇回:"西门庆即令来安儿:'风跑,快请蔡老娘去。'"

⑬②《金瓶梅词话》五〇回:"裹脚袜子也穿不上,往外飞跑。"

⑬③《金瓶梅词话》五五回:"日里便似熬盘上蚁子一般,跑进跑出,再不坐在屋里。"

⑬④《金瓶梅词话》五五回:"翟管家慌跑出门来叫……"

⑬⑤《金瓶梅词话》五五回:"经济看罢,慌的丢了买卖跑到卷棚后面看。"

⑬⑥《金瓶梅词话》六〇回:"手拏着一条绵花叉口,望前只管跑走,撞着一个黄白花狗。"

相对来说,用{奔}表示[奔跑]义的比较多。

⑬⑦《金瓶梅词话》二回:"张见西门庆踅过几遍,奔入茶局子水廉下。"

⑬⑧《金瓶梅词话》五回："你只看我篮儿抛出来，你便飞奔入去。"

⑬⑨《金瓶梅词话》五回："那妇人……先奔来顶住了门。"

⑭⓪《金瓶梅词话》九回："那武二奔到酒楼前，便问酒保……"

⑭①《金瓶梅词话》九回："武二又气不舍，奔下楼，见那人已跌得半死。"

⑭②《金瓶梅词话》四九回："与来保、贲四骑快马先奔来家，预备酒席。"

⑭③《金瓶梅词话》五三回："奔进奔出的，好像熬盘上蚁子一般。"

⑭④《金瓶梅词话》五四回："只见玳安慌不迭的奔将来道……"

⑭⑤《金瓶梅词话》五四回："常时节又送一碗来了，伯爵只待奔开暂避。"

⑭⑥《金瓶梅词话》五四回："伯爵奔出来道……"

⑭⑦《金瓶梅词话》五四回："玳安外边奔进来报……"

⑭⑧《金瓶梅词话》六二回："西门庆听见李瓶儿死了，和吴月娘两步做一步奔到前边。"

⑭⑨《金瓶梅词话》八四回："这吴大舅两步做一步，奔到方丈推门，那里推得开！"

⑮⓪《金瓶梅词话》八四回："取了行李，保定月娘轿子，急急奔走。"

12.3《西游记》中的{跑}

在《西游记》中，表示[奔跑]义的{跑}比《金瓶梅》多。仅举若干例：

⑮《西游记》三回："牛头鬼东躲西藏，马面鬼南奔北跑。"

⑯《西游记》三五回："拔了扇子，急回头，呼的一声，跑将出去。"

⑯《西游记》三六回："吓得滚滚蹡蹡，跑入方丈里。"

⑯《西游记》六〇回："却说那女子跑得粉汗淋淋，諕得兰心吸吸。"

⑯《西游记》六一回："牛王方跑进去，喘嘘嘘的，正告诉罗刹女。"

⑯《西游记》七二回："掣出金箍棒，拽开脚，两三步跑到前边。"

⑯《西游记》七五回："只见八戒喘呵呵的跑来。"

⑯《西游记》六〇回："慌得四只蹄疾如飞电，飕的跑将去了。"

《西游记》中{跑}可以表示[逃跑]义。如：

⑯《西游记》四七回："不期你列位来，諕得众僧跑了。"

{走}也还可以表示[逃跑]义。如：

⑯《西游记》九五回："亦有几个草兔儿，也惊得走了。"

{跑}可以表示[走路]义。如：

⑯《西游记》三七回："偏你出家，教我们保护你跑路！"

⑯《西游记》六七回："哄他一顿饭吃了，明日却要跑路，他又管待送你怎的？"

这时{跑}和{走}可以互用。如：

⑯《西游记》三四回："急急忙忙，往前飞跑。一气又跑有八九里。行者道：'忒走快了些。'"

⑯4《西游记》三一回："你跑到那里？我就让你先走三日，老孙自有本事赶你转来。"

前面我们看到，在语言使用中，由于忽略{走}的某些义素，可以产生{走}的词义偏移，在上下文中表示[行进]义和[逃跑]义。再进一步发展，[行进]义和[逃跑]义可以成为固定的词义。现在我们又看到新产生的词{跑}又重复了这一过程：出现了[走路]义和[逃跑]义。这是很值得注意的现象。

《西游记》中的{奔}有很多用作[朝向]义。如：

⑯5《西游记》一五回："随着行者，径投大路，奔西而去。"（参见一九回："下山往西而去。"二一回："找大路向西而去。"）

⑯6《西游记》三一回："舞着宝刀，径奔下三路砍。"

用{奔}或{奔波}表示[奔跑]的相对要少些。

⑯7《西游记》三回："众鬼卒奔上森罗殿，报着……"

⑯8《西游记》八回："一声叱咤如雷吼，两脚奔波似滚风。"

⑯9《西游记》一三回："摇摇摆摆，走入里面，慌得那魔王奔出迎接。"

⑰0《西游记》四一回："急忙解了马，挑着担，奔出林来。"

⑰1《西游记》六六回："小妖又忙忙奔告。"

⑰2《西游记》八九回："急奔暴纱亭看时，见白马尚在廊下。"

⑰3《西游记》八九回："这行者、沙僧也奔至两山头各拿器械，现了原身。"

⑰4《西游记》九五回："諕得那山神倒退，土地忙奔。"

可见，在{走}逐渐由[奔跑]义演变为[行走]义以后，用来表示[奔跑]义的词，开始时有两个：{奔}和{跑}。在同一部作品中，用{跑}表示[奔跑]和用{奔}表示[奔跑]是互补的。用{奔}

表示[奔跑]少了,就意味着用{跑}表示[奔跑]已经在语言中确立。从上述调查情况看,最早反映{跑}代替{走}的应是《西游记》。

13.《红楼梦》中的{走}和{跑}

在《红楼梦》中,{走}和{跑}已经和现代汉语完全一样。

{走}表示 A.[行走]。B.[离开]。C.[逃跑]。[行走]义例多不烦举。[离开]义、[逃跑]义各举一例如下:

⑰⑤《红楼梦》八回:"林妹妹早走了。"

⑰⑥《红楼梦》四回:"打死人命就白白的走了,再拿不来的!"

{走}表示[奔跑]义,几乎全部用成语和固定词组中。如:

⑰⑦《红楼梦》四回:"终日唯有斗鸡走马。"

⑰⑧《红楼梦》四八回:"薛蟠自骑一匹家内养的铁青大走骡。"

除此以外,只有 1 例{走}为[奔跑]义:

⑰⑨《红楼梦》一五回:"众小厮听了,一带辕马,岔出人群,往北飞走。"(但也可以理解为"飞快地走去"。)

{跑}为[奔跑]义。例多不烦举。

但{跑}有时意思是[到……来],这样的例子《红楼梦》中常见,现代汉语也有。仅举一例如下:

⑱⓪《红楼梦》七回:"抬头忽见他女儿打扮着才从他婆家来,周瑞家的忙问:'你这会跑来作什么?'"

{跑}的[逃跑]义、[奔忙]义现代汉语中也很普遍。这在《红楼梦》中已有,各举一例:

⑱《红楼梦》一四回:“支了银子跑了。”

⑱《红楼梦》七回:“我自己多事,为他跑了半日。”

《红楼梦》中{跑}还有一个比较常见的用法:{跑出个……来}表示[出现]。如:

⑱《红楼梦》五五回:“那里又跑出一个舅舅来?”

{走}、{跑}的上述用法,说明从先秦的{走}到现代汉语的{跑}的历史替换在《红楼梦》中已经全部完成。

14. 小结

考察从{走}到{跑}的历史更替,可以得到一些有关词义和词汇演变的有益启示。

从这一实例的考察中,我们看到,词义的演变是逐渐发生的。

在人们的语言运用中,一个词总是用在各种不同的上下文语境中,这个词所表达的具体的意义,有可能随着不同的上下文语境而出现一些细微的差异。如果在某种语境中,这个词的某个义素消失,或者强调某个义素,或者由隐喻而增加某个义素,那么就会出现“词义的偏移”。这就是我们在本文第 2 部分看到的情形。这种词义的偏移还是临时性的,所以,注释家会予以指出,但词典编纂不应列为义项。

词义的偏移积累得多了,就会发展成一个新的固定的词义。如本文第 3 部分所看到的《史记》中{走}的[逃跑]义。特别是像《史记·张释之传》“此走邯郸道也”中的这种{走},不但意义变为[趋向],而且读音也变了,更应该看作是一个衍生出来的新词。

{走}的[逃跑]义和[趋向]义的出现，虽然没有直接导致{走}的词义变为[行走]，但对这种词义演变是一个推动。因为一个词的义素如果始终很稳定，这个词的词义当然就没有变化。反之，如果一个词的某一个或几个义素在语言运用中不被强调，以致逐渐消失，而新的义素却有所增加，这个词的词义就发生了变化。义素的消失和增加动摇了原有词义的稳固性，接下来就会有别的变化。这就是{走}的义素 Fb(两脚有腾空阶段，两腿弯曲程度大，步子大)演变为 Fd(两脚没有腾空阶段，两腿弯曲程度不大，步子不大)，Sb(速度快)演变为 Sd(速度不快)。这种变化是比较容易发生的，因为，{走}和{行}都用于表示两腿在地面上运动，使身体前进，其区别在于"速度"的"快/不快"、"方式"的"两脚有腾空阶段/没有腾空阶段"，"两腿弯曲程度和步子"的"大/不大"。这里只有"快/不快"、"有/没有"、"大/不大"的两种选择，不是"快"就是"不快"，不是"有"就是"没有"，不是"大"就是"不大"。而且从"两腿在地面上运动，使身体前进"这种运动来说，"不快"和"两脚没有腾空阶段"、"不大"是常态，"快"和"两脚有腾空阶段"、"大"是非常态，所以，如果发生变化，只能是从非常态变为常态，而不会是相反。如果{走}的义素 Fb 演变为 Fd，Sb 演变为 Sd，{走}的词义就从[奔跑]演变为[行走]。

不过，从历史演变的实际情况来看，Fb 演变为 Fd 和 Sb 演变为 Sd 并不是同时发生的。在《吕氏春秋》、《史记》和《世说新语》中，我们看到在语言运用中有些{走}只强调 Sb，而忽略 Fb 和 Fd 的区别。在《论衡》和《贤愚经》中，有些{走}的义素 Sb 已经减弱。在敦煌变文中，有些{走}的义素 Fb 已演变为 Fd，而对 Sb 和 Sd 的区别并不注意。在这种情况下，{走}的词义还在演变过程中。只有当 Fb 演变为 Fd 和 Sb 演变为 Sd 同时出现时，{走}的词义才从[奔跑]演变为[行走]。这是我们在敦煌变文中首次看到的。

经历了这样漫长的历史过程，{走}的词义从[奔走]到[行走]的历史演变可以说已经实现了，我们可以为晚唐五代的{走}增加一个新的义位[行走]。但是，从{走}到{跑}这样一种词汇替换，还要再经过四五百年才开始出现。{走}的词义变化只是为从{走}到{跑}的词汇替换准备了条件。

{走}增加了[行走]的新义位后，其原有的义位[奔跑]并没有立即消失，而是在一段很长的时间里两者并存。一个词有两个或两个以上的义位是常有的事，在通常情况下，不会引起信息传递的混乱。例如，{目}有两个义位：[眼睛]和[注视]；{池}有两个义位：[池塘]和[护城河]。因为这两个义位意义差别较大，而且处在不同的语义场，所以，当{目}和{池}在不同语境中出现时，人们很自然地会根据具体语境来确定这里是哪一个义位。{走}的情况不同，它的两个义位[奔跑]和[行走]都表示“两腿在地面上运动，使身体前进”，都处于同一个语义场，它们在成句时对其他论元的要求也大体相同，所以，除了一些较特殊的语境(如㉞《汉将王陵变》：“陵有老母，八十有五，走待人扶，食须人喂。”)外，{走}究竟是哪一个义位，往往难以确定。这就会造成信息传递的混乱。开始时{走}的新义位[行走]还用得比较少，这种引起混乱的可能性也比较小，后来新义位[行走]用得越来越多，几乎和原有义位[奔跑]平分秋色，因此，引起混乱的可能性也越来越大。在这种情况下，由{走}专表[行走]义，由{跑}来表达[奔跑]义，就非常符合信息传递的需要。这就是我们看到的从{走}到{跑}的词汇替换。这种词汇替换在明代开始出现，到《红楼梦》完成，中间也经过了一百多年。

不过，当《红楼梦》中{走}和{跑}明确分工的新格局形成后，{跑}和{走}的使用又出现一些交叉的地方，如“跑来作什么”等于“走来作什么”，“跑一趟”等于“走一趟”。看来表示[奔跑]义的词，其义素 Fb 演变为 Fd、Sb 演变为 Sd 这样一种由“非常态”变为“常态”的词义演变是比较容易发生的。{跑}的发展会不会逐渐和“走”趋同，就如同先秦的{走}逐渐和{行}趋同一样？这个问题只能让我们的后代来回答了。

参考文献

李宗江　1999　《汉语常用词演变研究》，汉语大词典出版社。

汪维辉　2000　《东汉隋常用词演变研究》，南京大学出版社。

王　力　1958　《汉语史稿》，《王力文集》第九卷，山东教育出版社，1988。

杨克定　1992　《苏轼诗歌中的趋向 V 及其发展变化》，《宋元明汉语研究》，山东教育出版社。

（原载《汉语史研究：纪念李方桂先生百年冥诞论文集》，中研院语言所/美国华盛顿大学，台北，2005 年 8 月）

汉语“天”的意义的演变

在《现代汉语词典》(第5版)中,“天”有这么几个意义:

天❶天空:顶～立地|太阳一出满～红。❷位置在顶部的;凌空架设的:～棚|～窗|～桥。❸一昼夜二十四小时的时间,有时专指白天:今～|过了冬至,～越来越长了。❹用于计算天数:每～|第二～|三～三夜|忙了一～,晚上早点儿休息吧。❺一天里的某一段时间:五更～|～儿还早呢。❻季节:春～|冷～|三伏～|黄梅～。❼天气:阴～|～晴|～冷了。❽天然的;天生的:～性|～资|～足。❾自然界:～灾|人定胜～。❿迷信的人指自然界的主宰;造物:～意。⓫迷信的人指神佛仙人所住的地方:～国|～堂|归～。⓬姓。

本文将以“天”在现代汉语中所有的这些意义为出发点,来讨论“天”的意义在历史上的演变。如果历史上的“天”是属于上述意义之一的,我们将会用“天n”来表示。如“天空”义的“天”记作“天❶”,“天气”义的“天”记作“天❼”等等。

上述这些意义,有些(如❶❽❾❿)是在先秦就有的。如:

天❶(天空)。《诗经·唐风·绸缪》:“绸缪束薪,三星在天。”

天❿(万物的主宰)。《诗经·小雅·节南山》:“天方荐瘥,丧乱弘多。”

天❾（自然界）。《荀子·天论》："天行有常，不为尧存，不为桀亡。"

天❽（天然的）。《荀子·天论》："耳目鼻口形能各有接而不相能也，夫是之谓天官。"

这些意义孰先孰后，以及彼此之间的发展关系，本文不拟详细讨论。

有些（如❸❹❺❻❼）是后来逐渐发展出来的。本文着重考察那些后来才产生的意义是什么时代出现的，是如何发展出来的。但在考察时会涉及前面那些意义。

一

上面举了先秦时"天"表示"天❶（天空）"、"天❿（万物的主宰）"、"天❾（自然界）"、"天❽（天然的）"这四个意义的例子。但先秦时有些"天"究竟是上述哪一个意义，还需要讨论。

先讨论"天雨"。

先秦"天雨"出现得很多，这里仅举两例：

《墨子·非攻》："子墨子归，过宋，天雨，庇其闾中。"

《韩非子·说难》："宋有富人，天雨墙坏。"

这些"天"是有意志的"天"（万物的主宰）呢，还是"天空"的"天"？如果是前者，则是"天"发出"下雨"的动作；如果是后者，则是从天上掉下雨点。似乎两者都有可能。但是，结合下面的例句来看，应该是后者。

《诗经·小雅·鸱枭》："迨天之未阴雨，彻彼桑土，绸缪牖户。"

这里是“阴雨”连在一起说的。“天阴”的“天”显然不是有意志的“天”，而是“天空”的“天”。那么，这里的“天雨”，显然也不是有意志的“天”，而是“天空”的“天”。

当然，有时候“天雨 N”是一种灾异，这时的“天”是有意志的天，“天”发出“雨 N(一些特别的东西)”的动作，是对人的警告。如：

《墨子·非攻下》：“沓至乎商王纣，天不序其德，祀用失时，兼夜中十日雨土于薄，九鼎迁止，妇妖宵出，有鬼宵吟，有女为男，天雨肉，棘生乎国道。”

《战国策·齐策六》：“天雨血沾衣者，天以告也；地坼至泉者，地以告也；人有当阙而哭者，人以告也。”

但如果只是“天雨”，那就是人们见到的一种自然现象：从天上掉下雨点。①

附带说到“天阴”和“天晴”。

除了上述《诗经·小雅·鸱枭》“迨天之未阴雨，彻彼桑土，绸缪牖户”一例外，“天阴”要到《汉书》才能看到。如：

《汉书·五行志》：“贺即位，天阴，昼夜不见日月。贺欲出，光禄大夫夏侯胜当车谏曰：‘天久阴而不雨，臣下有谋上者，陛下欲何之？’”

《汉书·楚元王传》：“后复视事，天阴雨雪。”

《汉书·杨恽传》：“正月以来，天阴不雨。”

显然，“天阴”的“天”是“天❶”(天空)。

---

① 在甲骨文中，没有“天地”的“天”，“雨”字上面的一横，就表示天空。但甲骨文中常见“帝令雨”的说法，可见在殷商时期，人们认为是上帝让下雨的。但这种观念在春秋战国时期已经改变。

“天晴”的“天”也应该是“天❶”。但“天晴”最早见于南北朝：

庾肩吾《咏同泰寺浮图诗》：“月出琛含采，天晴幡带虹。”

张说《岳阳石门墨山二山相连有禅堂观天下绝境》：“常涉巴丘首，天晴遥可见。”

李端《古别离》：“天晴见海樯，月落闻津鼓。”

秦观《碧芙蓉》：“日暖天晴，喜秋光清绝。”

然后讨论“天寒”。“天寒”在先秦就有。如：

《庄子·让王》：“天寒既至，霜雪既降，吾是以知松柏之茂也。”

《吕氏春秋·分职》：“卫灵公天寒凿池，宛春谏曰：‘天寒起役，恐伤民。’”

“天寒”的“天”，无论用上述四个意义中的哪一个来解释都不适合。用现代汉语来翻译，“天寒”就是“天气寒冷”。能不能说，“天寒”的“天”是“天❼”，先秦时“天”已经出现了“天气”这个意义呢？

我认为，上述例句中“天寒”的“天”还不能简单地说就是“天气”(气候)。我们可以结合《左传》中的一段话来讨论：

《左传·昭公元年》：“天有六气，降生五味，发为五色，征为五声，淫生六疾。六气曰阴、阳、风、雨、晦、明也，分为四时，序为五节，过则为菑：阴淫寒疾，阳淫热疾，风淫末疾，雨淫腹疾，晦淫惑疾，明淫心疾。”

《庄子》和《荀子》中也说：

《庄子·列御寇》：“天犹有春、秋、冬、夏、旦、暮之期。”

《荀子·天论》：“天不为人之恶寒也辍冬，地不为人之恶辽远也辍广。"

可见，在春秋战国时期人们的观念中，"四时（春、夏、秋、冬）"和"寒"、"暑"都是"天"或"天"之"六气"运行的结果。"天有六气"的"气"，可能和后代"天气"的"气"有一定的关系，但本身还是"元气"的"气"。"六气"是"天"的构成成分，而这个"天"，既不是万物的主宰，也不是"天空"，也不是整个的自然界，而是"天地"的"天"。在春秋战国时期，"天"可以指整个自然界，如《荀子·天论》中"天行有常"、"从天而颂之，孰与制天命而用之"的"天"，但更多的场合，是"天"和"地"并称，在当时人们的观念里，整个宇宙分为"天"和"地"两大部分，"天"和"地"各有自己运行的规律；"天有六气（阴、阳、风、雨、晦、明）"，"六气"的变化形成"四时（春、夏、秋、冬）"和"寒"、"暑"，这是"天"的运行。这个与"地"相对的"天"，不仅仅是日月星辰运行于上的天空，而是一个充满着"六气"，也包含着日、月、星、辰的实体，它有自己的运行和变化，还可以化生万物。这种"天"的概念，在现代汉语中当然是不存在了，但在古代却是一个非常重要的概念。为了叙述的方便，我们把这种"天"记作"天 A"。

"寒"是"天 A"的运行的一种表现，所以，可以单说"寒"，也可以说"天寒"，这个"天"是"天 A"。

不过"天寒"的说法在先秦并不多见，而且出现得比较晚。

用"天气"来表示"气候"的，大概最早是曹丕的《燕歌行》：

曹丕《燕歌行》："秋风萧瑟天气凉，草木摇落露为霜。"

既然有了"天气凉"的说法，那么，在后来的人看来，"天凉"和"天气凉"是一个意思，所以"天凉"以至于"天寒"的"天"就都是"天❼"，是表示"天气"的意思了。

陶渊明《自祭文》:“天寒夜长,风气萧索。”

白居易《小曲新词》二:“好向昭阳宿,天凉玉漏迟。”

但从来源说,先秦时“天寒”的“天”是“天A”,而不是表示“天气”的“天❼”。

“天热”出现在南北朝时期,“天热”的“天”已是“天❼(天气)”:

《后汉书·五行五》:“时民以天热,欲就池浴。”

二

“春天”、“夏天”、“秋天”、“冬天”出现在南北朝。

[春天]

晋闵鸿《亲蚕赋》:“洪恩美而周普,配春天之景福。”(《历代赋汇》补遗卷七)

[夏天]

《抱朴子·内篇·论仙》:“盛阳宜暑,而夏天未必无凉日也。极阴宜寒,而严冬未必无暂温也。”

《抱朴子·内篇·释滞》:“予从祖仙公每大醉及夏天盛热,辄入深渊之底。”

《搜神记》卷一四:“清河宋士宗母夏天于浴室里浴,遣家中大小悉出,独在室中良久。”

《艺文类聚》卷八九引《文士传》:“嵇康性绝巧,能锻。家有一柳树,乃激水以圜之,夏天甚凉,居其下遨游以锻。”

[秋天]

《艺文类聚》卷九引邓德明《南康记》:“有石雁浮在湖

中，每至秋天，石雁飞鸣。”

［冬天］

《世说新语·夙慧》：“晋孝武年十二，时冬天，昼日不箸复衣，但箸单练衫五六重，夜则累茵褥。”

《世说新语·汰侈》：“石崇为客作豆粥，咄嗟便办。恒冬天得韭蓱虀。”

《齐民要术·种瓜法》：“冬天以瓜子数枚，内热牛粪中，冻即拾聚，置之阴地。”

《齐民要术·作酪法》：“冬天作者，卧时少令热于人体，降于余月，茹令极热。”

用今天的眼光看来，“春天”、“夏天”、“秋天”、“冬天”的“天”当然是“天❻(季节)”。但这个意义是怎样发展来的呢？

先秦时，“春”、“夏”、“秋”、“冬”通常是单说的，也可以说成为“春日”、“夏日”、“秋日”、“冬日”。但《诗经》中“秋日”和“冬日”还是词组：

《诗经·小雅·四月》：“秋日凄凄，百卉具腓(疏：言严秋之日凄凄然有寒凉之风。)……冬日烈烈，飘风发发。”

到战国时就成为词了，“冬日”、“夏日”就等于“冬”、“夏”：

《孟子·告子上》：“冬日则饮汤，夏日则饮水。”

《庄子·让王》：“冬日衣皮毛，夏日衣葛絺；春耕种，形足以劳动；秋收敛，身足以休食。”

《荀子·赋篇》：“冬日作寒，夏日作暑。”注：“在冬而凝寒，在夏而蒸暑也。”

为什么后来说成“春天”、“夏天”、“秋天”、“冬天”呢？把“春”、“夏”、“秋”、“冬”和“天”联系起来，这是因为，如前所述，

“天有六气……分为四时。”“四时”是“天”的运行。《晋书》上的一段话很值得注意：

《晋书·天文志》：“夏时阳气多，阴气少，阳气光明，与日同辉，故日出即见，无蔽之者，故夏日长也。冬天阴气多，阳气少，阴气暗冥，掩日之光，虽出犹隐不见，故冬日短也。”

从《晋书》例可以看出，这里既有“冬天”，又有“冬日”。“冬天阴气多，阳气少”，“冬天”可以理解为“冬之天（天A）”，但“冬天”又和“夏时”对举，所以“冬天”又相当于“冬时（‘四时’的‘时’）”，也就是“冬季”。也许，表示“冬季”的“冬天”（“天”是“天❻”）正是由“天A”——“天❻”这样演变而来的。

魏晋南北朝的“春天”、“秋天”还有一个意思：“春季的天空”、“春季的天空”：

《三国志·吴志·周鲂传》：“乞降春天之润，哀拯其急。”

《北齐书》卷四：“恩比春天，威同夏日。”

《艺文类聚》卷三五引昭明太子《与何胤书》：“志与秋天竞高，理与春泉争溢。”

这样的“春天”、“秋天”（“天”是“天❶”）对表示“春”、“夏”、“秋”、“冬”的“春天”、“夏天”、“秋天”、“冬天”（“天”是“天❻”）的形成也有一定的关系。“春天❶”、“秋天❶”的“天❶”是“天空”的意思，“春天❻”等中的“天❻”的来源是“天A”，两者意义不同，但在当时人们的观念里，“天❶”和“天A”是可以相通的。因此，既然有了“春天❶”、“秋天❶”，就很容易产生上述《晋书》中的“冬天（冬之天A）”，再进一步演变，就产生了“春天❻”、“秋天❻”。

三

表示“一昼夜”的“天”产生得很晚。“一昼夜”原来是用“日”表示的,如“一日”、“今日”,直到清代,“天”才开始取代“日”。

这又分两个阶段。首先是“一日”可以说成“一天”。下面举《儒林外史》和《红楼梦》的几个例子:

《儒林外史》四六回:“当日,吃了一天酒。”

《儒林外史》五五回:“他三日前就要斋戒一日,第二日磨一天的墨。”

《红楼梦》第一〇回:“但只今日拜了一天的客,明日为始,一天写一百字才好。”

值得注意的是:这时往往“一日”和“一天”互用,但“今日”、“明日”却不说“今天”、“明天”。

“一天”也可以表示一个白昼:

《儒林外史》三八回:“那雪下了一夜一天,积了有三尺多厚。”

《红楼梦》二五回:“一天一夜也得多少油?我也做个好事。”

那么,“今日”、“昨日”、“明日”说成“今天”、“昨天”、“明天”是从什么时候开始的呢?

在《红楼梦》中,还只说“今日”、“昨日”、“明日”,不说“今天”、“昨天”、“明天”。出现“今天”、“昨天”、“明天”的,是在清魏秀仁的《花月痕》(咸丰八年,公元1858年序)中,也是“今天”和“今日”都有的:

《花月痕》一二回："不要说今天这一天，就昨天晚上，不知要赔了多少泪，受了多少气哩。"

《花月痕》三〇回："痴珠道：'事不凑巧，秋痕今天还备有两席呢。'……今日这一会，大家都有点心绪，所以顶闹热局，转觉十分冷淡。"

《花月痕》三〇回："今天立春第二日。"

从"一天"发展到"今天/昨天/明天"，是非常自然的。问题在于："一天"表示"一昼夜"是怎样发展来的？

在宋金时期，"一天"表示"满天"，或者表示"天大的"。如：

朱淑真《鹧鸪天》词："一天飞絮东风恶，满路桃花春水香。"

《刘知远诸宫调》："清宵夜好难捱，一天愁闷怎安排？"

《刘知远诸宫调》："把一天来好事都惊散。"

这种用法，元曲中很常见，直到《醒世恒言》和《儒林外史》中都还有。如：

《醒世恒言》卷七："这做媒乃是冰人撮合，一天好事，除非他女儿不要嫁人便罢休；不然，少不得男媒女约。"

《儒林外事》七回："学道看罢，不觉喜逐颜开，一天愁都没有了。"

但表示"一昼夜"的"一天"，不可能是从这种"一天"演变来的。

那么表示"一昼夜"的"一天"究竟是怎样发展来的呢？这个问题不大好回答，因为历史数据没有给我们提供清楚的线索，我只能做一个大胆的猜测。

我设想，表示"一昼夜"的"一天"是由"天"替换了"一日"中的"日"而成的。

“一日”的“日”表示“一昼夜”，这是从“日”的“太阳”的意义引申来的，这很好理解。“天”怎样从它固有的意义引申为“一昼夜”？如果“天”没有引申出“一昼夜”的意义，它怎么能替换“日”？

我想，“一天”的“天”替换“一日”的“日”，不是它本身词义演变的结果，而是通过另一种途径实现的。

从历史上看，早就有“天”对“日”的替换。这就是前面说的，在魏晋南北朝时，“春/夏/秋/冬＋日”换成了“春/夏/秋/冬＋天”。但这里的“日”和“天”都不是“一昼夜”的意思，而是“一个时期”、“一个季节”的意思。“日”和“天”发展为这个意义的途径是不同的：“秋日”是“秋之日子”→“秋之季节”。“秋天”是“秋之天A(或‘秋之天空)”→“秋之季节”。但从结果来看，是“天”替换了“日”，在“秋日”和“秋天”的格式里，用“天”和用“日”没有区别。

再晚一点，到唐代，又有“晴日”和“晴天”的替换。在唐代，“晴朗的日子”说成“晴日”。这种例子较多，下面举四例：

卢纶《江北忆崔汶》：“晴日游瓜步，新年对汉阳。”

刘禹锡《牛相公见示新什谨依本韵次用以抒下情》：“雨天龙变化，晴日凤骞腾。”

白居易《霖雨苦多江湖暴涨块然独望因题北亭》：“自作浔阳客，无如苦雨何。阴昏晴日少，闲闷睡时多。”

白居易《久雨闲闷对酒偶吟》：“自夏及秋晴日少，从朝至暮闷时多。”

说成“晴天”的不多，但也有了。如：

杜甫《中丞严公雨中垂寄见忆一绝奉答二绝》：“江边老病虽无力，强拟晴天理钓丝。”

“晴日”和“晴天”是从不同途径发展来的。“晴日”本指“晴朗的太阳”：

蜀太后徐氏《丹景山至德寺》：“晴日晓升金晃曜，寒泉夜落玉丁当。”

韩翃《寻胡处士不遇》：“微风吹药案，晴日照茶巾。”

“晴天”本指“晴朗的天空”：

萧纲《奉和登北顾楼诗》：“雾崖开早日，晴天歇晚虹。”

褚亮《和御史韦大夫喜霁之作》：“晴天度旅雁，斜影照残虹。”

但“晴日”从“晴朗的太阳”演变为“晴朗的日子”，“晴天”从“晴朗的天空”也演变为“晴朗的日子”，“晴日”和“晴天”的所指就相同了。① 这样，在语言使用者看来，“日”和“天”都能指“日子”（一昼夜），所以，“一日”也可以说成“一天”。

但是，用“一天”替换“一日”为什么那么晚？为什么表示“一昼夜”的“一天”能排挤表示“满天”或“天大的”的“一天”？这些问题还有待于研究。

四

“五更天”的“天”是“天❺（一天里的某一段时间）”。“五更

---

① 附带说说“阴天”。“阴天”原来表示“阴暗的天空”，后来演变为“阴翳的天气”，时间也是在唐代。这从下面的例句可以清楚地看到：

吕温《道州观野火》：“阳景当书迟，阴天半夜赤。”

白居易《初到忠州登东楼寄万州杨八使君》：“林峦少平地，雾雨多阴天。”

韩偓《流年》：“三月伤心仍晦日，一春多病更阴天。”

“阴天”和“晴天”有所不同：“晴天”可以说成“晴日”，但“阴天”不能说成“阴日”。

天”的说法在清代才出现，元明时期的说法是“五更天气”，或“五更时分”。如：

《水浒传》八回：“叫店小二算过酒钱，两个公人带了林冲出店，却是五更天气。”

《水浒传》八回：“却好五更天明时分，把白胜押到厅前。”

到了清代，才有“五更天”的说法。如：

《儒林外史》二一回：“当下卜诚、卜信吃了酒先回家去，卜老坐到五更天。”

《红楼梦》第四八回：“昨夜嘟嘟哝哝直闹到五更天才睡下，没一顿饭的工夫天就亮了。”

但是在《儒林外史》中也还用“五更天气”。如：

《儒林外史》四三回：“五更天气，苗酋率领着竖眼洞的苗兵，带了苗刀，拿了标枪，悄悄渡过石柱桥。”

可见，“五更天”是由“五更天气”演变而来的。

顺便说说“天黑”和“白天”。

“天黑”本指夜间天空黑暗。如：

杜甫《大云寺赞公房》：“天黑闭春院，地清栖暗芳。”

韩愈《凤翔陇州节度使李公墓志铭》：“从幸梁州，天黑失道。”

但是，这样的用法唐代不多，在宋元明也很少见。

到清代，《儒林外史》有一例：

《儒林外史》三〇回：“当晚，季苇萧因在城里承恩寺作寓，看天黑，赶进城去了。”

到《红楼梦》，“天黑”才用得较多，意思和现代汉语相同。

《红楼梦》七回:"因天黑了,尤氏说:'派两个小子送了秦哥儿家去。'"

《红楼梦》七五回:"到起更的时候,贾母说:'黑了,过去罢。'尤氏方告辞出来……因二府之门相隔没有一箭之路,每日家常来往不必定要周备,况天黑夜晚之间回来的遭数更多……"

而在明末凌濛初《初刻拍案惊奇》中,可以见到这样的例句:

《初刻拍案惊奇》卷一六:"一递一句,说了一回,天色早黑将下来。婆娘又道:'天黑了,只不见来。'"

可见"天黑"是从"天色黑"发展来的。

"白天"出现得很晚。下面是一些例句:

《花月痕》一四回:"白天你是闹过酒,如今只准清谈。"

《花月痕》四八回:"忽四边人声汹汹,万马齐奔,又像白天斗法时欢呶。"

"白天"原来用"白昼"表达。用"天"代替"昼",是因为"天"产生了"一天一夜"的用法,意义和"昼"相同了。"天"前面还要加上"白",道理和"昼"前面加上"白"是一样的,而且是为了和"一昼夜"的"天"区别开来。

五 结 语

从上面的讨论可以看到,"天"在现代汉语中的一些意义,是在不同历史时期,通过不同的途径发展出来的。这个个案可以加深我们对词义演变的认识。

参考文献

王　力　1990　《汉语词汇史》,《王力文集》第十一卷,山东教育出版社。
徐朝华　2003　《上古汉语词汇史》,商务印书馆。
于省吾主编　1996　《甲骨文字诂林》,中华书局。
赵　诚　1988　《甲骨文简明词典》,中华书局。

（原载 *Study in Chinese Language and Culture*，*Festschrift in Honour of Christoph Harbsmeier on the Occasion of his 60th Birthday*, Hermes Academic Publishing & Bookshop A/S,2006 年）

汉语颜色词的历史演变

本文讨论汉语颜色词的历史演变。为了使讨论的问题集中,颜色词主要限于五种基色:赤/红、青/蓝、黄、白、黑。

汉语颜色词的历史演变有两个方面值得注意,分述如下。

1. 从综合到分析

汉语颜色词的历史演变有一个很明显的趋势:从综合到分析。在先秦时期,颜色词的表示是采用"综合"的手段,也就是说,同一种基色的深浅不同,以及两种基色的混合,都用专门的颜色词来表示。而到后来,就变成"分析"的了,也就是说,用"定语+基色"、"基色+基色"来表示。

1.1 先说先秦的情况。①

1.1.1 同一种基色的各种深浅不同都有专门的颜色词来表示。

赤色,按其由浅到深,有这样一些颜色词表示:

①縓,《仪礼·丧服传》:"麻衣縓缘。"郑玄注:"縓,浅绛也。"《尔雅·释器》:"一染谓之縓。"郭璞注:"今之红也。"

① 关于先秦的五色之名,张永言(1984)已有详细的论述,本文多有参照。

②赪，《尔雅·释器》："二染谓之赪。"郭璞注："浅赤。"

③纁，《尔雅·释器》："三染谓之纁。"郭璞注："纁，绛也。"《说文》："浅绛也。"（按：郭注不确，当以《说文》为是。）

④朱，《诗经·豳风·七月》："我朱孔阳。"毛传："朱，深纁也。"

⑤赤，《易·说卦》："困于赤绂。"郑玄注："朱深曰赤。"

⑥绛，《说文》："大赤也。"

白色不容易分出深浅，但实际上不同物体之白是不一样的，所以也可以看作不同种类的白。这也各有专门的颜色词来表示：

⑦皎，《说文》："月之白也。"

⑧皢，《说文》："日之白也。"

⑨皦，《说文》："玉石之白也。"

⑩瑳，《说文》："玉色鲜白。"（"鲜"即白，见张永言 1984）

⑪皙，《说文》："人色白也。"

⑫皠，《说文》："鸟之白也。"

其他三种基色没有这样明显的深浅之别，个别表示基色深浅的，也用专门的颜色词来表示：

⑬葱，《尔雅·释器》："青谓之葱。"郭璞注："浅青。"

⑭黯，《说文》："深黑也。"

1.1.2 颜色是一个连续光谱，在各种基色的区域内，会显示深浅的不同，在两种基色的交界处，也会呈现不同的颜色，这就是所谓"间色"。先秦时"间色"也用专门的颜色词表示。如：

⑮緅，《说文》："帛青赤色也。"《周礼·考工记·锺氏》："五入为緅。"郑玄注："再染以黑则为緅。"

⑯绀,《说文》:“帛深青扬赤色。”

⑰玄,《说文》:“黑而有赤色者为玄。”

⑱缇,《说文》:“帛丹黄色。”

⑲䵩,《说文》:“赤黄也。”

⑳䵿,《说文》:“青黄色也。”

㉑黇,《说文》:“黑黄色也。”

㉒黤,《说文》:“青黑也。”

㉓黝,《说文》:“微青黑色。”

㉔黲,《说文》:“浅青黑也。”

㉕綟,《说文》:“綟,帛戾草染色。”

㉖缊,《礼记·玉藻》:“一命缊韨幽衡。”郑玄注:“缊,赤黄之间色。”

白色和其他基色的混合实际上是一种浅色。如:

㉗红,《说文》:“帛赤白色也。”就是“粉红”。

㉘黇,《说文》:“白黄色也。”朱骏声谓即浅黄色。

1.1.3 颜色词的这种特点,是和先秦汉语词汇“综合”性的特点一致的。比如先秦各种颜色的马,也用专名来表示。如:

㉙骝,《说文》:“赤马黑毛尾也。”

㉚騢,《说文》:“马赤白杂毛。”

㉛骍,《诗经·鲁颂·駉》:“有骍有骐。”孔颖达疏:“骍为纯赤色。”

㉜騵,《诗经·大雅·大明》:“驷騵彭彭。”毛传:“骝马白腹曰騵。”

㉝驖,《说文》:“马赤黑色。”

㉞骠,《说文》:“黄马发白色。”

㉟騜,《尔雅·释畜》:“黄白,騜。”

㊱骢,《说文》:“马青白杂毛也。”

㊲騎,《说文》:“青骊马。”

㊳骆,《说文》:“马白色黑鬣尾也。”

㊴骊,《说文》:“马深黑色。”

㊵騩,《说文》:“马浅黑色。”

不难看出,有些马名和颜色名是同源的,如“騵”和“縓”,“騜”和“黄”,“骢”和“葱”,“驖”和“铁”(“铁”也可表示黑色,如《礼记·月令》:“孟冬驾铁骊。”)。不仅马是如此,在先秦,同一颜色的各种事物也有很多是同源词,而且都用专名来表示。如“騢”和“瑕”、“霞”、“鰕”、“葭”同源,皆有“赤”义;“骢”和“葱”、“繱”(帛青色)、“螅”(青蛉)同源,皆有“青”义;“骊”和“鹂”同源,“獹”、“鸬”、“矑”、“垆”、“泸”、“炉”同源,皆有“黑”义。把颜色和事物综合在一起,用一个专名表达,这就是先秦汉语的“综合”性的特点。

当然,先秦也有个别的例子,颜色的表达用“分析”的手段。比如:

㊶《尔雅·释鸟》:“春扈鳻鶞,夏扈窃玄,秋扈窃蓝,冬扈窃黄,桑扈窃脂,棘扈窃丹。”郭注:“窃蓝,青色。”(郝懿行认为“桑扈窃脂”为重出之文,“窃脂”之“窃”非“浅”义。)

这是用“窃+基色”表示浅的基色。又如:

㊷《尚书·禹贡》:“厥土青黎。”伪孔传:“色青黑而沃壤。”

㊸《周髀算经》:“青黑为衣,丹黄为表。”

这是用“基色+基色”表示间色。但是,从总体上说,都是用“综合”的手段。

1.2 到后代，这种“综合”性的特点消失，“縓”、“赪”和“緅”、“绀”等一大批专门的颜色词消失了，只剩下表示基色和其他颜色（如“绿”、“紫”和后来产生的“橙”、“褐”、“棕”、“灰”等）的少数几个颜色词，“縓”“赪”等颜色变成用“定语＋基色”来表示，“緅”“绀”等用“基色＋基色”（或其他颜色＋基色）来表示。“骝”、“騢”等专名也大部分消失了，变成用“基色＋事物”来表示。这就是“分析”性。

1.2.1 同一种基色的深浅不同的表示法的演变。这里仅以“红色”为例加以说明。

在唐诗中，先秦时表示赤色深浅的“综合”性词如“縓”、“赪”等已很少用了。据初步统计，这些词的使用频率如下（而且有不少是用在古雅的诗句中）：

縓 1　赪 21　纁 12　绛 384

代之而起的是用“定语＋红”来表示不同的红色。下面举一些六朝诗和唐诗中的例证（加 * 的是六朝诗）。如：

㊹薄红：薄红梅色冷，浅绿柳轻春。（唐高宗《守岁》）

㊺大红：大红旆引碧幢旌，新拜将军指点行。（白居易《送徐州高仆射》）

㊻淡红：淡红花帔浅檀蛾，睡脸初开似剪波。（白居易《吴宫词》）

㊼霏红：* 发萼初攒紫，余采尚霏红。（谢朓《咏蔷薇诗》）

㊽粉红：粉红轻浅靓妆新，和露和烟别近邻。（吴融《买带花樱桃》）

㊾焦红：拢云髻，背犀梳，焦红衫映绿罗裾。（李珣《南乡子》）

㊿嫩红：一架长条万朵春，嫩红深绿小窠匀。（裴说《蔷薇》）

51浅红：*柳色浮新翠，兰心带浅红。（朱超《奉和登百花亭怀荆楚诗》）

52深红：深红莲子艳，细锦凤凰花。（庾信《见游春人诗》）

53熟红：窗前远岫悬生碧，帘外残霞挂熟红。（罗虬句）

54桃花红：几岁头梳云鬓绿，无时面带桃花红。（张仲方《赠毛仙翁》）

55鲜红：*鲜红同映水，轻香共逐吹。（刘缓《美人摘蔷薇诗》）

56微红：宝剑黯如水，微红湿余血。（温庭筠《侠客行》）

57殷红：象床玉手乱殷红，万草千花动凝碧。（杜甫《白丝行》）

还有一些颜色词的定语是色彩引起的人的主观感情。如：

58愁红：悠悠楚水流如马，恨紫愁红满平野。（温庭筠《懊恼曲》）

59惆怅红：二月艳阳节，一枝惆怅红。（温庭筠《敷水小桃盛开》）

60寂寞红：风荷老叶萧条绿，水蓼残花寂寞红。（白居易《县西郊秋寄》）

61娇红：可怜池阁秋风夜，愁绿娇红一遍新。（王建《路中上田尚书》）

62熟红：窗前远岫悬生碧，帘外残霞挂熟红。（罗虬句）

63百尺相风插重屋，侧近嫣红伴生碧。（李商隐《河阳曲》）

64谁收春色将归去，慢绿妖红半不存。（韩愈《晚春》）

65夭红妆暖树，急绿走阴沟。（裴夷直《春色满皇州》）

㊱云髻飘萧绿，花颜旖旎红。（白居易《筝》）

㊲慵红闷翠掩青鸾，罗襪况兼金菡萏。（韩偓《浣溪纱》）

像上引诗句中的“萧条绿”、“愁绿”、“生碧”、“慢绿”、“闷翠”等，说明除红色外其他颜色词的构成也可以表达人的主观感情。这也是汉语颜色词的一个重要发展。

1.2.2 间色的表示法的演变。“紫”、“绿”后代一直沿用，又新产生了“橙”、“褐”、“棕”、“灰”等颜色词。除此以外，先秦表间色的词在唐诗中很多已不再使用，继续使用的频率也很低，我们做了一个粗略的统计：

绀　（“绀殿”等与佛教有关的意义除外）10 次以下

缇　（“缇幕”等固定用法除外）5 次以下

黝　5 次

黤　2 次

间色后代基本上用“基色＋基色”（或“间色＋基色”）来表示。

㊳赤黄：星色赤黄而沈。（《史记·天官书》）

㊴黄纁：建黄纁之总旄。（刘向《九叹·远逝》）王逸注：“黄纁，赤黄也。”

㊵柘黄：雉尾扇开朝日出，柘黄衫对碧霄垂。（元稹《酬孝甫见赠十首之四》）

㊶赭黄：紫燎光销大驾归，御楼初见赭黄衣。（和凝《宫词百首之一》）

㊷赭黯：山石色皆赭黯。（《徐霞客游记·粤西游日记》）

㊸黄褐：南中无白羊，多黄褐白斑，如黄牛。（范成大《桂海虞衡志·志兽》）

⑭翠青：龙骨木翠青，状如枯木。（范成大《桂海虞衡志·草木》）

⑮缥青：石榴植前庭，绿叶摇缥青。（曹植《弃妇诗》）

⑯黛青：粉白湖上云，黛青天际峯。（岑参《刘相公中书江山画障》）

还有一种方法是用“名物词＋基色”，用某种名物的颜色表示间色，但从构词来说，仍是“分析”式的，即用“定语＋基色”来表示。

⑰鸦青：才近中秋月已清，鸦青幕挂一团冰。（杨万里《八月十二夜诚斋望月》）

⑱螺青：瓦屋螺青披雾出，锦江鸭绿抱山来。（陆游《快晴》）

⑲杏黄：杏黄旗上七个字，替天行道救生民。（康进之《李逵负荆》）

⑳柳黄：葱绿、柳黄可倒还雅致。（《红楼梦》三五回）

㉑月白：穿一件旧月白袷袄儿。（《儿女英雄传》三九回）

1.2.3 和颜色词一样，各种颜色的马的名称后来也由“综合”变为“分析”。因为和颜色词没有直接关系，这就不引用文献加以说明了。

2. 颜色词的历史更替

颜色词的历史更替，最明显的就是由“红”替换了“赤”，以及“蓝”由植物名变为颜色词，并且成为表基色的词，占据了原来基色“青”的部分义域。这一历史更替人们经常说到，但这种历史更替在何时发生，是如何发生的，却研究得不够。下面谈一点看法。

2.1 红

先秦的“红”是粉红，不是“赤”义。在《史记》所载的司马相如赋中，有两例可解释为“赤”义：

⑫扬翠叶，扤紫茎，发红华，秀朱荣，煌煌扈扈，照曜巨野。（《史记·司马相如传·上林赋》）[《汉书》“秀”作“垂”]

⑬红杳渺以眩愍兮，猋风涌而云浮。（《史记·司马相如传·上林赋》）[《汉书》“渺”作“眇”，“眩”作“玄”] 《索隐》晋灼曰：“红，赤色皃。”红，或作“虹”也。

但例⑫中“翠”、“紫”、“红”、“朱”并列，应是不同的颜色，所以“红”未必就是“朱”。例⑬晋灼解释为“赤”[①]，但有异文，姑且存疑。

《汉书》中有五例：

⑭至孝武皇帝元狩六年，太仓之粟红腐而不可食。（《汉书·食货志》）颜师古注：“粟久腐坏，则色红赤也。”

⑮曳红采之流离兮，扬翠气之冤延。（《汉书·扬雄传·甘泉赋》）颜师古注：“言宫室旷大，自然有红翠之气。”

⑯青云为纷，红蜺为缳，属之虖昆仑之虚。（《汉书·扬雄传·校猎赋》）

⑰既激感而心逐兮，包红颜而弗明。（《汉书·外戚传

---

① 晋灼的注未必可靠，后代人常常会按他所处的时代的词义来为早先的文献作注。这里有一个很好的例子：《文选·招魂》：“红壁沙版，玄玉之梁些。”李善注：“红，赤貌也。沙，丹沙也。玄，黑也。言堂上四壁皆垩色，令之红白。又以丹沙尽饰轩版，承以黑玉之梁。五采分别也。”

上·李夫人》)颜师古注:“包红颜者,言在坟墓之中不可见也。”

⑱感帷裳兮发红罗,纷綷縩兮纨素声。(《汉书·外戚传下·班倢伃赋》)

例⑱中的“红”疑应作“虹”,例⑱⑱到下面一起讨论。

此外,汉代作品中所见的“红”还有:

⑱红尘四合,烟云相连。(班固《西都赋》)

⑳红罗飒纚,绮组缤纷。(班固《西都赋》)

㉑蔕倒茄于藻井,披红葩之狎猎。(张衡《西京赋》)

把这些汉代的例句放在一起,可以看到,这些“红”已经不是“粉红”了,但仍然不是“大红”,而是色彩较淡的红。显然,“粟红腐”、“红颜”、“红尘”都不是大红,都不能用“赤”替换;“红罗”、“红葩”的红色要深一点,但也是比较鲜亮的红,近于“朱”而不近于“赤”。由此可以看到,“红”的词义演变是逐步发生的:先由“粉红”演变为较淡的红,再演变为较鲜亮的红,然后再演变为大红,代替“赤”而成为表基色的颜色词。“红”表示“大红”在汉代还没有完成。用“红”来形容“火”和“血”,以及用“红”来包括从“浅红”到“深红”的整个色域,那是魏晋南北朝甚至唐代的事情了。

还有一个例证,说明直到东汉末,甚至直到东晋,“红”主要还是“粉红”义:

㉒《仪礼·既夕礼》:“縓綼緆。”郑玄注:“一染谓之縓,今红也。”

㉓《尔雅·释器》:“一染谓之縓。”郭璞注:“今之红也。”

2.2“蓝”的本义是“蓝草”。如果说“红”的词义从汉代已开始演变,那么,“蓝”的词义演变要晚得多。从我的调查看,“蓝”

要在中唐甚至晚唐才有“蓝色”义。①

也许有人会认为杜甫诗中的“蔚蓝天”和白居易词中的“绿如蓝”的“蓝”已经是表示“蓝色”,其实不然。

㉔上有蔚蓝天,垂光抱琼台。(杜甫《冬到金华山观》)

按:《唐音癸签·诂笺》:“蔚蓝:《度人经》:诸天名也。隐语无义理可解,非青蓝之蓝。”

㉕日出江花红胜火,春来江水绿如蓝。(白居易《忆江南》)

按:白居易诗中仅“蓝衫”一例(见下)有“蓝色”义,其余均为“蓝草”义。对比白居易下列诗句,更可以说明“绿如蓝”的“蓝”仍是“蓝草”义。

㉖夕照红于烧,晴空碧胜蓝。(白居易《秋思》)

㉗池色溶溶蓝染水,花光焰焰火烧春。(白居易《早春招张宾客》)

那么,从什么时候开始“蓝”有“蓝色”义呢?我所见不广,不敢遽下断语。但“蓝”表“蓝色”义在《淮南子》、《史记》、《汉书》、《论衡》、《世说新语》、《文选》、《玉台新咏》等重要文献中均未见。从唐诗来看,“蓝”有“蓝色”义是在中唐偶见其例,到晚唐才多起来。下面是唐诗中的例句,按时代排列:

㉘近作新婚镊白髯,长怀旧卷映蓝衫。(韦应物《送秦系赴润州》)

㉙蓝衫经雨故,骢马卧霜羸。(白居易《代书诗》)

⑩晴景猎人曾望见,青蓝色里一僧禅。(费冠卿《题中峯》)

① 《尔雅·释鸟》:“春扈鳻鶞,夏扈窃玄,秋扈窃蓝,冬扈窃黄,桑扈窃脂,棘扈窃丹。”此处的“蓝”应是“蓝色”义。“蓝”有“蓝色”义如此之早,但在后代《史记》等文献中一直未见,这一现象该如何解释?姑记此以俟达者。

⑩清烟埋阳乌，蓝空含秋毫。（皮日休《奉酬鲁望夏日四声四首之一》）

⑩俘动凌霄拂蓝碧，襄王端眸望不极。（李沇《巫山高》）

⑩巴江江水色，一带浓蓝碧。（王周《巴江》）

⑩汹涌匹练白，凿崒浓蓝青。（王周《巫庙》）

⑩自服蓝衫居郡掾，永抛鸾镜画蛾眉。（黄崇嘏《辞蜀相妻女诗》）

⑩翠忆蓝光底，青思瀑影边。（齐已《荆州新秋病起杂题一十五首》）

⑩蓝灰澄古色，泥水合凝滋。（齐已《假山》）

⑩毕竟输他老渔叟，绿蓑青竹钓浓蓝。（齐已《潇湘》）

例⑱—⑩的作者韦应物、白居易、费冠卿都是中唐诗人。他们诗中的“蓝衫”是唐代县官的服饰，《旧唐书·哀帝纪》：“虽蓝衫鱼简，当一见而便许升堂；纵拖紫腰金，若非类而无令接席。”又可以称“青衫”，白居易《琵琶行》：“江州司马青衫湿。”又可以称“绿衫”，白居易《哭从弟》：“一片绿衫消不得，腰金拖紫是何人。”可见“蓝衫”的“蓝”是“蓝色”义。但中唐诗中“蓝”表“蓝色”的仅此三例。到晚唐，“蓝”表“蓝色”义的才逐渐增多，皮日休以下都是晚唐诗人，他们诗中的“蓝”显然是“蓝色”义。

“红”和“蓝”都发生了词义的演变，但演变的结果并不完全相同。“红”由“粉红”变为“大红”后，在汉语的颜色语义场中基本上代替了“赤”的位置，除了少数固定的用法外，就都用“红”不用“赤”了。但“蓝”的情况不同。“蓝”由“蓝草”演变为“蓝色”后，在汉语的颜色语义场中并没有代替“青”的全部位置，只是占据了“青”的义域的一部分。“青”并没有消失，而是和“蓝”并存。

“青”原来义域很宽，“青草”、“青山”、“青天”这些不同的颜色都用“青”。也许正因为这个缘故，后来人们需要把这些不同的颜色做一些区分时，就在“青”以外用了两个颜色词“绿”和“蓝”，形成了“绿草”、“青山”、“蓝天”的区分。“绿”、“蓝”也和“青”一起成了汉语基本的颜色词。

2.3 白日—红日

汉语的颜色词还有一个重要的历史演变：在唐代以前只说“白日”，到唐代以后才说“红日”。这个问题在20世纪80年代初曾经讨论过。陈白夜(1981)认为“红日”产生于晚唐五代，张荣国、黄维(1982)举出三个例句，认为产生于初唐：

⑩⑨红日照朱甍。(沈佺期诗，仇兆鳌《杜诗详注》683页，中华书局，1979年)

⑪⓪中峰倚红日。(李白《望黄鹤楼》)

⑪⑪金镫山下红日晚。(杜甫《清明》)

按：例⑩⑨所引沈佺期诗见于仇兆鳌为杜甫《法镜寺》一诗所作的注，此句在《全唐诗》中未见。但《全唐诗》有宋之问《游法华寺》诗“薄云界青嶂，皎日鶱朱甍”，也许是仇兆鳌引用之误，未足为据。所以说产生于初唐证据不足。李白、杜甫两例是可信的(虽然杜甫诗有异文，“日”一作“粉”，但应为“日”无疑)，将在下面一起讨论。

本文拟进一步考察“白日—红日”的演变过程。

“白日”一词，最早见于《楚辞》：

⑪②开春发岁兮，白日出之悠悠。(屈原《九章·思美人》)

⑪③白日晼晚其将入兮，明月销铄而减毁。(宋玉《九辩》)

《汉书》中也有用例：

⑭譬犹践薄冰以待白日，岂不殆哉！（《汉书·宣帝纪》）

⑮臣闻白日晒光，幽隐皆照；明月曜夜，蚊虻宵见。（《汉书·景十三王传》）

⑯白日忽已移光兮，遂暗莫而昧幽。（《汉书·外戚传下》）

⑰未卬天庭而睹白日也。（《汉书·叙传》）

大约在唐代以前，无一例外的都用"白日"，到唐代，出现了"红日"的说法。

下面是唐诗中的例句，按时代排列：

⑱四面生白云，中峰倚红日。（李白《望黄鹤楼》）

⑲金镫下山红日（一作粉）晚，牙樯捩柁青楼远。（杜甫《清明》）

⑳蓬莱正殿压金鳌，红日初生碧海涛。（王建《宫词一》）

㉑映日纱窗深且闲，含桃红日石榴殷。（刘复《夏日》）

㉒我又听师棋一着，山顶坐沈红日脚。（张瀛《赠琴棋僧歌》）

㉓浴偎红日色，栖压碧芦枝。（裴说《鹭鸶》）

㉔鹤梦生红日，云闲锁梓州。（李洞《秋宿梓州牛头寺》）

㉕看尽好花春卧稳，醉残红日夜吟多。（谭用之《幽居寄李秘书》）

这是唐诗中的一部分例句，比这时代更晚的例句，到下面再引。

确实，在唐诗中，"红日"最早出现的是在李白、杜甫诗中。但除了时代的考订外，我们更感兴趣的是：为什么同一个太阳，最初人们称之为"白日"，后来却称之为"红日"？"日"究竟是白的还是红的？

这个问题不好用一句话来回答。应该说，日在中天之时，人们看上去是白的；在早晨和傍晚，人们看上去是红的。但是，《楚辞》中的两例，恰好说的是初升之日和将没之日，但都用“白日”而不用“红日”。就是在初唐王之涣《登鹳雀楼》“白日依山尽，黄河入海流”中，落山之日也还是称“白日”而不称“红日”。这说明词汇虽有一定的理据，但最终是约定俗成的。在一定的历史时期中，汉语就把“日”称为“白日”，不管说的是中天之日还是朝日或落日。

但既然是约定俗成的，那么，只要语言社团一致同意，事物的名称也可以逐渐改变。而细究“白日”改为“红日”的原因，人们的认知也在其中起作用。

上面例⑱—⑮都是描写落日或朝阳（例⑱没有写明时间，但既然“中峰倚红日”，可见是傍山之落日。例⑬也一样；既然是“浴偎红日色”，可见日在水边，不会是中天之日）。从诗歌的形象性来说，描写落日或朝阳当然是“红日”更形象。下面一些唐诗虽然没有出现“红日”一词，但描写落日或朝阳也都写出其“红”的形象。

⑯闻道奔雷黑，初看浴日红。（杜甫《天池》）

⑰日欲没时红浪沸，月初生处白烟开。（白居易《江亭夕望》）

⑱天上鸡鸣海日红，青腰侍女扫朱宫。（曹唐《小游仙》九十八）

⑲岩间松桂秋烟白，江上楼台晚日红。（唐求《送僧讲罢归山》）

一个词语形成之初往往会有比较清楚的理据和形象，但使用久了，就成了某一事物的抽象的符号，它的理据会逐渐被人遗忘，它的形象性也会逐渐消失。这样的例子很多，比如“墨水”，本来是黑色的，但使用久，就不限于黑色，可以说“红墨水”、“蓝墨水”。“白日”从理据说，应当是指中天之日，但在《楚辞》中，“白日”已等同于“日”，包括落日和朝阳也可以叫“白日”了。现在“红日”又重复了这一过程。唐代诗人最初用“红日”一词是用来描写落日或朝阳的，但经过一段时间的使用，人们就不论是落日或朝阳还是中天之日都称之为“红日”了。请看下面的例句：

⑬⓪翻叶迎红日，飘香借白苹。（宋迪《龙池春草》）

⑬①欲[illegible]相看迟此别，只忧红日向西流。（晁采《春日送夫之长安》）

⑬②清秋不动骊龙海，红日无私罔象川。（齐已《荆渚寄怀西蜀无染大师兄》）

⑬③山卷白云朝帝座，林疏红日列仙幢。（轩辕弥明《谒尧帝庙》）

⑬④金鼎销红日，丹田老紫芝。（沈廷瑞《寄袁州陈智周》）

⑬⑤红日已高三丈透，金炉次第添香兽。（李煜《浣溪纱》）

⑬⑥春态浅，来双燕，红日渐长一线。（和凝《喜迁莺》）

⑬⑦红日欲沈西，烟中遥解鱵。（孙光宪《菩萨蛮》）

⑬⑧横笛声沈，倚危楼红日。（吕岩《汉宫春》）

例⑬⓪⑬①⑬③的作者时代和身世都不可考，但例⑬②的作者齐已是晚唐诗僧，例⑬⑤以下的作者是五代人。这些诗中的“红日”多数已经不是落日或朝阳了。这说明“红日”虽始见于盛唐，但要到晚唐五代，“红日”才和原先的“白日”一样，成为“日”的另一个名称。

参考文献

陈白夜　1981　《"白日"与"红日"》,《中国语文》第 4 期,304—306 页。

张荣国、黄维　1982　《"红日"一词产生于初唐》,《中国语文》第 4 期,278 页。

张永言　1984　《论上古汉语的五色之名兼及汉语和台语的关系》,《汉语论丛》(《四川大学学报丛刊》第 22 辑),《语文学论集》(增补本),177—216 页,语文出版社。

(原载《语言暨语言学》专刊外编之四,台北,2004 年 12 月)

五味之名及其引申义

本文讨论五味之名的引申，并讨论词义引申的一些问题。

五味是人们基本的味觉，从古到今没有变化。表达五味的词是会变的。汉语中五味的名称，上古是甘、苦、辛、咸、酸，后来变成了甜、苦、辣、咸、酸。其中“甘—甜”和“辛—辣”是词汇替换，其他三个味觉词没有改变。但无论词变了还是没有变，这些表示五味的词的引申义古今都有所不同。

一 甘—甜

甘

作为味觉词，“甘”在上古有“味美”和“甜”两个意义。

“味美”是“甘”的基本意义。“甘”字甲骨文作“ㅂ”，是地名。《说文》：“甘，美也。从口含一，一，道也。”《说文》对“甘”的字形的解说或许不准确，但从先秦典籍看，“甘”基本意义是“味美”应是没有问题的。如《论语·阳货》：“夫君子之居丧，食旨不甘，闻乐不乐。”其他典籍中的“甘”多数也是这个意义。

“甘”表示五味之一的甜味，常常是在与其他味觉词对举的场合。如：

目辨白黑美恶，耳辨声音清浊，口辨酸咸甘苦，鼻辨芬芳腥臊。(《荀子·荣辱》)

单用表示甜味的不多。如：

谁谓荼苦，其甘如荠。(《诗经·邶风·谷风》)

中有嘉味，甘如蜜。(《抱朴子·微旨》)

"甘"可以引申为表示言辞的美好动听(常用于贬义，表示表面上美好动听，但实际上并非如此)。如：

盗言孔甘，乱是用餤。(《诗经·小雅·巧言》)

币重而言甘，诱我也。(《左传·僖公十年》)

还可以和"苦"连用，表示美好和艰苦。如：

燕王吊死问生，与百姓同其甘苦。(《战国策·燕策一》)

"甘"的另一个引申义是动词"甘愿"。如：

虫飞薨薨，甘与子同梦。(《诗经·齐风·还》)

臣故欲王之偏劫天下，而皆私甘之也。(《战国策·赵策四》)

这个意义来自"甘心"。"甘心"原表示心中愉快。如：

愿言思伯，甘心首疾。(《诗经·卫风·伯兮》)

管、召，雠也，请受而甘心焉。(《左传·庄公十年》)

引申为甘愿。

甜

表示五味之一的"甘"后来被"甜"代替。替代的原因大概是"甘"既表示甜味又表示味美，有时两个意义容易混淆，而"甜"专表甜味，比较明确。《说文》："甜，美也。"似乎"甜"和"甘"一样也表示味美。但从实际使用情况来看，不是如此。"甜"有表示味美的，但很少见。如：“值春游子怜莼滑，通蜀行人说鲙甜。”（李洞《曲江渔父》）“清甜数尺沙泉井，平与邻家昼夜分。”（徐夤《新屋》）“甜”大多数表示甜味。

就目前所见，“甜”最早出现于东汉：

又言甘露，其味甚甜。（《论衡·是应》）

酸甜滋味，百种千名。（张衡《南都赋》）

“甜”也可以引申为“言辞美好动听”义。如：

美舌甜唇觜，谄曲心钩加。（寒山诗）

诲养贫弱，语和甜兮。（苏轼《苏世美哀词》）

苏轼例“甜”是褒义。

“甜”还有“舒适”义。如：

去骨鲜鱼脍，兼皮熟肉脍。不知他命苦，只取自家甜。（寒山诗）

学不求名况为官，官甜初不似儒酸。（姚勉《和龚宗谕五绝》）

二 苦

味觉词“苦”古今没有变化。古代的例子如：

匏有苦叶，济有深涉。（《诗经·邶风·匏有苦叶》）

其引申义“劳苦，辛苦”、“困苦，痛苦”、“苦于”、“使……苦”、“竭，极力”等也古今相同。下面举一些古代的例句，现代汉语的例句从略。

故农之用力最苦，而赢利少。（《商君书·外内》）

乐岁终身苦，凶年不免于死亡。（《孟子·梁惠王上》）

是以民苦其政。(《晏子春秋·内篇·谏上》)

必先苦其心志,劳其筋骨,饿其体肤。(《孟子·告子下》)

王大将军始下,杨朗苦谏不从。(《世说新语·识鉴》)

"苦"在中古和近代时还可以表示言辞之苦、声音之苦、容貌之苦、风霜之苦等。这些都是感情的外化,表示言辞、声音等使人感到悲苦。如:

今君王国于会稽,穷于入吴,言悲辞苦,群臣泣之。(《吴越春秋》卷四)

流枕商声苦,骚杀年志阑。(鲍照《园中秋散》)

北风吹雁声能苦,远客辞家月再圆。(张继《冯翊西楼》)

戍客望边色,思归多苦颜。(李白《关山月》)

夜夜风霜苦,年年征戍频。(李峤《倡妇行》)

峨眉山月苦,蝉鬓野云愁。(岑参《骊姬墓下作》)

还有一些是从味觉的"苦"引申和虚化而来的,现代汉语中已经消失。下面各举一例:

1. 情状副词,义为"死死地"。

骥病思偏秣,鹰愁怕苦笼。(杜甫《敬简王明府》)

2. 频度副词,义为"频频"。

告归常局促,苦道来不易。(杜甫《梦李白》)

3. 程度副词,义为"甚,很"。

今日时清两京道,相逢苦觉人情好。(杜甫《戏赠阌乡秦少公短歌》)

4. 语气副词,义为"偏偏"。

旁人不惜妻止之,公无渡河苦渡之。(李白《公无渡河》)

三 辛—辣

辛

上古时“辛”多单用，表示一种味觉。如：

咸而不减，辛而不烈。（《吕氏春秋·本味》）

也有双音词“辛苦”，表示抽象意义“困苦”，这和后来的辛苦（劳苦）不同。如：

夫妇辛苦垫隘，无所厎告。（《左传·襄公九年》）

淫乐无既，百姓辛苦。（《逸周书·小明武》）

唐宋时“辛”多组成双音词“辛苦”、“辛勤”、“悲辛”等，“辛”表示抽象意义“困苦”、“劳苦”、“悲苦”等。例多不举。

“辛”也可以单用，表示“困苦”、“劳苦”。如：

流光销道路，以此生嗟辛。（李群玉《送萧绾之桂林》）

去意自未甘，居情谅犹辛。（欧阳詹《初发太原途中寄太原所思》）

有的用法和“酸”相同，“鼻中辛”表达鼻子酸酸的感觉，为“悲痛”之义（参见下文“酸”）。如：

结为肠间痛，聚作鼻头辛。（白居易《自觉》）

悲喘与寒气，并入鼻中辛。（白居易《重赋》）

生离与死别，自古鼻酸辛。（杜甫《赠别贺兰铦》）

“酸辛”或“辛酸”表示悲痛：

流涕洒丹极，万乘为酸辛。（杜甫别《蔡十四著作》）

辣

“辣”原是一个方言词,《古今韵会》引魏李登《声类》云:“江南曰辣,中国曰辛。”“辣”取代“辛”,是方言词进入通语,并逐步取代通语中原有的词。取代的原因,一是“辛”有很多引申义,不专表示一种味觉,二是当时江南的文化逐渐占优势。

表示味觉的“辣”在南北朝和唐宋不多见,下面举三例:

故酸多伤脾,苦多伤肺,辣多伤肝,咸多则伤心,甘多则伤肾。(《抱朴子·内篇·极言》)

姜辛桂辣,蜜甜胆苦。(《齐民要术》卷七)

姜橘辣药,例能张肺。(苏轼《答陈季常书》)

后来“辣”可以引申为“厉害”、“凶猛”义。如:

愿公呼来与语,若果可采,望特与提拔剪拂,异日必亦一快辣将官也。(苏轼《与滕达道书》)

在《金瓶梅》中有“老辣”、“辣手”等,“辣”是“厉害”、“凶狠”义:

李瓶儿道:“他若放辣骚,奴也不放过他。”(一六回)

贼忘八,造化低,你惹他生姜,你还没曾经着他辣手!(二二回)

贲四嫂只顾笑,说道:“看不出他旺官娘子,原来也是个辣菜根子。”(二六回)

若是我,外边叫个小厮,辣辣的打上他二三十板,看这奴才怎么样的!(二八回)

董娇儿道:“娘在这里听着,爹你老人家羊角葱靠南墙——越发老辣了。”(四九回)

四 酸

在五味之名中，“酸”的引申义是最值得讨论的。

1. 上古时“酸”大多数表示味觉。如：

酰酸而蚋聚焉。（《荀子·劝学》）

只有一例表示类似味觉“酸”的感觉：

孤子寡妇，寒心酸鼻。（宋玉《高唐赋》）

“酸鼻”是鼻子发酸，表示悲痛。

“酸鼻”在汉代继续使用。如：

珠崖令卒官，妻息送丧归……因号泣，傍人莫不酸鼻陨涕。（《列女传》）

仆前为五原太守，土地不知缉绩，冬积草伏卧其中，若见吏以草缠身，令人酸鼻。（崔寔《政论》）

2. 进一步发展，单用一个“酸”字也可以表示悲痛。如：

矧余情之含瘁，恒覩物而增酸。（陆机《感时赋》）

3. 在唐诗中，“鼻酸”有的表示吸入寒气时的感觉，也可以说“肌骨酸”。如：

严风吹积雪，晨起鼻何酸。（孟云卿《今别离》）

杀声入耳肤血憯，寒气中人肌骨酸。（白居易《五弦弹》）

有的表示因悲痛而鼻子发酸的感觉，也可以说成“鼻酸/鼻酸辛”：

哭庙灰烬中，鼻酸朝未央。（杜甫《壮游》）

生离与死别，自古鼻酸辛。（杜甫《赠别贺兰铦》）

除了“鼻酸”外，还可以说“酸骨”、“酸肠”、“酸心髓”等，都还是身体部位的"酸"。如：

衔恨已酸骨，何况苦寒时。（韦应物《往富平伤怀》）

愁狖酸骨死，怪花醉魂馨。（韩愈《答张彻》）

猿呼鼯啸鹧鸪啼，恻耳酸肠难濯浣。（韩愈《游青龙寺赠崔大补阙》）

写之在琴曲，听者酸心髓。（白居易《和微之听妻弹别鹤操》）

单用"酸"也可以表示"悲痛/悲苦"。如：

含酸望松柏，仰面诉穹苍。（孟郊《感怀》）

他时若更相随去，只是含酸对影堂。（李远《闻明上人逝寄友人》）

卧冷无远梦，听秋酸别情。（孟郊《秋夕贫居述怀》）

4."酸"还可以形容使人感到悲苦的声音、风霜等，这种"酸"已由表示主观的感情演变为表示客观的性状。

既悲月户清，复切夜虫酸。（鲍照《园中秋散》）

棘枝风哭酸，桐叶霜颜高。（孟郊《秋怀》）

君歌声酸辞且苦，不能听终泪如雨。（韩愈《八月十五夜赠张功曹》）

病骨可剸物，酸呻亦成文。（孟郊《秋怀》）

冰齿相磨啮，风音酸铎铃。（孟郊《寒溪》）

风猿虚空飞，月狖叫啸酸。（孟郊《送无怀道士游富春山水》）

魏官牵车指千里，东关酸风射眸子。（李贺《金铜仙人辞汉歌》）

5.表示"悲痛/悲苦"义的"酸"可以组成"酸辛/辛酸"、"悲酸"、"酸苦"等复合词。尤其是"酸苦"一词值得注意，有的"酸苦”是描写听觉的。如：

鞭榜流血，酸苦之声相闻。（沈亚之《学解嘲对书》）

鞭驰造化绕笔转，灿烂不为酸苦吟。（僧鸾《赠李粲秀才》）

有的“酸苦”，已不表示听觉，其中“酸”已经和“苦”同义，有“困苦”、“贫苦”等义，这就进一步离开了人的主观感情，表达事物的客观性状了。

风霜酸苦稻粱微，毛羽摧落身不肥。（韩愈《鸣雁》）

滂去年冬去田里而西，歷春度夏，出關已秋，逆旅酸苦，节物感人。（毛滂《出都寄二苏》序）

今我无家何更归，修途老来倍酸苦。（李新《飞仙道中》）

6. 在敦煌变文中，“酸”可以和“苦”分开用，甚至单用，表示“痛苦”、“苦难”。如：

更三涂息苦，地狱停酸。（《敦煌变文集新书·佛说阿弥陀经讲经文（二）》）

罪根深结，业力难排，虽免地狱之酸，堕在饿鬼之道，悲辛不等，苦乐玄（悬）殊。（《敦煌变文集新书·大目乾连冥间救母变文》）

这就更进一步表示客观事物的性状了。

7. 另一个新的发展是出现“酸寒”一词。“酸寒”也可以说成“寒酸”，意义相同。“酸寒/寒酸”的词义唐代和宋代有所不同。唐代“酸寒/寒酸”都表示“贫寒”义，“酸”就是“贫苦”，“酸寒/寒酸”是两个同义语素的组合。

“酸寒/寒酸”可以指人穷。如：

酸寒溧阳尉，五十几何耄。（韩愈《荐士》）

酸寒何足道，随事生疮疣。（韩愈《夜歌》）

酸寒孟夫子，苦爱老叉诗。（刘叉《答孟东野》）

龌龊豪家笑，酸寒富室欺。（白居易《自题小草亭》）

还有酸寒堪笑处，拟夸朱绂更峥嵘。（司空图《力疾山下吴邨看杏花十九首》）

也可以指俸禄少或物品少。如：

虽掾俸之酸寒，要拔贫而为富。（韩愈《祭郴州使君文》）

开城入府量仓，数藏酸寒蒦落，公私之具，尽可哀痛。（牛僧孺《昭溢军节度使辛公神道碑》）

这种“酸寒”和“寒苦”意义相同，可以与“寒苦”对比：

我生不遇，独罹寒苦。（《焦氏易林》卷一）

宜选寒苦之士，忠贞清正，老而不衰。（《晋书·阎缵传》）

俭少有志行，寒苦自立，博涉经史。（《晋书·甘卓传》）

公以厄塞名场，（李）敬寒苦备歷。（《唐摭言》卷一五）

李生告归曰：“某不能甘于寒苦。”（《云笈七签》卷一一二）

此其述酸寒苦厄之状，略与卫公同。（《容斋随笔》续笔一）　按：此例“酸寒苦厄”连用，可见“酸寒”是“寒苦”之义。

宋代“酸寒”的这种用法仍然保留。如：

酸寒病守忧堪笑，千步空余仆射场。（苏轼《次韵李邦直感旧》）

酸寒可笑分一斗，日饮无何足袁盎。（苏轼《赵既见和复次韵答之》）

访问生死，慰存寒酸，词旨劬愉，意气倾豁。（杨万里《答虞知府》）

萧索园官菜，酸寒太学齑。（陆游《示儿》）

谁寄寒林新劚笋，开奁喜见白差差。知君调我酸寒甚，不是封侯食肉姿。（朱熹《次韵谢刘仲行惠笋》）

但有了新的用法。或指身体的瘦弱。如：

烛共寒酸影，蛩添苦楚吟。（杜荀鹤《秋日怀九华旧居》） 按：此例是晚唐的。唐代不多见。

局促人间每鲜欢，秋来病骨愈酸寒。（陆游《秋夜》）

心溷元和面合圕，愚公骨相却酸寒。（陆游《书南堂壁》）

或指文词格调的狭小卑弱。如：

孟郊贾岛之诗酸寒俭陋，如虾蟹蚬蛤，一啖便了，虽咀嚼终日而不能饱人。（黄庭坚《黄陈诗注原序》）

8. 到宋代，单说“酸”也可以表示贫苦。如：

夫子胸中万斛宽，此巾何事小团团。半升仅漉渊明酒，二寸才容子夏冠。好带黄金双得胜，可怜白苎一生酸。（苏轼《谢陈季常惠一揞巾》）

9. 宋代“儒生酸”或“儒酸”很常见，其“酸”的意义不完全一样。有的指儒生的贫寒。如：

老子生来骨性寒，宦情不改旧儒酸。停杯厌饮香醪味，举箸常餐淡菜盘。（周敦颐《任所寄乡关故旧》）

身事未如意，眉头不暇攒。青衫笑官冷，白屋带儒酸。（胡仲弓《身事》）

甚至可以用作名词，略同“寒儒”，指一般的儒生。如：

作师帅于名邦，全任胸中之义理；进儒酸于右塾，同看架上之文章。（黄震《谢洪发运特荐》）

有的指儒生寒素俭朴的习气。如：

尝闻时官中有婺人某者，奋身寒素，历二倅一守，然受

用淡泊，不改儒酸。（《宋稗类钞》卷三一）

两字清忠帝衮褒，都缘稳把济川篙。后来诸老多成败，何似先生勇退高。官居鼎鼐只儒酸，雅淡襟期耐岁寒。（元杨公远《吊讷相次仲宣韵》）

有的指儒生文弱而无豪侠之气。如：

要当啖公八百里，豪气一洗儒生酸。（苏轼《约择公饮》）

而今太守老且寒，侠气不洗儒生酸。（苏轼《答范淳甫》）

读书不作儒生酸，跃马西入金城关。（谢逸《送董元达》）

白首据鞍惭侠气，青灯顾影叹儒酸。（陆游《昼卧闻百舌》）

半脱貂裘雪满鞍，惯将豪举压儒酸。（陆游《病中绝句》）

祖孙今年幾年齿，两髻鬏鬏垂到耳。读书要以六经先，山云闭蘐经岁年。老夫之见窃不然，别有一说为举似。方今边裔日衰甚，河朔早暮风尘起。腐儒酸寒作何用，国家所欠奇伟士。（刘过《赠许从道之子祖孙》）

有的指儒生只习文而不通吏道。如：

某儒酸未改，吏术无闻。（周紫芝《回南康徐中大》）

某儒酸特甚，吏习殊疏。（廖行之《通兵曺官启》）

有的指谈吐时的斯文之态。如：

高谈不作儒生酸，舌翻波澜吐奇绝。（王庭珪《酬刘震仲》）

姓名逋客晦，风味书生酸。（赵鼎《泊震泽道中步游善宥寺观芍药回舟中小饮用范四韵》）

许令赓酬亦不免，但恨语带儒生酸。（洪觉范《次韵偶题》）

有的指文词格调的卑弱或柔媚。如：

骚人岂作腐儒酸，逸气清霄坐可干。东阁只今诗兴动，韩豪元不似郊寒。（曾协《再和前韵三首》）

俞国宝《风入松》词，末句云“明日重携残酒来，寻陌上花钿”。“上笑曰：此词甚好，但末句未免儒酸。”（《宋稗类钞》卷二一）

可以看到，宋人所说的儒生之“酸”，虽然基本的意义仍是“贫寒”，但已经不限于此，范围比唐人所说的“酸寒”扩大了。

10. 说到儒生的“酸”，人们自然会想到“醋大/措大”和“酸丁”这些称呼。关于“醋大”和“酸丁”，江蓝生先生《说“措大”》一文已有很精彩的考订。文中引述唐人笔记中有关的资料如：

代称士流为醋大，言其峭醋而冠四人之首。一说衣冠俨然，黎庶望之，有不可犯之色，犯必有验，比于醋而更验，故谓之焉。或云：往有士人，贫居新郑之郊，以驴负醋，巡邑而卖，复落魄不调，邑人指其醋驮而号之。新郑多衣冠所居，因总被斯号。亦云：郑有醋沟，士流多居其州，沟之东尤多甲族，以甲乙叙之，故曰醋大。愚以为四说皆非也。醋宜作措，止言其能举措大事而已。（李匡乂《资暇集》）

醋大者，一云郑州东有醋沟，多士流所居，因谓之醋大。一云作此措字，言其举措之疎，谓之措大。此二说恐未当。醋大者，或有抬肩拱臂，攒眉蹙目以为姿态，如人食酸醋之貌，故谓之醋大。大者，广也，长也，篆文大象人之形。（苏鹗《苏氏演义》）

江蓝生先生认为称书生为“醋大”是因为书生“酸”，“古人和今人都用‘酸’这种嗅觉、味觉词来表达读书人身上特有的味儿、劲儿。具体说，读书人的‘酸’大致包含以下特点；出言吐语，喜引经据典，之乎者也掉书袋；抬手举足，拿款作样，斯文有余；思想方法上，迂腐拘执，清高自持，不合于时。”从道理说，这应当是对的。但这里有一个问题:既然"醋大"是得名于儒生的"酸",那么,在"醋大/措大"一词产生之前,至少在此同时,应有关于儒生之"酸"的描写。"措大"最早见于张鷟《朝野佥载》,也见于《资暇集》、《苏氏演义》,说明此词的产生不会晚于初唐时期,而到晚唐仍很流行。但据笔者考查,在唐代没有见到把"酸"和儒生联系起来的文字,描写儒生的只有"酸寒/寒酸",指的都是贫寒。(当然,"酸寒/寒酸"的不仅仅是儒生,但儒生占多数。)只有到了宋代,才出现了"儒生酸"或"儒酸",但"酸"指的是贫寒、文弱等。到元代以后,"酸丁"之类的词语和描写儒生之"酸"的文字才大量出现,嘲讽的不止是儒生之贫苦、文弱等,而是江先生所概括的那种令人发笑的"酸溜溜"的劲儿,包括迂腐、掉书袋、装腔作势等等。

也许,"醋大"包含的"酸"义,也和"酸寒/寒酸"一样,在唐代主要是嘲讽儒生之穷。宋代"儒生酸/儒酸"的"酸"范围有所扩大;到了元代"酸丁"之类,嘲讽的内容就更加扩大了。但尽管如此,元明时称读书人为"酸子",在嘲讽其迂腐、掉书袋、装腔作势等时,仍然感觉到"酸"的"酸寒(贫寒)"之义。如:

那酸子每在寒窗之下,三年受苦,九载遨游,到明天,大宋江山管情被这些酸子弄坏了。(《金瓶梅》六四回)

元明以后这种"酸"的所指,在江蓝生先生的文章中已经说得很清楚,也举了例子,本文就不再论述了。

11. 宋代"酸"还有一个意义,指诗文风格类似僧人。如:

语带烟霞从古少,气含蔬笋到公无。(谓无酸馅气也。)(苏轼《赠诗僧道通》)

近世僧学诗者极多,皆无超然自得之气,往往反拾掇模效士大夫所残弃，又自作一种僧体，格律尤凡俗，世谓之酸馅气。子瞻有赠惠通诗云：“语带烟霞从古少，气含蔬笋到公无。”尝语人曰：“颇解蔬笋语否？为无酸馅气也。”闻者无不皆笑。（叶梦得《石林诗话》）

12. 到明代，“酸”产生了另一个意义：醋意，男女之间的妒嫉。

临起身，李瓶儿见他这等脸酸，把西门庆撺掇过他这边歇了。（《金瓶梅》三八回）

因抱恙玉姐含酸　为护短金莲泼醋（《金瓶梅》七五回回目）

韩玉钏道：“唐胖子掉在醋缸里——把你撅酸了。”（《金瓶梅》四二回）

但为什么“男女之间的妒嫉”用“酸”用“醋”表达，这还说不清楚。明代的谢肇淛《五杂组》：“今人以秀才为措大，措者醋也，盖取寒酸之味。而妇人妒者俗亦谓之吃醋，不知何义。”说明在明代时人们就不知道这种用法的来由了。

五 咸

鹹（简化为“咸”）始终是一个味觉词，没有引申义，古今没有变化。

六 小 结

上面说了汉语中五味之名的古今的引申义，归结起来，有几点值得注意：

1. 五味之名的引申各不相同。“苦”的引申义最多，虚化最甚。“酸”的引申最曲折，有些引申义和本义的联系几乎看不出来。“咸(鹹)”没有引申义。为什么会有这样的差异，似乎没有道理可说。

2. 这些引申有共同点：往往首先引申为听觉和人的其他感觉，如愉悦或悲伤等，也可以引申为表示人的心理，如妒嫉；表示人的品性或态度，如俭约、凶狠等；表示人的境遇，如幸福、贫穷等。也可以表示事物的性状，但这种性状总是会引起人们的愉悦、悲伤等等感觉，如“言甘”、“月苦”、“地狱之酸”。这就是前面说过的感情的“外化”。而且，表示“甜”义的词的引申义是人们喜欢的，表示“苦”、“酸”、“辣”义的词的引申义是人们不喜欢的，同时，“苦”、“酸”、“辛”三个词的引申义都可以是“痛苦/悲苦”，在复合词“辛苦”、“辛酸”、“酸苦”中，“苦”、“酸”、“辛”这三个语素的意义没有差别，完全一样。

3. 五味之名如果古今不同，那么其引申义也会有差别。但差别的情况也不一样。

“甘”和“甜”的引申义有同有异：“甘”、“甜”都有“言辞美好动听”义，只是“甘”用得比较多，而“甜”是用得少一点。“甘”有“甘愿”义，“甜”没有。“甜”有“舒适”义，“甘”单用无此义。

而“辛”和“辣”的引申义差别极大。“辛”的“困苦”、“劳苦”、“悲苦”等引申义“辣”没有，反过来，“辣”的“厉害”、“凶狠”等引申义“辛”也没有。

为什么会有这种差别？也许是与单音词、复合词的区别有关。古今同物异名，作为单音词很容易有新旧替换，而复合词的构造比较稳固,其中的语素往往不会有新旧替换。比如单音的"视"后来换成了"看",但复合词"视听"、"视事"中的"视"不会换成"看"。"甘"的引申义"动听"、"美好"用单音词"甘"表达,所以后来换成了"甜",如"言甘"可以换成"话甜","泉甘"可以换成"水甜"。而"辛"的引申义"困苦"、"劳苦"、"悲苦"等多用复合词表达,如"辛苦"、"辛劳"、"悲辛"、"辛酸"等,这些复合词中的"辛"不会换成"辣"。既然"困苦"、"劳苦"、"悲苦"等意义已经用"辛苦"、"辛劳"、"悲辛"、"辛酸"等复合词表达,那么,当"辣"产生后就不表示这些意义,而是从另一个方向引申,表示"厉害"、"凶猛"等意义。

七 比 较

各种语言中都有表示味觉的词,而且大都有五味之名,但表五味之词的引申义并不完全相同。下面仅以英语、日语和韩语为例,把表五味的词的引申义列为表格:

	英语	日语	韩语
甜	Sweet 1. 新鲜的。Sweet water. 2. 好看/听的。Sweet music. 3. 温柔的。Sweet person. 4. 芳香的。Sweet smell. 5. 对…… 友好。She was really sweet to me.	甘い 1. 淡,口轻。2. 浅薄。3. 松弛。4. 姑息,娇惯。5. 天真,乐观。6. 钝,软。7. 迟钝,笨。	달다 1. 香,胃口好。 2. 满意,欣然。

续表

苦	Bitter 1. 怨愤，仇恨。Bitter enemies. 2. 寒冷。The weather turned bitter.	苦い 不愉快，痛苦	쓰다 1. 胃口不好。 2. 痛苦，惨痛。 3. 刺耳的。
酸	Sour 1. go/turn sour 令人失望。 2. 坏脾气的。He is sour.	酸っぽい （“手酸”用だるい）	시다 不顺眼。
辣	Hot/peppery 易怒的。The peppery old general.	辛らい 1.（原浆酒）醇。 2. 严格，刻薄。	맵다 1. 酷寒，凛冽，寒峭。 2. 厉害，凶狠，毒辣。 3. 嘴尖，尖刻。 4. 令人窒息。
咸	Salty 不太正经的。Salty humour.	咸らい	짜다 1.（性情或态度）厉害，狠。 2. 小气，吝啬。

拿这些语言中五味之名的引申义和汉语比较，有些引申义和汉语很相近，如日语“苦い”的引申义与汉语相同，韩语“맵다”（辣）的引申义“厉害，凶狠，毒辣”和“嘴尖，尖刻”几乎和汉语一样，英语的 sweet water 大致和汉语的“甘泉”相同。当然，也有很多不同之处，如英语 sweet 表示嗅觉“芳香”，日语“甘い”表示触觉“软”，韩语“달다”（甜）表示食欲“香”，都和汉语不同。不同语言中的五味之名会有不同的引申义，这是很自然的事情，各民

族都会按自己的思维习惯把一个味觉词朝不同方向引申。

但总的看来，汉语和这些语言五味之名的引申还是看出其共同的趋向：经常引申为表示人的感觉，如满意、痛苦等；也可以表示人的心理，如难堪、怨恨；表示人的品性或态度，如天真、易怒、凶狠、吝啬等；表示人的境遇，如艰苦、令人窒息等；还可以表示物的性状，但这种性状一定是能引起人的愉快或不快的感觉的，如新鲜的、寒冷的等。同样，表示"甜"义的词的引申义大多是人们喜欢的，表示"苦"、"酸"、"辣"义的词的引申义是人们不喜欢的。但日语的"甘い"表示"钝，软"和"迟钝，笨"不是这样。不过这样的引申也并不是完全不可思议，中国古代也有类似的引申，如《庄子·天道》："斲轮，徐则甘而不固，疾则苦而不入。"成玄英疏："甘，缓也。"可见，五味之名的引申，在汉语和上述几种语言中还颇有共同性。至于和世界上其他语言相比有没有差别很大的，笔者囿于见闻，就无法讨论了。

参考文献

江蓝生　1995　《说"措大"》，《语言研究》第1期。

刘　洁　2007　《从"酸甜苦辣咸"看汉韩两民族的语言认知差异》，待刊。

（原载《江苏大学学报》（社会科学版）第10卷

第3期，2008年5月）

从助动词"解"、"会"、"识"的形成看语义的演变

语义演变的规律是当前语言学研究的一个热点。本文打算通过对助动词"解"、"会"、"识"形成过程的考察，来对这个问题做一点探讨。

从魏晋南北朝到唐宋，先后出现了两个助动词"解"和"会"，它们都是由义为"知晓"的动词发展来的，其词义演变的途径基本上是一样的。在现代粤语中，有一个正在形成的助动词"识"，它也是由义为"知晓"的动词发展来的，也经历了大致相同的词义演变的途径。为了叙述的方便，本文按照"会"、"解"、"识"的顺序分别加以描写和讨论。

一 会

(一)《朱子语类》以前的"会"

在敦煌变文、《祖堂集》和《三朝北盟会编》中，"会"主要用作动词，义为"知晓"，可以带体词宾语，也可以带谓词宾语。

1. 动词，知。

①低眉而便会人情，动目而早知心事。(《维摩诘经讲

经文五》)

②争知于(如)是一场梦,未会人为四毒蛇。(《维摩诘经讲经文二》)

③未会到头要已老,岂知终被死于(相)骧。(《维摩诘经讲经文二》)

④年才长大,稍会东西,不然遣学经营,或即令习文笔。(《维摩诘经讲经文一》)

⑤纵年成长,识会东西,抛却耶娘,向南向北。(《父母恩重经讲经文》)

⑥奴身虽居下贱,佛法薄会些些。(《庐山远公话》)

⑦锄禾刈麦,薄会些些。买卖交关,尽知去处。(《庐山远公话》)

⑧又问:“山人更会何业?”山人曰:“更有,实不敢对。”师曰:“纵汝总解,亦不足贵。”师却谓代宗曰:“问山不识山,问地不识地,问字不识字,问算不解算,何处引得这个朦汉来?”(《祖堂集》卷三)

⑨阿骨打一日集众酋豪出荒漠打围射猎,粘罕与某并辔,令译者相谓曰:“我闻南朝人止会文章,不会武艺,果如何?”某答以“南朝大国,文武常分两阶。然而武有兼深文墨,文有精晓兵务者,初不一概言也。”粘罕云:“闻教谕兵书及第,莫煞会弓马否?”(《三朝北盟会编·茅斋自叙》)

⑩万户笑云:“大金没恁公事。待教一个会汉语翻译人去做通事,且好坐马。”(《三朝北盟会编·甲寅通和录》)

由带谓词宾语的动词发展为助动词,但只有很少几例。

2. 助动词。

⑪筭应也会求财路，那个门中利最多？（《敦煌变文集·双恩记》）

⑫“有何所解也？”答曰：“会织绢。”（《敦煌变文集·孝子传》）

［按：可对比《搜神记》卷一“汉董永”条：“主曰：‘妇人何能？’永曰：‘能织。’”句道兴《搜神记》：“昔刘向孝子图曰：……主人问曰：‘女有何伎能？’女曰：‘我解织。’”］

⑬林牙又云：“君为使人，何得与刘宗吉结约？”仆云：“贵朝诸公深会理论，顾仆乃招纳使耳！”（《三朝北盟会编·茅斋自叙》）

⑭译者云：“向时第一番到汴京，皇帝同张邦昌来军前为质，我曾亲自说与皇帝：国家不要听贼臣言语。我道有一喻：一似人家盖一房子，使椽柱瓦木盖得是好，却须是住房子底人做主，防水火盗贼，若不会照管，便倒塌了。”（《三朝北盟会编·甲寅通和录》）

（二）《朱子语类》的“会”

在《朱子语类》中，还有动词“会”，但助动词“会”已占绝大多数。

1. “会 v”：动词。

⑮小人之心，只晓会得那利害；君子之心，只晓会得那义理。（27/701）[①]

① 27/701：27 表示《朱子语类》的卷数，701 表示中华书局 1986 年版的页数。

⑯圣人事事从手头更历过来，所以都晓得。而今人事事都不会。(36/959)

⑰如今看来，终不成才会得让底道理，便与曾点气象相似！(40/1039)

⑱魂便是气之神，魄便是精之神；会思量讨度底便是魂，会记当去底便是魄。(3/41)

⑲是徒见其忠之理，而不知其恕之理也。曾子一日三省，则随事用力，而一贯之说，必待夫子告之而后知。是先于恕上得之，而忠之理则其初盖未能会也。(40/1036)

⑳先生问寿昌：“子见疏山，有何所得？”对曰：“那个且拈归一壁去。”曰：“是会了拈归一壁？是不会了拈归一壁？”寿昌欲对云：“总在里许。”然当时不曾敢应。会先生为寿昌题手中扇云：“长忆江南三月里，鹧鸪啼处百花香。”执笔视寿昌曰：“会么？会也不会？”寿昌对曰：“总在里许。”(118/2859)

动词“会”有一些语法上的表现：可以和动词“晓”组合（例⑮），可以在后面跟动态助词“得”和“了”（例⑰⑳），可以受助动词“能”修饰（例⑲），可以单独用表疑问或用肯定否定形式构成反复问（例⑳）。

2. 助动词

《朱子语类》中的助动词“会”可分为以下几类。

(1)会^{1}：

具有发出某类动作的能力。S＝人或生物，V＝人或生物生来就能发出或学习后能做的某类动作，V是类指性的(generic)。

“会^{1}”显然是由带谓词宾语的动词“会v”发展而来。两者的区别是:动词“会 v”表示“懂得”,跟在后面的可以是体词也可以是谓词,助动词“会[1]”表示“能够”,跟在后面的只能是谓词。动词“会 v”表示具有“知”的能力,助动词“会[1]”表示具有“行”的能力。有的例子究竟属于何者很难确定,但这正是词义演变中的常见现象。

“会[1]”在现代汉语中仍然说“会”。

㉑而今人会说话行动,凡百皆是天之明命。(16/317)

㉒至于猕猴,形状类人,便最灵于他物,只不会说话而已。(4/58)

㉓且如狗子,会咬人底,便是禀得那健底性;不咬人底,是禀得那顺底性。(17/375)

㉔今自道己会读书,看义理,做文章,便道别人不会;自以为说得行,便谓强得人,此便是小人儒。(32/805)

㉕然而今未论人会学,吃紧自无人会教。(43/1103)

㉖侯景反时,士大夫无人会骑,此时御法尚存。今射亦有法,一学时,便要合其法度。若只是胡乱射将来,又学其法不得。某旧学琴,且乱弹,谓待会了,却依法。(55/1315)

如果 S=非生物,V=非生物自然能发生的过程,也是类指性的,那么,这种“会[1]”的助动词的性质就更强一些。

㉗如乌喙是杀人之药,须向他道是杀人,不得说道有毒。如火,须向他道会焚灼人,不得说道只是热。(21/484)

在《朱子语类》中,“会[1]”可与“能”替换使用,这时的“能”也表示具有发出某类动作的能力。如:

㉘且如乾施物,坤不应,则不能生物。既会生物,便是动。若不是他健后,如何配乾,只是健得来顺。(69/1734)

㉙如口会说话，说话底是谁？目能视，视底是谁？耳能听，听底是谁？便是这个。(126/3022)

(2)会^{2}：善于。

在《朱子语类》中可以找到对“会^{2}”的训释。“‘虽有善者’，善，如而今说‘会’底。”(16/367)就是朱熹对“会^{2}”的解释。“人须会问始得。”朱熹的另一个学生录作“学须善问始得”(41/1054)，这也说明当时“会^{2}”和“善”同义。

“会^{2}”是由“会^{1}”发展来的。“会^{1}”是具有某种能力，“会^{2}”是充分具有某种能力(＝善于)。“充分”体现语境中。有时“会”前面有程度副词“极”、“甚”等，进一步加强了“充分”的语义。

“会^{2}”在现代汉语中仍然说“会”。

和“会 V”相比，“会^{1}”和“会^{2}”的动词性都已弱化，它们后面不能跟带体词，只能跟谓词，这说明“会 v”可以单独充当句子的谓语核心，而“会^{1}”和“会^{2}”只能和后面的谓词一起构成句子的谓语核心。但和“会^{3}”相比，它们都主要表示事物的客观属性，而不包含说话者的主观判断，从“主观性(subjectivity)”的角度看，似乎难以归为助动词的范畴。或许可以说，它们是处于“动词—助动词”的过渡状态。

㉚便是说话难。只是这一样说话，只经一人口说，便自不同。有说得感动人者，有说得不爱听者。近世所见会说话，说得响，令人感动者，无如陆子静。可惜如伯恭都不会说话，更不可晓，只通寒暄也听不得。(95/2458)

㉛邵康节，看这人须极会处置事，被他神闲气定，不动声气，须处置得精明。(100/2543)

㉜陆宣公奏议极好看。这人极会议论，事理委曲说尽，更无渗漏。(138/3284)

㉝曾司直大故会做文字，大故驰骋有法度。裘父大不及他。裘父文字涩，说不去。(139/3316)

㉞又曰："看来古人大故淳朴。人君出命不甚会说话，所以着人代他说话。"(38/1000)

㉟看他会做事底人便别，如韩信邓禹诸葛孔明辈，无不有一定之规模，渐渐做将去，所以所为皆卓然有成。这样人方是有定力，会做事。(58/1373)

(3)会³：能够做某件事。

S＝人或生物，V＝人或生物发出的某种具体动作，是非类指性的。

"类指性"和"非类指性"是"会¹"和"会³"的主要区别。什么是"类指性"和"非类指性"？我们可以用现代汉语的例子来加以说明。在现代汉语的一般语境中，"开车"是类指性的，通常不是指开某一辆车，而是指开所有的车，所以是表示一种能力。"会开车"表示具有这种能力。"开门"是非类指性的，通常是指开某一扇门，所以不表示一种能力，而是表示某种具体的动作。现代汉语中"会"一般只表示具有某种能力，不表示能够进行某种动作，所以不能说"他会开门"；但在《朱子语类》中，"会"后面也可以是非类指性的动作。如果"会"后面的动词表示类指性的动作，"会"着重表达动作主体客观具有的能力；如果"会"后面的动词表示非类指性的动作，"会"就含有说话者的主观判断。如"人会说话"，"说话"是类指性的，"会说话"表示"人"具有说话的能力，这是客观的判断。"周室人会恁地说"，"恁地说"是非类指性的，当某人讲“周室人会恁地说”这句话时，明显含有自己的主观判断。当“会”后面的动词由类指性的扩展为非类指性的时候，“会[1]”就演变为“会[3]”。由于包含了主观性，“会[3]”无疑已属于助动词的范畴，但和“会[5]”相比，“会[3]”还不是助动词的范畴中的典型成员。

上面说过，“会[3]”在现代汉语中一般不用。所以，《朱子语类》中下列句子中的“会”，在现代汉语中就要换成说“能”或“能够”。如例㊱“惟是周室人会恁地说”，是褒义的，“会”表示说话者认为周室人能够把话说得好。在现代汉语中，要表达同样的意思，就要说“只有周室人能这样说”；如果说成“只有周室人会这样说”，在一般场合下是有贬义的，而且，这时的“会”不表示“能够”，而表示可能，是我们所说的“会[5]”了。（可比较现代汉语中的两种表述：“只有文明的人才能说得这样文雅。”“只有粗野的人才会说得这样粗鲁。”在通常的语境中，两个句子中的“能”和“会”是不能互换的。）同样，否定性的“不会[3]”也和现代汉语中的“不会”不同。如例㊶“不会鞭策得马行”，用现代汉语表达应是“不能够鞭打得马跑”，表示没有能力做这件事；如果说成“不会鞭打得马跑”，则表示不可能出现这件事，“会”同样是我们所说的“会[5]”。

㊱左传国语惟是周室一种士大夫说得道理大故细密。这便是文武周召在王国立学校，教得人恁地。惟是周室人会恁地说。（83/2151）

㊲人若读得左传熟，直是会趋利避害。然世间利害，如何被人趋避了！（83/2150）

㊳赵武灵王也是有英气，所以做得恁地。也缘是他肚

里事,会恁地做得,但他不合只倚这些子。如后来立后一乖,也是心不正后,感召得这般事来。(134/3212)

㊴古人有取于"登高能赋",这也须是敏,须是会说得通畅。(139/3298)

㊵尝与后生说:"若会将汉书及韩柳文熟读,不到不会做文章。"(139/3321)

㊶说大学首章不当意。先生说:"公读书如骑马,不会鞭策得马行;撑船,不会使得船动。"(114/2794)

㊷孔子告颜子以"克己复礼",语虽切,看见不似告樊迟"居处恭,执事敬,与人忠",更详细。盖为樊迟未会见得个己是甚,礼是甚,只分晓说教恁地做去。(41/1055)

㊸今日恁地,明日不恁地,到要节用,今日俭,明日奢,便不是节用。不会节用,便急征重敛,如何得爱民!既无爱民之心,如何自会"使民以时"!这是相因之说。又一说:虽则敬,又须着信于民,只恁地守个敬不得。虽是信,又须着务节俭。虽会节俭,又须着有爱民之心,终不成自俭啬而爱不及民,如隋文帝之所为。虽则是爱民,又须着课农业,不夺其时。(21/496)

"会[3]"也可以和"能"换用,这种"能"表示能够做某件事。如:

㊹学者只此两端,既能博文,又会约礼。(33/835)

㊺是谁人会恁地?非古人"聪明睿知、神武而不杀者"不能如此。(75/1927)

㊻其所以不说破者,只是吝惜,欲我独会而他人不能,其病在此。大概是不肯蹈袭前人议论,而务为新奇。惟其好为新奇,而又恐人皆知之也,所以吝惜。(35/938)

(4)"会[4]"和"会[5]"在现代汉语中通常归为一类:表示可能。但是,仔细分析,这两类还是有一些区别;而且,从语义演变的角度看,把两类分开也有利于看清楚语义演变的过程。所以我们还是把它们分开。

会[4]:表示条件和结果的逻辑联系。S=非动物,或泛指人们,或某种事情。V/A=出现某种情况,或发生某种变化。S具备了某种条件,就会出现V/A这种结果。

从会[3]到会[4]是一种由隐喻引起的推理(inference)。这可以用例㊼来说明:说"某人会走到临安府",这表达的是某人有能力实现"到临安府"这种动作,"会"是"会[3]";说"适临安府,路头一正,着起草鞋,便会到",这表达的是某种条件能够导致"到临安府"这种结果,"会"就是"会[4]"。在这里,人们的推理是:既然有能力实现V用"会",那么有条件实现V也可以用"会",这只是把较具体的能力换成了较抽象的条件。这种推理使得"会[3]"演变成"会[4]"。"会[3]"和"会[4]"都包含说话者的主观判断,但"会[3]"判断的是某种现实关系(主体能够做某事),"会[4]"判断的是某种逻辑联系(主体能够出现某种情况),所以"会[4]"比"会[3]"语法化的程度更深。

在现代汉语中,如果V是人们希望的,会[4]也可以说成"能",如果V是人们不希望的,仍然说"会"。

㊼譬如适临安府,路头一正,着起草鞋,便会到。未须问所过州县那个在前,那个在后,那个是繁盛,那个是荒索。(15/304)

㊽大凡读书,须要先识认本文是说个甚么。须全做不曾识他相似,虚心认他字字分明。复看数过,自然会熟,见

得分明。(16/354)

㊾故圣人示以此理,教他恁地做,便会吉;如此做,便会凶。必恁地,则吉而可为;如此,则凶而不可为。(67/1657)

㊿如草木之生,亦是有个生意了,便会生出芽櫱;芽櫱出来,便有皮包裹着。(16/317)

51如鸡伏卵,只管日日伏,自会成。(19/439)

52法堂上一木球,纔施主来做功德,便会热。(3/54)

53又如大黄吃着便会泻,附子吃着便会热。只是他知觉只从这一路去。(60/1430)

54且如气,不成夜间方会清,日间都不会清。(59/1395)

"会⁴"也可以和"能"换用,这个"能"表示具备某种条件就能够出现某种结果。如:

55动容貌,便会远暴慢;正颜色,便会近信;出辞气,便会远鄙倍。(35/915)

56动容貌,则能远暴慢;正颜色,则能近信;出辞气,则能远鄙倍。(35/918)

57道之所以可贵者,惟是动容貌,自然便会远暴慢;正颜色,自然便会近信;出辞气,自然便会远鄙倍,此所以贵乎道者此也。(35/919)

(5)会⁵:可能。

S和会⁴ 相同,S后面也可以是V/A,V或A前面通常有否定词"不"或表反问的"如何"。

"会⁴"和"会⁵"的区别在于:"会⁴"表示在某种条件下,通常发生某种情况或变化,近乎必然性;"会⁵"表示在某种条件下,可能发生某种情况，带有或然性。“会[5]”可以换成“可能”，“会[4]”不能换成“可能”。由“会[4]”到“会[5]”的演变，或者是在“会”前面加了“不/如何”，把“发生某种情况或变化”的几率予以根本否定，不但不近乎必然性，而且连可能性都不存在，因此“不/如何＋会”就表示“不可能”；或者是语境提示了这不是必然性，而是表示或然性（如例(62)的“或”，例(63)(64)的“又”等）。“会[5]”完全是说话者的主观判断，主观性最强，所以，“会[5]”是典型的助动词。

(58)问：“自开辟以来，至今未万年，不知已前如何？”曰：“已前亦须如此一番明白来。”又问：“天地会坏否？”曰：“不会坏。”(1/7)

(59)水经云，昆仑取嵩高五万里，看来不会如此远。(86/2211)

(60)若以赵之才，恐也当未得那机上肉，他亦未会被你杀得，只是胡说。(131/3142)

(61)一学者患记文字不起。先生曰：“只是不熟，不曾玩味入心，但守得册子上言语，所以见册子时记得，才放下便忘了。若使自家实得他那意思，如何会忘！”(121/2917)

(62)伊川曰：“学者须是学颜子。”孟子说得粗，不甚子细；只是他才高，自至那地位。若学者学他，或会错认了他意思。若颜子说话，便可下手做；孟子底，更须解说方得。(95/2446)。

(63)若留心太守，又会教他去攀些弓，射些弩，教他做许多模样，也只是不忍将许多钱粮白与他。(123/2962)

(64)它说是人生有一块物事包裹在里，及其既死，此个物事又会去做张三，做了张三，又会做王二。便如人做官，做

了这官任满，又去做别官，只是无这道理。(126/3032)

⑥⑤兑巽卦爻辞皆不端的，可以移上移下。如剥卦之类，皆确定移不得，不知是如何。如“和兑”、“商兑”之类，皆不甚亲切。为复是解书到末梢，会懒了看不子细；为复圣人别有意义？但先儒解亦皆如此无理会。(73/1863)

这五个“会”的关系可以列成下表：

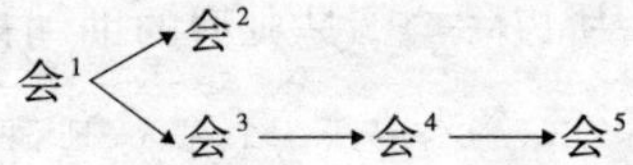

二 解

助动词“会”在《朱子语类》前很少，到《朱子语类》中大量出现，对于几个不同的助动词“会”之间的发展关系，只能从词义发展的一般规律来分析，但缺乏历史的证据。“解”的发展历史较长，正好能弥补这一缺陷。助动词“解”也可以分为五类，和“会”的五类相同。

动词“解”的“知晓”义最早出现在东汉的汉译佛典中：

⑥⑥当从是因缘阿难解知，为识因缘名字。(安世高译《佛说人本欲生经》)①

⑥⑦佛言：“诸菩萨，汝曹宁信有是无?”诸菩萨言：“信有是，终不疑，但不解。”(安世高译《明度五十校计经》卷下)

⑥⑧佛告拘怜：“尔时忍辱道人者，我身是也，恶生王者，拘怜是也。解未？拘怜。”拘怜退席白佛：“甚解，世尊。”(昙

① 例⑥⑥和例⑨②⑨③杨秀芳(2001)已引用。

果共康孟祥译《中本起经》卷上）

在中土文献中最早见于《三国志》：

⑹太祖与韩遂、马超战渭南，问计于诩，对曰：“离之而已。”太祖曰：“解。”（《三国志·魏书·贾诩传》）

在魏晋南北朝有了助动词“解”，较早为“解[1]”，稍后有“解[3]”。

⑺酒能祛百虑，菊解制颓龄。（陶潜《九日闲居》）

⑻往昔之世有富愚人痴无所知，到余富家，见三重楼，高广严丽轩敞疏朗，心生渴仰，即作是念：“我有财钱不减于彼，云何顷来而不造作如是之楼？”即唤木匠而问言曰：“解作彼家端正舍不？”木匠答言：“是我所作。”即便语言：“今可为我造楼如彼。”（《百喻经·三重楼喻》）

但直到晚唐五代，“解”用作动词表“知晓”义还很多。如：

⑼代宗又引一大白山人来见和尚，曰：此山人甚有见知。师问：“解何艺业？”代宗曰：“识山、识地、识字、解筭[算]。”和尚：“借问山人所住是雌山？是雄山？”山人久而不荅。又问：“识地不？”山人曰：“识。”又问：“识字不？”对曰：“识。”……又问：“解筭不？”对曰：“解。”……又问：“山人更会何业？”山人曰：“更有，实不敢对。”师曰：“纵汝总解，亦不足贵。”师却谓代宗曰：“问山不识山，问地不识地，问字不识字，问算不解算，何处引得这个朦汉来？”（《祖堂集》卷三）

《朱子语类》中的“解”用作助动词的就很多了。和“会”一样，也可以分为五类，但各类的多寡和“会”不同。

(1)解[1]：

仅3例。

⑽气禀所拘，只通得一路，极多样：或厚于此而薄于彼，

或通于彼而塞于此。有人能尽通天下利害而不识义理，或工于百工技艺而不解读书。(4/75)

⑭因论尹穑不着胸中不好时，却尚解理会事。当时多并了官司，后来又复了。(112/2730)

⑮如言吃酒解醉，吃饭解饱，毒药解杀人。须是吃酒，方见得解醉人；吃饭，方见得解饱人。不曾吃底，见人说道是解醉解饱，他也道是解醉解饱，只是见得不亲切。见得亲切时，须是如伊川所谓曾经虎伤者一般。(16/391)

此例中的"吃酒"、"吃饭"是作为一个整体来说的，在句子中充当主语，其地位和"毒药"一样。"解"表示"吃酒"、"吃饭"和"毒药"具有的功能。

(2)解^2：

仅1例。而且也可以理解为"解^1"。

⑯顷年于吕季克处见一画卷，画虏酋与一胡女并辔而语。季克苦求诗，某勉为之赋，末两句云："却是燕姬解迎敌，不教行到杀胡林。"(135/3226)

(3)解^3：

⑰颜子似创业之君，仲弓似守成之君。仲弓不解做得那前一截，只据见在底道理持守将去。(42/1078)

⑱使圣人作经，有今人巧曲意思，圣人亦不解作得。(83/2174)

⑲东坡天资高明，其议论文词自有人不到处。如论语说亦煞有好处，但中间须有些漏绽出来。如作欧公文集序，先说得许多天来底大，恁地好了，到结末处却只如此，盖不止龙头蛇尾矣！当时若使他解虚心屈己，锻炼得成甚次第

来！(130/3113)

⑧0渊明诗平淡出于自然。后人学他平淡，便相去远矣。某后生见人做得诗好，锐意要学。遂将渊明诗平侧用字，一一依他做。到一月后便解自做，不要他本子，方得作诗之法。(140/3324)

(4)解[4]：

⑧1且如有五件好底物事，有五件不好底物事，将来拣择，方解理会得好底。不择，如何解明？(5/86)

⑧2既是“失其本心”，则便解滥淫。(26/642)

⑧3此数段，皆是紧要处，须是把做个题目，只管去寻始得。寻来寻去，将久自解有悟。(26/653)

⑧4若是就他地位说时，理会得一件，便是一件，庶几渐渐长进，一日强似一日，一年强似一年。不知不觉，便也解到高远处。(32/815)

⑧5若这句已通，次第到那句自解通。(120/2911)

(5)解[5]：

⑧6然也只在史记汉书上，自是人不去考。司马迁班固刘向父子杜佑说都一同，不解都不是。(1/27)

⑧7阳生时，逐旋生，生到十一月冬至，方生得就一画阳。这一画是卦中六分之一，全在地下；二画又较在上面则个；至三阳，则全在地上矣。四阳、五阳、六阳，则又层层在上面去。不解到冬至时便顿然生得一画。(21/1788)

⑧8昔李初平欲读书，濂溪曰：“公老无及矣，只待某说与公，二年方觉悟。”他既读不得书，濂溪说与他，何故必待二年之久觉悟？二年中说多少事，想见事事说与他。不解今

日一说，明日便悟，顿成个别一等人，无此理也。(120/2882)

⑧9且如天运流行，本无一息间断，岂解一月无阳！(71/1788)

⑨0(会)翟公逊说鬼星渡河，最乱道。鬼星是经星，如何解渡河！(138/3286)

⑨1但恐己私未克时，此心亦有时解错认了。(41/1043)

⑨2今人应事，此心不熟，便解忘了。(36/963)

"不解"比"不会"语法化的程度更深，"不解/岂解"可以用在句子前面(例⑧7⑧8)，这说明"不解/岂解"的辖域已不限于谓语部分，而是整个句子。所以，"解[5]"是典型的助动词。而且，《朱子语类》中有两例"不解会"，"解"比"会"处在更高的位置上，说明"解"的语法化程度比"会"更深。

⑨3理是个公共底物事，不解会不善。(93/2360)

⑨4蔡季通因浙中主张史记，常说道邵康节所推世数，自古以降，去后是不解会甚好，只得就后世做规模。(108/2687)

现代闽语中仍用助动词"解"表可能(见梅祖麟2002)。

三　识

"识"在先秦时就有"知道"义，如：

⑨5不识有诸？(《孟子·梁惠王上》)

在唐宋时"知晓"义的"识"常和"解"、"会"一起使用。我们不必多引例句，仅就前面引过的例句中就有这样的例证。如：

⑤纵年成长，识会东西，抛却耶娘，向南向北。（《父母恩重经讲经文》）

⑫代宗又引一大白山人来见和尚，曰：此山人甚有见知。师问：“解何艺业？”代宗曰：“识山、识地、识字、解筭［算］。”和尚：“借问山人所住是雌山？是雄山？”山人久而不荅。又问：“识地不？”山人曰：“识。”又问：“识字不？”对曰：“识。”……又问：“解筭不？”对曰：“解。”……又问：“山人更会何业？”山人曰：“更有，实不敢对。”师曰：“纵汝总解，亦不足贵。”师却谓代宗曰：“问山不识山，问地不识地，问字不识字，问算不解算，何处引得这个朦汉来？”（《祖堂集》卷三）

又如《朱子语类》中的例句，前面说“识”，后面说“会”：

⑯他只怕人都识了，却没诧异，所以吝惜在此。独有自家会，别人都不会，自家便骄得他，便欺得他。如货财也是公共底物事，合使便着使。（35/938）

但在古代文献中，“识”没有助动词的用法。

现代粤语中“识”为“知晓”义，但也可以用作助动词，如：

我识游泳。　　狗识咬人。

呢只表识郁。（这块表会走。）

呢只表识拍照。（这块表能拍照。）

但“识”后面的动词限于类指性的，所以还只停留在第一阶段上。但这说明在汉语中由“知晓”义的动词发展为表“能够”义的助动词是带有规律性的。

至于粤语中的“识”今后会不会沿着“解”、“会”的轨迹继续语法化，现在还不得而知。语义的演变是受多种因素制约的。由于普通话的影响十分强大，也许“会^{2}”、“会^{4}”、“会^{5}”会在粤语中普遍使用,从而阻遏了助动词“识”的进一步语法化。

四 小 结

1. 在“解”、“会”由动词发展为助动词,以及助动词的语法化程度逐渐加深的过程中,有多种因素在起作用:语法位置的改变,后面的动词由类指性的扩展为非类指性的,推理和隐喻,以及否定表达和语境都起了重要的作用。“识”在粤语中也由动词发展为助动词,但只走了第一步。

2. “解”和“会”由动词语法化为助动词的起点相同:都是“知晓”义的动词。但“解”和“会”形成“知晓”义的途径却不相同:“解”的原义是“解开”,解开疑团就是“知晓”;“会”的原义是“会合”,认识与事理相会就是知晓。两者不同源,但交会到“知晓”义以后,其语法化的途径就一样了。但它们之间也有差别,如“会”的“善于”义很常见,而“解”表示“善于”的不多见,没有形成一个固定的义位。这说明影响语义演变的有多种因素,不能简单地用一两条规则来概括。

3. “能”和“解”、“会”也有一些区别,其区别是由于其语源的不同。在“解”、“会”出现以前,“能够”和“可能”义是由“能”、“得”表示的。“得”从动词发展为助动词的途径和“解”、“会”的途径相差较远,这里不讨论。“能”发展的途径是:“能力”(名词)——“有能力做某事”(动词)——“能够”(助动词)——可能(助动词)。这和“解”、“会”的发展大致相同,但也有区别。比如“力能扛鼎”,只能用“能”,不能用“解”和“会”。反之,“解错”、“会错”、“解忘”、“会忘”也不能换成“能”。这和它们的来源不同有关。这说明语法化理论所说的“滞留性”(persistence)是存在的。

但是,如果把“滞留性”看成任何一种语法化过程中自始至终都存在的规律,那又不符合语言事实。前面说过,“解”和“会”的“知晓”义的来源并不相同,但是在它们从动词发展为助动词的过程中却看不到这种“滞留性”;“会”有“善于”义,而“解”表“善于”义的很少见,这种差别也不能归结为“滞留性”。这又一次说明语言演变的复杂性,在做理论概括和理论阐释时应切忌简单化。

4.用西方的一些理论来研究汉语语法、语义的演变能促使我们的研究深入,但更重要的是从汉语的深入研究中来检验、发展这些理论。

参考文献

梅祖麟　2002　《几个闽语虚词在文献上和方言中出现的时代》,《南北是非:汉语方言的差异与变化》,中研院语言学研究所筹备处。

杨秀芳　2001　《从汉语史观点看“解”的音义和语法性质》,《语言暨语言学》第2卷第2期。

(原载《汉语学报》2007年第1期)

词义演变三例

本文讨论三种不同类型的词义演变，着重分析其演变的原因。

一 快、慢

"快"在上古是"愉快"的意思，属于情感、情绪范畴。后来变成"快速"的意思，属于空间位移或时间推移的速度范畴。这在汪维辉 2000《东汉—隋常用词演变研究》中已经有了很好的说明，此处不赘。本文要讨论的是；"快"的词义为什么能从"愉快"变为"快速"？这两个意义之间是否有联系？

和"快"的词义演变相关的是"慢"。"慢"原来的意思是"傲慢"、"怠慢"，也属于情感、情绪范畴。后来变成"缓慢"，也属于空间位移或时间推移的速度范畴。我们也要问："慢"为什么能从"傲慢"、"怠慢"变成"缓慢"？这两个意义之间是否有联系？

（一）快

从词义分析的角度看，"快"的"愉快"义是人的主观感觉，"快"的"快速"是事物的客观属性，但在某种情况下，这两者是有一定联系的。有的时候，"快"的意义既不是完全主观的"愉快"，也不是完全客观的“快速”，而介于这两者之间的“畅快/痛快”，“畅快/痛快”既可以是人的主观感觉，又可以引起人们这种主观感觉的事物的客观性状。而这种客观性状的一个主要因素就是“快速”。古汉语中一些做修饰语的“快”，如果译成现代汉语，最准确的应该是“畅快/痛快”。请看下面几个词语：

A. 快战

《史记·项羽本纪》：“今日固决死，愿为诸君快战。”

《后汉书·皇甫规传》：“进不得快战以徼功，退不得温饱以全命。”

这里的“快”都是“畅快/痛快”的意思。但什么样的战斗能使人感到畅快/痛快呢？项羽说：“为诸君溃围、斩将、刈旗。”皇甫规说：“愿假臣两营二郡屯列坐食之兵五千，出其不意，与护羌校尉赵冲共相首尾……”都是突击性的速决战。

后代用“快战”一词也都是此义，如：

《晋略·国传六》：“曷飞等见苌兵少，悉众来攻。苌固垒示弱，潜遣其子崇率精骑数百，出不意乘敌后，敌扰逆击，遂溃，斩曷飞及将士万余……苌曰：吾自束发以来，未尝快战如此，以千六百人破三万众，国势由此克举。”

《宋史纪事本末》卷一八：“（虞允文）乃复书……愿快战以决雌雄。亮得书大怒……召诸将，约以三日济江，否则尽杀之。”

王令《寄王正叔》：“力在快战不愿守，直令殡鬬而血鏖。”

可见“快战”都是突击性的速决战，而且常常是出其不意的，不会持久。这种战斗令人感到畅快/痛快。

B. 快雨

王羲之《杂帖》:“向来快雨,想君佳,方得此雨为佳,深为欣嘉。”

“快雨”是使人感到畅快/痛快的雨。但什么雨能使人感到畅快/痛快呢?

《三国志·魏志·管辂传》:“过清河倪太守时,天旱,倪问辂雨期。辂曰:今夕当雨。是日旸燥,昼无形似,府丞及令在坐咸谓不然。到鼓一中,星月皆没,风云并起,竟成快雨。”注:“黄昏之后,雷声动天。到鼓一中,星月皆没,风云并兴,玄气四合,大雨河倾。”

(宋)葛胜仲《晚岁卜居……》:“快雨霁亭午,晴曦作春妍。”

可见,“快雨”是下得快也停得快的暴雨。

C. 快雪

王羲之《杂帖》:“快雪时晴,佳。”

“快雪”是使人感到畅快/痛快的雪。什么雪能使人感到畅快/痛快?

“快雪”只找到了宋人的例句。这些后来的例句当然不能看作词义演变的桥梁,但可以用来说明“畅快/痛快”和“快速”这两个词义的人们心理上的联系。

李吕《民病书事》:“去年秋冬交,白昼雷虺虺。隆冬忽暄燠,青红开百卉。雨泽不时下,快雪倾复霁。”

陈杰《腊月中旬立春快雪遄晴》:“夜光吟屋炯无眠,晓色梅檐重粲然。芒端残腊洗晴雪,花底好春回来年。”

这些说明“快雪”是下得快也晴得快的雪。

正因为在某些场合“愉快”和“快速”之间有一定的联系，所以，在词义演变过程中，有的“快”究竟是“愉快”义还是“快速”义，有时不易确定。还有的“快”应是“畅快”义，但看起来很像“快速”义。汪维辉(2000)各举了四例，今转引一例：

《老子化胡经玄歌·老君十六变词》：“配名天地厚阴阳，从石入金快翱翔。”

本文再补充一例：

曹植《蝉赋》：“隐柔桑之稠叶兮，快啁号以遁暑。”

从当时“快”的常用意义来看，“快啁号”应是说蝉愉快地啁号，但理解成快速地啁号也可以，因为，在事实上，蝉愉快地啁号就是快速地啁号。这些例子，正可用作“快”在语言运用中发生重新分析，逐渐导致词义演变的例证。

（二）慢

“慢”的词义演变过程还没有见到详细的分析，所以要多说几句。

“慢”在上古是“怠慢、傲慢”义。例略。也有表“缓慢”义的用法，但例子很少：

《诗经·郑风·大叔于田》：“叔马慢忌。”毛传：“慢，迟。”

《礼记·乐记》：“啴谐慢易、繁文简节之音作，而民康乐。”《正义》：“慢，疏也。”卫湜《礼记集说》引辅广：“慢犹缓也，对忽之言。”

在中古时期，“慢”的“缓慢”义也很少见。如：

《抱朴子·疾谬》：“俗间有戏妇之法，于稠众之中，亲属之前，问以丑言，责以慢对，其为鄙黩，不可忍论。”

《三国志·魏志·袁绍传》注:“典略曰:自此绍贡御希慢,私使主薄耿苞密白曰:赤德衰尽,袁为黄胤,宜顺天意。”

“慢”的“缓慢”义比较常用是在唐代。但唐代散文中也不多见,《全唐文》中仅见2例:

《全唐文》卷五九〇柳宗元《续荥泽尉崔君墓志》:“元和九年……不克如其乡。大惧缓慢兹久,哭命其子某……”

《全唐文》卷八一八薛易简《琴诀》:“夫琴之甚病有七……调弄节奏,或慢或急,任已去古。七也。”

《六祖坛经》和《入唐求法巡礼行记》中无。

《敦煌变文集新书》中仅2例:

《长兴四年中兴殿应圣节讲经文》:“风慢香烟满殿飞,人人尽有祝尧词。”

《难陀出家变文》:“饮酒勾巡一两杯,徐徐慢怕管弦催。”

《祖堂集》中仅1例:

《祖堂集》卷一:“虽慢而不迟,虽急而不燥[躁]。”

但在唐诗中相当多,下面仅举5例:

刘长卿《湘中纪行十首·花石潭》:“人闲流更慢,鱼戏波难定。”

刘禹锡《和思黯忆南庄见示》:“台上看山徐举酒,潭中见月慢回舟。”

元稹《山枇杷》:“紧搏红袖欲支颐,慢解绛囊初破结。”

白居易《长恨歌》:“缓歌慢舞凝丝竹,尽日君王看不足。”

白居易《琵琶行》:“轻拢慢捻抹复挑,初为霓裳后六么。”

那么,“怠慢”义和“缓慢”义是否有联系呢?有的。“怠”是心态,“缓”是行事,“怠”的心态会造成“缓”的行事。请看下面的例句：

《管子·中匡》："沈于乐者洽于忧，厚于味者薄于行，慢于朝者缓于政。"

又如：

《荀子·君道》："故天子诸侯无靡费之用，士大夫无流淫之行，百吏官人无怠慢之事。"

"怠慢"是主观心态，"事"是客观行事。用怠慢的主观心态来对待客观行事，就表现为行事之"缓"。这从下面一段话可以看到，群吏"怠"的结果是"吏不治"，庶人"怠"的结果是"农事缓"：

《墨子·非儒》："有强执有命说议曰：'寿夭贫富，安危治乱，固有天命，不可损益。穷达赏罚幸否有极，人之知力，不能为焉。'群吏信之，则怠于分职；庶人信之，则怠于从事。吏不治则乱，农事缓则贫。"

所以，"缓怠"有时可以一起用：

《管子·重令》："人心之变：有余则骄，骄则缓怠。夫骄者，骄诸侯。骄诸侯者，诸侯失于外。缓怠者，民乱于内。诸侯失于外，民乱于内，天道也。此危亡之时也。若夫地虽大，而不并兼，不攘夺；人虽众，不缓怠，不傲下；国虽富，不侈泰，不纵欲；兵虽强，不轻侮诸侯，动众用兵，必为天下政理：此正天下之本，而霸王之主也。"

在《论语》中有一段话：

《论语·尧曰》："子曰：不教而杀谓之虐；不戒视成谓之暴；慢令致期谓之贼。"

什么叫"慢令"？刘宝楠《论语正义》解释说：

"慢令者,《新序·杂事篇》:'缓令急诛,暴也。'缓令即慢令。《说文》训'慢'为'惰',凡怠惰,则致缓也。"

按:"缓令急诛"在秦汉文献中出现不止一次。如:

《新序·杂事》:"栾武子曰:'居上位而不恤其下,骄也;缓令急诛,暴也;取人之善言而弃其身,盗也。'文公曰:'善。'还载老古,与俱归。"

《说苑·政理》:"孔子曰:'夫以不肖伐贤,是谓夺也;以贤伐不肖,是谓伐也;缓其令,急其诛,是谓暴也;取人善以自为己,是谓盗也。'"

《孔子家语·辩政》:"孔子曰:'汝未之详也。夫以贤代贤,是谓之夺;以不肖代贤,是谓之伐;缓令急诛,是谓之暴;取善自与,谓之盗。'"

而在《春秋繁露》中,作"慢令急诛":

《春秋繁露·五行相胜》:"听谒受赂,阿党不平,慢令急诛,诛杀无罪。"

"慢令"和"缓令"意思差别不大,只不过"慢"是从心态讲的,"缓"是从行事方式讲的;而二者有密切的关系:正如刘宝楠所说,"凡怠惰,则致缓也"。所以,当"慢(怠慢)"用来修饰一个行为动词时,它本身就隐含了"缓慢"的意义。这就是"慢令"可以说成"缓令"的原因,也是"慢"的词义从"怠慢"演变为"缓慢"的理据。

实词的词义演变,从A义演变为B义,一般来说,A和B是有意义联系的。只不过这种联系有的明显,有的隐晦。对于后一种,要多花一些力气,找出其间的联系。

二 念

在现代汉语中，"念"有三个意义：(1)思念。(2)朗读。(3)学习。第(2)义和第(3)义的联系比较清楚。第(1)义和第(2)义是什么关系？这个问题要从"念"的历史演变来回答。

1."念"在上古是"思念"之义，例多不举。在中古佛典中，"念"仍是"思念"之义，如《正法华经·受记品第九》："心念此已。"梵文原文是"cintayitvā anuvicintya"，"cintayitvā(√cint)"是"思维、考虑"之意。

魏晋南北朝的佛典中的"念佛"、"念经"，并不是后来所说的口念"阿弥陀佛"、口念佛经的意思，而是心中思念佛、思念经。如：

《弘明集》卷一三："当习六思念。六思念者，念佛、念经、念僧、念施、念戒、念天。"

《妙法莲华经·方便品》："以深心念佛，修持净戒故。"

对应的梵文是 maranto(√smṛ)，表示"记得、想起"的意思。

那些佛典中所说的"念言"，也不是在口中说，而是在心中想("念言"的"言"如同"想道"的"道"，并不表示言语行为，而只是提示想的内容)。如：

《百喻经》二八："昔有一人。其妇端正，唯其鼻丑。其人出外，见他妇女，面貌端正，其鼻甚好。便作念言：我今宁可截取其鼻，着我妇面上不亦好乎？即截他妇鼻，持来归家，急唤其妇：汝速出来与汝好鼻。"

还有多处作"心自念言"，如：

《生经》卷一:“梵志欣豫。心自念言。”

更清楚地说明“念言”是心理活动而不是言语行为。

《正法华经·受记品第九》:“于是贤者阿难自念言。”梵文原文是“cintayāmāsa(√cint)”,是“思维、考虑”之意。

直到唐代义净译的《破僧事》中,“念”绝大多数还是表示心理活动,只有两例是言语行为,这可能是受了唐代口语的影响。如:

《破僧事》卷九:“作是念已,即说颂曰:未得财时起贪爱,求不得时生苦恼。设得财物贪不息,故知财利招无利。念此颂已,便即睡着。”

《破僧事》卷一二:“彼仙弟子遥见二十客仙来至,即报仙师曰:有诸客仙今来至此。时独角仙口念:善来。唤令入室。”

2.到唐代,“念”仍然表示“思,想”,如:

《敦煌变文集新书·妙法莲华经讲经文一》:“炉上香云天断绝,心中忆念法花经。”

《敦煌变文集新书·庐山远公话》:“惠远于旃檀和尚处,常念正法,每睹直(真)经。”

《祖堂集》卷一四:“不念名闻衣食,不贪一切功德利益。”

《祖堂集》中的“念言”,多数仍是表思想活动。如:

《祖堂集》卷一六:“道吾念言:‘他与药山有因缘矣。’便却共他去药山。”

但“念”更多的是表示言语行为。如《六祖坛经》中的一段话:

“能大师言:善知识,净心念摩诃般若波罗蜜法。大师不语，自净心神。良久乃言：……摩诃般若波罗蜜者，西国梵语，唐言大智慧到彼岸。此法须行，不在口念；口念不行，如幻如化。”

第一个“净心念摩诃般若波罗蜜法”究竟是心念还是口念很难断定。但下面说“口念”，就肯定是言语行为了。

在《入唐求法巡礼行记》中有如下例句，说明“念”是口念：

《入唐求法巡礼行记》卷一：“读斋文了，唱念‘释迦牟尼佛’，大众同音称佛名毕。”

《入唐求法巡礼行记》卷二：“大众同音念‘尺迦牟尼佛、弥勒尊佛，大圣文殊师利菩萨、一万菩萨、一切菩萨摩诃〔萨〕。’如次学词同念。念佛了，打槌随意，大众散去。”

在《敦煌变文集新书》和《祖堂集》中可以看得更清楚：

《敦煌变文集新书·佛说阿弥陀经押座文》：“能者高声念阿弥陀佛。”

《敦煌变文集新书·庐山远公话》：“白庄曰：‘念经即是闲事，我等各自带煞，不欲得闻念经之声。’远公曰：‘既不许念经，不要高声，默念得之已否？’”

《祖堂集》卷二：“惠[慧]能得钱，却出门前，忽闻道诚念《金刚经》。”

《祖堂集》卷一八：“宗和尚喝云：‘什摩念经，恰似唱曲唱歌相似，得与摩不解念经。’”

在《酉阳杂俎》卷七中有这样的例句：

江陵开元寺般若院僧法正日持金刚经三七遍。长庆初得病卒。至冥司，见若王者问：“师生平作何功德？”答曰：“常念金刚经。”乃揖上殿，令登绣坐，念经七遍。侍卫悉合掌阶下，拷掠论对皆停息。而听念毕后，遣一吏引还。王下阶送云："上人更得三十年在人间，勿废读诵。"

石首县有沙弥道荫，常持念金刚经。宝历初，因他出夜归，中路忽遇虎，吼掷而前。沙弥知不免，乃闭目而坐，但默念经，心期救護。虎遂伏草守之。

至岁除日，（刘氏）请僧受八关，沐浴易衣，独处一室，趺坐，高声念经。

其人惟念金刚经，其声哀切，昼夜不息。

在唐诗中也有：

周朴《赠念经僧》："庵前古折碑，夜静念经时。月皎海霞散，露浓山草垂。鬼闻抛故塚，禽听离寒枝。想得天花坠，馨香拂白眉。"

齐已《和郑谷郎中幽栖之什》："谁知闲退迹，门径入寒汀。静倚云僧杖，孤看野烧星。墨沾吟石黑，苔染钓船青。相对惟溪寺，初宵闻念经。"

除了佛教信徒"念佛"、"念经"外，文人也"念经（念儒家经典）"和"念书"。如：

（宋）章如愚《群书考索》卷一七："建隆四年诏：尚书礼部所补太庙斋郎，自今每岁斋郎以十五人为额，其荫补人并须年貌合格，试念书精熟……干德五年，虞部郎中赵元拱、国子监奏（丞）延绪坐试斋郎念经不实，皆责授。"

3. 说到这里，我们需要讨论一个问题："念"从"心想"演变为"口念"，这两者之间有没有联系？

要回答这个问题，首先要弄清楚：唐代"口念"的"念"究竟是什么意思？和现代汉语中"念报"的"念"是否一样？

请看下面一段话：

《容斋三笔》卷九："周世宗废并寺院，有诏约束云：男年十五以上，念得经文一百纸，或读得五百纸，女年十三以上，念得经文七文七十纸，或读得三百纸者，经本府陈状乞剃头，委録事参军本判官试验……念经、读经之异，疑为背诵与对本云。"

从周世宗的诏书看，"念经"和"读经"是有区别的。区别是什么？宋代的洪迈已不十分清楚，只是说"疑为背诵与对本云"。但从下面的资料可以看到，洪迈的说法还是有根据的。

《入唐求法巡礼行记》卷二："新罗诵经仪式（大唐唤作'念经'）：打钟定众了。下座一僧起打槌，唱'一切恭敬敬礼常住三宝'。次一僧作梵，'如来妙色身'等两行偈。音韵共唐一般。作梵之会，一人擎香盆历行众座之前。急行行便休。大众同音诵'摩诃般若'题数十遍也。有一师陈申诵经来由了。大众同音诵经。或时行经本，或时不行经本。念经了。导师独唱'归依佛，归依法，归依僧'。次称佛菩萨号。导师唱云'南无十二大愿'。大众云'药师琉璃光佛'。导师云'南无药师也'，大众同音云'琉璃光佛'。导师云'南无大慈悲也'，大众同音云'观世音菩萨'。余皆如是。礼佛了，导师独结愿回向。回向稍长。回向之后，导师云'发心'，大众同音亦云'发心'。次导师唱发愿，已竟，顶礼三宝。次施主擎施物坐。导师与咒愿。便散去。"

《旧五代史》卷三九："应补斋郎，并须引验正身，以防伪滥……限念书十卷，试可则补。"

《旧五代史》卷一四八："童子每当就试，止在念书背经，则虽似精详，对卷则不能读诵。”

《文献通考》卷三五：“长兴元年敕：童子准往例委诸道表荐，不得解送。每年所放不得过十人，仍所念书并须是正经，不得以诸子书虚成卷数。”

《入唐求法巡礼行记》说“同音诵经。或时行经本，或时不行经本。念经了……”，可见“念经”是出声“诵”的；而且有时不用经本，则肯定是背诵。《旧五代史》和《文献通考》的记载说明“念书”是一种考试方式，上引《群书考索》例也是说“念经”、“念书”是用来考童子的，肯定不会是对本宣读。《旧五代史》卷一四八说，有的童子念书精熟，但“对卷则不能读诵”，很清楚地表明“念书”和“读诵”是不一样的。背熟了，即使不懂文义甚或不识字也能流利地背诵，但“读诵”文章，则不识字或不会断句，就读不下去。

凭记忆口诵自已所作的诗文也叫“念”。如：

《唐语林》卷三：“开元中有李幼奇者，以艺干柳芳，念百韵诗。芳便暗记，题之于壁，谓幼奇曰：‘此吾之诗也。’幼奇大惊。徐曰：‘相戏耳！此君所念诗也。’因谓幼奇，更念他新著文章，一遍皆能记。”

《唐摭言》卷一一：“忽遇上幸维所，浩然错愕伏床下。维不敢隐，因之奏闻。上欣然曰；‘朕素闻其人。’因得诏见。上曰：‘卿将得诗来耶？’浩然奏曰：‘臣偶不赍所业。’上即命吟。浩然奉诏拜舞，念诗曰：‘北阙休上书，南山归卧庐。不才明主弃，多病故人疎。’”

直到宋代，“念”还有用作“背诵”义的。如：

《朱子语类》卷一二七：“孝宗小年极钝。高宗一日出对廷臣云：'夜来不得睡。'或问：'何故？'云：'看小儿子读书，凡二三百遍，更念不得，甚以为忧。'某人进云：'帝王之学，只要知兴亡治乱，初不在记诵。'"

显然，"看小儿子读书，凡二三百遍，更念不得"，其意思是说读了二三百遍还不会背。

既然"念"是背诵，那就需要先在心里"念(想)"熟，然后在口中"念(读)"出来。下面的语料很好地反映了这两者的关系：

《妙法莲华经》卷四："文殊师利言：'我于海中唯常宣说妙法华经。'智积问文殊师利言：'此经甚深微妙，诸经中宝，世所稀有。颇有众生勤加精进修行此经速得佛不？'文殊师利言：'有娑竭罗龙王女，年始八岁，智慧利根，善知众生，诸根行业。得陀罗尼，诸佛所说，甚深秘藏，悉能受持。深入禅定，了达诸法。于刹那顷，发菩提心。得不退转，辩才无碍。慈念众生，犹如赤子。功德具足，心念口演。微妙广大，慈悲仁让。志意和雅，能至菩提。'"

齐已《赠念法华经僧》："念念念兮入恶易，念念念兮入善难。念经念佛能一般，爱河竭处生波澜。言公少年真法器，白昼不出夜不睡。心心缘经口缘字，一室寥寥灯照地。"

这样，"念"的意义就从"心念"演变为"心念口演(背诵)"。

不过，佛经数量众多，有些佛经篇幅也很长，"念经"要全部背诵也是不可能的。所以，"念经"有时也指诵读佛经。上引《入唐求法巡礼行记》卷二说"或时行经本"，这就是照着经本诵读。又如：

齐已《赠持法华经僧》："莲经七轴六万九千字，日日夜夜终复始。乍吟乍讽何悠扬，风篁古松含秋霜。但恐天龙夜叉干闼众，畐畐塞虚空耳皆耸。我闻念经功德缘，舌根可算金刚坚。”

“讽（背诵）”和“吟（吟咏，诵读）”都是“念”。

4.“念”既然有“背诵”、“诵读”义，就很容易发展为“学习”义。此义在敦煌变文中就有，如：

《敦煌变文集新书·舜子变》：“舜即归来书堂里，先念论语孝经，后读毛诗礼记。”

《敦煌变文集新书·左街僧录大师压座文》：“女即使闻周氏教，儿还教念百家诗。”

这两处“念”，理解为“诵读”或者“背诵”也可以，但理解为“学习”更好。

《太平御览》卷二七六有一条记载：

“《会稽典录》曰：张立之为人刚毅，志意慷慨。太祖尝抑之曰：尔不念诗书慕圣道而好乘汗马击剑，此一夫之用何足贵也。”

《会稽典录》为晋虞预所作，如果《御览》所引可靠，则早在晋代“念”就有“学习”义了。不过，这似乎不符合“念”词义演变的规律，所以，这条材料应当存疑。

宋代以后，“念”表示“学习”义的逐渐增多。下面略举数例：

《朱子语类》卷一一八：“先生问寿昌：‘近日教浩读甚书？’寿昌对以方伯谟教他午前即理论语，仍听讲，晓些义理；午后即念些苏文之类，庶学作时文。”

《儒林外史》二五回：“他念了两年书，而今跟在班里记帐。”

《儒林外史》三一回：“近来，蒙少爷的教训，才晓得书是该念的。”

《红楼梦》九回："你们成日家跟他上学，他到底念了些什么书！倒念了些流言混话在肚子里，学了些精致的淘气。"

《红楼梦》九二回："昨儿听见太太说，兰哥儿念书真好，他打学房里回来，还各自念书作文章，天天晚上弄到四更多天才睡。"

《红楼梦》九二回："宝玉认真念了几天书，巴不得玩这一天。"

《儿女英雄传》一回："十三岁上就把《四书》、《五经》念完，开笔作文章、作诗、都粗粗的通顺。"

《儿女英雄传》四〇回："你们爷儿们的书也不知都念到那儿去了！"

更值得注意的是《红楼梦》九回中的一句话：

"倒念了些流言混话在肚子里，学了些精致的淘气。"

这里的"念"显然就不能理解为"读"，而只能理解为"学"了。

三 要

"要"在现代汉语中有假设连词的用法。这个用法是怎样演变来的？

1. 据现有的资料，"要"作为假设连词，最早见于明代。如《金瓶梅》中有以下例句：

金莲道："琴童儿是他家人，放壶他屋里，想必要瞒昧这把壶的意思。要叫我，使小厮如今叫将那奴才来，老实打着，问他个下落。"（三一回）

杨姑娘道:"还是姐姐看的出来,要着老身就信了。"(四〇回)

伯爵道:"休说五两的话。要我手段,五两银子要不了你的,我只消一言,替你每巧一巧儿,就在里头了。"(四五回)

我和他紧隔着壁儿,要与他一般见识起来,倒了不成!(五一回)

在《醒世姻缘传》中更多,下面选5例:

你要有些差池,我只好跑到你头里罢了!(二回)

我明日治一根菜儿,家里也没去处,就在前头庙里请二位约长吃三钟。要肯光降,我就好预备。(三四回)

小冬子要不早娶了巧妮子去,只怕卖了妹子嫖了也是不可知的!(五二回)

狄希陈在外一边挣,一边说道:"二位哥体量我,到家就来。要扯了谎,就是个禽兽畜生!"(六六回)

孙氏道:"大闺女二十五岁哩。要闺女不嫌,可就好。"(七二回)

到清代,假设连词"要"就用得更多。例子就不举了。

2.假设连词"要"是怎样产生的?和"要"原有的意义有没有关系?

我认为是从助动词"要"(义同"欲")发展来的。先看《朱子语类》的例句:

易是变易,阴阳无一日不变,无一时不变。庄子分明说"易以道阴阳"。要看易,须当恁地看,事物都是那阴阳做出来。(卷六二)

问:"用方知,不用则不知。"曰:"……恐伊川那时自因

问答去，今不可晓。要附在‘至之道可以前知’解中，只搅得鹘突，没理会。”（卷九七）

小人不可与君子同处于朝。昔曾布当建中靖国初，专欲涵养许多小人，渐渐被他得志，一时诸君子皆为其所陷。要之，要出来做时，小人若未可卒去，亦须与分明开说是非善恶，使彼依自家话时，却以事付之。若分明说是非，不依自家话时，自家只得去了。（卷一三〇）

本朝韩魏公为相。或谓公之德业无愧古人，但文章有所不逮。公曰：“某为相，欧阳永叔为翰林学士，天下之文章，莫大于是！”自今观之，要说他自不识，安能知欧阳永叔，也得。（卷一三五）

上述例句中的“要”，应该是助动词，可以用“欲”来替换。但如果用“若”来替换，句子意思也基本上没有变。这告诉我们，“要”的助动词用法和假设连词用法之间是有联系的。

但仅仅凭语感是不够的，还需要进一步分析。助动词“要”和假设连词“要”究竟有什么联系，有什么区别呢？在什么条件下，“要”可以从助动词发展为假设连词？

在现代汉语中，假设连词“要”和助动词“要”的区别是很明显的。如下面两个句子：

(A)我要走了，明天再来。

(B)我要走了，就不来了。

(A)中的“要”只能换成“想/打算”，不能换成“如果”；(B)中的“要”只能换成“如果”，不能换成“想/打算”。(A)中的“要”是助动词，表示主语“我”的意愿，“走”是想施行而还没有施行的主观意图；“我要走了”可以是一个独立的句子，也可以再接续一个小句。(B)中的“要”是假设连词，表示假设某种情况的出现，“走了”是假想中的一种已经出现的客观情况；“我要走了”是条件复句中的前一个小句，后面必须接续另一个小句，表示当这种假设实现时，会出现什么情况。

不过，助动词“要”和假设连词“要”后面的“VP”有一个共同点：不论是想施行而还没有施行的主观意图，还是假想中的一种已经出现的客观情况，都是在现实中没有出现的，这为“要”从助动词演变为假设连词提供了条件（见下）。

从历史上看，汉语中的“要”用作助动词在前，用作假设连词在后。前者可以换成“欲”，例多不举。后者可以换成“若”，上述《金瓶梅》、《醒世姻缘传》中的例句都是这一类。两者区分也和上述(A)(B)两类一样，是很清楚的。

但是助动词“要”也可以出现在条件复句的前一小句中。如《朱子语类》中的例句：

又曰：“性最难说，要说同亦得，要说异亦得。”（卷四）

今之官司合用印处，缘兵火散失，多用旧印。要去朝廷请印，又须要钱，所以官司且只苟简过了。（卷一〇六）

这种“要”，粗看起来，似乎也能翻译成“如果”，整句可以译成“如果说同也行，如果说异也行”，“如果去朝廷请印，就又得要钱”。但仔细分析，就会看到，“如果”所表达的假设之意是整个句式带来的，不是“要”所表达的。汉语表示假设关系，很多不用假设连词，自古至今都是如此。而“要”在这里表示的仍是“想/打算”之意，这从后面的“VP”可以看出来：“去朝廷请印”、“说同”、“说异”都是想施行而还没有施行的主观意图，而不是假想中的一种已经出现的客观情况。所以,准确的翻译应是:“如果想去朝廷请印,就又得要钱”,“如果想说同也行,如果想说异也行”。这说明助动词“要”和假设连词“要”是有区别的,但也说明,这种区别不是不可逾越的。

如果再进一步,助动词“要”不但出现在条件复句的前一小句中,而且后面的“VP”究竟是想施行而还没有施行的主观意图,还是假想中的一种已经出现的客观情况也不容易分清,这时,助动词“要”和假设连词“要”的区别就更模糊了。造成这种不易分清的原因在于:(1)上面说过,不论是想施行而还没有施行的主观意图,还是假想中的一种已经出现的客观情况,都是在现实中没有出现的;(2)汉语中动词的体貌没有很清楚的标记,所以,在某些情况下,一些“VP”究竟是将然而未然,还是假设的已然,是不易分清的。上引《朱子语类》中的四个例句,“要”后面的“VP”都是如此,所以,“要”换成“欲”和“若”都可以。

但《朱子语类》中还有一例:

问:“‘全体大用,无时不发见于日用之间。’如何是体?如何是用?”曰:“体与用不相离。且如身是体,要起行去,便是用。”(卷一六)

此例中“要”后面的“起行去”,很难说是某人或人们的意图,而只能说是假设中的客观情况,所以,这里的“要”不能换成“欲”,只能换成“若”,应该看作假设连词了。但在《朱子语类》中仅此一例,而且,据笔者不完全的检索,在宋代以至元代都没有发现这样的例句,为慎重起见,我们不说假设连词“要”在宋代已经出现,而说假设连词“要”出现在明代。

但《朱子语类》中这些两可的例句给我们提供了“要”从助动

词"要"到假设连词"要"的演变途径,这是没有问题的。概括起来说,助动词"要"首先要出现在条件复句的前一小句中,这种句法环境就赋予这个小句表示假设的语义。其次,"要"后面的"VP"究竟是想施行而还没有施行的主观意图,还是假想中的一种已经出现的客观情况不易分清,因此,"要"表示意愿的语义就减弱。这样,当说话者说出"要出来做时"(卷一三〇)这个句子时,听话者就可能有两种理解;一种(A)认为是"欲出来做时"之意,一种(B)认为是"若出来做时"之意,而且这两种理解差别不太大:(A)中"欲"表示的是意愿,但整个小句是假设;(B)中"若"表示的是假设,但"出来做"是施事的意愿。所以两者都是意愿和假设兼表的。这样的言语行为反复出现,就会使语言的使用者形成一种印象:"要"在表示意愿的同时,还可以表示假设。

再下一步的发展,就是人们把"要"作为假设连词,和"若"一样的使用。这时,"要"就不局限于上述句法、语义条件了,像上述《金瓶梅》、《醒世姻缘传》中的例句,"要"的句法、语义条件都和助动词"要"很不一样:"要"可以出现在主语前面,可以出现在助动词"肯"前面,后面的"VP"可以是违反施事意愿的行为(扯了谎)。这些例句中的"要"就不再是理解为"欲"和"若"两可的了,而是只能理解为"若"。这种"要"就超出了重新分析的阶段,发展为成熟的假设连词了。

3. Elizabeth C. Traugott 有一篇文章"Conditional markers"专门讨论连词的来源。文章综合了对多种语言的连词的考察,把连词的来源概括为五类:

(1)由表情态的词演变而来。

(2)由系词结构演变而来。

(3)由疑问式演变而来。

(4)由表示某物是已知的或给予的词演变而来。

(5)由原本是表时间的词演变而来。

关于第(1)类,文章特别提到了认识情态词和祈愿情态词(epistemic modality (the modality of possibility and doubt), and optative modality (the modality of wishing)),举了五种语言的例子,包括英语的 suppose 和汉语的"要"。

这告诉我们,由情态词演变为连词,是在多种语言中存在的,汉语表意愿的助动词"要"演变为连词,是符合这种较普遍的演变规律的。

"Conditional markers"还对这种演变的动因做了解释。文章说:条件句表述的是一种假设的情景,是一种可能性(包括真实的可能,想象的可能和违反事实的可能),这会使人们用一个认识情态词作为条件分句的标记;一个想象的情景常常是人们所希望的,这会使人们用一个祈愿情态词作为条件分句的标记。

"Conditional markers"一文的这一层意思,本文在上面已经说过:表意愿的助动词"要"之所以能演变为假设连词,很重要的一个原因是因为"不论是想施行而还没有施行的主观意图,还是假想中的一种已经出现的客观情况,都是在现实中没有出现的"。但是,仅仅指出这一点,还不足以充分说明"要"是怎样从表意愿的助动词演变为假设连词的。因为,尽管表意愿的助动词和假设连词有表示假设情景的共同性,但毕竟两者还有区别,表意愿的助动词"欲"和假设连词"若"不能等同。所以,"要"的语义从表示"欲"演变为表示"若",还必须消除"欲"的意义,而获得"若"的意义,这个过程还必须加以解释。这一点,本文在上面已经说过:“要”的演变应当具备两个条件:“助动词‘要’首先要出现在条件复句的前一小句中,这种句法环境就赋予这个小句表示假设的语义。其次,‘要’后面的‘VP’究竟是想施行而还没有施行的主观意图,还是假想中的一种已经出现的客观情况不易分清,因此,‘要’表示意愿的语义就减弱。”第二个条件使“要”原来的意义(表示意愿)弱化,这就是通常所说的“semantic bleaching (语义漂白)”;第一个条件使“要”具有了新的意义(表示假设),而这种意义原来是语境所有的,现在,通过语用推理(pragmatic inference),成为“要”这个词所有了。这就是通常说的“absorption of context (语境吸收)”。(“absorption of context”是 Bybee, Joan, R. Perkins & W. Pagliuca 的“The Evolution of Grammar—Tense, Aspect, and Modality in the Languages of the World”首先提出来的,其详细论述在此不赘。)也就是说,表意愿的助动词“要”之所以能演变为假设连词,除了两者之间有表示假设情景的共同点之外,还必须经过“语义漂白”和“语境吸收”。这是“要”的完整的演变途径。

4. 在讨论假设连词“要”的产生与来源时,还应说到复合的假设连词“若要”。

“若要”最初不是一个词,“若”和“要”不在同一层次上。如:

《唐大诏令集·唐中宗即位赦文》:“若要和市和雇,先依时价付钱。”

《敦煌变文集新书·庐山远公话》:“若要听道安讲者,每人纳绢一疋……要听道安讲者,每人纳钱一百贯文。”

显然,这些例句的切分应是:“若/要……”,“若”是假设连词,“要”是表意愿的助动词。在唐宋时期的语料中,“若要”都不是一个词。如：

《朱子语类》卷三四："此四句若要连续看，如何？"

根据现代的语感，这个"若要"似乎应该是一个词。但联系下文"才要连续，便是说文字，不是要着实做工夫。若着实做工夫，便一句自是一句"，"若"和"要"还是分开的。又：

《敦煌变文集新书·解座文汇札》："若要欲得眼亲逢，学取经文便合同。"

这个例句比较特殊。按常规，"要欲"不可能是一个词，也不可能是"要"和"欲得"连用，那么，就应该是"若要/欲得"。但如果说"若要"在敦煌变文中就已经是一个词，而从唐宋到元代，再也找不出另一个例子，这又违反语言演变的规律。因此，只能读作"若/要/欲得/眼亲逢"，但这是一个有语病的句子。

复合的假设连词"若要"见于明代：

《金瓶梅》一二回："若要死贪无厌足，家中金钥教谁收？"

《醒世姻缘传》六七回："你问他要了那三两买药的银子来。你若要不将来，我坐你的工价。"

明代已经有假设连词"要"，假设连词"要"和假设连词"若"并列使用，并且凝固为一个词。这是合乎词语演变的规律的。

"若要"的形成过程和"若使"类似。"若使"本来也是"若/使……"，"使"是"使之"的意思。如：

《汉书·扬雄传》："若使遭遇时君，更阅贤知，为所称善，则必度越诸子矣。"

后来，"若使"是两个假设连词"若"和"使"的并用，而且逐步凝固为一个复合的假设连词。如：

《三国志·魏志·曹彰传》："若使陛下出不世之诏，效臣锥刀之用，使得西属大将军，当一校之队，若东属大司马，統偏舟之任，必乘危蹈险，骋舟奋骊，突刃触锋，为士卒先。”

《后汉书·徐稺传》：“颍川李昙，德行纯备，着于人听。若使擢登三事，协亮天工，必能翼宣盛美，增光日月矣。”

四 小 结

本文讨论的词义演变的三个案例，两个是实词，一个是虚词。实词的词义演变，旧义和新义之间都有一定的联系，但联系的情况两个案例各不相同。“快”、“慢”是旧义和新义所表达的概念在人们的心理上有一定的联系：使人们心理上感到畅快的事物常常是快速的，心理上的怠慢往往会导致行动的缓慢。“念”是旧义和新义所反映的行为在实际上有某种关系：背诵必须是“心念＋口言”。虚词的词义演变和实词不同，往往和句法环境有关，就本文所讨论的案例来说，助动词“要”(表意愿)如果出现在假设复句的条件小句中，就可能使人感到“要”有表假设的意义，如果后接的“VP”究竟是想施行而还没有施行的主观意图，还是假想中的一种已经出现的客观情况不易分清，“要”表示意愿的语义就会减弱。在反复进行的语言交际过程中，具备上述条件的“要”就会产生“欲/若”的歧解，再进一步发展，就由旧义“表意愿”外产生一个新义“表假设”。这三个案例可以简单地图示如下：

	旧义	中间阶段	新义
快、慢	A	A↔B	B
念	A	A＋B	B
要	A	(B)A－	B

还有一点是要说明的：词义演变的“个性”比较强。像本文所讨论的三个案例，其演变途径只适用于这三个案例本身，而不能推演到其他同类词语。“快”可以通过“愉快→畅快→快速”的途径演变，但“乐”、“说（悦）”就不能。“念”可以通过“心想→背诵→诵读→学习”的途径演变，但“思”、“想”就不能。“要”可以通过“意愿→假设”的途径演变，但“欲”、“愿”就不能。当然，也会有几个词沿着同一途径演变的，实词如“族”、“众”、“庶”都由“众多”演变为“一般”，虚词如“教”、“给”、“让”都由“使役”演变为“被动”。语言研究似乎对这些“成批”演变的更感兴趣，确实，从这里可以概括语言演变的规律。但对那些“零散”的案例也有研究的必要，因为从个别案例出发，多加积累，就能更清楚地看到语言演变的多样性，而且通过丰富多样的案例，也可以从“个性”中发现“共性”，同样可以概括出语言演变的规律。而且，经过深入的研究，也许能找出为什么某个词能发生演变，而其他同类的词不能发生演变的原因。具体语言现象的考察、分析、研究永远是语言研究的基础，只有在坚实的基础上，才能有理论的升华。

参考文献

蒋冀骋、吴福祥　1997　《近代汉语纲要》，湖南教育出版社。

马贝加　2002　《近代汉语介词》，中华书局。

汪维辉　2000　《东汉—隋常用词演变研究》，南京大学出版社。

Bybee, Joan, R. Perkins & W. Pagliuca　1994　*The Evolution of Grammar—Tense, Aspect, and Modality in the Langua-*

ges of the World, The University of Chicago Press.

Traugott, Elizabeth C. 1985 Conditional markers, *In Iconicity in Syntax*, John Haiman (ed.), pp. 289 - 307. Amsterdam: John Benjamins.

（将刊于《庆祝贝罗贝先生六十五寿诞论文集》）

音义关系析论

音义之间的关系是必然的还是任意的？这是一个古老的话题。在古代，对此有很多争论。到现代，语言系统的任意性原则已为多数人接受，但也有些学者提出不同的看法。本文就古汉语的音义关系来谈谈自己的一些浅见。

从古到今，有不少学者注意到词的音义之间的某种联系。比如《释名》对事物得名之由的探求，宋人的“右文说”，清代学者关于“凡某声皆有某义”的论述，以及近人沈兼士、杨树达等对音义关系的研究。这些说法有的比较可靠，有的相当牵强。今天我们研究音义关系应取慎重的态度。

总起来看，古汉语的音义关系可分为以下几种情况：

一、音表示事物的特征（主要是声音）。有两类：

1. 拟声词。如《诗经·大雅·灵台》：“鼉鼓逢逢（* biwo）。”

2. 音取自事物的特征（主要是声音）。如“雀”（* tsiauk），“雨”（* iwa）。

二、一组音表一组义。

《说文》：“夗，转卧也。”段注：“谓转身卧也……凡夗声、宛声字皆取委曲意。”又：“盌，小盂也。”“琬，圭有琬者。”段注：“此当为圭首宛宛者。”“婉，顺也。”“怨，恚也。”（按：心有委屈。）“詋，慰也。”（按：慰其委屈。）《尔雅·释丘》：“宛中，宛丘。”注：“宛谓中央隆高。”

这些字读音不完全相同，但均为影母元部字；意义也不相同，但均含“屈曲”义或与“屈曲”义有关。这种音义关系，我们称之为“一组音表一组义”。

但是，并不是所有从“夗”或“宛”得声的字都有“屈曲”之义。如“鸳”、“畹”。说“苑”有“屈曲”义亦颇勉强。

三、一组音表多组义。又分几种类型：

1. 义1、义2、义3无关。如：

义1：《说文》：“斐，分别文也。”“诽，谤也。”“排，挤也。”均含“非违”义。

义2：《说文》：“辈，尘也。”“蜚”通“飞”。《文选·张衡南都赋》：“望翠华兮葳蕤，建太常兮裶裶。”刘良注：“葳蕤，裶裶，皆旗貌。”均含“飞扬”义。

义3：《说文》：“翡，赤羽雀也。”“菲，芴也。”（按：花紫赤色。）《说文新附》：“绯，帛赤色也。”均含“赤”义。

“非违”义、“飞扬”义、“赤”义互不相干。

从“非”得声的字也并非全有上述几种意义。如“匪”（篚）、“扉”、“腓”。

又如：

义1：《说文》：“被，寝衣也。”“髲，鬄也。”“鞁，车驾具也。”均含“加被”义。

义2：《说文》：“破，石碎也。”“柀，析也。”“簸，扬米去糠也。”均含“分析”义。

义3：《说文》：“颇，头偏也。”“跛，行不正也。”“坡，阪也。”均含“倾斜”义。

“加被”义、“分析”义、“倾斜”义互不相干。或谓“皮”有“加被”义，又有“去除”义（如“皮面”），因而“加被”义与“分析”义相关；“分析则攲斜矣”，则“分析”义与“倾斜”义相关。但终属牵强。

从“皮”得声之字也并非全又上述几种意义，如“疲”、“波”。

2. 义 1 与义 2 义 3 有关。如：

义 1:《尔雅·释草》:“蒹，薕。葭，芦。菼，薍。其萌虇蕍。”“虇”与卷、拳、踡、眷同源，均有“弯”义。“虇”长言之则为“虇蕍”。

义 2:《说文》:“權，黄华木也。”《尔雅·释虫》:“蠸，舆父，守瓜。”注:“今瓜中黄甲小虫。”均有“黄”义。

义 3:《尔雅·释诂》:“權舆，始也。”有“始”义。

芦苇之萌芽勾曲，故称“虇（虇蕍）”；萌芽色黄，故黄华木称“權”，舆父称“蠸”；萌芽为草木之始，故始称“權舆”。

但“灌”、“觀”、“歡”等与此三义均无关。

又如：

义 1:《说文》:“兼，并也。从又持秝。”其义为握持成双的东西。

义 2:《说文》:“嗛，口有所銜也。”“慊，疑也。”（按：心有所疑。）“嫌，不平于心也。”《尔雅·释兽》:“鼸鼠。”注:“以颊里藏食。”均有“含持”之义。

义 3:《说文》:“縑，并丝缯也。”《尔雅·释地》:“南方有比翼鸟焉，不比不飞，其名谓之鹣鹣。”《广韵》:“鰜，比目鱼也。”“槏，牖傍柱也。”均有“双”义。

“兼”为手持二禾，故嗛、鼸、慊、嫌从“兼”得声；“兼”含“双”义，故縑、鹣、鰜、槏亦从“兼”得声。

但“廉”、“濂”、“鬑”等与此三义均无关。

四、多组音表一组义。

1. 以“于、分、贲、光、皇、多”为声符之字多含“大”义。如：

《尔雅·释诂》：“訏，大也。”《说文》：“夸，奢也。”“颁，大头也。”“帉，楚谓大巾曰帉。”《尔雅·释丘》：“墳，大防。”《说文》：“鼖，大鼓谓之鼖。”“晃，明也。”“駫，马盛肥也。”“煌，煌煇也。”“鍠，钟声也。”“侈，奢也。”“哆，张口也。”

2. 以“非、䮼、赤、者、叚、朱、同”为声符之字多含“赤”义。如：

“翡”、“菲”(已见上)。《说文》：“璊，玉䞓色也。”“毧，以毳为罽色如虋。”《方言》十三：“焃，赫貌也。”《方言》三：“卒……或谓之褚。”注：“言衣赤也。”《说文》：“赭，赤土也。”“瑕，玉小赤也。”“騢，马赤白杂毛。”“朱，赤心木也。”“袾，纯赤也。”“铜，赤金也。”

3. “燕、驠、騴、鰋”和“鹤、缟、鎬、蟜”均含“白”义。

燕腹白。《尔雅·释畜》：“白州，驠。”“尾本白，騴。”《释鱼》：“鰋，鳀。”注：“今偃额白鱼。”

鹤为白鸟。《说文》：“皠，鸟之白也。”“騅，马白额。”“犨，白牛也。”

五、同物异名。

1.《说文》：“櫋，屋櫋联也。”《释名·释宫室》：“緜连榱头使齐平也。”

《说文》：“楣，秦名屋櫋联也。齐谓之产(檐)，楚谓之梠。”《释名·释宫室》：“若面之有楣也。”

《说文》：“梠，楣也。”《释名·释宫室》：“连旅之也。”(据《御览》改)

《说文》:"产,屋梠也。"段注:"檐之言廉也。"

《说文》:"梍,屋梠也。"段注:"梍之言比叙也。"

2.《礼记·乐记》"然后圣人作为鞉、鼓、椌、楬、壎、篪。"释文:"椌,柷也。楬,敔也。"

《说文》:"椌,柷乐也。"段注:"谓之椌者,其中空也。"

《说文》:"柷,乐木椌也。"段注:"椌之言空也,自其如漆桶言之也。柷之言触也,自其椎柄之撞言之也。"

《说文》:"敔,禁也。"段注:"敔取义于遏,楬为遏之假借耳。"

同物异名通常是从不同的角度给同一事物命名,如上述两例,其名是有理据的。

六、多组音表多组义。

《广雅疏证》卷一:"凡张与大同义,张谓之幠,亦谓之扜,犹大谓之幠,亦谓之訏也。张谓之磔,犹大谓之袥也。张谓之彉,犹大谓之廓也。"

按:"幠"训"张",见《广雅》本条,但无例证。《尔雅·释诂》:"幠,大也。"《诗经·小雅·巧言》:"乱如此幠。"《尔雅·释诂》:"訏,大也。"《诗·郑风·溱洧》:"洧之外,洵訏且乐。"《吕氏春秋·壅塞》:"因扜弓而射之。"高诱注:"扜,引也。"《通俗文》:"张申曰磔。"《晋书·桓温传》:"鬚作蝟毛磔。"徐锴《说文繫传》引《字书》:"袥,张衣令大也。"《说文》:"彉,弩满也。"

王念孙的意思是:"张"这个概念可以用几个不同的音表达:"幠"、"扜"、"磔"、"彉"。"张"这个概念与"大"这个概念有关,所以,"大"这个概念也可以用几个与"幠"、"扜"、"磔"、"彉"相关的音来表达:"幠"、"訏"、"袥"、"廓"。这种关系可以用图表示如下:

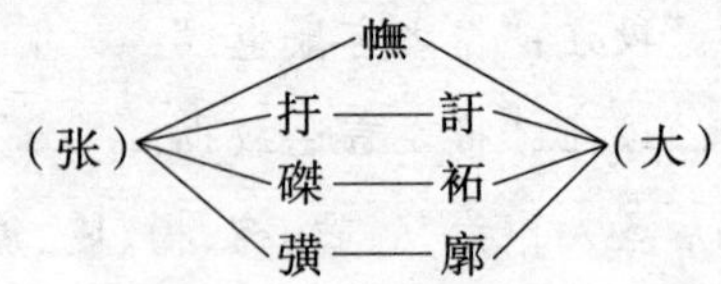

为什么几组音(幠/扜、訏/礫、袥/彉、廓)可以表示几组义呢？用"幠"、"扜"、"礫"、"彉"几个不同的音来表示"张"义，这是完全任意的。但因为"张"义和"大"义有联系，所以"幠"、"扜"、"礫"、"彉"几个词又可以同时孳乳为表"大"义的几个词"幠"、"訏"、"袥"、"廓"。"扜"(影母鱼部)和"訏"(晓母鱼部)，"礫"(端母月部)和"袥"(透母铎部)，"彉"和"廓"(均为溪母铎部)语音都相关。这种孳乳是同步发生的，由此形成了几组音表几组义。

*　　　　*　　　　*

通过对上述几组音义关系的分析，可以看到:古汉语的音义是有一定联系的，但这种联系只存在于一定的范围之内，从总体上看，音义之间的关系是任意的。沈兼士《声训论》:"余谓凡义之寓于音，其始也约定俗成，率由自然。既而声义相依，展转孳乳，先天后天，交错参互，殊未可一概而论。作如是观，庶几近于真实欤?"我们同意这种意见。

关于语言符号任意性的问题，索绪尔说得很清楚。我们摘引他的几段话：

索绪尔《普通语言学教程》：

第一编　第一章　语言符号的性质　2. 第一个原则：符号的任意性

任意性这个词还要加上一个注解：它不应该使人想起能指完全取决于说话者的自由选择，(我们在下面将可以看到，一个符号在语言集体中确立后，个人是不能对它有任何改变的）。我们的意思是说，它是不可论证的，即对现实中跟它没有任何自然联系的所指来说是任意的。（104 页）

第二编　第六章　语言的机构　3. 绝对任意性和相对任意性

符号任意性的基本原则并不妨碍我们在每种语言中把根本任意的，即不能论证的，同相对任意的区分开来。只有一部分符号是绝对任意的：别的符号中却有一种现象可以使我们看到任意性虽不能取消，却有程度的差别：符号可能是可以相对地论证的。

例如法语的 vingt“二十”是不能论证的，而 dix-neuf“十九”却不是在同等程度上不能论证，因为它会使人想起它赖以构成的要素和其他跟它有关联的要素，例如 dix“十”，neuf“九”，vingt-neuf“二十九”，dix-huit“十八”，soixante-dix“七十”等等……法语的 poirier“梨树”也是这样；它会使人想起 poire“梨子”这个单纯词，它的后缀-ier 又会使人想起 cerisier“樱桃树”，pommier“苹果树”等等。而 frene“榛树”，chene“橡树”等等却毫无相似之处。

……事实上，整个语言系统都是以符号任意性的不合理原则为基础的。这个原则漫无限制地加以应用，结果将会弄得非常复杂；但是人们的心理给一大堆符号的某些部分带来一种秩序和规律性的原则，这就是相对论证性的作用……（181—184 页）

根据这几段话，我们可以列出一个表：

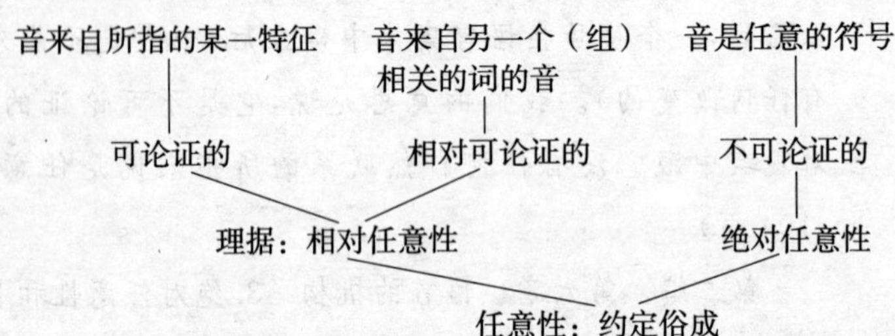

上表中词的音义关系分为三类。

（一）“音来自所指的某一特征”指的是上述第（一）类词。如古代表示鼓声的“逢逢”，以及后代表示狗叫的“汪汪”；以及一些取事物（所指）的某种特征（特别是某物发出的声音）为音而形成的词，如“雀”、“雨”等。这些词当然是“可论证的”。即：“为什么把鼓声叫‘逢逢’？”这个问题是可以回答的：因为鼓声就是这样的。这类词是有理据的。但是这类词在语言中很少。正如沈兼士所说，绝大多数的词就“先天”的音义关系来说，“其始也约定俗成，率由自然”。

（二）“音来自另一个（组）相关的词的音”指的是上述“盌”、“翡”、“縑”、“訏”这一类词。“这些词为什么有这种读音？”这个问题也是可以回答的：“盌”是弯的，古汉语中有一系列与“弯”义有关的词都读作影母元部，所以“盌”也读这个音；“縑”是并丝缯，得名于“兼”，所以读这个音。所以，这一类词也是有理据的。但和第一类不同的是：这些词的音不是和事物（所指）本身相联系，而是和另一组（如“婉”、“怨”等）或另一个词（如“兼”）的音联系。

这类词属于索绪尔所说的 dix-neuf“十九”这一类，是“相对可以论证的”。只不过索绪尔举的是法语中合成词的例子，他说这些词是“相对可以论证的”，是指的这些合成词的构成部分和法语语言系统中的另一些词有联系。而古汉语以单音词为主，说古汉语中一些词的音义关系是“相对可以论证的”，主要是说这些词的音义和另一些词的音义有联系。

这种某一个(组)词的音义和另一个(组)词的音义有联系的现象，是沈兼士所说的“声义相依，展转孳乳”，是“后天”的现象。如果进一步问：“为什么表示‘弯曲的’要用影母元部字？”“为什么‘兼’这个词要用 * kiam 这个音？”那就无法说出其理据。即：如果要问到“先天”的音义关系，我们只能说，用影母元部字表示“弯曲”义是任意的，用 * kiam 这个音表示“兼”这个词也是任意的。

应该看到，“理据性”并不意味着“非任意性”。有的学者说：“燕、驠、騴、鰋”一组词中，有“白”义的动物都用同样的读音 * ian 表示，这说明汉语中的词是有理据的。不错，把这一组词放在一起看，它们确实都是有理据的；但有理据并不能否定音义间的任意性。因为上面已说到，汉语中还有另一组词“鹤、皠、騅、㸷”是用另一个音 * ɤǎuk 来表示白色的动物。为什么既可以用 * ian 音也可以用 * ɤǎuk 来表示白色的动物呢？为什么不用其他的音呢？这只能有一个解释：这是任意的。另一方面，* ian 音还可以表“伏匿”义，如“匽”、“蝘”、“偃”、“鼹”。《说文》：“匽，匿也。”“蝘，蝘蜓，守宫也。”(按，世称蝘蜓五月五日必伏。)《孟子・滕文公上》：“草尚之风必偃。”注：“偃，伏也。”《本草纲目》引《别录》：“鼹鼠在土中行。”这些词也应该说是有理据的。但是，如果要问：为什么 * ian 音既可表“白”义，又可表“伏匿”义呢？回答也只能是：音义关系是任意的。所以，“理据性”只是“相对可论证的”，理据性是在语言符号系统任意性的大前提下，存在于一部分词之中的。

(三)“音是任意的符号”，指的是“人”、“山”这一类词。这一类词是无理据的，无法找出音义之间的联系，其音义关系只能说是任意的。《释名》说“人，仁也”“山，产也”之类显然是牵强附会。刘师培说山“象三峰矗立之形，故古人呼之为三，厥后讹三音为山音”(《刘申叔先生遗书·小学发微补》)，也是想当然之说。说这些词本来是有理据的，后来理据失落，这也难以让人信服。像上文所说的“畹”、“匪”、“疲”、“灌”、“廉”等词也是无理据的。

那么，既然第(一)类的词音义之间是“可论证的”，为什么在表中也把它包括在“任意性：约定俗成”之中呢？这是因为，即使是那些拟声词，也不是把对象的声音逼真地记录下来，而是用某一语言符号系统中的音近似地表达出来。比如狗叫的声音，如果用录音机录下来，应该是古今中外全都相同的。但用语言符号来表达，就各有不同。如法语用 oua oua，德语用 wan wan，现代汉语用“汪汪”(wang wang)，古汉语用“猩猩”(* siaŋ)和“狺狺”(* ŋian)。究竟用什么音，是由每一个语言社团的成员共同决定的，即“约定俗成”。“约定俗成”的前提就是任意性。如果这类词的音义关系不是任意的，而是由对象的本质决定的，那么还要“约定俗成”干什么呢？又怎么会出来这些不同的语音形式呢？所以，从整体上说，语言符号系统的任意性是无可非议的，印欧语是如此，汉语也是如此。

说到印欧语和汉语，我们不妨再引索绪尔的一段话：

一切都是不能论证的语言是不存在的；一切都可以论

证的语言,在定义上也是不能设想的……各种语言常包含两类要素——根本上任意的和相对地可以论证的——但是比例极不相同,这是我们进行语言分类可能考虑的一个很重要的特点。(第二编,第六章,3. 绝对任意性和相对任意性,184 页)

"根本上任意的"即无理据的,"相对地可以论证的"即有理据的。这两类的比例在印欧语中和在汉语中的比例究竟如何,我不敢下结论,因为我对印欧语很不熟悉,对汉语也没有做过统计。但是,我相信索绪尔的话:"一切都是不能论证的语言是不存在的;一切都可以论证的语言,在定义上也是不能设想的。"上面已经看到,汉语并不是全有理据的。那么,印欧语是不是全没有理据呢?看来也不是。下面引几个布龙菲尔德《语言论》中的两段话:

就英语中形象性的词来说,词根的复杂形态结构更加明显:……强烈的,形象性的含义是和这种结构有联系的。比方,我们可以找出反复出现的一些起首音:(引用者按:例子只选列几个)

[fl]-(闪动的光):flash(发闪光),flare(火焰闪闪发光)

[fl]-(在空中的动作):fly(飞),flap(振翅)

[gl]-(不动的光):glow(发白热光),glare(发炫光)

[sl]-(平滑潮湿的):slime(黏泥;变黏滑),slide(滑,溜)

[kr]-(嘈杂的撞击):crash(撞坏),crack(砸碎)

[skr]-(令人烦躁的撞击或声音):scratch(抓伤;搔声),scream(尖叫声)

(307—308 页)

在日耳曼诸语言中，词根的变化，不管有没有词缀似的规定成分，都出现在带有形象色彩的词里。例如 flap（平打，拍击）：flip（轻打，用指头弹）：flop（重摇，重跌）。假设我们把 flap 作为这个词根的基础形式，我们就会把 flip，flop 当作派生词来描写，派生词是利用[i]（较小，较灵巧）的代替和[ɔ]（较大，较呆笨）的代替所构成的。类似的情况有以[i]代替的：（引用者按：例子只选列几个）

snap（突然折断）：snip（剪断）

snatch（抢，突然带走）：snitch（偷，告密）

bang：（重打声）：bing（轻打声）

yap（大声咬，大声叫）：yip（狗咬，叫喊）

（304—305 页）

布龙菲尔德说的都是英语中带有形象色彩的词，他举出的这些词的起首辅音以及元音都和这些词的意义有一定的关系。从这些例子看，似乎也不能说英语中的音和义是毫不相干的。至于英语中其他的词音义有无关系，要请研究英语的专家来回答。究竟印欧语是不是在词的层面上全部没有理据，还要深入研究才能得出结论。

参考文献

布龙菲尔德　1985　《语言论》，袁家骅等译，商务印书馆。

沈兼士　1986　《右文说在训诂学上的沿革及其推阐》，《沈兼士学术论文集》，中华书局。

——　1986　《声训论》，《沈兼士学术论文集》，中华书局。

索绪尔　1985　《普通语言学教程》，高名凯译，商务印书馆。

王国维　1984　《尔雅草木虫鱼鸟兽名释例》,《观堂集林》,中华书局。
杨树达　1983　《形声字中音义略证》,《积微居小学金石论丛》,中华书局。

（原载《中国语文研究》2001年第1期）

读《广雅疏证》札记

王念孙《广雅疏证》是乾嘉学派的一部代表著作，其中有很多值得重视的见解。比如，关于音义关系的论述，关于词的得名之由的探求，关于同物异名和异物同名的分析，还有一些实际上是涉及词义引申和词汇发展的规律，这些都需要我们用现代语言学的眼光认真地加以研究。本文着重分析《广雅疏证》中关于词与词之间关系的论述。

我国古代对词汇的研究，很早就不限于单个汉字的音和义，而是注意把若干词的音和义联系起来进行研究的。如从《尔雅》开始的一系列雅书，实际上就是对同义词的研究；从"声训"到"右文说"到清代学者对于词的音义关系的研究，实际上是对词的语源的探求和对同源词的研究。但是，在汉语词汇庞大而复杂的系统中，词和词之间除了同义和同源的关系之外还有没有别的关系？这个问题我们可以从《广雅疏证》的一些论述中得到启发。

比如《广雅疏证》在《广雅》的第三条"道天地王皇……大也"的疏证中说："佳者，善之大也……大雅桑柔笺云：善，犹大也。故善谓之佳，亦谓之介；大谓之介，亦谓之佳。佳介声之转耳……凡人忧则气敛，乐则气舒。故乐谓之般，亦谓之凯；大谓之凯，亦谓之般。义相因也……封坟语之转。故大谓之封，亦谓之坟；冢谓之坟，亦谓之封。冢亦大也……大则无所不覆，无所不有。故大谓之幠，亦谓之奄；覆谓之奄，亦谓之幠；有谓之幠，亦谓之抚，亦谓之奄；矜怜谓之抚奄。义并相因也。”“佳”和“介”两个词都有“善”义，又都有“大”义；“凯”和“般”两个词都有“乐”义，又都有“大”义；“幠（抚）”和“奄”两个词都有“大”义，又都有“覆”义，都有“有”义。《广雅疏证》中这样一些“甲谓之A，亦谓之B，亦谓之C；乙谓之A，亦谓之B，亦谓之C”或“甲谓之A，亦谓之B；乙谓之A，亦谓之B；丙谓之A，亦谓之B”之类的表述很多，表示两个或两个以上的词（A、B、C）都能够表示两个或两个以上的概念（甲、乙、丙）。这些词不能简单地说成是同义词或同源词。那么它们究竟是一种什么关系？这就是本文所要讨论的。

用现代语言学的眼光来看，《广雅疏证》这样一些条目，有一些实际上牵涉到词、概念和词的语音形式之间的关系。这些条目，有三种情况：(1)王念孙既说明某义与某义相近（或相关），又说明某音与某音为“一声之转”；(2)只说明某义与某义相近（或相关），没有说明某音与某音为“一声之转”；(3)只说明某音与某音为“一声之转”，没有说明某义与某义相近（或相关）。本文就按这三类分列，每类下面分别摘引《广雅疏证》中的若干条，按《广雅疏证》原来的先后排列。

需要说明的是：王念孙所说的“一声之转”，有的比较可信，如第一类中的2、3、4、5、6、8条，第三类中的29、31、35、37、39、40条；第二类中的12、13条虽然未说“一声之转”，但实际上却有音转关系，按理应归入第一类。但有的转得太宽，在古书中罕见其例。这些在本文中不加调整，仍按王念孙的说法分类。这些条目中的词的训释，也是有的可信，有的不一定可信，所以要根据古代的字书，特别是古代的文献资料对这些训释做一番检验。检验的结果用[按]的形式写在各条的后面，词的训释不太可靠或不太常见，用按语的形式略加说明或引证；常见的而且可信的则不加按语。经过检验可以看出，其中有一些词的训释根据不足，因而某些条目不能成立；但多数条目还是可信的。列出材料之后，再对每类中所涉及的词、概念和词的语音形式之间的关系做一分析。

一、甲、乙两个相同或相关的概念，可以同样用 A、B、C、D 等几个词来表达，而且，这几个词是有音转关系的。例如：

1. 封坟语之转。故大谓之封，亦谓之坟；冢谓之坟，亦谓之封。冢亦大也。（卷一上《辞诂》“大也”条）

[按：“封”、“坟”声母相同，但“封”东部，“坟”文部。东文通转例罕见。]

2. 利与善义亦相近，故利谓之戾，亦谓之赖，善谓之赖，亦谓之戾。戾赖语之转。（卷一上《释诂》“善也”条）

[按：“戾”训“利”，见《礼记・大学》：“一家让，一国兴让，一人贪戾，一国作乱。”郑玄注：“戾之言利也。”为假借义。“赖”训“利”见《广韵》，《说文》：“赖，赢也。”为“赢利”之“利”。“赖”训“善”见《孟子・告子上》：“富岁子弟多赖。”赵岐注“赖，善也。”“戾”训“善”见《广雅》本条，王念孙《疏证》以为“戾”训“至”，“至”训“善”，故“戾”训“善”。其实第一个“至”为“到达”义，第二个“至”为“极点”义，不能构成递训。]

3. 裔与遴声相近。远谓之裔，亦谓之遴；水边谓之遴，亦谓之裔。义相近也。（卷一上《释诂》“远也”条）

[按：“遴”训“远”仅见《广雅》本条。]

4.揫与爰一声之转。敛与小义相近。故小谓之蔆，亦谓之揫；聚敛谓之揫，亦谓之爰矣。（卷二上《释诂》"小也"条）

［按：《说文》："青齐兖冀谓木细枝为蔆。"《广雅》本条训为"小"。《方言》二："揫，细也。"《尔雅·释诂》："揫，聚也。"《说文》："爰，敛足也。"《广雅·释诂三》："爰，聚也。"］

5.涂与覆义相近，故涂谓之镘，亦谓之塓；覆谓之幎，亦谓之幔。幔幎语之转耳。（卷二下《释诂》"覆也"条）

［按：《说文新附》："塓，涂也。"］

6.黜与侏儒，语之转也。故短谓之侏儒，又谓之黜；梁上短柱谓之棳，又谓之侏儒，又谓之掇儒；蜘蛛谓之蝃，又谓之蝃蝥，又谓之侏儒。（卷二下《释诂》"短也"条）

［按：《方言》十三："黜，短也。"《玉篇》："棳，梁上楹也。"韩愈《进学解》："欂櫨侏儒。"《方言》十一："鼅鼄……或谓之蠾蝓。蠾蝓者，侏儒语之转也。"］

7.福与善义相近，故皆谓之禄，又皆谓之灵。灵与禄一声之转耳。（卷五上《释言》"福也"条）

［按："灵"有"善"义。《广雅·释诂》："灵，善也。"《诗·鄘风》："灵雨既灵，命彼倌人。"郑玄笺："灵，善也。""禄"训"善"见《广雅·释诂一》："禄，善也。"王念孙《疏证》："《周官·天府》注：'禄之言縠也。'《尔雅·释诂》：'縠，善也。'"但《周礼·天府》原文为："若祭天之司民司禄，而献民数縠数，则受而藏之。""縠"为"五縠"之"縠"，并非"善"义。又："灵"、"禄"声母相同，但"灵"耕部，"禄"屋部，耕屋罕见通转。］

8.培塿堬声之转。冢谓之堬，亦谓之培塿；罂谓之瓿，亦谓之甋；北陵谓之西隃，小山谓之部娄，义并相近也。（卷九下《释

丘》"冢也"条)

[按:《方言》十三:"冢,秦晋之间谓之坟……或谓之堬。"《尔雅·释地》:"北陵,西隃、雁门是也。"]

这一类条目中词、概念和词的语音形式之间的关系可图示如下(以第5条为例):

[]表示概念,()表示词。↔表示概念相关,≻—≺表示语音通转。下同。

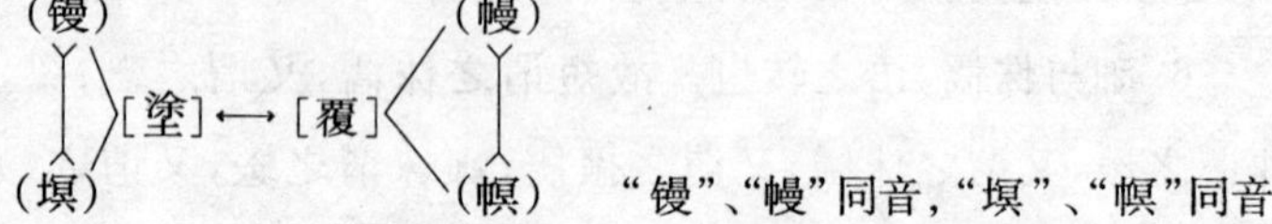

"镘"、"幔"同音,"塓"、"幎"同音。("镘"、"幔",明母,元部。"塓"、"幎",明母,耕部。元部和耕部可以通转,如《尚书·尧典》:"平章百姓。""平"读为"辨",《荀子·富国》:"忠信调和辨均之至也。""辨"读为"平"。)

就是说,两个相关的概念("塗"和"覆"),常常可以用两对有相同音转关系的词("镘"和"塓"、"幔"和"幎")表示。反过来也可以说,两对有相同音转关系的词("镘"和"塓"、"幔"和"幎")常常可以表达两个相关的概念("塗"和"覆")。

这是不难理解的:因为"镘"和"塓"是两个有音转关系的语音形式,所以在古汉语中表达"塗"这个概念时,既可以说"镘",也可以说"塓"。而"覆"这个概念和和"塗"这个概念有关,所以可以和表示"塗"的"镘"用同一语音形式,只是字写作"幔";"幔"也可以音转为明母耕部的一个词,字写作"幎"。虽然牵涉到四个字或词,但从音义关系来看,是两个有通转关系的音表两个相关的义。

二、甲、乙两个相同或相关的概念，甲概念可以用 A 、B、C、D 等几个词来表达，乙概念也可以用 A′、B′、C′、D′几个词表达。A 和 A′、B 和 B′、C 和 C′、D 和 D′之间或是同一个词，或是有语音联系的变音词。但是，AA′、BB′、CC′和 DD′之间没有音转关系。例如：

9. 凡人忧则气敛，乐则气舒。故乐谓之般，亦谓之凯，大谓之凯，亦谓之般。义相因也。（卷一上《释诂》“大也”条）

[按：“凯”无“大”义。《广雅》本条云：“凯，大也。”王念孙《疏证》：“吕氏春秋不屈篇云：‘诗曰：恺悌君子。恺，大也，悌，长也。’恺与凯通。”王氏所引《吕氏春秋》不足为据。《方言》一：“般，大也。”]

10. 大则无所不覆，无所不有。故大谓之幠，亦谓之奄；覆谓之奄，亦谓之幠；有谓之幠，亦谓之抚，亦谓之奄；矜怜谓之抚奄。义并相因也。（卷一上《释诂》“大也”条）

[按：《尔雅·释诂》：“幠，大也。”《诗经·小雅·巧言》：“无罪无辜，乱如此幠。”《说文》：“奄，覆也，大有馀也。”《诗·大雅·皇矣》：“奄有四方。”毛传：“奄，大也。”郑笺：“覆有天下。”《说文》：“幠，覆也。”《仪礼·士丧礼》：“幠用敛巾。”《尔雅·释言》：“幠，有也。”郭璞注引《诗经·鲁颂·閟宫》：“遂幠大东。”《礼记·文王世子》：“西方有九国焉，君王其终抚诸。”郑玄注：“抚，犹有也。”]

11. 厚与大同义，故厚谓之敦，亦谓之庬；大谓之庬，亦谓之敦矣。（卷一上《释诂》“大也”条）

12. 有与大义相近，故有谓之庬，亦谓之方，亦谓之荒，亦谓之幠，亦谓之虞。大谓之庬，亦谓之方，亦谓之荒，亦谓之幠，亦

谓之吴。吴虞古同声。（卷一上《释诂》“有也”条）

［按:《尔雅・释诂》:“厖,有也。”王念孙《疏证》以为“厖”与“朧”(《说文》:“朧,兼有也。”)声近义同。《诗经・召南・鹊巢》:“维鸠方之。”毛传:“方,有也。”《诗经・鲁颂・閟宫》:“奄有龟蒙,遂荒大东。”毛传:“荒,有也。”《诗经・大雅・云汉》:“昊天上帝,则不我虞。”王念孙《疏证》:“则不我虞,犹言莫我有也。”《国语・晋语》:“今晋国之方。”韦昭注:“方,大也。”《诗经・周颂・天作》:“天作高山,大王荒之。”毛传:“荒,大也。”《方言》十三:“吴,大也。”］

13. 凡远与大同义。远谓之荒,犹大谓之荒也;远谓之遐,犹大谓之假也;远谓之迂,犹大谓之訏也。（卷一上《释诂》“远也”条）

［按:《尔雅・释诂》:“假,大也。”《尚书・大禹谟》:“不自满假。”伪孔传:“假,大也。”《尔雅・释诂》:“訏,大也。”《诗经・大雅・云汉》:“訏谟定命,远犹辰告。”毛传:“訏,大。”］

14. 凡张与大同义,张谓之幠,亦谓之扜,犹大谓之幠,亦谓之訏也;张谓之磔,犹大谓之袥也;张谓之彉,犹大谓之廓也。（卷一上《释诂》“张也”条）

［按:“幠”训“张”,见《广雅》本条,但无例证。《吕氏春秋・壅塞》:“因扜弓而射之。”高诱注:“扜,引也。”《通俗文》:“张申曰磔。”《晋书・桓温传》:“鬚作蝟毛磔。”徐锴《说文繫传》引《字书》:“袥,张衣令大也。”《说文》:“彉,弩满也。”］

15. 与之义近于散,取之义近于聚,聚取声又相近,故聚谓之收,亦谓之敛,亦谓之集,亦谓之府;取谓之府,亦谓之集,亦谓之敛,亦谓之收。取谓之捊,犹聚谓之裒也;取谓之掇,犹聚谓之缀

也;取谓之捃,犹聚谓之群也。(卷一上《释诂》"取也"条)

[按:《玉篇》:"府,聚也。"又:"府,取也。"]

16.缩与惭义相近。缩谓之侧匿,犹惭谓之慝也;缩谓之衄,又谓之蹴,犹惭谓之忸怩,又谓之諮咨也。(卷一上《释诂》"惭也"条)

[按:"侧匿"训"缩",见《广雅·释诂三》。《尚书大传》:"朔而月见东方谓之侧匿。"郑玄注:"侧匿,谓缩缩行迟貌。""慝"训"惭"见本条,无例证。"衄"训"缩"亦见《广雅·释诂三》。《晋书·崔豹传》:"未战而退,先自缩衄。""蹴"同"蹙"。《左传·成公十六年》:"国蹴王伤,不败何待?"《方言》:"忸怩,或谓之諮咨。"]

17.凡物之锐者,皆有小义。故小谓之嫢,释器篇又云:石鍼谓之棨,广韵嫢棨并音姊宜切,其义同也。小谓之孅,故利亦谓之銛……小谓之茦,故刺亦谓之茦;小谓之锐,故兵芒亦谓之锐,草初生亦谓之莪;小谓之眇,故木末亦谓之杪,禾芒亦谓之秒。是凡物之锐者,皆与小同义也。(卷二上《释诂》"小也"条)

[按:《方言二》:"嫢,细也。"又:"孅,小也。"《尔雅·释草》:"棨,刺。"《方言》二:"凡草生而初达谓之莪。"]

18.凡健与疾义相近。故疾谓之捷,亦谓之魑,亦谓之壮,亦谓之偈;健谓之偈,亦谓之壮,亦谓之魑,亦谓之捷;健谓之㦰,犹疾谓之咸也,健谓之武,犹疾谓之舞也。(卷二上《释诂》"健也"条)

[按:《广韵》:"魑,疾貌。"《尔雅·释言》:"疾、齐,壮也。"《庄子·徐无鬼》:"百工有器械之巧则壮。"《释文》引李颐注:"壮,疾也。"宋玉《高唐赋》:"偈兮若驾驷马建羽旗。"《太玄·鬭》:"其人晖且偈。"司马光注引小宋曰:"偈,武勇貌。""魑"训"健"见《广

雅》本条。《汉书·东方朔传》:"捷若庆忌。"《广韵》:"嫛,健貌。"《易·杂卦》:"咸,速也。""舞"训"疾"见《广雅·释诂一》,王念孙《疏证》引《方言》十二:"拊、抚,疾也",谓"抚"与"舞"通。]

19.难谓之蹇,亦谓之蹑;口吃谓之蹑,亦谓之謇。其义一也。(卷二下《释诂》"吃也"条)

20.凡厚与大义相近。厚谓之敦,犹大谓之敦也;厚谓之醇,犹大谓之纯也;厚谓之臧,犹大谓之将也。(卷三下《释诂》"厚也"条)

21.凡聚与众义相近。故众谓之宗,亦谓之林,聚谓之林,亦谓之宗;聚谓之蒐,犹众谓之搜也;聚谓之都,犹众谓之诸也;聚谓之裒,犹多谓之裒也;聚谓之灌,犹多谓之观也。(卷三下《释诂》"聚也"条)

[按:"宗"、"林"、"搜"训"众"均见《广雅·释诂三》"众也"条。《楚辞·招魂》:"室家遂宗。"王逸注:"宗,众也。"《国语·周语》:"林钟,和展百事。"韦昭注:"林,众也。"王念孙本条疏证谓"林"、"宗"之"聚"义均由"众"义引申而来,但无书证。《说文》:"搜,众意也。"《尔雅·释木》:"木族生为灌。"《尔雅·释诂》:"观,多也。"《诗经·小雅·采绿》:"维鲂及鱮,薄言观者。"郑玄注:"观,多也。"]

22.寒谓之沧,亦谓之凄;悲谓之凄,亦谓之怆。其义一也。(卷四上《释诂》"寒也"条)

23.駷与胪同声。传车驿马皆取传递之义,故传宣谓之胪,亦谓之译;传遽谓之驿,亦谓之駷;传舍谓之庐,亦谓之旅,亦谓之驿。其义并相通也。(卷四上《释诂》"传也"条)

[按:《广韵》:"駷,传马。"]

24.凡高与大义相近。高谓之岑，犹大谓之岑也；高谓之嵬，犹大谓之巍也；高谓之弼，犹大谓之奭也。（卷四下《释诂》“高也”条）

［按：《方言》十二：“弼，高也。”《广雅·释诂一》：“奭，大也。”］

25.鹹谓之鹾，又谓之龄；鹹鱼谓之鲶，又谓之鲢。其义一也。（卷五上《释言》“鹹也”条）

［按：《尔雅·释言》：“卤、矜、鹹，苦也。”郭璞注：“苦即大鹹。”《释文》“矜”作“龄”。《玉篇》：“龄，苦也。”《说文》：“鲶，蓋也。”］

26.床板谓之牑，亦谓之牒；简谓之牒，亦谓之编。其义一也。（卷七下《释器》“版也”条）

［按：《方言》五：“床上版，卫之北郊、赵魏之间谓之牒，亦谓之牑。”］

27.襜与幒皆是障蔽之名。幏谓之幒，亦谓之襜；屋梠谓之榥，亦谓之檐。（卷七下《释器》“幏也”条）

［按“幒”训“幏”见《广雅》本条。无书证。］

28.堂边谓之阤，亦谓之廉；水厓谓之隒，亦谓之氾。其义一也。（卷九下《释丘》“厓也”条）

［按：《文选·魏都赋》李善注引张载曰：“《说文》曰：‘隒，崖也。’”］

以第17条为例，图示如下：

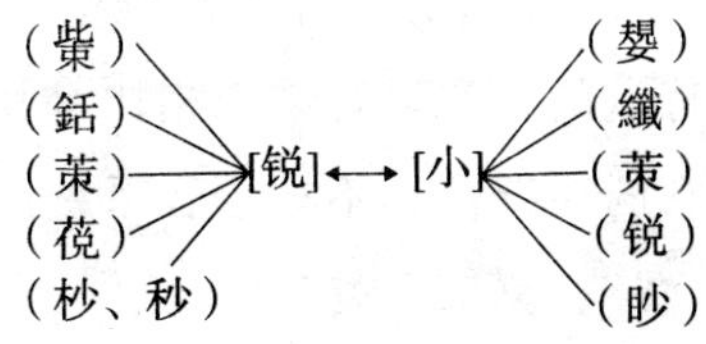

这一类和第一类不同,"莱/嫛"、"銛/纖"、"莿"、"莸/锐"和"杪/秒/眇"几个音之间没有音转关系。"莱"、"銛"、"莿"、"莸"、"杪/秒"这几个不同的词表示"锐"义,彼此之间没有关系,其音义关系完全是任意的。"嫛"、"纖"、"莿"、"锐"、"眇"表示"小"义也是一样。既然如此,为什么它们都可以同时表示"锐"和"小"两个概念呢?这可以用词义的同步引申来解释。

"同步引申"说的是词义引申的规律。在上述一组词中,"莿"的"锐"义和"小"义是同一个词的两个义位,其间的发展关系是词义引申。而"莱"—"嫛"、"銛"—"纖"、"莸"—"锐"、"杪/秒"—"眇"是不同的词,其间的关系应该说是词的孳乳。但是,引申和孳乳都是基于联想而产生的词义发展,在这一点上,并无本质的不同。因此,可以有同步引申,也就可以有同步孳乳。这就是王念孙说的"凡物之锐者,皆有小义"。

在孳乳过程中,有语音保持不变的,也有语音发生变化的,但变化后的语音和原来的语音总是相近或通转。如第15条的"掇"和"缀","捃"和"群"。这种地方,就是清儒所说的"以古音求古义,引伸触类,不限形体"(王念孙《广雅疏证自序》),打破字形的束缚,从语音上来探求词与词之间的联系,是很值得我们重视的。

说同步引申和同步孳乳是词义演变的规律,是指有相当一部分同义词的词义在引申或孳生的过程中是同步的,而不是说所有的同义词的词义在引申或孳生的过程中是都同步的。这是符合词汇系统的特点的。和语音系统相比,词汇系统要庞大得多,复杂得多;而它的系统性远不如语音系统严密。比如,具有"锐"义的一组词"莱"、"銛"、"莿"、"莸"、"杪/秒"同步孳乳(或同步引申)出具有“小”义的一组词(或义位),但并非所有具有“锐”义的词都可以有这样的发展演变。比如,《说文》:“鑱,锐也。”又:“嚵,喙也。”《广雅·释诂四》:“攙,锐也。”王念孙《疏证》:“凡言攙者皆锐之义也。”但“鑱”、“嚵”和“攙”都没有孳乳或引申出具有“小”义的词或义位。和这些字同声旁的有一个“巉”字,但“巉巖”却不是“小”义,且恰恰相反,是“高”义。可见,王念孙说的“凡物之锐者,皆有小义”和“凡言攙者皆锐之义也”,两个“凡”和“皆”都说过头了。

三、甲概念可以用A、B两个词表示(A和B有某种音转关系),乙概念也可用A′、B′两个词(A′和B′有同样的音转关系)表示。但甲乙两个概念意义无关。例如:

29.悥哀一声之转,哀之转为悥,犹薆之转为隐矣。(卷一上《释诂》“哀也”条)

[按:“悥”训“哀”见《广雅》本条。]

30.晞亦暵也。语之转也。暵与罕同声。晞之转为暵,犹希之转为罕矣。(卷二上《释诂》“乾也”条)

31.苛妎一声之转。苛痒之苛转为疥,犹苛怒之苛转为妎矣。(卷二上《释诂》“怒也”条)

[按:《礼记·内则》:“疾痛苛痒。”郑玄注:“苛,疥也。”《方言》二:“凴、齘、苛,怒也。”《尔雅·释言》:“苛,妎也。”郭璞注:“烦苛者多嫉妎。”王念孙《疏证》以为“妎”同“齘”。]

32.膢亦腬也,语之转耳……腬之转为膢,犹㖻之转为壤矣。(卷二上《释诂》“盛也”条)

[按:《玉篇》:“膢,肥美也。”《方言》二:“梁益之间凡人言盛及其所爱,伟其肥臟,谓之膢。”]

33. 空窾一声之转。空之转为款，犹悾之转为款。（卷三下《释诂》"空也"条）

［按：王念孙《疏证》以为"款款"即"悾悾"。］

34. 玲与珑一声之转。说文：笼，笭也。笭之转为笼，犹玲之转为珑。（卷四上《释诂》"声也"条）

35. 榜辅一声之转。榜之转为辅，犹方之转为甫，旁之转为溥矣。（卷四下《释诂》"辅也"条）

［按：《说文》："榜，所以辅弓弩也。"］

36. 捭与提一声之转。释器篇云：弤谓之弹。弤之转为弹，犹提之转为捭矣。（卷四下《释诂》"提也"条）

［按：《玉篇》："青州谓弹曰弤。"］

37. 莫曼无一声之转，犹覆谓之幔，亦谓之幕，亦谓之幠。（卷五上《释言》"无也"条）

38. 叩叩……转为款款，犹叩门之转为款门矣。（卷六下《释训》"爱也"条）

［按：繁钦《定情诗》："何以致叩叩？香囊悬肘后。"］

39. 长谓之脩，亦谓之稍，亦谓之擢，臭汁谓之滫，亦谓之潲，亦谓之濯。事虽不同，而声之相转则同也。（卷八上《释器》"滫也"条）

［按：《说文》："稍，出物有渐也。"又："擢，引也。"均无"长"训，只能说与"长"义有关。］

40. 宰与埰声相近，故冢谓之埰，亦谓之宰；官谓之寀，亦谓之宰；事谓之采，亦谓之縡。（卷九下上《释邱》"冢也"条）

［按：《方言》十三："冢，秦晋之间谓之坟……或谓之埰。"《公羊传·僖公三十三年》："宰上之木拱矣。"何休注："宰，冢也。"

《尔雅·释诂》:"寀,官也。""䌺"训"事"见《广雅·释诂三》。《尔雅·释诂》:"采,事也。"《尚书·尧典》:"畴咨若予采?"伪孔传:"采,事也。"《汉书·扬雄传》:"上天之䌺。"颜师古注:"䌺,事也。"]

这类条目和前两类都不同:几个概念(如30条的"晒干"和"稀少",40条的"冢"、"官"和"事")之间毫不相干。那么为什么表示几个不相关的概念的词A和A′会同音,B和B′也同音(如30条"晞"和"希"同音,"暵"和"罕"也同音;40条"埰"、"寀"、"采"同音,"宰"、"䌺"也同音)呢?王念孙用"一声之转"来解释,即A—B之间和A′—B′之间存在着相同的音转关系。但我认为应该区分为两种情况。

(一)A—B、A′—B′是变音词,或是相对应的方言词。比如,"埰"、"寀"、"采"同音,均为清母之部,"宰"、"䌺"同音,均为精母之部。在甲方言中表示"冢"这一概念用"埰",在乙方言中可以音变为"宰",那么,根据对应规律,甲方言中表示"官"这一概念的"寀"在乙方言中也音变为"宰",甲方言中表示"事"这一概念的清母之部字"采"在乙方言中也会音变为精母之部字,写作"䌺"。

第40条可以图示如下:

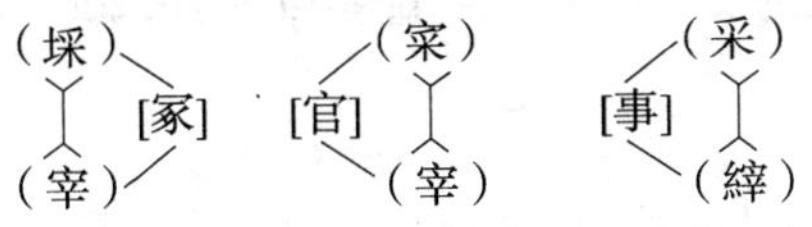

"埰"、"寀"、"采"同音,"宰"、"䌺"同音。

(二)A—B、A′—B′在语音上虽然有某种关系,但实际上不是变音词,而是同义词。如第30条,表示"晒干"有两个同义词"晞"和"暵",表示"稀少"有两个同义词"希"和"罕"。"晞"和

“希”都是晓母微部字，“暵”和“罕”都是晓母元部字，虽同属晓母，但微元通转的例子罕见，所以“晞”和“暵”，“希”和“罕”不是变音词，而是同义词。表“晒干”的两个同义词和表“稀少”的两个同义词恰好都是一个晓母微部字和一个晓母元部字，这是一种偶合。

从王念孙《疏证》所举的例子来看，属于第一种情况的不多（上面的例句只有29、31、35、37、39、40有音转关系）。所以，他所说的“事虽不同，而声之相转则同也”不能说是一种具有普遍性的规律。

参考文献

方一新　1986　《试论〈广雅疏证〉关于联绵词的解说部分的成就》，《杭州大学学报》第3期，87—97页。

殷孟伦　1980　《王念孙父子〈广雅疏证〉在汉语研究史上的地位》，《东岳论丛》第2期，108—117页。

赵振铎　1979　《读〈广雅疏证〉》，《中国语文》第4期，291—301页。

周祖谟　1979　《读王念孙〈广雅疏证〉简论》，《兰州大学学报》第1期，102—105页。

（原载《纪念王力先生百年诞辰学术论文集》，
商务印书馆，2002年8月）

说“引申假借”

段玉裁《说文解字注》中有“引申假借”的说法，颇引人注目。如：

《说文》：“家，尻也（各本作“居”，段改为“尻”）。”段注：“窃谓此篆本义乃豕之尻也，引申叚借以为人之尻。”

通常都说，“引申”和“假借”是有区别的，意义有联系的是引申，意义无联系的是假借。怎么可能既是引申又是假借？关于段注的“引申假借”已有一些文章论及，主要是分析段氏所论的词义关系今天应该怎样看，哪些是引申，哪些是假借。本文打算从另一个角度来讨论这个问题，即探讨段玉裁在这个问题上反映出来的学术思想，以及对他的学术思想如何评价。所以，讨论的重点是段玉裁对“引申”、“假借”等问题究竟怎么看，他的看法是否合理，至于段氏对某个词的词义分析是否正确，是否需要根据后来发现的古文字资料加以纠正，这些问题本文一般不涉及。

一

1.1 段玉裁《说文解字注》中的“引申假借”又写作“引伸假借”（“假借”的“假”有的写作“叚”，本文不做区分）。“引申假借”

共15条：

家，交，霿，不，至，匡，纷，封，坟，铦，鞔，轶，阿，陔，眇。

“引伸假借”共31条：

菑，止，𣥜，翔，殖，脐，臑，胥，主，静，朱，果，栵，校，壸，

旭，粗，仙，颢，鬈，厉，勿，而，豤，輴，狃，独，臭，类，洸，浛。

“引申假借”和“引伸假借”没有什么不同，本文下面一律写作“引申假借”。

1.2 除段玉裁外，清代其他学者也有用“引申假借”的。如：

《说文》：“迫，近也。”王筠《句读》：“人部：‘促，廹也。’杜诗：‘能事不受相促迫’是也。皆引伸假借之义。”

王先谦《诗三家义集疏》卷二〇：“臑本训臑胵，又得训厚者，此与腹字同意，皆引申叚借之义也。”

孙贻让《周礼正义》卷一：“凡杜郑训义之言‘犹’者，并本训不同而引申假借以通其义。”

孙贻让《周礼正义》卷三：“阮元云：依《说文·㫃部》：旌旗之流字作‘游’，从㫃汓声。假借为‘出游’之‘游’。出游字或作‘遊’，则俗字也。先郑云：‘游贡，羽旄。’游之本义也。后郑云：‘游贡，燕好珠玑琅玕。’游之引申假借之义也。易其字之本义，故曰读为‘囿游’之游。”

孙贻让《周礼正义》卷三三：“注云：‘抡犹择’也者，《说文·手部》云：‘抡，择也。’‘择，柬选也。’《国语·齐语》：‘论比协材。’韦注云：‘论，择也。’‘论’与‘抡’通。案：注云‘犹’，则郑以‘择’为引申叚借之义，非其本义。”

这说明“引申假借”是当时比较通行的一个术语。

1.3“引申假借”谈的是一个字的本义(A)和另一个意义(B)之间的关系。要弄清楚什么是“引申假借”,首先要深入分析段注,看看段玉裁在说“引申假借”的时候,究竟是怎样来看待本义(A)和另一义(B)之间的词义关系的。上述段玉裁说是“引申假借”条目,有些说得比较简单,无法深入分析段氏的看法,有些条目可以进一步分析,大致可分为如下几种情况:

(1)“引申假借”所表示的词义关系实际上和“引申”相同。这又可分为几小类:

A.有的条目,对于同一个字的(A)和(B)之间的关系,段注先说“引申”,然后说“引申假借”。可知其“引申假借”实际上就是引申。如:

《说文》:“交,交胫也。”段注:“交胫谓之交,引申为凡交之称……凡两者相合曰交,此皆义之引申假借耳。”

B.有的同一个字的(A)和(B)之间的关系,段注在某一条说是“引申假借”,而在另一条说是“引申”。两相对比,可以知道“引申假借”实际上就是“引申”。如:

《说文》:“类,种类相似,唯犬为甚。”段注:“引伸叚借为凡相似之称。”

《说文》:“状,犬形也。”段注:“引伸为形状,如类之引伸为同类也。”

C.有的条目,段注说(A)和(B)之间的关系是“引申假借”,而在别的条目中,则说跟(A)和(B)的关系非常相近的(A’)和(B’)的关系是“引申”。两相对比,也可以知道“引申假借”实际上就是“引申”。如:

《说文》:“狃,犬性忕也。”段注:“引伸叚借为凡忕习之称。"

《说文》:"狎,犬可习也。"段注:"引伸为凡相习之称。"

D. 有时候,段玉裁前面说(B)义是"引申",后面说(B')义是"引申假借",或者反过来,前面说(B)义是"引申假借",后面说(B')义是"引申"。而实际上(B)和(B')并无实质差别,这也说明段氏的"引申假借"和"引申"并无不同。

《说文》:"阿,大陵曰阿。"段注:"引申之,凡曲处皆得称阿。是以绵蛮传曰:丘阿,丘之曲阿。室之当栋处曰阿。考工记:四阿。若今四注屋。左传:椁有四阿。毛传:偏高曰阿丘。许书言谷口上阿也。皆是也。曲则易为美,故隰桑传曰:阿然,美貌。凡以阿言私曲,言昵近者,皆引申假借也。"

《说文》:"至,鸟飞从高下至地也。"段注:"凡云来至者,皆于此义引申假借。引申之为恳至,为极至。许云:到,至也。臻,至也。徦,至也。此本义之引申也。又云:亲,至也。親,至也。此余义之引申也。"

(2)有些条目,段氏在说(A)和(B)之间是"引申假借"的同时,还具体说明了(A)和(B)之间意义的联系。既然两个意义之间有联系,那么,在今天看来,应该是"引申"。但段氏之意究竟如何,还需要进一步分析。

《说文》:"主,镫中火主也。"段注:"其形甚微而明照一室,引伸假借为臣主、宾主之主。"

有些段氏所说的联系并不可靠,但既然他认为两义有联系,那么,也应该属于这一类。如:

《说文》:"胥,蟹醢也。"段注:"蟹者多足之物,引伸假借为相与之义。"

《说文》：“静，审也。”段注：“采色详审得其宜谓之静……人心审度得宜……则虽繁劳之极而无纷乱，亦曰静，引申假借之义也。”

《说文》：“菑，不耕田也。”段注：“玉裁按：‘不’当为‘反’，字之误也……凡入之深而直立者皆曰菑……此字之引申假借。又假为灾害字。”

这一条先说“引申假借”，后面接着说“又假为……”。是否段氏认为“引申假借”和“假借”不同呢？这到下面再说。

有的迭音词和虚词，段氏也说(A)和 (B)之间的关系是“引申假借”，而且，体会段氏之意，也是认为(A)和 (B)之间意义有联系，所以也应归为此类。如：

《说文》：“仙，长生仙去。”段注：“《小雅》：‘屡舞仙仙。’……按，仙仙，舞袖飞扬之意，正引申假借之义也。”

《说文》：“不，鸟飞上翔不下来也。”段注：“凡云不然者，皆于此义引申假借。”

照段氏的看法，“仙仙”是“舞袖飞扬”之意，和“仙”的本意“仙人”有关，“不”字的“不然(否定)”义和它的本义“鸟飞上翔不下来”有关；所以都称之为“引申假借”。

(3)“引申假借”所表示的词义和本义毫无联系，实际上应是“假借”。

《说文》：“湛，浊也。”段注：“《礼运》曰：‘龙以为畜，故鱼鲔不淰。’注：‘淰之言闪也。’凡言‘之言’者，皆假其音以得其义。盖‘浊’其本义，‘闪’其引申假借之义也。”

《说文》：“铦，臿属。”段注：“引申为铦利字……又按：《方言》：‘铦，取也。’此引申假借之义也。”

《说文》："而，须也。"段注："引伸假借之为语词，或在发端，或在句中，或在句末。"

"淰"字条明确地说"闪"义是"假其音以得其义"，而所谓"引申假借之义"实际上就是"假借义"，是本有其字的假借。"铦"字条和"而"字条没有明确地说，但"引申假借"之义和本义毫无联系，应该是假借，是本无其字的假借。

(4)"引申假借"说的是"引申和假借"，按今天的标点，应在中间加顿号。这和本文讨论的术语"引申假借"无关。

《说文》："鬈，发好也。"段注："凡说字必用其本义，凡说经必因文求义，则于字或取本义，或取引申、假借，有不可得而必者矣。故许于毛传，有直用其文者，凡毛、许说同是也。有相近而不同者，如毛曰：'鬈，好貌。'许曰：'鬈，发好貌。'毛曰：'飞而下曰颉。'许曰：'直项也。'是也。此引申之说也。有全违者，如毛曰：'匪，文章貌。'许曰：'器似竹匧。'毛曰：'干，涧也。'许曰：'犯也。'此假借之说也。经传有假借，字书无假借。"

《说文》："坟，墓也。"段注："此浑言之也。析言之则墓为平处，坟为高处。'坟'之义多引申、假借用之。如'厥土黑坟'，'公置之地，地坟。'此引申之用也。如'遵彼汝坟'，借'坟'为'坋'，《周礼》'坟衍'，借'坟'为'濆'也。"

二

2.1 既然上述条目有的其实是引申，有的其实是假借，而段氏都把它们称为"引申假借"，那么，段氏对引申和假借是否区分呢？

从具体条目的注解来看，段玉裁有时是把“引申”和“假借”加以区分的。例子见下。

但有的时候，对同一词义，段氏前面说“引申”，后面说“假借”，两者没有区别。如：

《说文》：“礼，履也。”段注：“周易序卦传：履，足所依也。引伸之，凡所依皆曰履。此假借之法。”

《说文》：“昔，干肉也。”段注：“昔肉必经一夕，故古假昔为夕……又引申之则假昔为昨。”

《说文》：“戾，曲也……犬出户下为戾者，身曲戾也。”段注：“引伸之，训为罪。见释诂、诗毛传。又训为至，训为来，训为止，训为待，训为定，皆见释诂、毛传。皆于曲引伸之，曲必有所至，故其引伸如是。释言曰：疑，休，戾也……各本少‘犬出户下为’五字，今补正。户下犹户限，户之下必有阈，阈高则犬出必曲身。又或户阖，犬挤出，亦必偏曲其身。此说戾字会意本义。假借用广而本义废矣。”

《说文》：“黚，滓垢也。”段注：“借黚为黑貌，引申之义也。”

《说文》：“辅，春秋传曰：辅车相依。”段注：“引申之义为凡相助之称。今则借义行而本义废。”

对同一类词义演变现象，段玉裁也是有时说“引申”，有时说“假借”。比如，某字的本义(A)是某个具体事物的名称或性状，后来又有(B)义，表示某类事物的共同的名称或性状，这样的(A)和(B)之间的关系，是“引申”还是“假借”？在今天看来，应该是引申，段氏多数也称为“引申”，在段注中，“引申为凡……之称”这样的条目不下80条。这不另举例，只是重复一下本文引过的例子：

《说文》："交，交胫也。"段注："引申为凡交之称。"

《说文》："狎，犬可习也。"段注："引伸为凡相习之称。"

《说文》："载，乘也。"段注："引申为凡载物之称。"

但段注有时也把这种词义现象称为"假借"，共5条：

《说文》："槛，栊也。"段注："假借为凡槛阑字。"

《说文》："猝，犬从草暴出逐人也。"段注："假借为凡猝乍之称。"

《说文》："猛，健犬也。"段注："假借为凡健之称。"

《说文》："獘，顿仆也。"段注："敝本因犬仆制字，假借为凡仆之称。"

《说文》："皇，大也。从自王。自，始也。始王者，三皇，大君也。"段注："皇本大君，因之凡大皆曰皇。假借之法准此矣。"

也有说"引申假借为凡……之称"的。如上引"狃"字注。又如：

《说文》："粗，疏也。"段注："《大雅》：'彼疏斯稗。'《笺》云：'疏，麤也，谓粝米也。'……按：引申假借之凡物不精者皆谓之粗。"

《说文》："臭，禽走臭而知其迹者犬也。"段注："引申假借为凡气息芳臭之称。"

上述词义现象，在今天看来都应该是引申。为什么段氏有时说"引申"，有时又说"假借"呢？

段氏对"引申"没有明确的定义，对"假借"的看法基本上是按照许慎《说文解字·叙》中的定义。《说文解字·叙》："假借者，本无其字，依声托事，令长是也。”段玉裁有一大段注释：

托者，寄也。谓依傍同声而寄于此，则凡事物之无字者，皆得有所寄而有字。如汉人谓县令曰令、长，县万户以上为令，减万户为长。令之本义发号也，长之本义久远也。县令、县长本无字，而由发号、久远之义引申展转而为之，是谓假借。许独举令长二字者，以今通古，谓如今汉之县令县长字即是也。原夫假借放于古文本无其字之时，许书有言“以为者”，有言“古文以为者”，皆可荟萃举之。“以”者用也，能左右之曰以。凡言“以为”者，用彼为此也。如：来，周所受瑞麦来麰也。而以为行来之来。乌，孝乌也。而以为乌呼字。朋，古文凤，神鸟也。而以为朋党字。子，十一月阳气动万物滋也。而人以为称。韦，相背也。而以为皮韦。西，鸟在巢上也。而以为东西之西。言“以为”者凡六，是本无其字依声托事之明证。本无来往字，取来麦字为之；及其久也，乃谓来为来往正字，而不知其本训。此许说假借之明文也。其云“古文以为”者，洒下云古文以为洒埽字。疋下云古文以为诗大雅字。丂下云古文以为巧字。臤下云古文以为贤字。烣下云古文以为鲁卫之鲁。哥下云古文以为歌字。诐下云古文以为颇字。圛下云古文以为靦字。爰下云古文以为车辕字。𢻫下云周书以为讨字。此亦皆所谓依声托事也，而与来乌朋子韦西六字不同者，本有字而代之，与本无字有异。然或假借在先，制字在后，则假借之时本无其字，非有二例。惟前六字则假借之后终古未尝制正字，后十字则假借之后遂有正字，为不同耳……大氐假借之始，始于本无其字。及其后也，既有其字矣，而多为假借。又其后也，且至后代讹字亦得自冒于假借。博综古今，有此三变。以许书言之，本无难易二字，而以难鸟蜥易之字为之，此所谓无字依声者也……许之为是书也，以汉人通借繁多，不可究诘，学者不识何字为本字，何义为本义……故为之依形以说音义，而制字之本义昭然可知。本义既明，则用此字之声而不用此字之义者，乃可定为假借。本义明而假借亦无不明矣。

他先说“令”、“长”的“县令”、“县长”义是由其本义“发号、久远之义辗转引申而为之”，可见，他认为(A)和 (B)之间意义有联系的是“引申”。但后面紧接着就说“是谓假借”，可见他认为意义有联系的也是“假借”。他把许慎“言‘以为’者”的六个字“朋、乌、来、韦、西、子”看作“许说假借之明文”，但是这些字，许慎就认为其本义和“以为”之义是有联系的，段氏不但认同，而且加以发挥。如：

《说文》：“朋，神鸟也……古文凤，象形。凤飞群鸟从以万数，故以为朋党字。”段注：“朋党字何以借朋鸟也？凤飞则群鸟从以万数也。”

《说文》：“乌，孝鸟也……取其助气，故以为乌呼。”段注：“谓此鸟善舒气自叫，故谓之乌……取其字之声可以助气，故以为乌乎字。此发明假借之法，与朋为朋党，韦为皮韦，来为行，来西为东西，止为足，子为人称一例。”

《说文》：“来，周所受瑞麦来麰也……天所来也，故为行来之来。”段注：“自天而降之麦，谓之来麰，亦单谓之来。因而凡物之至者皆谓之来。许意如是，犹之相背韦之为皮韦，朋鸟之为朋党，鸟西之为东西之西，子月之为人称，乌之为乌呼之乌，皆引伸之义行而本义废矣。”

《说文》：“韦，相背也……兽皮之韦可以束物枉戾相韦背，故借以为皮韦。”段注：“其始用为革缕束物之字，其后凡革皆称韦。此与西、朋、来、子、乌五字下文法略同，皆言假借之恉也。假借专行而本义废矣。”

《说文》：“西，鸟在巢上也，象形。日在西方而鸟西，故因以为东西之西。”段注：“此说六书假借之例。假借者，本无其字，依声托事。古本无东西之西，寄托于鸟在巢上之西字为之。凡许言以为者类此。韦本训相背而以为皮韦，乌本训孝乌而以为乌呼，来本训瑞麦而以为行来，朋本古文凤而以为朋挡，子本训十一月昜气动万物滋而以为人称。后人习焉不察，用其借义而废其本义。”

《说文》：“子，十一月昜气动，万物滋。而以为人称。”段注：“此与以朋为朋党，以韦为皮韦，以乌为乌呼，以来为行来，以西为东西一例。凡言以为者，皆许君发明六书假借之法。子本昜气动，万物滋之称，万物莫灵于人，故因假借以为人之称。”

这六条中，“韦”字条很值得注意：许慎明确地说了“皮韦”义和本义“相背”的联系，同时又说“故借以为皮韦”，说明许慎把“假借”看作是有意义联系的。段玉裁接受许慎这种看法，所以这六条中除了“来”字条外，他都说是“假借”。只有“来”字条，段氏说这六条“皆引伸之义行而本义废矣”，把它们说成“引申”。但在段氏看来，说这六条“皆引伸之义行而本义废矣”和说这六条皆“许说假借之明文”并不矛盾：因为“假借”是可以和本义有联系的，所以引申义也是假借。基于这种看法，段氏对于和本义有联系的词义有时说“引申”有时又说“假借”就不奇怪了。

当然，段玉裁也并不认为所有的假借都和本义有关(也就是都和引申有关)，有的时候，他是把引申和假借区分开来的。这在下面将会讲到。

2.2 对“假借”的这种看法，不仅段玉裁有，清代很多学者都有。段玉裁的老师戴震是这样看的，他认为“音义引伸”就是“假借”，“依于义以引伸”就是“假借”：

> 字书主于故训，韵书主于音声，然二者恒相因。音声有不随故训变者，则一音或数义；音声有随故训而变者，则一字或数音。大致一字既定其本义，则外此音义引伸，咸六书之假借。(《戴东原集》卷三《论韵书中字义荅秦尚书蕙田》)

> 六书之谐声假借并出于声，谐声以类附声而更成字，假借依声托事不更制字，或同声，或转声，或声义相倚而俱近，或声近而义绝远，谐声具是数者，假借亦具是数者……数字共一用者，如初哉首基之皆为始，卬吾台予之皆为我，其义转相为注，曰转注。一字具数用者，依于义以引伸，依于声而旁寄，假此以施于彼曰假借。所以用文字者，斯其两大端也。(《戴东原集》卷三《答江慎修先生论小学书》)

在段玉裁之后的陈澧也是这样看的。他一度认为“县令”、“县长”应是引申而不是假借，但最后还是接受了许慎的说法：

> 《说文叙》云：“假借者，本无其字，依声托事。令长是也。”澧尝疑之，以为出一县之号令谓之令，为一县之尊长谓之长，此字义之引申，何以为假借？必如“来”本瑞麦，以为“行来”之“来”，“西”本鸟栖，以为“东西”之“西”，乃假借字也。何以许君举“令”、“长”二字乎？反复思之乃解。本无

其字之说,盖古字少而后世字多,凡后世有一事一物为古所无者,则刱造一字亦为古所本无之字。若不刱造一字而即依托古有之字,则谓之假借。县令县长古本无而秦汉始有,其最著者也。当时固可刱造令长之字,乃即依托古有之令字长字,是谓假借。若以此例推之,许君生于东汉,东汉所有而古本无者,如佛是也。此亦可刱造一字,乃即依托古有之佛字,此即令长二字之例也。其刱造一字者,则如僧字是也。(陈澧《东塾读书记》卷一一)

《说文》"四大家"之一的桂馥也把引申义称为"借义":

《说文》:"长,久远也。"桂馥《说文义证》:"馥案此字借义独多。《书》:'咸建五长。'《周礼》:'乃施则于都鄙而建其长。'此借为官长也。《书》:'立敬惟长。'借为长幼也。《易》:'元者善之长。'借为宗长也。《孟子》:'无物不长。'借为生长也。《易》:'君子道长。'借为消长也。《孟子》:'今交九尺四寸以长。'借为长短也。《论语》:'长一身有半。'借为宂长也。《释文》音直亮反。《文选·文赋》:'故无取乎宂长。'《世说》:'王恭曰:恭作人无长物。'皆此音。"

可见,认为"假借"是和本义有联系的,把引申义称为"借义",是清代学者普遍的看法和做法。

既然"县令"之"令"是由"发号"之"令"引申而来,"县长"之"长"是由"久远"之"长"引申而来,为什么又称之为"假借"呢?段玉裁说,这是因为"凡事物之无字者,皆得有所寄而有字","县令"之"令"、"县长"之"长"本无字,"依傍同声而寄于""发号"之"令"字和"久远"之"长"字,这是"本无其字,依声托事",所以是假借。陈澧说得更明白:"凡后世有一事一物为古所无者……若不刱造一字而即依托古有之字，则谓之假借。”不过，这样一来，就把“假借”的范围弄得非常宽泛了，任何一个字的引申义，只要不造新字而仍用原来的字表达，就都是“假借”；而“引申”和“假借”也就混同了。

三

3.1 不过，作为一个语言学家，段氏还是尊重语言事实的。一个字的本义(A)和它的另一个意义(B)之间的关系有两种情况：(一)两者有联系；(二)两者无联系。这是语言事实。把前一类成为“引申”，把后一类称为“假借”，这样有利于区分两类不同的语言现象。这是我们今天的认识。段玉裁也有这样的认识。

在上引《说文解字·叙》的注中，段氏明确说到：

> 许之为是书也……依形以说音义，而制字之本义昭然可知。本义既明，则用此字之声而不用此字之义者，乃可定为假借。本义明而假借亦无不明矣。

这种“用此字之声而不用此字之义”的假借是和“令”、“长”之类的假借不同的另一类假借。这一大段文字中所说的“古文以为”十字，都是假借义和本义无关的，段玉裁在给这些字作注时，有的也明确说其假借义和本义无关。如《说文》：“洒，涤也……古文以为灑扫字。”段注：“凡言某字古文以为某字者，皆谓古文假借字也。洒、灑本殊义而双声，故相假借。”《说文》：“诐，辩论也。古文以为颇字。”段注：“此古文同音假借也。颇，偏也。”(但是，在给“爰”字作注时他又认为其假借义和本义有关。《说文》：“爰，引也。籀文以为车辕字。”段注：“此说假借也。辕所以引车，故籀文车辕字只用爰。”）

在他的一些论述中，他把“引申”和“假借”并列：

> 凡字有本义焉，有引申叚借之余义焉。守其本义而弃其余义者，其失也固；习其余义而忘其本义者，其失也蔽。蔽与固皆不可以治经。（《经韵楼集》卷一）

在一些具体条目的注释中，他对“引申”和“假借”是分得比较清楚的。如：

> 《说文》：“方，併船也。”段注：“併船为本义，编木为引伸之义。又引伸之为比方，‘子贡方人’是也。《秦风》：‘西天之防。’毛曰：‘防，比也。’谓防即方之假借也。又引伸之为方圆，为方正，为方向。又假借为旁，丄部曰：‘旁，溥也。’凡今文《尚书》作旁者，古文《尚书》作方。为大也，《生民》：‘实方实苞。’毛曰：‘方，极亩也。’极亩，大之意也。又假借为甫。《召南》：‘维鸠方之。’毛曰：‘方之，方有之也。’方有之，犹甫有之也。”
>
> 《说文》：“冯，马行疾也。”段注：“此冯之本义也。展转他用而冯之本义废矣。冯者，马蹄箸地坚实之貌，因之引伸其义为盛也，大也，满也，懑也。如左传之冯怒，离骚之冯心，以及天问之冯翼惟象，淮南书之冯冯翼翼，地理志之左冯翊……或假为凭字，凡经传云‘冯依’，其字皆当作凭。或假为淜字，如易诗论语之冯河，皆当作淜也。”
>
> 《说文》：“载，乘也。”段注：“引申之为所载之物曰载……引申为凡载物之称……又假借之为始，才之假借也……又假借为事……又假借为语词。”

和本义有联系的是“引申”，和本义没有联系的是“假借”，分得很清楚。又如上引“鬈”字条和“坟”字条,引申和假借也分得很清楚。

有很多假借字,根本说不出本义和假借义之间的联系。段氏也看到这一事实,在一些条目中,他明确指出有些字的本义和假借义截然不同。如:

《说文》:“髳,发至眉也……《诗》曰:‘紞彼两髳。’”段注:“许引《毛诗》作‘髳’,今则《诗》、《礼》皆作‘髦’,或由音近假借。‘髳’与‘髦’古义画然不同。”

《说文》:“旭,日旦出貌。”段注:“《释训》曰:‘旭旭,蹻蹻,憍也。’郭云:‘小人得志憍蹇之貌。’此其引申假借之义也。今《诗》‘旭旭’作‘好好’,同音假借字也。”

上一条是说“髦”的本义(《说文》:“髦,发也。”段氏改为“髦发也”,义为“发中之秀出者”)和它的另一义“紞彼两髦”的“髦”(义为“发至眉也”)意义“画然不同”,只是“音近假借”。下一例是说,《尔雅·释训》中“旭旭”是“旭”的“引申假借”(即段氏认为“旭”的本义和“旭旭”之间意义有联系),而《诗经》中“骄人好好,劳人草草”(《小雅·巷伯》)中的“好好”,是“同音假借”为“旭旭”,即和“好”的本义没有意义联系。

在《说文解字注》中,这种“同音假借”共有57条,如:借“脾”为“髀”,借“帅”为“率”等。“音近假借”共有5条,如:借“纯”为“缘”,借“饫”为“饇”等。数量是不少的。

在段氏的《经韵楼集》中,也说到这种意义“分别画然”的“同音假借”:

“《说文·辛部》曰:‘辭,说也。’今本‘说’讹‘讼’,从𤔔辛,𤔔辛犹理辜也;又曰:‘辤,不受也。’从受辛,受辛者辤。

二字分别画然。经典‘不受’之义亦作‘辭’，则为假借。”（《经韵楼集》卷二）

“凡字有本义，有引伸之义，有叚借之义。《说文解字》曰：‘亯者，献也。从高省，曰象进物。’引《孝经》‘祭则鬼亯之。’是则祭祀曰亯，其本义也。故经典祭亯用此字。引伸之，凡下献其上亦用此字。而燕飨用此字者，则同音叚借也。《说文解字》又曰：‘飨者，乡人饮酒也。从食从乡，乡亦声。’是则乡饮酒之礼曰飨。引伸之，凡饮宾客亦曰飨，凡鬼神来食亦曰飨。而祭亯用此字者，则同音叚借也。”（《经韵楼集》卷一一《亯飨二字释例》）

看来，段氏所说的“假借”可以分为两类：(一)是段氏所说的由本义“辗转引申”而成为的假借，即(A)和 (B)之间有意义联系的假借，如“令、长”以及“朋、乌、来、韦、西、子”之类；(二)是段氏所说的“用此字之声而不用此字之义”的假借，(A)和 (B)之间没有意义联系的假借，包括“同音假借”和“音近假借”。

3.2 那么，“引申假借”应属于哪一类呢？我们看段氏自己的说明：

《说文》：“止，下基也。象草木出有阯，故以止为足。”段注：“此引申假借之法。凡以韦为皮韦，以朋为朋党，以来为行来之来，以西为东西之西，以子为人之称皆是也。”

《说文》：“勿，州里所建旗……所以趋民。故遽称勿勿。”段注：“凡冗遽称勿勿，此引申假借。子下曰：‘十一月阳气动，万物滋，人以为称。’亦是此例。”

在这两条中，段氏明确地说：(1)“止”的“足”义和“勿勿”的“冗遽”之义是“引申假借”。为什么说“止”的“足”义和“勿勿”的“冗遽"之义是"引申假借"呢？是因为他认为"止"的(A)(B)义和"勿"的(A)(B)之间意义有联系，所以都用了一个"故"字(至于这种联系是否可靠，那是另一个问题)。(2)"以韦为皮韦，以朋为朋党，以来为行来之来，以西为东西之西，以子为人之称"和"止"表示"足"、"勿勿"表示"冗遽"是同一类。为什么这些条目和"引申假借"同属一类呢？也是因为段氏认为它们的(A)和(B)之间意义有联系。

这样看来，"引申假借"应属于第(一)类"假借"，其(A)和(B)之间的意义是有联系的，也就是说，实际上和"引申"没有本质的区别。确实，照本文上面的分析，段氏所说的"引申假借"的条目，在今天看来绝大多数都是引申。至于少数像"谂"有"闪"义，"臿"有"取"义，"而"作语词那些(A)和(B)之间没有意义联系的条目，段氏也说成"引申假借"，应该说是他的疏忽。

既然段氏"引申假借"的例子绝大多数是引申，那么，他所说的"引申假借"和"引申"究竟是否有区别呢？这个问题不好回答，因为古代学者的术语有些没有很明确的界定，术语的使用范围也没有很严格的区分。段玉裁自己并没有给"引申"和"引申假借"下过定义，更没有说过它们的区别。我们只能说：既然段氏把上述条目称为"引申假借"而不直接称为"引申"，说明在段氏看来这两者还是有一定的区别的，"引申假借"似乎是强调由引申而用作假借(即引申产生的意义依声而寄托于原有的字)。不过，我们在上面已经说过，如果这样来定义"假借"，那么，几乎所有的引申(除了为引申义另造区别字以外)都可以说是"假借"，"引申假借"和"引申"还是无法区分。实际上，我们从段注中确实无法找到明确的区分，究竟哪些词义关系说"引申"就够了，哪些词义关系说“引申”还不够，必须说“引申假借”。相反，我们看到，对同一词义关系，段氏有时说“引申”，有时说“引申假借”。比如上面说过，同样是“类”字从本义“犬之相似”发展为“凡相似之称”，段氏在一处说是“引申假借”，在另一处却说是“引申”，看不出两个术语有什么区别。对同一类词义现象，段氏也有时说“引申”，有时说“引申假借”。比如，同是由本义发展为泛称，段氏有时说“引申为凡……之称”，有时说“引申假借为凡……之称”（例见上），也看不出两个术语有什么区别。这说明段氏虽然使用了“引申假借”和“引申”两个不同的术语，但这两个术语的界限并不明确，区分也并不严格。这是时代的局限，我们不必苛求古人。但我们今天来讨论词义分析时，应该在继承古人研究成果的基础上，做得更科学、更准确。

四

用今天的眼光，我们应该怎样看待“引申假借”的问题？

今天的看法，引申是词义问题，一个词由一个意义发展出另一个有联系的意义是引申。假借是文字问题，一个字被借用来作为另一个字是假借；假借字和本字之间一般没有意义联系。“引申”和“假借”是有区别的。许慎和段玉裁等把实际上是语义引申的现象（如“令”表示“县令”，“长”表示“县长”）称为“假借”，同时又把实际上毫无语义联系的假借（如“来”表示“来去”的“来”，“韦”表示“皮韦”）说成语义有联系，这是不对的。段玉裁本着他对“假借”的看法，把很多实际上是引申关系的说成“引申假借”也是不对的。

那么，究竟有没有这样一种现象：既有意义的关联，又是文字的假借？既是引申，又是假借？这两个问题要分开回答。

假借有时也有意义上的联系。裘锡圭《文字学概要·被借字的意义跟假借义有联系》一节专门谈了这个问题。书中举了几个例子，如："畔"的本义是田界，又可以借来表{叛}，而{畔}{叛}是同源的。"说"本指言辞解释，又可借来表{悦}或{脱}，{说}和{悦}{脱}也是同源词。这些例子都是古书中常见的。照通常的说法，以"说"表示"喜悦"义时，"说"是假借字，"悦"才是本字(后起本字)；以"说"表示"解脱"义时，"说"是假借字，"挩"才是本字(《说文》："挩，解脱也。")。但这些语义上的联系是同源关系，并非既是引申又是假借。

《文字学概要》在同一节中还举了一个被借字的意义跟假借义有联系的例子："衷"和"中"两者意义是有联系的："衷"的本义是贴身内衣，这本是"中"的一个引申义。但"衷"又可以假借为"中"，如"由衷"、"折衷"。这也是既有意义的关联，又是文字的假借。但这是(1)"中"引申为"中衣(贴身内衣)"，写作"衷"；(2)"衷"又可以假借为"中"，表示"内心"或"中间"。而不是同一个"中"或"衷"既假借又引申。所以，这两者的关系也不能说"中"引申假借为"衷"，或"衷"引申假借为"中"。

有一些例子勉强可以说是"引申假借"。

《说文》："朱，赤心木也。"段注："朱本木名，引申假借为纯赤之字。糸部曰：絑，纯赤也。是其本字也。"

《说文》："颢，白皃……楚词曰：天白颢颢。"段注："汉郊祀歌曰：西颢沆砀。西都赋曰：鲜颢气之清英。颢与臭音义略同……按上文当云白首貌……郊祀歌、西都赋及楚辞则皆引伸假借也。”

据《说文》,“朱”的本义是“赤心木”,引申为“纯朱”。而“纯朱”的本字是“絑”,所以用“朱”表示“纯赤”又是假借为“絑”。据段注,“颢”的本义是“白首”,引申为“白”。而“白”的本字是“皡”,所以用“颢”来表示“白”又是假借为“皡”。照这样的说法,就是引申的结果成为假借了。这当然可以说“引申假借”。不过,这都是根据《说文》来确定本字。实际上,“絑”、“皡”都是后起字,它们不能看作本字,而应该看作人们后来为了区别“朱”和“颢”的本义和引申义而造的区别字(也叫“分化字”)。所以,准确地说,“朱”表示“纯赤”,“颢”表示“白”,只有引申而没有假借。

还有一个例子,也同时涉及引申和假借:

> 《说文》:“厉,旱石也。”段注:“旱石者,刚于柔石者也。《禹贡》:‘厉砥砮丹。’《大雅》:‘取厉取锻。’引伸之义为作也,见《释诂》。又危也,见《大雅·民劳》传,虞注《周易》。又烈也,见《招魂》王注。俗以义异异其形,凡砥厉字作“砺”,凡劝勉字作“励”,惟严厉字作“厉”,而古引伸假借之法隐矣。凡经传中有训为恶,训为病,训为鬼者,谓“厉”即“疠”之假借也。训为遮列者,谓“厉”即“迾”之假借也,《周礼》之“厉禁”是也。有训为涉水者,谓“厉”即“濿”之假借,如《诗》‘深则厉’是也。有训为带之垂者,如《都人士》‘垂带而厉’传,谓“厉”即“烈”之假借也,烈,余也。”

“砺、励、疠、濿”等字,段氏没有看作本字,而认为古代都写作“厉”,后来“俗以义异异其形”,才出来这些字。这是对的。但他又说,这样一来,“古引伸假借之法隐矣”。那么,什么是“古引伸假借之法”呢?大概是说,古代一个字因为引申而产生多种意义，但不必改变字形就可以寄托其义，这就是用作假借。正如“来”可以不改变字形而“以为行来之来”，“乌”可以不改变字形而“以为乌呼字”，“来”、“乌”等既是引申又是假借，所以“厉”也既是引申又是假借。这就是“古引伸假借之法”。

今天看来，段氏把“来”、“乌”等说成引申是不对的。那么对“厉”的看法对不对呢？“厉”的问题比较复杂，对于“厉”的多种意义与本义的关系，学者们有不同的看法：

《诗经·邶风·匏有苦叶》：“深则厉。”毛传：“以衣涉水为厉。”王先谦《三家义集疏》：“三家厉作砅。”《说文通训定声》：“厉，假借为砅。”

《尔雅·释水》：“深则厉。”陆德明《释文》：“厉，本或作濿。”

《说文》：“砅，履石渡水也……濿，砅或从厉。”

王引之《经义述闻·诗·深则厉》：“厉之言陵厉也。陵水而渡，故谓之厉。”

《尔雅·释水》：“深则厉。”郝懿行《义疏》：“厉有凌厉之义，因为涉江之名。”

有的认为是“厉”假借为“砅”或“濿”，如此则意义无联系。有的认为意义有联系，如此则为引申。“砅”或“濿”不见于先秦文献，所以，《诗经》：“深则厉”中的“厉”不可能是“砅”或“濿”的假借字。王力《同源字典》说：“‘砅、濿’是‘厉’的分别字，以别于严厉的‘厉’。”这是对的。但“以衣涉水”之“厉”和“厉”的本义是否有联系？王引之、郝懿行所说的“凌厉之义”和“厉”的本义又是什么关系？则不好断定。所以，是否引申，也只能存疑。但无论如何，如果意义有联系就是引申，意义没有联系就是假借，不可能既是引申又是假借。除非能证明“以衣涉水”之“厉”和“厉”的本义有联系，而又有后起本字“砅”或“濿”，那就可以和“朱”和“颢”一样，勉强说是“引申假借”。

总之，在今天看来，“引申假借”的说法是不能成立的。但段玉裁为什么多次使用“引申假借”的说法，这反映了他对词义和文字问题的什么看法，是我们必须弄清楚的。作为一位在中国语言学史上有崇高地位的语言学家，段玉裁有他杰出的贡献，也有他的局限和不足，这些都是我们在研究他的学术思想时应该实事求是地对待的。

参考文献

吕朋林　2000　《〈说文解字注〉中的“引申假借”》，《松辽学刊》第 3 期。

孙姗姗　2006　《谈段玉裁〈说文解字注〉中的“引申假借”》，《重庆工学院学报》第 6 期。

王　力　1978　《同源字典》，《王力文集》第八卷，山东教育出版社。

（原载《国学研究》第二十六卷，北京大学出版社，2010 年 12 月）

《论语》的阅读与理解

《论语》是一部影响极大的著作，研究《论语》对研究中国古代文化有十分重要的意义。但要研究《论语》，首先要对《论语》有正确的解读。《论语》中很多文句，历来有多种不同的解释，究竟哪一种对？怎样理解才符合《论语》的原意？这往往需要从语法、词汇和语音方面对这些文句做深入的分析。下面就我在阅读《论语》过程中遇到的几个问题做一些分析。

一

厩焚，子退朝，曰："伤人乎？"不问马。(《乡党》)

《经典释文》："'伤人乎'绝句。一读至'不'绝句。"如果按照"一读"，句子就要标点为：

> 厩焚，子退朝，曰："伤人乎不？"问马。(《乡党》)

据《资暇录》记载，韩愈也赞同这种读法。但《资暇录》的作者李匡乂表示不同意：

> "今亦谓韩文公读'不'为'否'，云圣人岂仁于人，不仁于马？故贵人，所以先问；贱畜，所以后问。然而'乎'字下岂更有助词？斯亦曲矣。"(《资暇录》)

金代的王若虚也表示不同意。他说：

“或读不为否而属之上句。意……圣人至仁，必不贱畜而无所恤也。义理之是非，姑置勿论，且道世之为文者，有如此语法乎？故凡解经，其论虽高，其于文势语法不顺者，亦未可遽从，况未高乎！”（《滹南遗老集·论语辨惑》）

李匡乂和王若虚的意见是对的。古代汉语没有“××乎不（否）”这样的结构，只有“××否乎”，如：

如此，则动心否乎？（《孟子·公孙丑上》）

今病小愈，趋造于朝，我不识能至否乎？（《孟子·公孙丑下》）

子之持戟之士，一日而三失伍，则去之否乎？（《孟子·公孙丑下》）

可见，“伤人乎不？问马”这样的标点是不对的。

有人说，这句话可以读为“曰：‘伤人乎？’‘不。’问马。”这样读是否可以呢？

这要看《论语》全书的体例。《论语》中的问答，可以不说谁问谁答，只说“曰：‘……’（对）曰：‘……’”，这样的表达的比较多。连“（对）曰”都不用，直接以两句话相连的共 12 处，其中后一句是问话的 8 处，后一句是答话或接着说的 4 处，都是孔子说的话，不是别人的回答。最明显的是以下两条：

子路、曾皙、冉有、公西华侍坐……“唯求则……？”“安见……？”（《先进》）

这是弟子问，孔子答。

鲤趋而过庭。曰：“学诗乎？”对曰：“未也。”“不学诗……”（《季氏》）

这是鲤答,孔子接着说。

值得注意的是:如果是别人回答,要用"对曰";而且,对"……乎?"的回答是"未也",不是"不"。上引《季氏》条前面的一问一答就是如此:孔子问"学诗乎",下面记载孔鲤的回答就说:"对曰:'未也'"。《乡党》条是孔子问"伤人乎",如果下面是他人回答,就应该表达为:"对曰:'未也'",不能单说一个"不"字。所以,"曰:'伤人乎?''不。'问马。"这样的标点是不对的。

二

子在齐闻韶,三月不知肉味。曰:"不图为乐之至于斯也。"(《述而》)

武亿《经读考异》云:"闻韶三月当作一句。《史记·孔子世家》:'闻韶音,学之三月。'详玩此文,正以'闻韶'属'三月'为义。"

如果照这种说法,句子就应标点为:

子在齐闻韶三月,不知肉味。曰:"不图为乐之至于斯也。"

究竟哪一种对?

确实,《史记》说的是"闻韶音,学之三月","学之三月"是合乎语法的。但"闻韶三月"却不合语法。因为"学"是持续动词,所以后面可以跟时间词,表示"学"这个动作持续的时间。而"闻"是瞬间动词,动作是瞬间完成的,所以后面不能跟时间词,不能说"闻一日"、"闻三月",当然也不能说"闻韶三月"。在先秦典籍中,只有"学"后面跟时间词的例子,没有"闻"后面跟时间词

的例子,只有说“闻”以后过了多少时间的例句。如:

尹儒学御三年而不得焉,苦痛之,夜梦受秋驾于其师。(《吕氏春秋·博志》)

文公学读书于臼季,三日,曰:“吾不能行也咫,闻则多矣。”(《国语·晋语四》)

周欣谓王曰:“宋人有学者,三年反而名其母。其母曰:‘子学三年,反而名我者,何也?’”(《战国策·魏策三》)

颜成子游谓东郭子綦曰:“自吾闻子之言,一年而野,二年而从,三年而通,四年而物,五年而来,六年而鬼入,七年而天成,八年而不知死,不知生,九年而大妙。”(《庄子·寓言》)

文王嗜昌蒲菹,孔子闻而服之,缩頞而食之,三年,然后胜之。(《吕氏春秋·遇和》)

所以,“闻韶三月”的说法是不能成立的。

三

子曰:“攻乎异端,斯害也已。”(《为政》)

这句话,历来有多种解释:

何晏等《论语集解》:“攻,治也。善道有统,故殊途而同归,异端,不同归者也。”

皇侃《论语集解义疏》:“此章禁人杂学诸子百家之书也。攻,治也。古人谓学为治,故书史载人专经学问者皆云治其书治其经也。异端,谓杂书也。言人若不学六籍正典而杂学于诸子百家,此则为害之深,故云攻乎异端斯害也已矣。斯害也已矣者，为害之深也。”

朱熹《四书集注》：“范氏曰：攻，专治也。故治木石金玉之工曰攻。异端，非圣人之道而别为一端，如杨墨是也，其率天下至于无父无君，专治而欲精之，为害甚矣。”

孙奕《示儿编》卷四：“攻如攻人之恶之攻，已如末之也已之已，已，止也。谓攻其异端，使吾道明，则异端之害人者自止，如孟子距杨墨，则欲杨墨之害止，韩子辟佛老，则欲佛老之害止者也。”

蔡节《论语集说》：“攻者，攻击之攻……君子在明吾道而已矣，吾道既明，则异端自熄。不此之务而徒与之角，斯为吾害也已。”

焦循《论语补疏》：“韩诗外传云：别殊类，使不相害，序异端，使不相悖……有以攻治之，即所谓序异端也。斯害也已，所谓使不相悖也……彼此切磋攻错，使紊乱而害于道者悉归于义，故为序……已，止也，不相悖，故害止也。”

程树德《论语集释》：“此章众说纷纭，莫衷一是，此当以本经用语决之。论语中凡用攻字均作攻伐解……不应此处独训为治。已者，语词，不训为止。如末之也已，可为人之方也已，其例均同……所谓素隐行怪，所谓小道，即异端也。君子止于不为。若夫党同伐异，必至是非蜂起，为人心世道之害，故夫子深戒之也。”

综合起来，这句话中的“攻”有两种解释：

1.“攻”为“攻治”义。

2.“攻”为“攻伐”义。

“也已”也有两种解释：

1.“也已”是语气词。

2.“也已”的“已”是动词，训为“止”。

这样，这个句子就出现了四种不同的理解：

1.攻治异端，这就有害了。(《皇疏》、《集注》)

2.攻击异端，其害则止。(孙奕)

3.攻治异端，其害则止。(焦循)

4.攻击异端，这就有害了。(蔡节、程树德)

究竟哪一种正确？或者都不正确，应求别解？这就需要从词汇、语法方面对这句话做深入的分析。

我们先分别看两个小句。

1.攻乎异端

从词义来说，“攻”解释为“治”为“伐”都是可以的，这两个是“攻”这个词在先秦时的常用意义。《论语集释》说：“论语中凡用攻字均作攻伐解……不应此处独训为治。”杨伯峻《论语译注》也赞同这个意见，其实这是不对的。不错，《论语》中“攻”共出现四次，除“攻乎异端”一例外，其余三例均为“攻伐”义，但怎么能由此得出结论，说“攻乎异端”的“攻”也只能是“攻伐”义呢？杨伯峻《论语译注》所附《论语词典》告诉我们，《论语》中“抑”共出现五次，除“求之与？抑与之与”一例外，其余四例的“抑”均为转折连词，义为“却是，但是”。那么我们能不能说，“求之与？抑与之与”中的“抑”也只能是转折连词呢？显然是不行的。《论语词典》说，《论语》中的“抑”有四次是转折连词，一次是选择连词。既然如此，为什么《论语》中的“攻”就不能是三次为“攻伐”义，一次为“攻治”义呢？所以，仅从词义来说，无法决定“攻乎异端”的

"攻"也究竟是"攻治"义还是"攻伐"义。究竟是"攻治"义还是"攻伐"义,要从整句来判断。

2.斯害也已

孤立地看,把"也已"看作一个语气词,和把"已"训为动词"止",都是可以的,都可以从先秦文献中找到不少例证。但仅仅停留在这一步还不够,还要对整个小句做分析。

首先,根据"也已"和"已"的解释不同,"斯"的意义也会不同。

如果"也已"是语气词,那么"斯"是个指示代词,是"这"的意思。整个句子是说:攻乎异端,这就有害了。

如果"也"为"止"义,那么"斯"是个连词,大致相当于"则"。整个句子是说:攻乎异端,这样害就停止了。

但是,把"已"解释为"止",还有一个字没有着落:"也"字起什么作用?如果整句意思是"攻乎异端,这样害就停止了",那么,说成"攻乎异端,斯害已"就可以了,为什么中间要加一个"也"字?这一点,以前的学者没有提到,但是,这对问题的解决却十分关键。

如果把句子读作"攻乎异端,斯害也已(止)",那么,从语法来说,"害"是主语,"已"是谓语,"也"是处于主语和谓语之间的语气词。这种"S+也+P"的句式,先秦是很常见的,仅在《论语》中就有一百多例。这种语气词"也"的作用,是表示语气的顿宕,起强调、突出主语的作用,或者说,是为了表明前面的部分是一个话题,并告诉听话的人,后面将对主语进行描写或叙述。正因为如此,这种"S+也+P"的句子是有条件的。下面我们根据《论语》中的例句,对"S+也+P"句做一分析。

A."S+也+P"句的S是名词或名词词组,或者是指称化的动词或动词词组。P大多是形容词性的,是对S性状的描写;也可以动词性的,但仍然是对S性状的描写。也可以是表示叙述的动词性结构,但数量不多。

雍也仁而不佞。(《公冶长》)

由也升堂矣,未入于室也。(《先进》)

丘也闻有国有家者,不患寡而患不均,不患贫而患不安。(《季氏》)

B."S+也+P"一般多是独立的句子,或者是两个并列的小句,这种句式中的S出现在句子的最前面,适宜于作为强调、突出的对象,等待下面的描写或叙述。

上面的例句都是"S+也+P"是独立的句子。两个并列的小句的例句如:

好仁不好学,其蔽也愚;好知不好学,其蔽也荡。(《阳货》)

回也闻一以知十,赐也闻一以知二。(《公冶长》)

从这两点来看,"攻乎异端,斯害也已"中的"斯害也已"和一般的"S+也+P"不一样:P(已)是对S的叙述,而不是对S的描写;更主要的,它既不是作为独立的句子出现的,也不是作为并列的小句出现的,而是一个因果复句中的后一小句。

"S+也+P"作为后一小句出现的不是绝对没有,在《论语》中就有这样三个句子,"S+也+P"是后一小句:

人不堪其忧,回也不改其乐。(《雍也》)

鸟之将死,其鸣也哀;人之将死,其言也善。(《泰伯》)

其言之不怍,则为之也难!(《宪问》)

但仔细分析，上面第一句“人不堪其忧，回也不改其乐”仍然是一个并列的小句，第二句“鸟之将死”只是一个背景，句子的主体是“其鸣也哀”；而且“其鸣也哀”和“其言也善”也是并列的。第三句“其言之不怍，则为之也难”是一个假设复句，和“攻乎异端，斯害也已”有点类似，但“言之不怍”和“为之也难”有意义上和韵律上的对称关系，这也许是后一小句的S和P之间可以用“也”的原因。

真正的因果复句的后一小句，在S和P之间是不能加“也”的，因为这种小句中的“S”和“P”连接得很紧，中间不能停顿。为了便于对比，我们在先秦30种文献中查检到60个中间用“斯”连接的因果复句，其中后一小句是“斯＋S＋P”的共6句，都无法在S和P之间加上“也”：

我欲仁，斯仁至矣！（《论语·述而》）

王无罪岁，斯天下之民至焉。（《孟子·梁惠王上》）

君行仁政，斯民亲其上、死其长矣。（《孟子·梁惠王下》）

其交也以道，其接也以礼，斯孔子受之矣。（《孟子·万章下》）

苟善其礼际矣，斯君子受之。（《孟子·万章下》）

天下皆知美之为美，斯恶已。皆知善之为善，斯不善已。（《老子》）

所以如果“攻乎异端，斯害也已”的“已”是做谓语用的，是“止”意思，那么在“害”和“已”中间就不可能有“也”字。

这样，我们就排除了把“也已”的“已”看作动词“止”的可能，只能把“也已”看作一个语气词。这是合乎先秦语法的。在先秦

30部典籍中，在句末出现的65个“也已”，无一例外的是语气词。而可以把“也已”的“已”读作动词“止”的，一个也没有。[①]

和“也已”一样，“已”也是一个语气词。语气词“已”和“也已”大致相同，只是“也已”语气更加坚决一点。上面引了《老子》中的句子：“天下皆知美之为美，斯恶已。皆知善之为善，斯不善已。”其中的“已”显然是个语气词，而不是义为“止”的动词。这个句子和“攻乎异端，斯害也已”是同一句型。这个句子可以帮助我们确认“攻乎异端，斯害也已”的“也已”是语气词。

既然“斯害也已”的“也已”是语气词，“斯害也已”的意思是“这就有害了”，那么上述四种解释中，可以考虑的就只有第1种和第4种。这两种解释究竟哪一种对呢？我们可以看一看汉代人对这句话是怎样理解的：

> “时尚书令韩歆上疏欲为费氏易左氏春秋立博士，升曰：今费左二学无有本师，而多反异，孔子曰：攻乎异端，斯害也已。”（《后汉书·范升传》）

范升把费氏易和左氏春秋看作“异端”，认为不应该立博士加以研究，而且引用孔子“攻乎异端，斯害也已”的话作为根据，可见，他是把“攻乎异端”理解为“攻治异端”的。

我们再看《论语》，其中有这样一句：

> 子夏曰：“虽小道，必有可观者焉；致远恐泥，是以君子

---

① 只有一句有不同的读法：“公山弗扰以费畔，召，子欲往。子路不说，曰：‘末之也已，何必公山氏之之也？’”（《论语·阳货》）《集解》：“无可之则止耳。”《集注》：“言道既不行，无所往矣。”武亿《读经考异》作两句读，“当以‘也’字为句，‘已’为‘止’，又一读。”杨伯峻《论语译注》取其说。《集解》把“末之也已”看作“S＋也＋P”句式，《集注》把“也已”看作语气词，武亿则把“末之也”和“已”看作两句。此句当存疑。

不为也。”(《子张》)

这虽然是孔子弟子的话,但符合孔子的思想。孔子没有说过要攻伐异端,而只是主张对小道、异端不要攻治,攻治小道、异端是有害的。

如果像程树德解释的那样:“攻伐异端,必然是非蜂起,为人心世道之害”,显然是过于迂曲,不可信从。

所以,“攻乎异端,斯害也已”这句话,正确的解释是“攻治异端,这就有害了”。

四

子曰:“夷狄之有君,不如诸夏之亡也。”(《八佾》)

杜维明:“人们常举‘夷狄之有君,不如诸夏之亡也’来说明孔子的民族歧见,这是极大的误解,实际上这句话的意思应当是:‘夷狄尚且有君,哪像我们华夏君不君臣不臣的呢!’”(《关于定9月28日为“尊师日”的倡议书》,《中华读书报》2010年9月22日第15版)

杜维明这种解释,不是他的创新。对于这句话,历来就有两种不同的理解。

皇侃《论语集解义疏》:“周室既衰,礼乐征伐之权不复出自天子,反不如夷狄之国尚有尊长同属,不至如我中国之无君也。释惠琳云:有君无礼,不如有礼无君。刺时季氏有君无礼也。”程树德《论语集释》按:“此条为梁章鉅《论语集注旁证》谓引出皇疏,而皇疏实无其文,玉函山房辑本亦无之。”

朱熹《论语集注》："程子曰：夷狄且有君长，不如诸夏之僭乱，反无上下之分也。"

《论语集注》邢昺疏："言夷狄虽有君长，而无礼仪，中国虽偶无君，若周召共和之年，而礼仪不衰，故曰：夷狄之有君，不如诸夏之亡也。"

皇侃和程子是一种理解：夷狄有君，诸夏无君，夷狄比诸夏强（下面称"前说"）。释惠琳和邢昺是另一种理解：夷狄有君，诸夏无君，但夷狄比不上诸夏（下面称"后说"）。杜维明主张"前说"，他认为这样理解，孔子就没有"民族歧见"；他认为后说是"极大的误解"。

我们再看看汉代人是怎样理解这句话的。

《春秋·襄公七年》："十有二月，公会晋侯、宋公、陈侯、卫侯、曹伯、莒子、邾娄子于鄬。郑伯髡原如会，未见诸侯；丙戌，卒于操。"

《公羊传·襄公七年》："操者何？郑之邑也。诸侯卒其封内不地，此何以地？隐之也。何隐尔？弑也。孰弑之？其大夫弑之。曷为不言其大夫弑之？为中国讳也。曷为为中国讳？郑伯将会诸侯于鄬，其大夫谏曰：'中国不足归也，则不若与楚。'郑伯曰：'不可。'其大夫曰：'以中国为义，则伐我丧；以中国为强，则不若楚。'于是弑之。郑伯髡原何以名？伤而反，未至乎舍而卒也。未见诸侯，其言如会何？致其意也。陈侯逃归。"何休注："刺中国之无义。加逃者，抑陈侯也。孔子曰：夷狄之有君，不如诸夏之亡。不当背也。"

何休是解释《公羊传》的"微言大义"：陈侯因为畏惧楚国，而从晋国主持的盟会上离开而归陈。《公羊传》认为他这样做不对，所以加一个"逃"字加以贬抑。何休接着引孔子这句话，说

“夷狄(楚)”怎么也比不上“诸夏(晋)”,所以陈侯不当背晋。显然,何休是“后说”。

钱穆《论语新解》对这两种理解加以评论:“本章有两解:一说:夷狄亦有君,不像诸夏竞于僭篡,并君而无之。另一说:夷狄纵有君,不如诸夏之无君……晋之南渡,北方五胡逞乱……必严夷夏之防以自保,故多主后说。宋承晚唐五代藩镇割据之积弊,非唱尊王志义,则统一局面难保……故多主前说。清儒根据孔子《春秋》,于此两说作持平之采择,而亦主后说。今就《论语》原文论,依后说,上句之字,可仍作常用义释之。依前说,则此之字,近尚字义,此种用法颇少见,今仍采后说。”

这两种解释究竟哪一种对呢?我认为,前面提到的王若虚的看法是对的,判断一种理解是否正确,不能只根据“义理”,而首先要看是否合乎句子的“文理”(“文势语法”)。钱穆的《新解》已经注意到了文句中的“之”字,他说,按前说,上句的“之”字就接近于“尚且”之义,这种用法颇少见;按后说,上句的“之”字可用常用义释之。所以他采用后说。钱穆的意见是对的。按照古代的语法,“夷狄之有君”和“诸夏之亡”都是“S+之+VP”,两个“S+之+VP”中间用“不如”连接,两者加以比较,文从字顺。这是“后说”。而“前说”,解释理解为“夷狄尚且有君,哪像我们华夏君不君臣不臣的呢”,确实有一个问题不好解释:原句中的两个“之”字做什么用?理解为“夷狄尚且有君”,“尚且”的意思是哪里来的呢?

但还有一个“文理”的问题钱穆没有注意到:前后两说,实际上对“不如”的解释是不一样的。前说把“不如”解释为“不像”,后说把“不如”解释为“比不上”。究竟哪一种解释合乎古代语法?

在现代汉语中,“不如”只能是“比不上”的意思,不可能是“不像”的意思。“小张不如小王”,意思一定是“小张比不上小王”,而绝不可能是“小张不像小王”。那么,在古代汉语中怎么样呢?

查一查《十三经》,里面“不如”出现163次,绝大多数是“比不上”之意;少数用于“不如意”等场合(“如”是“依照”之意);只有一例表示“不像”:

《诗经·小雅·何人斯》:“始者不如今,云不我可。”郑笺:“女始者于我甚厚,不如今日也。”

和陶渊明同时代的《三国志》,“不如”152例,无一例表示“不像”。《陶渊明集》中“不如”共5例,全都是“比不上”之意。

这就说明从先秦直到魏晋,“不如”表示“不像”可以说绝无仅有。《论语》这句话中的“不如”可以解释为“不像”的可能性太小了!我们还是应该把它解释为“比不上”。[①]

既然如此,根据“文理”,“前说”是不可取的,应该取“后说”。

然后再从“义理”看,取“后说”(夷狄的有君,比不上诸夏的无君),是符合孔子的“尊王攘夷”的思想的。取“前说”(夷狄尚且有君,哪像我们华夏君不君臣不臣的呢),反而是按照现代人的观念把孔子拔高了。我们今天肯定孔子,难道就一定要把孔子说成是毫无“民族歧见”的吗?这正如王若虚所说:“况(其义理)未高乎!”

下面一句话的理解也牵涉到“不如”:

---

① 承浙江大学方一新教授告知,杨伯峻《从汉语史的角度来鉴定中国古籍写作年代的一个实例——〈列子〉著述年代考》(原载《新建设》1956年7月号;收入《列子集释》341—346页,中华书局,1979)一文已经论证了先秦的“不如”不能当“不像”讲。

子曰："君子不重则不威，学则不固。主忠信；无友不如己者；过则勿惮改。"（《学而》）

傅佩荣《解读论语》："不与志趣不相似的人来往。"

大概他认为把"无友不如己者"理解为"不要和比不上自己的人做朋友"会显得孔子的胸怀不够宽广，所以要把"不如"解释为"不相似"。这也是为了"义理"而不顾"文理"，其实是大可不必的。

五

子罕言利与命与仁。（《子罕》）

这句话，历来大多理解为"言"的对象是"利与命与仁"，"与"是并列连词，连接"利"和"命"和"仁"三项。如：

《集解》："罕者，希也。利者，义之和也。命者，天之命也。仁者，行之盛也。寡能及之，故希言也。"

《皇疏》："罕者，希也。言者，说也。利者，天道元亨，利万物者也。与者，言语许与之也。命，天命，穷通夭寿之目也。仁者，恻隐济众，行之盛者也。弟子记孔子为教化所希言及所希许与人者也。所以然者。利是元亨利贞之道也。百姓日用而不知。其理玄绝，故孔子希言也。命是人禀天而生，其道难测，又好恶不同，若逆向人说，则伤动人情，故孔子希说与人也。仁是行盛，非中人所能，故亦希说许与人也。然希者非都绝之称，亦有时而言与人也。周易文言，是说利之时也。谓伯牛亡之命矣夫，及云若由也不得其死然，是说与人命也。孟武伯问子路冉求之属仁乎？子曰不知，及云楚令尹陈文子焉得仁，并是不与人仁也。而云颜回三月不违仁，及云管仲如其仁，则是说与人仁时也。故云子罕言利与命与仁也。”（皇疏把“与”解释为“言语许与之”，但认为是“希（稀）所许与人”。）

《集注》：“罕，少也。程子曰：计利则害义，命之理微，仁之道大，皆夫子所罕言也。”

但是，在《论语》中讲到“仁”的很多（“仁”字共出现109次），怎么会是“罕言”呢？于是有人提出另一种读法：

> 史绳祖《学斋毕占》：“子罕言者独利而已，当以此四字为句作一义。曰命曰仁，皆平日所深与，此当别作一义。‘与’，如‘吾与点也’、‘吾不与也’等字之义。”

也就是说，“与”不是一个并列连词，而是一个动词，义为“许”（赞同）。

“与”作为动词，义为“许”（赞同）的用法，先秦是有的。如：

> 令尹子玉使宛春来告曰：“请复卫侯而封曹，臣亦释宋之围。”舅犯愠曰：“子玉无礼哉！君取一，臣取二，必击之。”先轸曰：“子与之。我不许曹、卫之请，是不许释宋也。宋众无乃强乎！是楚一言而有三施，子一言而有三怨。怨已多矣，难以击人。不若私许复曹、卫以携之，执宛春以怒楚，既战而后图之。”公说，是故拘宛春于卫。（《国语·晋语四》）韦昭注：“与，许之。”

> 采苓采苓，首阳之巅。人之为言，苟亦无信。舍旃舍旃，苟亦无然。人之为言，胡得焉！

> 采苦采苦，首阳之下。人之为言，苟亦无与。舍旃舍

旃。苟亦无然。人之为言,胡得焉!

采葑采葑,首阳之东。人之为言,苟亦无从。舍旃舍旃,苟亦无然。人之为言,胡得焉!(《诗经·唐风·采苓》)毛传:“无与,勿用也。”朱熹《诗集传》:“与,许也。”

灵言弗与,人言不信不和。(《大戴礼记·曾子立事》)孔广森注:“灵言,灵异之言。与,许也。”

朝有过夕改则与之,夕有过朝改则与之。(《大戴礼记·曾子立事》) 王聘珍注:“与,许也。”

除了古人有注的以外,《左传》中也有“与”为“许”义的,如:

六月,季平子行东野。还,未至,丙申,卒于房。阳虎将以玙璠敛,仲梁怀弗与,曰:“改步改玉。”(《左传·定公五年》)

子玉使宛春告于晋师曰:“请复卫侯而封曹,臣亦释宋之围。”子犯曰:“子玉无礼哉!君取一,臣取二,不可失矣。”先轸曰:“子与之!定人之谓礼,楚一言而定三国,我一言而亡之。我则无礼,何以战乎?”(《左传·僖公二十八年》)

据杨伯峻《论语词典》,《论语》中“与”为“许可,同意”义的有5次。经查检,《论语》中有以下5次“与”义为“许可,同意”(但不包括下面“吾与女弗如也”的“与”):

互乡难与言,童子见,门人惑。子曰:“与其进也,不与其退也。唯何甚!人絜己以进,与其絜也,不保其往也。”(《述而》)

子曰:“论笃是与,君子者乎?色庄者乎?”(《先进》)

夫子喟然叹曰:“吾与点也。”(《先进》)

那么,是不是“子罕言利与命与仁”中的“与”也可以解释为动词,义为“许”呢?

不能。在读古书的时候,看到古人对某个字有一个训释,或词典中的某字有一个意义,就不问条件,把这个训释或意义用到某一个句子里的同一个字上,这是读古书的大忌。因为这个字的这个意义能处在什么组合关系中,一般是有条件的,离开了这种条件,这个字就不可能是这种意义。从上面的例句可以看到,先秦义为"许"的动词"与",后面跟的宾语只能是一个简单的名词、代词或名词性词组,而且都是具体的指某人、某人的做法,没有用抽象名词做宾语的。所以,"与命与仁"的"与"不可能是义为"许"的动词。直到今天,我们在用"赞同"这个词的时候,也有条件的,只能说"赞同他"、"赞同他的想法",而不能说"赞同命、赞同仁"。所以把"子罕言利与命与仁"中的"与"解释为义为"许"的动词,是没有根据的。"与"还应该是连词。

那么,怎样解决"罕言仁"和《论语》中多次谈到"仁"的矛盾呢?杨伯峻《论语译注》说:"《论语》中讲'仁'虽多,但一方面多半是和别人问答之词,另一方面,'仁'又是孔门的最高道德标准,正因为少谈,孔子偶一谈到,便有记载。不能以记载的多便推论孔子谈论的也多……《论语》出现论'仁'之处若用来和所有孔子平生之言相比,可能还是少的。"这说法是有道理的。

还有一章的解释也和"与"相关。

> 子谓子贡曰:"女与回也孰愈?"对曰:"赐也何敢望回?回也闻一以知十,赐也闻一以知二。"子曰:"弗如也!吾与女弗如也。"(《公冶长》)
>
> 《集解》:"既然子贡不如,复言吾与汝俱不如者,盖欲以慰子贡也。"

显然,《集解》是把"与"看成连词的。

但朱熹有另一种解释：

《集注》:"与,许也。"

杨伯峻《论语词典》也赞同朱熹的解释,而且特别说明:"与——动词,同意,赞同。这里不应该看作连词。"

为什么"这里不应该看作连词",他没有说。大概是认为孔子不可能说自己不如颜回。朱熹做这样的解释,大概也是怕贬低了圣人。这里我们又遇到了王若虚提出的问题:"故凡解经,其论虽高,其于文势语法不顺者,亦未可遽从,况未高乎!"我们首先要考虑的是:先秦时义为"许"的动词"与",是否可能带"女弗如也"这样复杂的宾语?大概找不到这样的例子。既然如此,我们还是应该把"吾与女弗如也"的"与"看作连词。《论衡·问孔》引《论语》作"吾与尔俱不如也",《后汉书·桥玄传》:"仲尼称不如颜渊"注引《论语》,亦作"吾与尔俱不如也"。可见汉代人也是把"与"看作连词的。

六

孟武伯问孝。子曰:"父母唯其疾之忧。"(《为政》)

《集解》:"马曰:言孝子不妄为非,惟有疾病然后使父母忧耳。"

《皇疏》:"言人子欲常敬慎自居,不为非法,横使父母忧也。若己身有疾,唯此一条非人所及,可测尊者忧耳。"

《集注》:"言父母爱子之心无所不至,惟恐其有疾病,常以为忧也。人子体此而以父母之心为心,则凡所以守其身者自不容于不谨矣,岂不可以为孝乎?”

这些注解都认为这句说的是父母忧子女之疾。

但是,有人认为这句说的是子女忧父母之疾。如:

> 臧琳《经义杂记》:“《论衡·问孔》云:‘武伯善忧父母,故曰惟其疾之忧。’《淮南子·说林》:‘忧父之疾者子,治之者医。’高注云:‘《论语》曰:“父母惟其疾之忧”,故曰忧之者子。’则王充、高诱皆以人子忧父母之疾为孝……‘父母’字当略读。”

究竟哪一种理解对?

“唯其疾之忧”是古汉语的宾语前置的格式,意思是“忧其疾”,这没有问题。问题是“父母”与“唯其疾之忧”是什么关系?照第一种看法,“父母”是主语,是“忧”这个动作的发出者,整个句子是一种通常的句式。照第二种看法,“父母”是“忧”的对象,但不放在动词的后面,却放在句首,放在主语的位置上,这就是通常所说的“受事主语句”。臧琳说“‘父母’字当略读”,大概是说“父母”不是通常的主语,不是“忧”的发出者,而是相关的对象;实际上也是把它看作一个受事主语句。汉语中是有受事主语句的,比如,我们可以说:“父母就怕他们生病,孩子就怕他们淘气。”但这是现代汉语。问题是:先秦是否存在这样的受事主语句?我曾对先秦的受事主语句做过考察①,先秦有受事主语句,大致是三种形式:1.受事主语+不+V,如“沽酒市脯不食”。2.受事主语+可+ V,如“民可使由之”。3.受事主语+V+之,

① 蒋绍愚《受事主语句的发展与使役句到被动句的演变》,《形式与意义——古汉语语法论文集》,Lincom Gmbh,2004年。

如“夏礼吾能言之”。也就是说,先秦受事主语句都是有标记的,或是在动词前有“不”,或是在动词前有“可”,或是在动词后有“之”,复指受事主语。而像“父母唯其疾之忧”这样的没有任何标记的受事主语句,先秦却没有出现过。所以,第二种看法不能成立。尽管王充、高诱是那样理解,但这是他们的理解,并不是《论语》的原意。汉代人对《论语》的理解,我们是应当充分考虑的,因为汉代和《论语》时代比较近,汉代人的理解很可能符合《论语》的原意。比如本文的第四条就把汉代人对“吾与尔俱不如也”的理解作为一种重要的参考。但参考毕竟只是参考,如果我们经过分析,发现汉代人的理解和《论语》的原意不符,我们就还是应当遵从《论语》的原意。

七

子游问孝。子曰:“今之孝者,是谓能养。至于犬马,皆能有养;不敬,何以别乎?”(《为政》)

《集解》:包曰:“犬以守御,马以代劳,皆养人者。一曰:人之所养,乃至于犬马;不敬,则无以别。孟子曰:食而不爱,豕畜之;爱而不敬,兽畜之。”

邢疏:“此为不敬之人作譬也。其说有二:一曰:犬以守御,马以代劳,皆能有以养人者。但畜兽无知,不能生敬于人。若人唯能供养于父母而不敬,则何以别于犬马乎?一曰:人之所养乃至于犬马,同其饥渴,饮之食之,皆能有以养之也。但人养犬马,资其为人用耳,而不敬此犬马也。人若养其父母而不敬,则何以别于犬马乎？言无以别。明孝必须敬也。”

《皇疏》：“‘至于犬马皆能有养’者，此举能养无敬非孝之例也。犬能为人守御，马能为人负重载人，皆是能养而不能行敬者。故云‘至于犬马，皆能有养’也……一曰‘人之所养乃能至于犬马’者，此释与前异也。言人所养乃至于犬马也。”

《集注》：“养，谓饮食供奉也。犬马待人而食，亦若养然。言人畜犬马皆能有以养之，若能养其亲而敬不至，则与养犬马者何异？”

“至于犬马，皆能有养”有两种读法：一、犬马能养人；二、人能养犬马。《集解》、《皇疏》、《邢疏》都两说并存，《集注》主张第二说。

这里的问题是：“犬马养人”和“人养犬马”的“养”有没有区别？

在现代汉语中，这两个“养”没有区别。但在古代汉语中，两个“养”的音和义都是有区别的。

> 《广韵·养韵》：“养，育也，乐也，饰也。余两切。”这是“养育”的“养”，是上养下，读上声。
>
> 《广韵·漾韵》：“养，供养。余亮切。”这是“供养、奉养”的“养”，是下养上，读去声。

那么，《论语》中的“养”究竟是哪一个“养”？

> 《释文》：“能养羊尚反，下及注‘养人’同。”

这是说，“今之孝者，是谓能养。至于犬马，皆能有养”中的两个“养”，以及注解“包曰：……皆养人者”中的“养”，都是读去声的。这告诉我们，“至于犬马，皆能有养”的“养”，和“今之孝者，是谓能养”的“养”，都是读去声的“养”，应该是“供养、奉养”的“养”。

我们必须说明，陆德明的《经典释文》记的是六朝到唐代的读音，而不可能是先秦的读音。先秦时“今之孝者，是谓能养。至于犬马，皆能有养”中的“养”究竟怎样读，现在已无法知道了。但正因为如此，所以陆德明的《经典释文》是我们的一个重要的、也是唯一的参考，是值得重视的。当然，参考毕竟只是参考。我们不能仅仅以此为根据，就确定这两个“养”的意义。但无论如何，古代汉语中的“养”有两个读音，两个意义，这是肯定的。而从文意看，“今之孝者，是谓能养。至于犬马，皆能有养”中的两个“养”，应该是同一个意义。既然“能养”的“养”是“供养、奉养”义，那么，“有养”的“养”也应该同样是“供养、奉养”义。所以，我认为应该取第一说。

本文对《论语》中七章的分析，只是七个案例，用来说明应该怎样读《论语》。《论语》中很多章都有各种不同的解释，都应该从语言文字方面深入分析，从而决定取舍，并探求《论语》的原意。这是在研究《论语》的思想时首先要做的基础工作。

参考文献

程树德　《论语集释》，中华书局。
何　晏等　《论语集解》，《十三经注疏》，中华书局。
杨伯峻　《论语译注》，中华书局。
朱　熹　《四书章句集注》，中华书局。

（原载《中国语言学》第四辑（2010 年 7 月），题目为《读论语札记》。收入论文集时改为今题，内容有增补）

“给”字句、“教”字句表被动的来源*

——兼谈语法化、类推和功能扩展

本文通过“给”字句和“教”字句①的演变来讨论语法化、类推和功能扩展在语法演变中的作用。

一 “给”字句由表给予到表被动的发展

1.1 在现代汉语中，“给”既可以表示给予，又可表示被动。如：

我给了他一张票。（表给予）

衣服给雨淋湿了。（表被动）

在这两个例句中，“给”前面和后面都有一个名词。当“给”表示“给予”时，动作的方向是从 N_1（我）到 N_2（他）；当“给”表示被动时，动作的方向是从 N_2（雨）到 N_1（衣服）。方向是恰好相反的。那么，为什么“给”字既可表示“给予”又可表示被动？显然，这不可能是“给”本身词义演变的结果。

---

* 本文曾在 2001 年 8 月于温哥华举行的第四届国际古汉语语法研讨会上宣读。

① 本文所说的“教”字句和“教”字都包括“交”和“叫”字。

1.2 英国的语言学家 P. A. Bennett(1981)对此有一个解释。

他引用赵元任的例子:“张三给李四打了。”在这句子中,“给”既可理解为“把”,也可理解为“被”。(见赵元任 1948:193) P. A. Bennett 认为“给”用于处置式好解释:“John gave me a beating.”意思等于“John beat me.”这个句子在汉语中就可以用处置式表达。“给”用于被动式难以解释:“John gave me a beating.”无法变为“John was beaten by me.”他认为:“给”用于被动式是因为被动式的介词与处置式的介词关系密切。他举了三条理由:(1)同样源于“给予”义的介词,在有的方言里(如洛阳、开封以及若干云南方言)用于处置式,在有的方言里(如北京话)用于被动式。(2)表处置的介词“把”在元曲里可用于被动式:“倒把别人取了去。”(3)有的方言甚至用同一个介词表示处置和被动,如江西客家话的“掗”,湖北浠水话的“把”。总之,他认为“给”从表示“给予”到表示被动,中间是通过表示处置这个环节的。

我不同意 P. A. Bennett 的解释。(1)在汉语的历史资料中极少见到用“给”来表示处置的,下文《武王伐纣平话》中的“给”的用法有点像“把”,但不很清楚,而且仅此一例。P. A. Bennett 所引洛阳、开封以及若干云南方言中源于“给予”义的介词为什么能表示处置,本身还需要研究,不宜用作论证的前提。(2)表处置的介词“把”用表示被动式,在元曲中也很少见。引例“倒把别人取了去”见于《元曲选・杀狗劝夫》,其中的“把”意思未必是“被”,也许是“给”(让),“把”有“给”(给予)义在近代汉语中较常见,从“给予”义可以发展为“让、叫”义(详下)。(3)浠水话表被动的"把",可能也是从"把"的"给予"义发展而来,未必和表处置的"把"是同一来源。总之,从汉语史的资料来看,说表示给予的"给"可以发展为表示处置,以及说表处置的介词可以发展为表被动,都没有充足的事实根据。

1.3《现代汉语八百词》中,"给"有这样几个义项:

[动]1.使对方得到……可带双宾语,也可只带其中之一。(例略)

a)第二个名词宾语后面还可以再加动词,这个名词类似兼语。(给我一壶开水沏茶)

b)第二个名词是它后面的动词的受事。(给我一杯水喝)

3.容许;致使。用法与"叫、让"相近。(给他多休息几天/看着小鸟儿,别给飞了)

[介]6.表示被动;被。(衣服给雨淋湿了)

在现代汉语的共时平面上,看不出这几个义项之间的联系。但是,从历史上看,这几个意义是有发展关系的。我认为"给"从表示"给予"到表示被动是这样一种发展:"给^1"(给予)—"给^2"(让,叫)—"给^3"(被);然后再由类推而完成的。下面论述其间的发展关系。

A. 给^1:动词。给予。

表示"给予"的意思,在古汉语中用"与"表达,较晚才用"给"。据志村良治(1984),"给"在《武王伐纣平话》中仅有一例,其余都用"与":

左右蒙圣旨,将皇后尸首埋,给皇后腕上带着琼瑶宝钏咸皆埋了。(《武王伐纣平话》上)

这个“给”字的用法不清楚，从上下文看，似乎相当于“把”字。

在《五代史平话·周史上》中有个“归”字表示“给予”义，如：

①咱这剑也不卖归您。

②找个生活归您做。（转引自志村良治 1984）。

《老乞大谚解》、《朴通事谚解》中有个“馈”（谚文注音的转写为 gyi）字，出现次数较多。

《老乞大谚解》、《朴通事谚解》中“馈”用作介词（相当于“为”、“替”）的 11 例，构成“V 馈”的 18 例，用作动词，表示“给予”义的 14 例，其中多数带名词宾语（单宾语或双宾语），如：

③你问他借时便馈你。（《朴通事谚解》）

④你只馈我一样的好银子。（《老乞大谚解》）

有两例在第二个名词宾语后面还有动词，第二个名词宾语是它后面动词的受事。如：

⑤一日三顿家馈他饱饭喫。（《朴通事谚解》）

⑥等一会儿馈些草喫。（《朴通事谚解》）

太田辰夫（1958）认为“归”和“馈”是“给”的前身。[①] 但“馈”字在《古本老乞大》中未见，可见表示“给予”的“馈”在元代还很少用。

在《红楼梦》中表“给予”的“给”已经大量出现。下面举两例：

⑦那四支给了凤哥罢。（七回）

⑧往常老太太又给他酒喫。（八回）

---

① “给”的来源众说不一，详见志村良治（1984）。平山久雄（2000）赞同池田武雄的说法：“给”是“过与”的合音。这个问题这里不讨论。

表“给予”的“给(归/馈)”出现在两种句式里。第一种是“给(归/馈)”只带名词宾语，如例①③④⑦。这种的句式是不可能发展为被动句的，因为以“给”为标记的被动句中除了“给”以外还必须有另一个动词。第二种是“给(归/馈)+N+V”，如例②⑤⑥⑧。这种句式就具备了这个条件：在动词“归/馈”的宾语后面还有另一个动词，如例②的“做”、例⑤⑥⑧的“噢”。这是表给予的动词“给(归/馈)”发展为被动标志的重要一步。

不过，这种句式不是直接发展为被动句，而是首先发展为使役句，然后再发展为被动句。使役句也是要求在使役动词之外还有另一个动词，第二种句式也符合这种要求。

这第二种句式我们称为句式A，其句子结构和语义关系可以这样来表示：

句子结构：甲+给+乙+N+V

语义关系：甲给予乙N，乙VN。乙是V的施事，N是V的受事；但语序上是“乙NV”。

B. 给^2：动词。叫，让。

在《红楼梦》中除了表示“给予”的意思外，“给”可用来表示“让”、“叫”的意思。“给^2”(让，叫)是从“给^1”(给予)发展来的，下面几个例句可以看出两者的联系：句中的“给”仍然可以看作是“给予”的意思，但整个句子的意思已经和用“让/叫”的使役句非常接近。如：

(1)表示使对方做某件事。

⑨贾母忙拿出几个小杌子来，给赖大母亲等几个高年有体面的妈妈坐了。(四三回)

可比较：“叫平儿挪了张杌子放在床旁边，让袭人坐

下。”（三八回）

（2）表示容许对方做某种动作。

⑩我的一件梯己，收到如今，没给宝玉看见过。（四二回）

可比较：又一个丫鬟笑道：“别叫宝玉看见。”（五六回）

这种句式我们称为句式B，它在《老乞大谚解》、《朴通事谚解》中未曾见到，是在《红楼梦》中才出现的。其句子结构和语义关系可以这样来表示：

句子结构：(1)甲＋V_1＋N＋给＋乙＋V_2

(2)(甲)＋V_1＋N＋不给＋乙＋V_2

语义关系：甲转让N给乙，叫/让乙V。

或：甲占有N，不让乙V。

由句式A发展到句式B，为“给¹”发展到“给²”提供了句法和语义方面的条件。从句法方面看，在句式B中，N已经移到“给”的前面，后面的语序“给＋乙＋V”正好和使役句“让/叫＋兼语＋V”一样。而且，在语义上，乙是“给”的受事，又是V的施事，正和使役句中的兼语的地位一样。同时，在句式B中，甲后面有一“转让/占有”义动词，如例⑨“贾母”后面的“拿出”，例⑩“我”（句中未出现）后面的“收”，所以“给/不给”的“给予/不给予”义淡化，由表示“甲”、“乙”双方之间实际施行的动作（甲给予/不给予乙某物），淡化为表示“甲”、“乙”双方之间的关系（甲让/不让乙做某事）。所以，“给＋乙＋V”也可以看作“让/叫＋乙＋V”。这样，由句式A到句式B，就由给予句变为使役句，“给”也就由“给¹”（给予）变为“给²”（让、叫）。

由句式A发展到句式B，也使“给”向表被动的方向更迈进了一步。句式A中虽然有了另一个动词（如例⑤的“喫”），但在

"给"和V之间还有两个名词(乙和N)隔开,其中乙是V的施事(如例⑤的"他"),N是V的受事(如例⑤的"饱饭");或者只有一个名词N,是V的受事(如例⑥的"草")。这就和被动句有较大的距离:被动句的被动标志词和动词之间只能有一个名词,这个名词只能是谓语动词的施事。在句式B中,N从句式A的"乙"与"V"之间的位置前移,使得"给"和"V"之间只有一个"乙",这就离被动句又近了一步。

"给[2]"在《红楼梦》里比较多,下面再举几个例句:

⑪正经更还坐不上来,又弄个贼来给我们看。(六一回。看:看守)

可比较:这些粗笨货要他无用,还叫人看着。(六八回)

⑫芳官连要洗头也不给他洗。(五九回)

可比较:买了东西先叫我洗。(五九回)

⑬你先给你娘瞧瞧去再去。(五二回)

可比较:让我瞧瞧去。(四七回)

⑭连我们家也没有这些杂话给孩子们听见。(五四回)

⑮园里把咱们的宝玉叫了来,给这四个管家娘子瞧瞧。(五六回)

⑯因此开恩打发出去了,给他老子娘随便自己拣女婿去罢。(七二回)

C.给[3]:介词。表示被动。

使役句离被动句已经非常接近,下面我们将会看到,早在唐代就有使役句转为被动句。事实上,句式B中的例⑩"我的一件梯己,收到如今,没给宝玉看见过"中的"给",既可以理解为"让",也可以理解为"被"。此外,《红楼梦》还有一例也是这样:

⑰千万别给老太太、太太知道。(五二回)

可比较:贾琏笑道:“你只好生收着罢,千万别叫他知道。”(二一回)此例系据 1982 年人民文学出版社以庚辰本为底本的《红楼梦》。在 1958 年人民文学出版社以戚序本为底本的《红楼梦》八十回校本中,作“千万别给他知道。”戚序本(1769)时代略晚于庚辰本(1760),可见在 18 世纪 60 年代时,人们已经认为“给”和“叫”可以通用了。而且,无论是“叫”还是“给”都可以理解为“被”。

这种两可的情况,正反映出从“给^2”到“给^3”的发展。

到《儿女英雄传》中,就出现了这样的句子:

⑱甘心卑污苟贱,给那恶僧支使。(七回)

⑲就是天,也是给气运使唤着。(三回)

例⑱和例⑩⑰同属一类,“给”既可以理解为“让”也可以理解为“被”。例⑲就只能理解为表被动的了,但在《儿女英雄传》中仅此一例。

这种句式我们称之为句式 C,其句子结构和语义关系可以这样来表示:

句子结构:N+给+乙+V

语义关系:N 是 V 的受事,乙是 V 的施事,“给”的作用相当于“被”。

为什么例⑩⑰⑱中的“给”既可以理解为“让”(给^2),又可以理解为“被”(给^3)呢?也就是说,为什么同一个句子,既可以理解为句式 B,又可以理解为句式 C 呢?这是因为,句式 B 和句式 C 虽是两种不同的句式,但是有相同之处。

以句式 B“甲+V_1+N+给^2+乙+V_2”的后面一部分“N+

给[2]＋乙＋V"和句式C"N＋给[3]＋乙＋V"相比，两者有共同之处：(1)几个成分的语序都一样。(2)N、乙和V的语义关系也大致一样："乙"都是V的施事，句式C中的N都是V的受事，句式B中的N当V_2是及物动词时，也是V_2的受事。(3)如果是有形态的语言，那么，使役句中的V应该是主动态，被动句中的V应该是被动态。例如，"给(＝让)老太太、太太知道"的"知道"翻译成英语应当是"know"，"给(＝被)老太太、太太知道"的"知道"翻译成英语应当是"be known"。但汉语动词主动和被动都是一个形式，使役句中的"知道"和被动句中的"知道"形式上没有区别。

两者也有不同之处：(1)句式C中的V必须是及物的。句式B中的V_2可以是及物的(如例⑩中的"看见")，也可以是不及物的(如例⑨中的"坐下")。V_2是及物的可以转为句式C，不及物的不能转为句式C。(2)既然句式B是使役句，"给"前面就必然出现或隐含使役的施事"甲"。而句式C既然是被动句，"给"前面就只能出现动词的受事N。这一点是使役句和被动句最根本的区别。

只有当这两点不同消失的时候，句式B才能转化为句式C，"给[2]"才能转化为"给[3]"。

我们看到，在例⑩⑰⑱中，V(看见、知道、支使)都是及物动词，具备了转化的一个条件。

同时，在例⑩⑰⑱中，"给"前面紧挨着的位置上没有出现任何名词，是一个空位。这就造成了语义上的模糊性：可以理解"( )给"中的空位( )隐含着使役的施事"甲"，这时就是句式B；也可以理解"( )给"中的空位( )隐含着动词的受事N，这时就是句式

C。例如：

⑩(我)没给宝玉看见过。——句式B,使役。

(我的梯己)没给宝玉看见过。——句式C,被动。

⑰(你)千万别给老太太、太太知道。——句式B,使役。

(这件事)千万别给老太太、太太知道。——句式C,被动。

⑱(你)给那恶僧支使(自己)。——句式B,使役。

(自己)给那恶僧支使。——句式C,被动。

这就具备了转化的另一个条件。这个问题相当重要,我们在下面分析"教"字句由使役向被动转化的时候还要详细讨论。

但是,这种由句式B(使役句)转化来的句式C(被动句)和现代汉语中用"给"的被动句还有一点差别:句中的施动者是有限制的。因为使役句中的兼语"乙"通常只能是表人或动物的名词①,所以由此转化来的被动句中的施动者"乙"也只能是人或动物;而一般被动句"N+被+乙+V"中的"乙"可以是人或动物,也可以是无生命的事物。

这最后一点差别是通过类推而消除的:当这种由使役转化来的"给³"被动句使用得越来越多的时候,语言的使用者就逐渐忘记了它是由用"给²"的使役句转化而来的,而觉得它和一般的被动句一样。既然一般的被动句在被动标志词后面的施动者既可以是人或动物,也可以是无生命的事物,那么,用"给³"的被动句中为什么不能是这样呢?于是就出现了"给+无生命的事物+V"的句子。这时候,用"给³"的被动句才和一般的被动句

① 只有像"让荒山变成良田"这样少数使役句中,兼语是表示无生命事物的名词。

相同，它和用“给²”的使役句也就分了家。这时，“给”字句才最后完成了功能扩展，由原来只表使役的功能扩展到兼表使役和被动。如例⑰，“给”后面的“气运”不是人或动物，所以它不可能是使役句中的兼语，因此，例⑰就不能是使役句，而只能是新产生的表被动的“给”字句，这种用“给”的被动句和一般的被动句已经基本上没有差别了。

“给”后面的施动者是无生命的事物的句子在《白姓官话》中出现得较多。《白姓官话》是冲绳发现的一种官话课本，是清代山东登州府莱阳县的一个商人白瑞临出海遭风飘流到琉球后，于乾隆十五年（1750年）为通事汇纂的，后有人带到福州，经福州老儒林守超于乾隆十八年（1753年）校正而成。其成书时间虽然与《红楼梦》差不多，但可能比《红楼梦》更接近口语，所以其中的“给”字句比《红楼梦》甚至比《儿女英雄传》更接近现代汉语。《白姓官话》中有“给”的句子共36句，其中“给”表被动的共4句，而被动句中施动者是无生命的事物的就有3句：

⑳那些没丢的，也给海水打滥了。

㉑寡剩的几担豆子没丢吊，也给海水打滥上霉了。

㉒里头原是给雨打湿了的。

值得注意的还有一点：这三句中在谓语后面都有个“了”，这就更明确地和使役句区分开来了。因为使役句是表示让某人做某事，“做某事”往往是未实现的，所以谓语后面一般不能用“了”。如“我让他摆好桌子”，后面不能加“了”；除非是对一种已经发生的使役的陈述，句末才能用“了”，如“我昨天就让他摆好桌子了。”但这个“了”也是表示“我让他（我吩咐他）”这件事已经实现，而不是表示“摆好桌子”这件事已经实现。而被动句（特别是肯定性的被动句）往往是对一种已实现的事情的陈述，所以在现代汉语的被动句谓语后面常常加“了”，如“桌子被摆好了。”这种“给＋N（无生命）＋V＋了”的被动句在《白姓官话》中的出现，说明用“给”的被动句已完全成熟。

这个句末的“了”是怎样加上去的呢？这不可能是使役句进一步发展的结果，而是“给”字句被人们当作被动句使用后形成的。当时被动句的主流是“被”字句和“叫”字句，“被”字句早在宋代就可以在句末加“了”，“教”字句加“了”在《金瓶梅》中已能看到，到《红楼梦》中“被”字句、“叫”字句句末加“了”更是普遍。如：

㉓彦冲被此辈教坏了。（《大慧书·答刘宝学》）

㉔被利欲将这个心包了。（《朱子语类》卷八）

㉕原来平儿早被李纨拉入大观园去了。（《红楼梦》四四回）

㉖手中的扇子在地下，也半被落花埋了。（《红楼梦》六二回）

㉗教那西门庆听了，赶着孙寡妇只管打。（《金瓶梅词话》一五回）

㉘若叫人知道了，我就吃不了兜着走呢。（《红楼梦》二三回）

㉙这叫姨妈看见了，又说一个不清。（《红楼梦》六二回）

刚才说过，这是被动句的语义特点决定的。“给”字句虽然是从使役句发展而来，但一旦被人们当作被动句使用了，它就会服从一般被动句的表达规律，也会受主流被动句“被”字句、“叫”字句的影响，所以句末加上了“了”。

现在简要地回顾一下用"给"的被动句形成的过程。(一)从句式 A(给^1:给予)到句式 B(给^2:让,叫)到句式 C(给^3:被)的发展,不是由于"给"的词义的变化带动句式的演变,而是相反,是由于句式的演变造成"给"的词义和功能的变化。(二)句式的演变是渐进的:句式 A 的一部分在某种条件下由于结构形式和语义关系和使役句相似,可以发展为句式 B;句式 B 的一部分在某种条件下由于结构形式和语义关系和被动句相似,可以发展为句式 C。(三)由这样演变而来的句式 C(给^3 句),其来源是使役句,但已经具有了被动句的功能。不过开始时"给^3"句表示被动是有限制的,施动者只限于人或动物;而且这种句式究竟是表被动还是表使役也不容易清楚地分开。后来因为受到一般被动句的影响,施动者扩展到无生命的事物,"给^3"句才完全取得了表被动的功能,并且比较清楚地和使役句分开。这一步是由类推的作用而实现的。

二 "教"字句由表使役到表被动的发展

上面说了"给"字句由给予句到使役句到被动句的发展。这种发展在汉语语法史中是出现得比较晚的,大约是在明代到清代。其实,从使役句到被动句的发展,早在唐代已经发生过了,这就是"教"字句的发展。从唐代到明清有将近一千年,唐代的"教"字句从使役句发展为被动句,将近一千年后的"给"字句也从使役句发展为被动句,这绝不是偶然的巧合,应该说,在这种发展后面有一种共同的机制。所以,这个问题很值得深入讨论。

"教"表使役是很常见的,不用举例。在唐代,"教"由表使役发展为表被动，在开始时也是理解为使役和理解为被动两可的。如在唐诗中就有这样的例句：

㉚五月贩鲜鱼，莫教人笑汝。（寒山诗）

㉛舟触长松岸势回，潺湲一夜绕亭台。若教靖节先生见，不肯更吟归去来。（赵嘏《赠桐乡丞》）

㉜愿为化得红绶带，许教双凤一时衔。（李商隐《饮席代官妓赠两从事》）

㉝回无斜影教僧踏，免有闲枝引鹤栖。（皮日休《题瓦棺寺真上人院矮桧》）

这种歧义，是使役句转化为被动句的起点。但是，并非所有的使役句都能具有这种歧义，因此，需要讨论的是：什么样的使役句可以有这种歧义？也就是说，使役句在什么条件下能够转化为被动句？这个问题，学术界曾有比较深入的讨论，如太田辰夫(1958)、蒋绍愚(1994)(1997)、江蓝生(1999)、冯春田(2000)等都发表过自己的意见。归纳起来，主要有三条：

(1)汉语动词表主动和表被动在形式上没有区别。

(2)“教”字句的谓语动词是及物的。

(3)“教”字前面的不是施事主语，而是受事主语。

第(1)条是大前提，没有这个大前提，汉语的使役句不可能转化成被动句。第(2)条限定了只有一部分使役句能转化为被动句。第(3)条牵涉到使役句与被动句的一个根本性区别：主语是施事还是受事；只有主语是受事，才是被动句。这三条和本文在前面讨论“给”字句由使役句转化为被动句时所说的大致相同。

但是，这里还有一个问题需要深入讨论：既然使役句的主语一般是受事，那么，为什么会允许受事出现在使役句的主语位置上，从而使之具备了转化为被动句的条件？

这个问题，我在(1994)和(1997)中曾经涉及，但只说了"教"前面不出现主语，"教"字句的主语可以理解为是施事，也可以理解为是受事，因此产生了"教"字句从使役到被动的转化。这是说得不全面的。江蓝生(1999)对此做了补充，指出使役句有两类，一类是无主句，一类是受事主语句。这说得很对，把问题的讨论推进了一步。不过，文章举的第二类例子是：1."但雀儿之名为脑子，交被老乌趁急。"2."阿你浦逃落籍，不曾见你膺王役，终遣官人杖脊，流向儋崖象白。"(均见敦煌写本《燕子赋》[甲])并说："很显然，当使役句的主语为受事时，使役句就转化为被动句。"这还可以进一步讨论。

确实，这两个句子中的主语是受事主语。但这两个句子已经不是使役句，而是被动句。当我们探究"教"字句如何从使役句转化为被动句的时候，我们希望看到的是受事出现在使役句(而不是被动句)的主语位置上的例句；而且，要进一步追问：为什么受事会出现在使役句主语的位置上？

先让我们看几个例句：

㉞棹遣秃头奴子拨，茶教纤手侍儿煎。(白居易《池上逐凉》诗之二)

㉟泉遣狙公护，果教狸子供。(皮日休《奉和鲁望四明山九题》)

㊱军书羽檄教谁录？帝命王言待我成。(徐夤《咏笔》)

㊲蓑笠双童傍酒船，湖山相引到房前。团(一作巴)蕉何事教人见？暂借空床守坐禅。(秦系《奉寄昼公》)

这些例句都是受事出现在“教”字句的句首。很清楚，例㉞㉟句中“教”和“遣”对举，显然是个使役动词。两个“遣”字句和两个“教”字句受事都在句首，但它们都是使役句而不是被动句。如果不联系上下文孤立地看两个“教”字句，“教”似乎也可以换作“被”，但这是用今天的眼光来观察，唐代人绝不会这样理解。例㉞㉟中的“教”也还是个使役动词，不过，如果理解为“被”，句子的意义也没有多少改变。总之，使役句的句首是受事，并不立即会变成被动句，但这种句式确实和被动句很相近，可以说，受事出现在使役句的句首，而且施事不出现，这就为使役句转化为被动句创造了条件。

那么，受事为什么可以出现在使役句的句首呢？

既然是使役句，从语义上说，总是表示“甲（施事）让乙（兼语）做某事（VP）”，VP 可能是一个动宾结构（V＋O），O 是 V 的受事。所以，使役句的基本句式是“施事（主语）＋教＋兼语＋动词＋受事（宾语）”。但是，根据汉语的特点，主语往往可以隐去，而受事却可以作为话题出现在句首，这样，就成了“受事＋（施事）＋教＋兼语＋动词”的句式。例㉞—㊲其实都是这种句式：

㉞茶（我）教纤手侍儿煎。

㉟果（君）教狎子供。

㊱军书羽檄（将军）教谁录？

㊲团（一作巴）蕉（昼公）何事教人见？

上文在说“给”字句的时候引的一些例句，其实也应该这样理解。如

⑩我的一件梯己（我）没给宝玉看见过。（按：“我的一件梯己”在原文中已经出现，只是在“没给”之前被“收到如

今”隔开。）

⑰（这件事）（你）千万别给老太太、太太知道。

上述例㉞—㊲以及例⑩、例⑰都是一样的句式，为什么例㉗㉘只能理解为使役句，而其他的可以转化为被动句呢？这和它们的上下文（context）有关。例㉗㉘中“教”和“遣”对举，很明显地说明“教”是个使役动词，施事虽然没有出现，但根据语义是决不可少的，因此，受事虽然出现在句首，也只能是话题而不是主语。其他的例句没有这样的上下文环境，从语义上看，施事不是必需的，因此，处于句首的受事可以理解为话题（这是就是隐含施事主语的使役句），也可以理解为主语（这是就转化为被动句）。因为在汉语中主语和话题都没有形式标志，在主语和话题不同时出现的时候，话题可以就是主语。

可见，“使役句—被动句”的转化，是以汉语的语法特点（主语可以不出现，受事可以作为话题或主语处于句首，主语有时就是话题）为基础的。

现在，我们回到用“教”字的被动句来。上文说过，唐代的“教”字句，多数还处在“使役句—被动句”的转化过程中，往往理解为使役和被动是两可的。而且这些句子中，“教”后面的施动者也都是人或动物。施动者是无生命的事物的例句在《全唐诗》中很少，而且到晚唐才出现。如：

㊳以前虽被愁将去，向后须教醉（一作酒）领来。（皮日休《奉酬鲁望惜春见寄》）

㊴总得苔遮犹慰意，若教泥污更伤心。（韩偓《惜花》）

在敦煌写本中也有一例：

㊴疏野兑（免）交城市闹，清虚不共俗为邻。（《敦煌写

本·卢山远公话》)

例㉛中的"醉(或酒)"是拟人化的,但"教"已和"被"对举,这一点很值得注意。例㉛㉜的"泥"、"城市"是无生命的,"教"看作使役动词不容易讲通,应该看作被动标志。

到《红楼梦》中,多写作"叫",施动者可以是无生命的。如:

㊵叫雪滑倒了。(八回)

和上文讨论"给"字句时所说的道理一样,"教"后面施动者由有生命的扩展到无生命的,这是类推的结果,也是"教"字句功能扩展的最终完成。

三 语法化、类推和功能扩展

在谈论语法的历史演变的时候,"语法化"是一个热门话题。像处置标记"把"、被动标志"被"的产生都是语法化的结果,本文讨论的被动标志"给"、"教"的产生也是语法化的结果。

但是,仔细分析,语法化的过程是不完全一样的。"把"、"被"的语法化和"给"、"教"的语法化属于两种类型。

"把"、"被"原来都是动词,当"把"处在连动结构的第一动词的位置上,"被"后面跟着动词宾语的时候,它们的性质逐渐虚化,最后变成了处置标记和被动标记;与此相应,"把+N+V+(N)"和"被+V"的表层结构虽然没有改变,但发生了重新分析,其深层结构起了变化。词语的虚化和语言结构的重新分析几乎是同时发生的,很难说出孰先孰后,是虚化引起了重新分析,还是重新分析引起了虚化。由于"把+N+V+(N)"和"被+V"的表层结构没有改变,而且作为动词的"把"、"被"和作为语法标记的"把"、"被"在语义上有一定的联系，所以它们的语法化过程很容易被人们认识，这就是人们熟知的"实词虚化"。

"给"、"教"原来都是一般动词，后来发展为使役动词，又虚化为被动标志。显然，这也是语法化。但是，"给"、"教"的语法化过程与"把"、"被"不同。(1)如本文第一部分所说，不是由于"给"的词义的虚化带动句式的演变，而是相反，是由于句式的演变造成"给"的词义和功能的变化；"教"的语法化也是如此。从语义上看，很难找到动词"给"、"教"和语法标志"给"、"教"之间的联系，所以也难以用"实词虚化"来解释；只有从句式的演变加以考察，才能找到它们的联系。(2)这种句式的演变比较复杂，每一步的演变，其表层结构都出现了较大的变化。如：从用"给"的给予句演变为使役句，必须首先从"甲＋给＋乙＋N＋(V)"发展为"甲＋V_1＋N＋给＋乙＋V_2"，出现和使役句的表层结构相同的部分"(甲)＋给＋乙＋V"，才能进行重新分析，从而转化为使役句；不论是"给"字句还是"教"字句，要从使役句演变为被动句，必须是句首的施事"甲"不出现，而代之以受事 N，出现和被动句相同的表层结构"受事＋给＋乙＋V"，才能进行重新分析，从而转化为被动句。"给予—使役"、"使役—被动"的转化，都首先要经过比较复杂的句式演变，出现"给予"和"使役"之间以及"使役"和"被动"之间的共同的表层结构，然后才能进行重新分析。这种"句式演变—重新分析"的过程，也和"把""被"的语法化过程有很大的不同。正因为这两点原因，它们的语法化过程不容易被人们认识。但这确实是汉语中实际存在的又一种语法化的类型，只是以往人们对此不太注意罢了。

"教"字句和"给"字句的演变还有一点和"把"、"被"不同：

“教”字句和“给”字句的演变是一种功能扩展,“把”字句和“被”字句不是。

什么是“功能扩展”[①]?

本来,A型句有X功能,B型句有Y功能。后来,由于语法的演变,A型句也逐渐取得了Y功能,它的功能由X扩展到兼表X和Y,这就是功能扩展。

比如,本来“教”字句和“给”字句表使役,“被”字句表被动;后来“教”字句和“给”字句在保持其原有的功能(表使役)的同时,又发展出另一种新的功能(表被动),这就是功能扩展。

而“把”字句和“被”字句的情况与此不同。“把”和“被”原来是有具体词汇意义的动词,不是专用来表示语法关系的功能词。后来它们分别发展成“把”字句和“被”字句,它们的功能也是单一的(表处置和表被动),所以不是功能扩展。(“把”字句后来又发展出表致使的功能,这是功能扩展。但这个问题不在本文讨论的范围之内。)

“教”字句和“给”字句的功能扩展是通过语法化和类推而实现的。

上文说过,表使役的“教”字句和“给”字句是通过句式本身的演变,发展到“教/给+乙+V”的时候,通过重新分析,而取得表被动的功能的。这是语法化的过程。但由于这种重新分析是在原来使役句的基础上进行的,而使役句“教/给+乙+V”中的“乙”一般只能限于是人或生物,所以,这样转化来的被动句“教/给+乙+V”中的“乙”也只能限于是人或生物。语法化(在句式

① 我在(1997)中谈过“功能扩展”,和这里谈的不大一样,当以这里所说为准。

演变基础上的重新分析)只能走到这一步。如果"教"字句和"给"字句只发展到这一步就停止了,它们就和"被"字句还有相当的距离,因为"被"字句是没有这种限制的。"教"字句和"给"字句只有去掉这种限制,才能和"被"字句一样具有不受限制地表被动的功能,也就是说,最终实现功能扩展。

使得表被动的"教"字句和"给"字句去掉这种限制的,是语言发展中另一种强大的动力:类推。既然"教"字句和"给"字句已局部地取得了表被动的功能,那么,随着这种句子使用的日益频繁,人们就会把它们和"被"字句等同起来,并且会忘掉它们是从使役句转化而来的,忘掉"教/给"字后面的名词只能是人和生物的限制,人们会根据"被"字句类推:既然"教/给"等于"被",而"被"字后面可以是无生命的名词,那么,"教/给"字后面当然也可以是无生命的名词。这一类推的实际例子,我们在上文已经看到过了。

梅耶(A. Meillet)曾经说过:"语法形式的建立主要经由两个主要过程:(一)同类现象(analogy)(一个形式因类同于另一个形式而产生),(二)语法化,即是'一个本来独立的词转化为语法成分的功能'的过程。同类现象更新形式的细节,一般来说不会改变整个系统,而语法化则会制造新形式、新的词类而改变系统的整体性。"(*L'evolution des formes grammaticles*,1912,转引自贝罗贝 1989)关于语法化在语法发展中的重要作用,梅耶说得很对,我们在本文对于"给"字句和"教"字句演变过程的分析中,可以清楚地看到语法化的作用,它确实创造了一种新的语法形式:用原来表使役的句式表示被动。但根据上文的分析,我认为,类推(analogy)在语法演变中的作用也应该得到充分的重视。当然,单纯的类推并不会创造新形式,但类推和语法化共同起作用,就可能创造新形式。在上面已经看到,只有语法化和类推这两股力量的共同推动,"教"字句和"给"字句的功能扩展才得以最终完成,成为和"被"字句一样的可以不受有生命无生命限制的被动句。准确地说,汉语史上一种新的语法形式:用原来表使役的句式表示的新的被动句,"教"字句和"给"字句,是由语法化和类推共同创造的,汉语的表被动的语法系统也由此而得到改变。所以,类推有时和语法化一样,也可以是改变语法系统的推动力。

参考文献

[法]A.贝罗贝(Alain Peyraube) 1989 《早期把字句的几个问题》,《语文研究》第1期。

冯春田 2000 《近代汉语语法研究》,山东教育出版社。

江蓝生 1999/2000 《汉语使役与被动兼用探源》,《近代汉语探源》,商务印书馆。

蒋绍愚 1994 《近代汉语研究概况》,北京大学出版社。

—— 1997/2000 《把字句略论——兼论功能扩展》,《汉语词汇语法论文集》,商务印书馆。

[日]平山久雄 2000 《给の来源——过与に寄せて》,《中国语学》247号。

[日]太田辰夫 1958/1987 《中国语历史文法》,蒋绍愚、徐昌华译,北京大学出版社。

[日]志村良治 1984/1995 《"与""馈""给"》,《中国中世语法史研究》,江蓝生、白维国译,中华书局。

Bennett, P. A. 1981 The Evolution of Passive and Disposal Sentences, *Journal of Chinese Linguistics*, vol 9, pp. 61 - 90.

Chao, Yuanren 1948 *Mandarin Primer*, Cambridge, Mass., Harvard University Press.

引书目录：
《老乞大谚解》《朴通事谚解》，经联出版事业公司，1978。
《红楼梦》（以庚辰本为底本），人民文学出版社，1982。
《儿女英雄传》，人民文学出版社，1983。
《白姓官话全译》（据天理大学附属天理图书馆藏写本），濑户口律子著，明治书院，1994。
《全唐诗》，中华书局，1960。
《敦煌变文校注》，黄征，张涌泉校注，中华书局，1997。

受事主语句的发展与使役句到被动句的演变

我在《"给"字句、"教"字句表被动的来源》(刊于《语言学论丛》第二十六辑)一文中,论证了"给"字句是由表给予发展为表使役再发展为表被动,时间大约是清代;"教"字句也是从表使役发展为表被动,时间大约是唐代。时间相隔将近一千年,而两种句式都是由表使役发展为表被动,可见这是一种带有规律性的发展。

但是,这里存在着一个问题:既然表使役可以发展为表被动,那么,为什么先秦两汉魏晋南北朝的使役句,如"使"字句、"令"字句,没有发展为被动句呢?本文就要回答这个问题。简单地说,表使役发展为表被动是有条件的,这条件就是受事主语句的发展。汉语中受事主语句很早就有,但只有发展到一定阶段,才能在使役句的句首出现受事主语,从而使得使役句有可能发展为被动句。

一

在《"给"字句、"教"字句表被动的来源》一文中说过,在使役句发展为被动句的过程中,有不少句子处在过渡状态,既可以理

解为使役句,也可以理解为被动句。如:

①五月贩鲜鱼,莫教人笑汝。(寒山诗)

②愿为化得红绶带,许教双凤一时衔。(李商隐《饮席代官妓赠两从事》)

③军书羽檄教谁录?帝命王言待我成。(徐夤《咏笔》)

④团蕉何事教人见?暂借空床守坐禅。(秦系《奉寄昼公》)

⑤我的一件梯己,收到如今,没给宝玉看见过。(《红楼梦》四二回)

⑥千万别给老太太、太太知道。(《红楼梦》五二回)

这些句子为什么既可以理解为使役句,也可以理解为被动句呢?这是因为:使役句和被动句有相同之处,即:"教/给"字和"被"字后面部分的基本结构相同,都是"N+V(+O)",而且几个成分之间的语义关系也相同,N都是V的施事,O是V的受事。但它们也有不同之处,最主要的区别在于,在通常情况下,"教/给"和"被"前面的名词和后面的动词的施受关系不同:使役句"教/给"前面的名词是后面的动词的施事,被动句"被"前面的名词是后面的动词的受事。即:

使役句:施事+教/给+N+V(+O)

被动句:受事+被+N+V(+O)

如果在使役句前面出现受事,那么"教/给"的前后部分都和"被"的前后部分相同,其间的语义关系也都相同。即:

使役句:受事+教/给+N+V(+O)

被动句:受事+被+N+V(+O)

在这种情况下,时间一长,人们就会把"教给"看作和"被"一样,是一个被动标志。这样,"教/给"字句就重新分析为被动句。

上面几个句子之所以可以有两种理解，是因为句子的施受关系是模糊的，具体地说，可以分为三类：

(1)例①，“教”前没有主语。而且，因为是禁止性的否定句，在“教”前面补不出主语，所以施受关系模糊，理解为“莫使人笑汝”和“莫被人笑汝”均可。这种句子不多。

(2)例②⑤⑥，“教/给”前没有主语，但可以补出主语。如果补出的主语是施事，这就是使役句。如果补出的主语是受事，这就是被动句。即：

例②(天)许教双凤一时衔。——使役句

(红绶带)许教双凤一时衔。——被动句

例⑤(我)没给宝玉看见过——使役句

(这件梯已)没给宝玉看见过——被动句

例⑥(你)千万别给老太太、太太知道——使役句

(此事)千万别给老太太、太太知道——被动句

(3)例③④“教”前已有名词，而且这个名词是“教”后面的动词(“录”和“见”)的受事。这两句，要看作被动句当然可以；但仔细推敲原文，其中还是隐含着施事，所以实际上还是使役句。即：

例③实际上是：军书羽檄教谁录＝军书羽檄$_{\text{受事}}$(君$_{\text{施事}}$)教谁录——使役句

可以看作：军书羽檄$_{\text{受事}}$教谁录＝军书羽檄被谁录——被动句

例④实际上是：团蕉何事教人见＝团蕉$_{\text{受事}}$(汝$_{\text{施事}}$)何事教人见——使役句

可以看作：团蕉$_{\text{受事}}$何事教人见＝团蕉何事被人见——被动句

语义上的歧义往往是语法变化的起点。从历史发展的角度看，这几类句子都很容易由使役句被重新分析为被动句。"教"字句、"给"字句由使役句向被动句的演变，就是通过这样的发展而形成的。

这里最值得注意的是第(3)类句子：使役句的句首出现受事。

一般来说，被动句句首的名词必然是受事，使役句句首的名词应该是施事。如"我叫他打开这扇门"是使役句，"这扇门被他打开了"是被动句。为什么使役句的句首会出现受事呢？这是因为使役句中第二个动词"打开"的宾语"这扇门"可以移到句首，如"我叫他打开这扇门"可以说成"这扇门我叫他打开"，这仍是使役句。如果句中的施事"我"隐去，就成了"这扇门叫他打开，(那扇门不叫他打开)"这样的句子，这是就产生了歧义：它可以看作仍是使役句；但是，这种句子和被动句"这扇门被他打开"的结构非常相近，所以有可能重新分析为被动句。上述第(3)类的句子就是这样一种"受事(＋施事)＋教＋N＋V"的使役句，这种句式为使役句的重新分析提供了语法环境，为使役句向被动句的演变创造了条件。

第(2)类句子虽然在"教"前面没有出现主语，但是，它之所以会有歧义，也是以当时的语言中存在第(3)类句子为前提的。"教/给"字句本是使役句，如果当时的语言中在使役句前面根本不允许出现受事主语，人们当然也就不可能异想天开地在这种无主语的使役句前面补上受事主语，因此，这类句子就不可能理解为被动句，只能理解为使役句。只有当时的语言中"教/给"字句的主语既可以是施事，又可以是受事，人们才可能对这类无主语的使役句有两种理解，从而使之产生歧义，使得使役句有重新分析的可能。

那么，这种“受事＋(施事)＋教＋N＋V”的句式，是自古就有的，还是后来才产生的？这和汉语的受事主语句的历史发展有关。这就是本文要讨论的主要问题。本文选取代表三个历史层面的三部书：《论语》、《世说新语》、《敦煌变文集》来加以考察。

首先要说明的是：什么是受事主语句？我认为受事主语句可分为三大类：(a)有标记的被动句，(b)意念上的被动句，(c)“话题—评论”式的受事主语句。对这三类的说明以及这三类的区别到本文第五节再谈。下面讨论受事主语句的时候，将把(a)、(b)两类排除在外，因为它们和本文要讨论的问题关系不大。下面只讨论(c)类。

二

在《论语》中，(c)类受事主语句有以下几种类型：

(1)受事(＋施事)＋不＋动词

这类受事主语句的构成是有条件的：动词前必须有否定词“不”。这种类型的句子，句首的受事可以看作是动词的宾语位移而成的。既然动词的宾语已经移至句首，它在动词后面就不出现了，所以这类句子动词后面一般没有宾语。在否定句中，动词的受事移到句首做主语是最自由的，直到现代汉语中依然如此。比如“鱼不吃了”可以说，而“鱼吃了”就必须在一定的语境中才能说。

《论语》的这类句子中，如果受事主语比较长，和后面部分的连接比较松，则后面还出现动作的施事，如例⑨中的“吾”。多数句子动作的施事不出现，但在语义上是隐含着的，也可以补上。

⑦曾子曰：“吾日三省吾身：为人谋而不忠乎？与朋友交而不信乎？传不习乎？”(《学而》)

⑧成事不说，遂事不谏，既往不咎。(《八佾》)

⑨暴虎冯河，死而不悔者，吾不与也。(《述而》)

⑩故旧不遗，则民不偷。(《泰伯》)

⑪沽酒市脯不食。(《乡党》)

⑫小不忍，则乱大谋。(《卫灵公》)

⑬远人不服，而不能来也；邦分崩离析，而不能守也。(《季氏》)

⑭四体不勤，五谷不分。(《微子》)

(2)受事＋可/不可＋动词(＋宾语)

这种类型的受事主语句的构成也是有条件的：动词前必须有“可/不可”。这类句子和第(1)类一样，动词后面一般没有宾语。但如果动词是三价的，则动词后面还可以有一个宾语，如例⑲和例⑳。

⑮子张问：“十世可知也？”曰：“殷因于夏礼，所损益，可知也；周因于殷礼，所损益，可知也。其或继周者，虽百世，可知也。”(《为政》)

⑯父母之年，不可不知也。(《里仁》)

⑰夫子之文章，可得而闻也；夫子之言性与天道，不可得而闻也。(《公冶长》)

⑱君子可逝也，不可陷也；可欺也，不可罔也。(《雍也》)

⑲三军可夺帅也；匹夫不可夺志也。(《子罕》)

⑳季子然问："仲由、冉求，可谓大臣与？"子曰："……由与求也，可谓具臣矣。"（《先进》）

㉑君子不可小知而可大受也；小人不可大受而可小知也。（《卫灵公》）

有时句首的名词是介词"与"的宾语。如：

㉒鄙夫可与事君也与哉？（《季氏》）

有时句首的名词是"使"的受事（兼语）。如：

㉓子曰："由也，千乘之国，可使治其赋也……求也，千室之邑，百乘之家，可使为之宰也……赤也，束带立于朝，可使与宾客言也。"（《公冶长》）

㉔仲由可使从政也与？……赐也可使政也与？……求也可使从政也与？（《雍也》）

㉕民可使由之，不可使知之。（《泰伯》）[1]

（3）受事（＋施事）＋动词＋之

除了否定句和有"可/不可"的句子外，《论语》中的受事主语句中动词后面必须有一个"之"回指句首的受事主语。[2] 这种句

---

① 匿名评审者指出：例㉕中"使"的宾语放到句首以后，"使"后面就不能有"之"了；但当它们译成现代汉语时，在"使"后面必须有"他们"。这确实是一个有趣的差异。其实不仅仅是例㉕，例㉓㉔都是这样；例㉒的"与"也和"使"一样。为什么会形成这种差异？我想是古今汉语语法的差异造成的。在古汉语中，无论是施事主语句还是受事主语句，"与"和"使"后面都可以没有宾语，这种例子屡见不鲜，所以"与"和"使"的宾语放到句子前面作为受事主语而在"与"和"使"后面留下空位，并不违反古代汉语语法规则。但这种"与"和"使"后面都可以没有宾语的语法规则在现代汉语中消失了，在现代汉语中，"与（和）"和"使"后面必须有宾语。如果因为"与（和）"和"使"后面的宾语放到句子前面作为受事主语就在"与（和）"和"使"后面留下了空位，这就违反了现代汉语语法规则，所以在"与"和"使"后面必须有"他/他们"。

② 像《孟子·离娄下》"谏行言听"之类的句子应属于（b）类，即意念上的被动，见王力（1990）。

子在《论语》的受事主语句中为数最多，这也是先秦的受事主语句和现代汉语受事主语句的最大不同。比如"夏礼吾能言之"，动词后面的"之"是必不可少的。而现代汉语中说"夏礼我能说"，动词后一定不能再有"它"。

这类句子还有一个特点：在受事主语和动词之间常常出现施事主语。如例㉗㉜㉞㉟等。不出现施事主语的也可以补上，也就是说，那些没有施事主语的句子，我们可以看作是隐含着施事主语。这在例㉜中最为明显："邦君之妻：君称之曰'夫人'；夫人自称'小童'；邦人称之曰'君夫人'，称诸异邦曰'寡小君'；异邦人称之亦曰'君夫人'。"第1、2、3、5四个小句中都是有"称"的施事出现的，惟独第4个小句中"称"的施事没有出现。很明显，这个分句中实际上隐含着施事"邦人"，是承上文省略了。

㉖诗三百，一言以蔽之，曰："思无邪。"(《为政》)

㉗夏礼吾能言之，杞不足征也；殷礼吾能言之，宋不足征也。(《八佾》)

㉘吾道一以贯之。(《里仁》)

㉙老者安之，朋友信之，少者怀之。(《公冶长》)

㉚千乘之国，摄乎大国之间，加之以师旅，因之以饥馑；由也为之，比及三年，可使有勇，且知方也……方六七十，如五六十，求也为之，比及三年，可使足民。(《先进》)

㉛君子之德风；小人之德草；草上之风，必偃。(《颜渊》)

㉜邦君之妻：君称之曰"夫人"；夫人自称"小童"；邦人称之曰"君夫人"，称诸异邦曰"寡小君"；异邦人称之亦曰"君夫人"。(《季氏》)

㉝子夏之门人问交于子张。子张曰："子夏云何？"对

曰:“子夏曰:‘可者与之,其不可者拒之。’”(《子张》)

用“焉”或“诸”的也属于这一类:

㉞子曰:“自行束修以上,吾未尝无诲焉。”(《述而》)

㉟曰:“焉知贤才而举之?”曰:“举尔所知;尔所不知,人其舍诸?”(《子路》)

也有既用否定词“不”又用“之”的。如:

㊱子曰:“圣人,吾不得而见之矣;得见君子者,斯可矣。”子曰:“善人,吾不得而见之矣;得见有恒者,斯可矣。”(《述而》)

㊲俎豆之事,则尝闻之矣;军旅之事,未之学也。(《卫灵公》)

也有既用“可”又用“之”的。如

㊳士何如斯可谓之达矣?(《先进》)

看来,如果受事主语和谓语之间连接较松,或者有插入成分(如例㊱中间有“吾”,例㊳中间有“斯”),那么,即使句中有“不”或“可”,动词后面还要有“之”回指受事主语。

以上是根据《论语》的材料所做的归纳。至于为什么在(1)(2)两类受事主语句中,动词后面不能再有“之”回指受事主语,而在(3)类受事主语句中,动词后面必须有“之”回指受事主语?这个问题将另文讨论,此处从略。

三

《世说新语》中的受事主语句多数和《论语》一样,也可以分为三类。但比《论语》多了一类(第4类),这是汉语受事主语句的新发展。

(1)受事(+施事)+不+动词

㊴身体发肤,不敢毁伤。(《德行》)

㊵晋简文为抚军时,所坐床上尘不听拂。(《德行》)

㊶虽当世贵盛,不肯诣也。(《任诞》)

㊷胜公荣者,不得不与饮酒。(《简傲》)

㊸君得哀家梨,复当不烝食不?(《轻诋》)

(2)受事+可/不可+动词(+宾语)

㊹若斯人,可与论天人之际矣!(《文学》)

㊺真长曰:小人都不可与作缘。(《方正》)

㊻妇人之言,慎不可听。(《任诞》)

㊼胜公荣者,不可不与饮;不如公荣者,亦不可不与饮;是公荣辈者,又不可不与饮。(《任诞》)

㊽流可枕,石可漱乎?(《排调》)

㊾德之休明,肃慎贡其矢;如其不尔,篱壁间物亦不可得也。(《排调》)

(3)受事(+施事)+动词+之

㊿老父在太丘,强者绥之以德,弱者抚之以仁。(《政事》)

51文王之囿,与众共之,池鱼复何足惜?(《政事》)

52裴仆射,时人谓为言谈之林薮。(《赏誉》)(“谓”后面的“之”省略)

53处明亲疏无知之者。(《赏誉》)

(4)受事(+施事)+动词词组

54、王丞相拜扬州,宾客数百人并加沾接,人人有说色。(《政事》)

(55)蔡伯喈睹睐笛椽,孙兴公听妓振且摆折。王右军闻,大嗔曰:“三祖寿乐器,虺瓦弔孙家儿打折。”(《轻诋》)(这句话中有些词语不好懂,但大意是明白的:蔡伯喈的笛子,孙兴公听任妓女打折了。)

这一类的特点是动词前没有“不”和“可”,动词后也没有“之”回指,动词的受事就可以直接放在主语的位置。这类句子虽然数量不多,但是,在《论语》中是没有的,这类句子的出现是汉语受事主语句的重要发展。下面将会看到,在《敦煌变文集》中,这类句子大大增加了。

受事主语句中可不用“之”回指,可能和汉语中及物动词的发展有关。这个问题比较大,这里只能谈一点初步的想法。先秦时,除了否定句和“反宾为主”的句子外,及物动词通常是要带宾语的,如果受事在上文已经出现,也要用一个“之”做宾语。但是这一规则到后来逐渐松动,即使不是否定句和“反宾为主”的句子,及物动词后面也可以不带宾语“之”。如下面的例(56)(57),如果按先秦的表达方式,应该说“无不皆给之”、“意欲借之”和“便复脱去之”。但在《世说新语》中,都没有用“之”字。

(56)阮光禄在剡,会有好车,借者无不皆给。有人葬母,意欲借而不敢言。(《德行》)

(57)平子脱衣巾,径上树取鹊子,凉衣拘阂树枝,便复脱去。(《简傲》)

受事主语句中不用“之”回指,是和这种发展平行的。

这一类受事主语句的出现,为使役句的重新分析创造了条件。这个问题到下面再谈。

四

《敦煌变文集》中，第(1)(2)(3)类受事主语句都还有，但第(3)类句子减少，而第(4)类句子大大发展。现各举数例如下：

(1)受事(＋施事)＋不＋动词

(58)风里野言不须采括。(《伍子胥变文》)

(59)但弟子东西不辩，南北岂知。(《庐山远公话》)

(60)弟子今者为诸众生迷心不解，未悟大乘。(《庐山远公话》)

(61)其道士朝仪不失。(《叶净能诗》)

(2)受事＋可/不可＋动词(＋宾语)

(62)雀儿之罪，不可称算。(《燕子赋》)

(63)月中之事，其可恻(测)焉？(《叶净能诗》)

(64)长者闻语忽惊疑，三宝福田难可遇。(《大目乾连冥间救母变文》)

(65)恶染阇梨清净衣，冥途不可多时住。(《大目乾连冥间救母变文》)

(3)受事(＋施事)＋动词＋之①

(66)此法幸愿解之。(《伍子胥变文》)

(67)种子犁牛，无处取之。(《舜子变》)

(68)天下饥荒，缘桑擿椹，赤黑易器盛之。(《孝子传》)

(69)天衣向何处藏之，时得安稳？(《搜神记》)

---

① 例(66)—(68)李文(1996)已引。

(4)受事(+施事)+动词词组

⑦⓪锄禾刈麦,薄会些些。(《庐山远公话》)

⑦①水体性本润,顽石无由入得。(《庐山远公话》)

⑦②饭食浪道,我亦不饥。(《燕子赋》)

⑦③百味饮食将来。(《八相变》)

《敦煌变文集》中有很多带受事主语的使役句,都属这种类型。这在下文再加论述。

五

现在我们要讨论受事主语句的发展和使役句演变为被动句的关系。

(一)首先要讨论的是:什么是受事主语句?

凡是主语是动词的受事的句子都是受事主语句。受事主语句包括以下三类:

(a)有标记的被动句,即"为"字句、"见"字句。

(b)意念上的被动句,即所谓"反宾为主"的句子,或者,准确地说,是由"斩"、"伤"、"放逐"等作格动词为谓语,而且动词的受事不出现在动词的后面,反而出现在动词前面的句子,如《庄子·胠箧》:"昔者龙逢斩,比干剖,苌弘胣,子胥靡"之类。这类句子也可以用"于"引进施事者,如《左传·成公二年》:"郤克伤于矢。"之类。

(c)"话题——评论"式的受事主语句,包括本文所说的(1)(2)(3)(4)类。

（二）其次，为什么上文只讨论(c)类的发展？为什么说(a)(b)两类和使役句演变为被动句关系不大？

(c)类和(a)(b)两类最根本的区别在于：(a)(b)两类的句子主语和谓语之间关系比较紧密，在受事和动词谓语之间不能插进施事。比如，不能说"龙逢桀斩"。而(c)类的主语和谓语之间关系比较松散，在第(1)类、第(3)类和第(4)类的受事和动词谓语之间都可以插进施事。比如，可以说"暴虎冯河，死而不悔者，吾不与也"，"夏礼吾能言之"，"蔡伯喈睹睐笛椽，孙兴公听妓振且摆折"等等。(c)类中第(2)类的主语和谓语之间不能插进施事，但中间可以又一个明显的停顿，如："夫子之文章，可得而闻也。""由与求也，可谓具臣矣。"在这个停顿处，可以看作隐含着一个施事。如："夫子之文章，(吾等)可得而闻也。""由与求也，(汝)可谓(之)具臣矣。"所以，(c)类处于句首的名词，它和后面整个谓语的关系主要不是表示被动关系，是话题和评论的关系[①]。正因为如此，我们把(c)称为"'话题——评论'式的受事主语句"。

(c)类的这种特点，和使役句演变为被动句有密切的关系。在本文第一部分已经说过，使役句重新分析的语法环境是这样是句式："受事(＋施事)＋教＋N＋V"。而能提供这种句式的，只有(c)类受事主语句。(a)(b)两类受事主语句在受事主语和谓语之间都不能插入施事，所以，和本文讨论的问题无关。

（三）既然(c)类的架构是"受事(＋施事)＋谓语"，而(c)类的(1)(2)(3)类在《论语》中都已出现，为什么先秦是的使役句

① "主语"和"话题"的关系比较复杂，本文不拟讨论。

(“使/令”字句)不能演变为被动句,只有到唐代以后,新产生的使役句“教”字句、“给”字句才能发展为被动句呢?

因为这三类句式也不能为使役句被重新分析为被动句提供语法环境。下面我们分别加以考察。

第(1)类受事主语句“受事(+施事)+不+动词”,其中的动词只能是单个动词。在单个动词的否定句中,动词的宾语可以移到句首,成为受事主语。而使役句中至少要有两个动词,一个是“使/令”,另一个是其他动词。在否定的使役句中,后一动词的宾语不能前移而成为受事主语。我们在《论语》和其他先秦典籍中没有看到“受事主语+不使+名词+动词”的句子。《论语·里仁》“恶不仁者,其为仁矣,不使不仁者加乎己”不能变为“己不使不仁者加乎。”《左传·成公二年》“不使命卿镇抚王室”也不能变为“王室不使命卿镇抚”。《世说新语》中的情况也是如此。既然否定的使役句前面不能出现受事主语,自然也就不可能被重新分析为被动句。

第(2)类受事主语句的构成是“受事+可/不可+动词”。我们在前面已经看到,使役句中如果有“可/不可”,句首是可以有受事主语的,如“民可使由之,不可使知之”。但这个受事宾语是“使”的宾语前移而成的,而使役句演变为被动句的前提是:要使役句中后一动词的宾语前移为受事主语(如前面举的例子“叫他打开这扇门”——“这扇门叫他打开”)。所以,古代虽然有“民可使由之,不可使知之”之类具有受事主语的使役句,但是这类使役句也不可能被重新分析为被动句。①

① “民可使由之,不可使知之”中的两个“之”都是指“道”不是指“民”。也就是说,句首的“民”不是后一动词“由”和“知”的宾语。

第(3)类受事主语句“受事(+施事)+动词+之”古代最多，除了有“不”和有“可”的句子外，受事主语句都是这种类型。使役句也可以有这种类型的受事主语句。如《孟子·梁惠王下》：“今有璞玉于此，虽万镒，必使玉人雕琢之。”“必使玉人雕琢之”的主语承上省略，实际上是“璞玉”，它确实是“雕琢”的受事。那么，“璞玉必使玉人雕琢之”这种有受事主语的使役句能不能演变为被动句呢？不能。因为这种受事主语句的特点是在动词后面必须有个宾语“之”，而唐以前的被动句动词后面带“之”字的极少。我们见到的仅有的几例是：《史记·高帝本纪》：“吾子，白帝子也……今为赤帝子斩之。”《抱朴子·金丹》：“若被诸物犯之，用便无验。”直到唐宋以后才稍多一点，但也不很多见。[①] 前面说过，使役句之所以能重新分析为被动句，是因为带受事主语的使役句和被动句句式相似。但是相似还有一个数量问题。只有众多的使役句和众多的被动句相似，才有引起重新分析的可能。像这种受事主语句只和少数被动句的特例相似，那是不会引起重新分析的。

只有受事主语句进一步发展，动词后面不需要“之”来回指了，情况才会发生变化。《世说新语》中出现的第(4)类，就是动词后面不用“之”。这种句子在《世说新语》中不多，但是是一种重要的发展。虽然在《世说新语》的例句中没有用使役动词的，但不难设想，在后代的发展中，会有各种形式的动词词组进入“受事(+施事)+动词词组”这个格式。这个格式中的动词词组

① 这是不奇怪的，因为被动句中动词的受事已经作为主语在句首了，动词后面再出现一个和主语同指的宾语“之”实在是一种赘余，所以这是一种非常规的被动句，开始时数量极少，后来随着被动句的发展，非常规的被动句也逐渐增多。

如果是一个用使役动词的兼语式"教＋N＋V",这就成了本文第一部分所说的那种"受事(＋施事)＋教＋N＋V"的格式,而这种格式的使役句,就能够重新分析为被动句。这种格式的使役句最早在什么时候出现?这个问题我们还研究得不够,现在还不敢断言。但无论如何,它不会出现在第(4)类受事主语句出现之前。我们现在可以肯定地说,这种格式的使役句至少在唐代已经出现了。本文第一部分所举例③"军书羽檄教谁录"和例④"团蕉何事教人见"(都是唐诗中的句子)就是这种格式的使役句。在《敦煌变文集》中,这种带受事主语的使役句相当多。如:

⑭炉中莫使无残火,笼里休教暗烛灯。(《妙法莲华经讲经文三》)

⑮佛法常教不断灭,专心演说大乘经。(《金刚般若波罗密经讲经文》)

⑯拟觅朝廷一品荣,读书进业莫教停。(《佛说观弥勒菩萨上生兜天经讲经文》)

⑰祯祥为赴文殊降,瑞应还教贺圣君。(《十吉祥讲经文》)

⑱兄弟之情还教切,浑身便即现威光。(《难陀出家缘起》)

⑲晨昏早遣儿妻起,酒食先教父母尝。(《二十四孝押座文》)

⑳宝座令余何处得,莲台教朕那边求?(《妙法莲华经讲经文一》)

㉑邪痴多是愚人作,邪曲争教智者行?(《维摩诘经讲经文一》)

㉒休教烦恼久缠萦,休把贪嗔起战争。(《维摩诘经讲经文一》)

⑧③心贞不共楚王言，眉淡每教张敞画。（《佛说观弥勒菩萨上生兜天经讲经文》）

在唐代出现了这种带受事主语的使役句，这是符合受事主语句的发展规律的。

不过，这些带受事主语的使役句还应分为两类：例⑦④—⑦⑧为一类，受事主语可以看作是“教”的宾语移至句首，这一类句子不可能重新分析为被动句。后面例⑦⑨—⑧③为另一类，受事主语可以看作是兼语后面的动词的宾语移至句首，这一类句子可以重新分析为被动句。试把后一类句子当作被动句来读，除例⑧①比较勉强以外，其余几句都没有问题。

上述《敦煌变文集》中的带受事主语的使役句（“教”字句），兼语后面的动词都是单纯动词，不带宾语，这种句子能重新分析为被动句是没有问题的，因为被动句（尤其是“被”字句）以不带宾语为常。但唐代也有的“教”字句兼语后面的动词带宾语，如前面所举的例①“五月贩鲜鱼，莫教人笑汝”，以及太田辰夫举过的“见说上林无此树，只教桃李占年芳”（白居易《石榴花》），为什么这些使役句也可以演变为被动句呢？这是因为，“被”字句发展到唐代，已有不少是可以带宾语的了。如：

⑧④自怜老大宜疏散，却被亲交叹寂寥。（白居易《谕亲友》）

⑧⑤每被孩儿夺母食。（《敦煌变文集·孝子传》）

这种被动句比较特殊：有的宾语与主语有关系，如“动被亲交叹寂寥”中的“寂寥”，显然是“我”（主语）“寂寥”；有的宾语在通常的被动句中是应该做主语的，如“每被孩儿夺母食”中的“母食”，通常应作“母食每被孩儿夺”，所以“每被孩儿夺母食”这类被动句的主语无法补出。而“莫教人笑汝”之类带宾语的使役句和带宾语的被动句的谓语部分结构大致相同，而且这类使役句的主语也往往无法补出，所以就可能重新分析为被动句：

使役句：只教桃李占年芳（教＋N＋V＋O，N 是 V 的施事。）

被动句：每被孩儿夺母食（被＋N＋V＋O，N 是 V 的施事。）

比如“只教桃李占年芳”一句，如果前面出现主语“天”，那就显然是个使役句。如果前面没有主语，那就有可能重新分析为被动句：“只教桃李占年芳”＝“只被桃李占年芳”（意思是“年芳只被桃李占”）。

六

最后还剩下一个问题：既然在第（4）类受事主语句出现以后，具备了使役句演变为被动句的条件，那么，为什么唐代以后也只有“教”字句演变为被动句，“使”字句、“令”字句为什么不演变为被动句？例如，上文例⑳“宝座令余何处得，莲台教朕那边求？”为什么前一个“令”字句不能理解为被动句？

我的回答是：“使”字句、“令”字句作为使役句的时间太长了，在语言使用者的脑子中已经形成了一种十分固定的印象：它们就是表示使役的，不可能和被动句混淆。因为没有歧义，所以不会引起重新分析。而“教”字句是唐代新兴的使役句，在人们头脑里还没有形成非常固定的印象。正好第（4）类受事主语句在唐代已有较大的发展，这种新兴的使役句（如果带受事主语的话）重新分析为被动句的条件已经成熟，所以，这种新兴的使役句就演变为被动句了。

在讨论历史音变的时候，人们非常强调音变规律起作用的时代。某一音变规律可能只在某一时代起作用，在此之前或在此之后，就可能不起作用。这是因为，音变是有条件的，几条音变规律之间可能互相影响，其他因素也会对音变产生影响。在某一时期，存在某种音变条件，这条音变规律就能起作用。在另一个时期，音变条件还不具备或已经消失，或者这条音变规律受到另一条音变规律或某种别的因素的干扰，这条音变规律就不能起作用。现在我们看到，语法的演变也是这样。我们说使役句有可能演变为被动句，这不等于说任何时代、任何一种使役句都会无条件地演变为被动句，因为还有其他种种因素的影响。受事主语句的历史发展就是一种重要因素。这一点，应该对我们的语法史研究有启发。

参考文献

江蓝生　1999　《汉语使役与被动兼用探源》，《近代汉语探源》，商务印书馆。

蒋绍愚　1994　《近代汉语研究概况》，北大出版社。

——　2002　《"给"字句"教"字句表被动的来源》，《语言学论丛》第二十六辑，商务印书馆。

李　文　1996　《敦煌变文集中的受事主语句》，《镇江师专学报》第2期

孙锡信　1996　《汉语历史语法中的主谓谓语句》，《汉语历史语法丛稿》，汉语大词典出版社。

太田辰夫　1958　《中国语历史文法》，江南书院。中译本北大出版社，1987。

王　力　1990　《汉语语法史》,《王力文集》第十一卷,山东教育出版社。
杨伯峻、何乐士　1992　《古汉语语法及其发展》,语文出版社。

(原载《意义与形式——古代汉语语法论文集》,
Lineom Gmbh,2004 年 4 月)

魏晋南北朝的"述宾补"式述补结构

在汉语史上，述补结构有"述＋补＋宾"（如"打破头"）和"述＋宾＋补"（如"打头破"）两种形式。在拙著《汉语动结式产生的时代》（《国学研究》第六辑）一文中，只讨论了"述＋补＋宾"式的述补结构，而没有涉及"述＋宾＋补"式述补结构，本文讨论这个问题。

对于"述＋宾＋补"式述补结构是有争议的。这类结构究竟是不是述补结构，魏晋南北朝的时期究竟有没有"述宾补"式述补结构，学术界有不同的看法，这也正是本文所要讨论的。所以我们不能在一开始就认定"打头破"之类的结构是"述＋宾＋补"式述补结构，我们先把它们称为"V_1+N+V_2"，然后再来讨论它们的性质。

首先要说明的是：魏晋南北朝时期的"V_1+N+V_2"，实际上不止"打头破"一类，而是有几种不同的格式，在以往的讨论中，往往把这几种不同的格式同等看待，其实，从内部的语义关系来看，它们应分为不同的几类：

A. 打头破　　V_1 是及物动词，N 是动作的对象；V_2 是 V_1 产生的结果，语义指向 N。

B. 还主人竟　　V_1 是及物动词，N 是动作的对象；V_2

是完成动词,语义指向 V_1,表完成。

C. 读偈不得　　V_1 是及物动词,N 是动作的对象;V_2(不得)表示不可能,语义指向 V_1。

D. 哭城颓　　V_1 是不及物动词,和 N 不发生语义联系,"N+V_2"是 V_1 的结果。

这几种不同的格式不但内部的语义关系不同,而且其产生的来源也不同,所以应该分别加以讨论。重点讨论 A、B 两类,因为这两类用例较多,而且争议较大。

一

首先讨论 A 类。下面是魏晋南北朝时期 A 类格式的一些例子[①]:

①寻伤左臂,复打头破。所乞饭食尽捐在地。(晋·竺佛念译《出曜经》卷四)

②夫主见妇已爱著此瓶,即打瓶破,臭秽流溢,蛆虫现出。复语妇曰:"汝今故能抱此破瓶不耶?"(晋·竺佛念译《出曜经》卷一七)

③寻拔利剑,斫右手断,次斫左手。(姚秦·竺佛念译《出曜经》卷二三)

④我今面貌端正如此,何故为他持瓨取水?即打瓨破,

---

① 本文有些例句转引自参考文献所列的论著,除集中引用的例句外,不一一注明。

又:《佛本行集经》是隋代的译经,但作为汉语史的阶段划分,隋代可以和魏晋南北朝算一个时期,所以也收入有关例句。

还至家中。(姚秦·鸠摩罗什译《大庄严论经》卷一五)

⑤更与一瓨,诣池取水。犹见其影,复打瓨破。(姚秦·鸠摩罗什译《大庄严论经》卷一五)

⑥担物之法,礼当用手。由卿口衔,致使堕水。今当打汝前两齿折。(元魏·慧觉等译《贤愚经》卷一一)

⑦以梨打头破喻(齐·求那毗地译《百喻经》)

⑧见我头上无有发毛,谓为是石,以梨打我头破乃尔。(齐·求那毗地译《百喻经》)

⑨雄鸽不信,瞋恚而言:“非汝独食,何由减少?”即便以觜啄雌鸽杀。(齐·求那毗地译《百喻经》)

⑩太子之手执于剑已,一下斫七多罗树断。(隋·阇那崛多译《佛本行集经》卷一三)

⑪是时色界净居诸天即便化作大威猛风,吹彼树倒。(隋·阇那崛多译《佛本行集经》卷一三)

⑫彼林有一白骨尸骸忽然起来,抱我项住。(隋·阇那崛多译《佛本行集经》卷六〇)

⑬拨火开,痛逼火,回转急炙。(《齐民要术·炙法》)

⑭春风复多情,吹我罗裳开。(《子夜四时歌·春歌》)

这类格式,是和魏晋南北朝时期的“V_1+V_2+N”(如“打破头”)式相应的。同是《百喻经》中的一则比喻,目录中作“以梨打破头喻”,正文中作“以梨打头破喻”。“V_1+V_2+N”(如“打破头”)无疑是述补结构,所以这种“V_1+N+V_2”格式(如“打头破”),有的学者称之为述补结构的“分用式”或“隔开式”;有的还认为,这种述补结构先秦就有了。但是,也有的学者认为这不是述补结构,而是兼语式(或称“递系结构”),并认为是先秦就有的兼语式的继承。这个问题究竟应该怎么看？这是需要讨论的。

(一)这种结构是不是兼语式？

孤立地看，“打头破”这种格式，似乎说成述补结构和兼语式都可以。说成述补结构，是因为这种格式和“打破头”相应，“打破头”是述补结构带宾语，“打头破”是宾语插到述语和补语中间，而且“打头破”后来统统归并于“打破头”，可见两者的关系很密切，所以是“分用式”或“隔开式”的述补结构。说成兼语式是因为“打头破”和“助之长”一样，中间的名词既是前一动词的宾语，又是后一动词的主语，而且兼语式在先秦就存在了，所以说魏晋南北朝时期的“打头破”是先秦兼语式的继承。

但仔细分析，这一类的结构和先秦的兼语式是有区别的。

对于先秦的兼语式，杨伯峻、何乐士(1992)已做了全面的研究，除“特殊兼语”外，共分为七类：

(1)使令，(2)封职任免，(3)劝戒，(4)褒贬评论，(5)命名称谓，(6)有无，(7)以……为……

比如：使吕相绝秦。(《左传·成公十三年》)

令赵王鼓瑟。(《史记·廉颇蔺相如列传》)

止子路宿。(《论语·微子》)

召临江王来。(《史记·孝景本纪》)

这些兼语式和“打头破”一类的结构有两点明显的差异：(1)这些兼语式的 V_2 是可以带宾语的，而“打头破”一类的结构的 V_2 不能带宾语。(2)这些兼语式的 V_1 和 V_2 是先后发生的两个动作，不是同时发生的，V_2 一般晚于 V_1(如“宿”晚于“止”)，还可以不发生(如赵王可以不鼓瑟)，“兼语式”在本质上是一种连动结构。正以为如此，所以在兼语式的 V_2 前面可以插入表时间的副词或连词，如：

公召之而后入。(《左传·昭公十年》)

而“打头破”一类的结构 V_1 和 V_2 是同时发生的，有了 V_1 的动作，立即会产生 V_2 的结果，V_1 和 V_2 不是先后发生的两个动作，而是动作和结果的关系。所以在 V_2 前面不能插入时间副词或连词，我们没有见过“打头方破”、“打头而后破”之类的形式。唯一可以插在 V_2 前面的副词是“不”，“打头不破”当然是有的，但“不破”仍然是 V_1 的结果，而不是和“打”先后发生的两个动作。所以，“打头破”之类的结构不是兼语式，而是述补结构。

先秦的兼语式有的看起来和“打头破”很相似，如：

予助苗长矣。(《孟子·公孙丑》)

这个句子，杨、何(1992)认为是兼语式，归在“使令”一类。从语义来看，好像 V_1 和 V_2 是同时发生的，V_2 可以看作 V_1 的结果。但这要看对“长”怎样理解。如果“长”是“长高”，那么它是“助”的结果；如果“长”是“生长”，那么“助”和“长”还是先后发生的两个动作。这句话的下文是这样的：

天下之不助苗长者寡矣。以为无益而舍之者，不耘苗者也。助之长者，揠苗者也。

显然，从“耘苗”和“揠苗”的对比来看，“助苗长”是“助苗生长”而不是“助苗长高”。所以，“助苗长”和“打头破”还是不一样的。

“打头破”不是兼语式，而是述补结构。这可以从下面三点加以证明。

1. 上述例⑨“即便以觜啄雌鸽杀”，显然不能看作兼语式，因为“雌鸽杀”不能构成主谓关系。“啄雌鸽杀”的“杀”和下列句子中的“杀”是一样的：

白杨多悲风，萧萧愁杀人。(《古诗十九首·去者日已疏》)

时人谓“看杀卫玠”。(《世说新语·容止》)

这些“杀”的语义已经有所变化，它不是“杀人”的“杀”，而是大致和“死”相同，也就是说，它不是表示一种行为，而表示一种结果（状态）。但这种语义并没有固定下来，这种意义的“杀”不能和“死”一样独立地做谓语，而只能和另一个动词（如“啄”、“愁”、“看”）配合，表示动作的结果。“愁杀”、“看杀”无疑是述补结构，“啄”—“杀”的语义关系和“愁”—“杀”、“看”—“杀”的语义关系完全一样，所以，“啄雌鸽杀”的“杀”应该是“啄”的补语。

从这个例句看到，“V_1＋N＋杀”和“V_1＋杀＋N”是一种相应的关系，其中的“杀”都表示一种状态，是与“V_1”同时产生的结果，因而是“V_1”的补语[①]。以此类推，“V_1＋N＋破”和“V_1＋破＋N”、“V_1＋N＋折”和“V_1＋折＋N”……也都是相应的关系，把“打头破”之类的结构称为“分用式的述补结构”是正确的。

2. 东魏晋南北朝时期还有一种比较特殊的结构：

⑮便杀鹿相，脱衣服取，埋尸著乐无为庐中。(东汉·康孟祥译《佛说兴起行经》卷上)

⑯拔此白象牙取。(元魏·吉迦夜共昙曜译《杂宝藏经》卷二)

⑰唱呵字时，当打一切诸烦恼卻，出如是声。(隋·阇那崛多译《佛本行集经》卷一一)

---

① A类的补语都是不及物动词或形容词，表示的是一种状态；就其与动词的关系来说，是动作的结果，而且是与动作同时发生的。下文根据叙述的需要，有时说它表示状态，有时说它是动作的结果，不一定把“状态”和“结果”同时并提。

⑱比丘挽索，羂其手得，系著床脚。（吴·支谦译《撰集百缘经》卷三）

这种“V+N+取”、“V+N+却”、“V+N+得”也无法看成兼语式，因为“N”和“取”、“N”和“却”“N”和“得”毫无语义联系。“取”、“却”和“得”是表动相的，无疑是“V”的补语。当然，“V+N+取”、“V+N+却”、“V+N+得”很特殊，它们的性质和“打头破”之类不一样（关于它们的性质将在本文第三部分谈到），不能因为它们是述补结构，就推论说“打头破”之类也是述补结构。但问题在于：“V+N+取”、“V+N+却”、“V+N+得”这类结构是怎么来的？显然，它们是魏晋南北朝时期常见的“V+取+N”、“V+却+N”、“V+得+N”的变形，它们的正常形式是“脱取衣服”、“拔取此白象牙”、“打却一切诸烦恼”、“羂得其手”；“取”、“却”、“得”作为动相补语紧跟在动词后面，是理所应当的。那么，为什么“取”、“却”、“得”会远离动词而放到宾语后面去呢？唯一的回答是受到当时“打头破”之类也可以说成“打破头”之类的影响，是一种类推。类推的前提是：“V+破+N”—“V+N+破”和“V+取/却/得+N”—“V+N+取/却/得”是同类性质的结构。因此，既然“V+N+取/却/得”是分用式的述补结构，那么“V+N+破”也是分用式的述补结构。

3. 如果认为“打头破”一类结构是兼语式而不是述补结构，还会有一个难以回答的问题：在现代汉语的一些方言中，像“打头破”这样的格式依然存在。如[1]：

干活开了（山东潍坊）　　烧伊酥，拆尿出（上海）

① 引自黄伯荣主编(1996)。

打其煞(宁波)　　　　洗脸完了(广西白话)

关a门转(广东海康)

这些在普通话中用“动＋补＋宾”表达的意思,在这些方言里不说“动＋补＋宾”,而把后面两个成分倒转,成为“V_1＋N＋V_2”。这些“V_1＋N＋V_2”是看作述补结构还是看作兼语式?看作兼语式显然是有困难的,因为这些方言中“活开了”、“伊酥”、“尿出”、“其煞”、“门转”等都不能构成主谓关系,所以“兼语式”就无从说起。而且,在宁波话中,如果宾语是代词就说“打其煞”,而宾语是名词就说“打煞强盗”,这两者中“打”和“煞”的语义关系是一样的。如果说“打煞强盗”是述补结构,而“打其煞”却是兼语式,恐怕比较困难。如果肯定现代汉语方言中的这些“V_1＋N＋V_2”是述补结构,那么,也应该肯定魏晋南北朝的“V_1＋N＋V_2”是述补结构,因为我们看不出这两者有什么区别。

(二)“打头破”这一类的述补结构是不是在先秦就有了?

如果说“打头破”之类的结构不是兼语式而是分用式(或隔开式)的述补结构,那么,第二个问题就是:这种结构是否先秦就有了?

周迟明(1958)认为“分用式的述补结构”先秦就有了,他举的例子是:

城射之殪。(《左传·昭公二十一年》)

志村良治(1964)认为这是个使役句,“殪”是使役(使动)用法;但也可以把“之”看作兼语,和中古的“吹我罗裳开”是同一种结构。也就是说,他也把“城射之殪”看作后代“分用式述补结构”的来源。

我以前也谈到这个句子,认为“殪”是个及物动词,“射”和

“殪”都是“城(人名)”发出的动作。“射之殪”是连动,不是动结式(见蒋绍愚1994)。现在,我要修正自己的意见。

“射之殪”、“射之死”在先秦很常见。我们把《左传》中这一类例句全部列在下面,看看究竟应该怎样正确理解和分析。

⑲颍考叔取郑伯之旗蝥弧以先登,子都自下射之颠。(《左传·隐公十一年》)

⑳癸巳,潘尫之党与养由基蹲甲而射之彻七札焉。(《左传·成公十六年》)

㉑公孙丁授公辔而射之贯臂。子鲜从公。(《左传·襄公十四年》)

㉒乐射之不中;又注,则乘槐本而覆。(《左传·襄公二十三年》)

㉓公踰墙,又射之中股,反队,遂弑之。(《左传·襄公二十五年》)

㉔巢牛臣曰:“吴王勇而轻,若启之,将亲门。我获射之必殪。是君也死,疆其少安。”(《左传·襄公二十五年》)

㉕吴子门焉,牛臣隐于短墙以射之卒。(《左传·襄公二十五年》)

㉖南遗使国人助竖牛以攻诸大库之庭,司宫射之中目而死。(《左传·昭公四年》)

㉗豹……抽矢,城射之殪。张匄抽殳而下,射之折股;扶伏而击之,折轸;又射之死。(《左传·昭公二十一年》)

㉘对曰:“不死伍乘,军之大刑也。干刑而从子,君焉用之?子速诸!”乃射之殪。(《左传·昭公二十一年》)

㉙齐子渊捷从泄声子,射之中楯瓦,繇朐汰辀,匕入者

三寸。(《左传·昭公二十六年》)

㉚子车曰:“齐人也。”将击子车,子车射之殪。其御曰:“又之。”(《左传·昭公二十六年》)

㉛林楚怒马,及衢而骋。阳越射之不中。筑者阖门。(《左传·定公八年》)

㉜公南使贼射之不能杀。(《左传·定公十年》)

㉝诸大夫恐其又迁也,承公孙翩逐而射之入于家人而卒。(《左传·哀公四年》)

㉞锴执弓而先,翩射之中肘;锴遂杀之。(《左传·哀公四年》)

㉟许为射之殪。(《左传·哀公十六年》)

我们先把“射之”和后面的动词连在一起读,即把它们都看作兼语式,然后再来看看,这样理解是否妥当。我们先看“城射之殪”所在的那一段文字,即例㉗。这是一段战争的描写,公子城为一方,华豹和张匄为一方。这里有三个“射之V”,主语都是公子城。第一个,“城射之(华豹)殪”,可以看作兼语式。第二个,“射之(张匄)折股”,也可以看作兼语式。但第三个,“又射之(张匄)死”,就无法看作兼语式。因为,如果看作兼语式,“又”就应该一直管到“死”,显然,一个人不能死两次。所以,只能标点为“又射之,死”,意思是“又射张匄,张匄死”。既然如此,前面两个“射之V”也应该同样标点:“城射之,(豹)殪。”“射之,(张匄)折股。”然后再看例㉔:“吴王勇而轻,若启之,将亲门。我获射之必殪。”显然只能标点为“我获射之,(吴王)必殪。”其他例句的情形和这两个例句是一样的,也都应当在“射之”后面断开,读作“射之,()V”,前后是两个小句,只是第二个小句的主语隐含而不出现,所以给人一种错觉,以为"射之V"是一个兼语式。第二个小句的主语从语义上说可分为两种:例⑳㉑㉒㉓㉙㉛㉞是"矢",其余例句是"之"所指代的人。因此,这些"射之V"不能连读,更不是兼语式。

和"打头破"更接近的是下面的例句,有人根据这些例句认为述补结构在先秦就有了:

㊱宰夫胹熊蹯不熟。(《左传·宣公二年》)

㊲冶黄黔(芩)、甘草相半,即以彘膏财足以煎之。煎之沸,即以布足(捉)之,予(抒)其汁。(《马王堆汉墓帛书·五十二病方·伤痉》)

㊳即令痔者居(踞)……令烟熏直,熏直热,则举之;寒,则下之。(《马王堆汉墓帛书·五十二病方·朐痒》)

在这些例句中下加直线的语段中,第一个词是V,第二个词是N,第三个词是V/A,第三个词在语义上是第一个词发出的动作所产生的结果,所以它们更像"打头破"一类结构。那么,它们究竟是不是述补结构呢?我们可以用下面的例句来加以对比:

㊴孔子穷乎陈、蔡之间,藜羹不斟,七日不尝粒,昼寝。颜回索米,得而爨之,几熟。(《吕氏春秋·任数》)

㊵熬菱芰一参,令黄,以淳酒半斗煮之,三沸,止。(《马王堆汉墓帛书·五十二病方·干瘙方》)

例㊴㊵的结构显然不是述补结构,而是和"射之,V"完全一样,应该读作"爨之,(米)几熟"、"煮之,(药)三沸"。对比之下,例㊱㊲也不是述补结构,而应该读"胹熊蹯,(熊蹯)不熟"、"煎之,(药)沸"。例㊳也应读作"熏直,(直)热"。如果"熏直热"是述补结构，那么，下文“寒，则下之”就无法解释，因为述补结构的补语是不能拆开来单独用的，不会有这样的句子：*“吹门开，则入；闭，则出。”

可见，判断什么是述补结构，不能不重视语义，但也不能单凭语义，必须把语义和语法结合起来考虑。不重视语义，就会仅仅根据结构上的相似把“打头破”和“使吕相绝秦”都看作兼语式；只根据语义，又会忽略结构上的差异，而把“煎之沸”和“打头破”都看作述补结构。

先秦还有一些很像后代的分用式述补结构的形式，如：

㊶鬼侯有子而好，故入之于纣。纣以为恶，醢鬼侯。鄂侯争之急，辨之疾，故脯鄂侯。（《战国策·赵策》）

看起来，“急”、“疾”的语义是指向“争”、“辨”的，译成现代汉语应该说“争辩这件事情争辩得很急”，似乎“急”、“疾”是“争”、“辨”的补语。但是多看一些例句，就会看到，这是用后代的语感来理解先秦的语法结构。

㊷为之难，言之得无讱乎？（《论语·颜渊》）

㊸其言之不怍，则为之也难。（《论语·宪问》）

㊹其藏之也周，其用之也遍，则冬无愆阳，夏无伏阴，春无凄风，秋无苦雨，雷出不震，无菑霜雹，疠疾不降，民不夭札。（《左传·昭公四年》）

例㊷的“难”似乎是指向“为”的，“讱”似乎是指向“言”的。但对比例㊸，很清楚地可以看出，“为之”和“难”中间有表示停顿的语气词“也”隔开，“难”只能是“为之”的谓语；因此也可以判断，“不怍”是“言之”的谓语。回过来看例㊷的“难”和“讱”，也应是句子的谓语。例㊹也很清楚地说明“周”和“遍”是“藏之”和

“用之”的谓语。这些例句说明先秦的“V＋之＋A”是以“V 之”为主语，“A”为谓语的结构，例㊶的“争之急，辨之疾”也应这样分析。

（三）从汉语的历史发展来看，“打头破”这一类述补结构只能在魏晋南北朝时期产生。

何乐士(1984)介绍了《史记》中用作补语的 27 个动词，说“这些动词大都含有比较消极的意义，表示战争或刑罚、灾难的结果等”。虽然她所说的《史记》中述补结构在我看来还仍然是连动结构，但如果把她对充当补语的动词意义的归纳放到魏晋南北朝时期来说，那是完全合适的。这也不奇怪：因为魏晋南北朝时期的述补结构正是从《史记》中的这些连动结构发展来的。《史记》中的这些连动结构的后一动词，到魏晋南北朝时期就成了补语。这些动词最常见的有以下一些：破、败、伤、折、断、绝、碎、坏、落、堕。

这些“含有比较消极的意义，表示战争或刑罚、灾难的结果等”的动词，在汉语史上是怎样用的？或者，从语义表达的角度说，“在战争、刑罚、灾难中，某一个动作施加于对象并产生了消极的结果”这样一种语义，在汉语史上用什么语言形式表达？这可以分为三个阶段。

1. 先秦。

用“V＋N”的形式。这里的“V”代表上面所说的这一类动词。因为动词数量很多，情况比较复杂，我们不想对汉语史上动词的使用情况做普遍性的概括，所以把讨论的范围限定在上面所说的这一类动词之内。这一类动词都是表示状态的不及物动词，但在先秦时又都可以用作使动，所以可以带宾语。

这种“V＋N”的特点，就是只用V的使动表示某个动作使对象产生了某种状态，但没有说出究竟是什么动作导致这种状态（结果）。以“破”为例，在先秦的文献中，最常见的就是“破＋N”，而很少同时说出造成“破”的是什么动作。据不完全的统计，在先秦诸子和《左传》、《国语》、《战国策》中，这种“破＋N”共有110多例。同时说出造成“破”的是什么动作的，总共只有《战国策》中的4例：

㊺燕攻齐，齐破。（《战国策·秦策》）

㊻燕因使乐毅大起兵伐齐，破之。（《战国策·燕策》）

㊼齐因起兵击魏，大破之马陵。（《战国策·齐策》）

㊽秦始皇（鲍本作“秦昭王”）尝使使者遗君王后玉连环，曰：“齐多知，而解此环不？”君王后以示群臣，群臣不知解。君王后边引椎椎破之，谢秦使曰：“谨以解矣。”（《战国策·齐策》）

用状态动词或形容词的使动来兼表动作及其结果，而很少把动作和结果同时说出来，这是先秦汉语的一个显著特点。所以，“V＋破＋N”只有罕见的一例（椎破之），而“V＋N＋破”在先秦没有出现，也不可能出现。

2.汉代。

在《史记》中这一类动词仍然用作使动，构成“V＋N”的形式，共365例。但同时，在很多句子中，导致这种结果的动词常常同时出现，“V(N)，破之”的形式比《战国策》大大增加，共110余例，如：

㊾楚击汉军，大破之。（《项羽本纪》）

㊿项王东击，破之，走彭越。（《高祖本纪》）

(51)章邯击,大破之。(《陈涉世家》)

也有“V而破N”(仅1例):

(52)亚父受玉斗,置之地,拔剑撞而破之。(《项羽本纪》)

而且出现了先秦极其少见的连动式“V破N”,共50例,如:

(53)章邯击破之。(《陈涉世家》)

(54)旦日飨士卒,为击破沛公军!(《项羽本纪》)

(55)闻沛公已定关中,大怒,使黥布等攻破函谷关。(《项羽本纪》)

这里有一个有趣的对比:对于同一史实的叙述,《战国策》用“破”,《史记》用“攻破”。这清楚地显示了《史记》的表达方式和《战国策》不同:

(56)齐田单以即墨破燕,杀骑劫。(《战国策·齐策》)

(57)襄王在莒五年,田单以即墨攻破燕军,迎襄王于莒,入临菑。(《史记·齐世家》)

值得注意的是:《史记》中使用“V破N”这种形式的,绝大部分是在秦以后史实的记载中,而在记载先秦的史实时,仍然用“破+N”的形式。只有在《齐世家》中有一例:

(58)田、鲍、高、栾氏相与谋庆氏。庆舍发甲围庆封宫,四家徒共击破之。

这件事在《左传》中是这样记载的:

(59)栾、高、陈、鲍之徒介庆氏之甲……卢蒲癸自后刺子之,王何以戈击之。(《左传·襄公二十八年》)

两相对照,可以看出,《史记》中的文字和《左传》相差甚远。可以推测:《史记》中记载先秦史实时用“破N”是司马迁参照了先秦的史籍,而《齐世家》中的“庆舍发甲围庆封宫,四家徒共击破之"是司马迁自己的语言。

为什么《史记》中已经有了相当多的"V＋破＋N"，但是我认为这仍是连动结构而不是述补结构呢？这是因为《史记》中同时有大量的"VN，破之"和"V而破N"存在，说明"V＋破＋N"中的"破"仍是使动用法。而且从下列例句看，"破"明显的是动词，所以"V破"只能是连动，不能是述补：

⑥⓪章邯遂击破杀周市等军，围临济。(《魏豹彭越列传》)

⑥①汉将韩信与曹参破杀龙且。(《田儋列传》)

这个问题在我的《汉语动结式产生的时代》一文中已经说过，这里不细说。

尽管《史记》中还没有述补结构，但《史记》中改变了先秦那种基本上只用"V＋N"的表达方式(只表示某个动作使对象产生了某种结果，而不说出究竟是什么动作导致这种结果)，较多地用连动式"V_1+V_2+N"来表示动作及其导致的结果，这就为述补结构的出现准备了重要的条件。而且，尽管"V_1+V_2+N"中的"V_2(破)"仍然是个使动词，但它和先秦"V＋N"中的"V"已有所不同：先秦"V＋N"中的"V(破)"表达的是结果，但很明显是隐含着动作的。在《史记》中的"V_1+V_2+N"中，因为前面已经有了表示动作的"V_1"，所以后面的"V_2(破)"隐含动作的成分已经减弱，它主要是表达结果(状态)。这也为"V_2(破)"发展为结果补语准备了条件。

3.魏晋南北朝。

和汉代相比，魏晋南北朝的一个重要发展是出现了"V_1+N+V_2"(如"打头破")这种格式。在这种格式中，动作和所造成的结果(状态)清楚地分开了："打"是动作，"破"是状态；而且，"状态"

是作为动作的结果和动作同时出现的，所以它不同于先秦的兼语式。

这种格式是在魏晋南北朝时期新出现的，在《史记》中没有见到。在《史记》中只有一处类似的结构，而且不是司马迁的手笔，而是褚少孙增补的：

㉜皆叩头，叩头且破，额血流地，色如死灰。(《滑稽列传》)

这里的动作"叩头"和状态"破"是分开的。但是两者中间还有个"且"字，这"且"字很重要，它说明"破"的状态没有和动作"叩"同时出现，因此从语法上看，它不是述补结构。这是汉代和魏晋南北朝时期一个很大的差别。

为什么"打头破"这种格式只能在魏晋南北朝出现，而不能在《史记》中出现？

这是因为，"打头破"中的"破"从语法上说是个不及物动词，从语义上说，它只表示状态，不表示动作。而《史记》中的"破"，主要用在宾语前面，是个及物动词(准确地说，是不及物动词"破"用作使动)。我们对《史记》中的"破"做了一个统计：《史记》中带宾语的"破"共 422 例(其中"破＋N"365 例，"V 破＋N"50 例，"破 V＋N"7 例)，不带宾语，而是用作谓语的"破"共 66 例，两者的比例是 422:66＝6.4:1。从语义上看，"破＋N"中的"破"仍然和先秦一样，兼表动作和结果。"V＋破＋N"中的"破"，隐含动作的成分已经减弱，但毕竟还没有单纯表示结果，这从例㉚的"击破杀"三个动词并列可以很清楚地看出来。它为魏晋南北朝的"打头破"那样的把动作和结果(状态)分开表达准备了条件，但还没有走到那一步。"N＋破"的"破"都是"被破"的意思，是被动用法，仍是表示动作及其结果，而不是单纯表示状态。这从下面的例句中可以清楚地看出来：

⑬魏惠王兵数破于齐秦，国内空，日以削，恐，乃使使割河西之地献于秦以和。（《商君列传》）

单纯表示状态的"破"在《史记》中仅有一例，就是褚少孙增补的"叩头且破"。上面说过，"叩头且破"和魏晋南北朝的"打头破"还有距离。

到魏晋南北朝，不及物动词"破"的用例已大大增加。我们对《六度集经》、《生经》、《贤愚经》、《杂宝藏经》、《百喻经》、《佛本行集经》六部佛典做了统计，其中带宾语的"破"和不带宾语的"破"的比例为137∶96＝1.4∶1。这些不带宾语的"破"有些已明显的不是表示动作，而是表示状态：

⑭饭食菜果，其美好者，先以供养其老父母；破败臭秽极不好者，便自食之。（元魏·慧觉等译《贤愚经》卷一）

而且，出现了做定语的"破"，这种"破"也不是动作而是状态：

⑮左捉破器，右持折杖，卑言求哀，从人乞丐。（元魏·慧觉等译《贤愚经》卷八）

更值得注意的是：从东汉末年开始，出现了一种"V_1＋(O)＋令/使＋V_2"的形式，在魏晋南北朝也经常使用。如：

⑯发，拨也，拨使开也。（《释名·释言语》）

⑰饰，拭也，物秽者拭其上使明也。（《释名·释言语》）

⑱檀，垣也，摩之令垣然平也。（《释名·释用器》）

⑲脍，会也，细切肉令散……（《释名·释饮食》）

⑳贮汁于盆中，搦黍令破，泻著瓮中。（《齐民要术·造神曲并酒》）

⑦1七日许，搦令破，漉去滓。(《齐民要术·笨曲并酒》)

⑦2打尊者音头令破，血流污面。(晋·僧伽提婆《中阿含经》卷三〇)

⑦3取彼罪人，嚼之令破，碎末如沙，然后食之。(元魏·菩提流支《正法念处经》卷一)

显然，这种形式中的“V_2”是表示状态，而且是和动作“V_1”分开表达的。这种形式的出现，清楚地表明在当时的语言运用中，“破”可以表示一种状态和动作分开表达了。只有在这种背景下，“V+N+破”的结构才有可能出现。

在说明了“V_1+N+V_2(打头破)”这种结构的性质和它为什么只能在魏晋南北朝产生之后，我们再来看当时一种和它平行的结构“V_1+V_2+N(打破头)”。

这些结构表面上和汉代的“V_1+V_2+N”(如“击破沛公军”)表面上很相似，为什么说汉代的是连动式，而魏晋南北朝是动结式？这里的关键是：汉代的“V_2”是及物动词(准确地说，是不及物动词“破”等用作使动)，所以和后面的“N”构成支配关系；而魏晋南北朝的“V_2”是不及物动词，它和后面的“N”不构成支配关系，而是“V_2”作“V_1”的补语，“V_1”和“N”构成支配关系。

为什么说汉代的“V_2”是不及物动词用作使动？这理由在上面已经讲了。为什么说魏晋南北朝的“V_2”是不及物动词？这一方面是因为在魏晋南北朝时期使动用法已经开始衰落，另一方面就是因为魏晋南北朝时期出现了“V_1+N+V_2”格式(如“打头破”)，这种格式中的“V_2”只能是不及物动词。

有学者认为，汉代的连动结构“V_1+V_2+N”到魏晋南北朝时期重新分析为述补结构，是受了当时“V_1+N+V_2”式述补结构的感染。这样说并不妥当，因为这样说的前提是认定“V_1+N+V_2”式述补结构的产生在“V_1+V_2+N”述补结构之前，但历史事实未必是这样，我们无法证明，先是“打头破”中的“破”自动词化了，然后影响到“打破头”中的“破”，使之成为自动词。正确的说法应该是这样：魏晋南北朝时期既有“V_1+V_2+N(打破头)”，又有“V_1+N+V_2(打头破)”(这是汉代没有，魏晋南北朝时期新出现的)，这两种格式是相应的，两种格式中的“V_2(破)”词性应该相同。既然“V_1+N+V_2(打头破)”中的“V_2(破)”只能是不及物动词，那就证明了“V_1+V_2+N(打破头)”中的“V_2(破)”也是不及物动词。

所以，拿汉代和魏晋南北朝比较，“在战争、刑罚、灾难中，某一个动作施加于对象并产生了消极的结果”这样一种语义的表达，形式上很相似：都是用“V_1+V_2+N”的格式，但实质上并不相同。汉代在此格式中有 V_1 的存在，V_2的动作意义已经减弱，但尽管如此，“V_2”仍然兼表动作和结果，从语法上说，它是连动式中的后一动词。魏晋南北朝的“V_2”单纯表示结果，在语法上是补语；而且表示结果的“V_2”可以在“V_1+V_2+N(打破头)”和“V_1+N+V_2(打头破)”两种格式中出现。也就是说，用什么语法手段表达动作和结果这两个概念，汉代和魏晋南北朝并不相同，而这正是语法史研究所要注意的问题。

(四)“V_1+N+V_2(打头破)”这一类的述补结构产生的途径是什么?

既然“V_1+N+V_2(打头破)”这一类的述补结构是一种新产生的语法格式，那么，这种格式是怎样产生的? 有两种可能的途径。

1. 如果“V_1+N+V_2”中的 V_2 是一个不及物动词，像“打头破”中的“破”那样，那么，它的形成途径应该是：

a.“$V_1+N, N+V_2$”——b.“$V_1+N,(N+)V_2$”——c.“V_1+N+V_2”

例如：

a.“攻齐，齐破”（《战国策》）——b.“叩头（头）且破”（《史记》）——c.“打头破”（《百喻经》）

从 a 到 b，后面不及物动词的主语 N 因为和前面的 N 相同而省去，这是完全可能的。我们在《左传》中就看到不少“射之，死”之类的形式。从 b 到 c，再去掉“V_1+N”和“V_2”之间的停顿，这也是完全可能的，《孟子》的“助之长”会给这种变化一定的影响。当然，必须指出，a——b——c 不是同一时代的句式变换，而是不同时代的历史演变，在这漫长的历史演变中，不仅仅有句子成分和停顿的减省，而且有结构性质的变化。这就是前面反复强调的：虽然 a、b、c 中的“破”都是前面动词造成的结果，但在 a、b 中，结果和动作不是同时出现的，而在 c 中，结果和动作必须是同时出现的。如果结果和动作不是同时出现的，即使像《孟子》的“助之长”那样，表面上也是“V_1+N+V_2”，但仍是兼语式，只有结果和动作是同时出现的，如《百喻经》的“打头破”，才是分用式的述补结构。

2. 如果“V_1+N+V_2”中的 V_2 是一个及物动词，像“啄雌鸽杀”的“杀”那样，那么，它的形成途径应该是：

a.“V_1+N, V_2＋之”——b.“V_1+N, V_2（＋之）”——c.“V_1+N+V_2”

a 的例子如：

⑭自门间射阳越，杀之。（《左传·定公八年》）

⑮以杖打父杀之。（元魏·慧觉等译《贤愚经》卷一〇）

b 的例子有：

⑯不识恩者欲以大石打龟头杀。诸商人言："我等蒙龟济难活命，杀之不祥。"（元魏·吉迦夜共昙曜译《杂宝藏经》卷三）

⑰阿阇世王闻，极大瞋恚，即以剑轮斩腰而杀……阿阇世王斩其腰杀。（元魏·吉迦夜共昙曜译《杂宝藏经》卷五）

c 的例子就是《百喻经》的"啄雌鸽杀"。

需要说明的是：b 中的"N"和"杀"后省略的宾语不是同一个东西，虽然两者是有关系的。这是魏晋南北朝时一种特殊的句式，可以看作从 a 到 b 的过渡。这些例句主要是说明"V_2"后面宾语的省略不是我们的虚构，而是在历史上出现过的。同时，和上面一种演变途径一样，从 a 到 b 到 c，结构的性质是有变化的。"啄雌鸽杀"的"杀"语义和 a、b 中的"杀"不同（这一点前面已经说过），性质也从述语演变为补语。一种句式在历史演变过程中所发生的变化，表面上只是成分和停顿的减省，而实际上却有了语义和结构的不同（重新分析），这是语言发展中很常见的现象。

还需要讨论一个问题："打头破"这种形式会不会也是通过第 2 种途径，由"V＋N，破＋之"省略了后面的"之"而来？《史记》中不是有许多"VN，破之"吗？我想不可能。因为，《史记》中的"VN，破之"，"破"和前面的"V"是同一主语发出的动作，而不是一种状态，所以，即使后面的宾语省略了，它也不可能表示

“N”的状态，除非“破”也像“杀”一样发生语义变化。是的，很多研究者说过，魏晋南北朝发生了使动用法衰微的趋势，“破”也从常用作使动(兼表动作和结果)变为常用作不及物动词(表示状态)，但这种表状态的“破”多出现在“V＋N，N＋破”这种形式里，所以“打头破”的由来还是属于第1种途径，而不是第2种。

二

下面讨论B类，即“还主人竟”之类的结构。先举一例，更多的例句将在下面列举。

⑱彼婆罗门诈捉草叶欲还主人，未远之间，入一沟壑，偃腹而卧，良久乃还，云：以草叶还主人竟。(元魏·吉迦夜共昙曜译《杂宝藏经》卷十)

这类结构，前面的“V_1＋N”是述宾结构，后面的 V_2 是完成动词“已、毕、讫、竟、了”。这种形式我们不陌生。在此以前，《墨子》中就有“开门已”；在此以后，敦煌变文中有很多“VO了”。这些前贤多有所论述，我们在这里只抄录一些唐以前的例句[①]，如：

⑲诸城门吏各入请钥，开门已，辄复上钥。(《墨子·号令》)

⑳与之攻齐，攻齐已，魏为□国，重楚为□□□□重不在梁西矣。(《战国纵横家书·谓起贾章》)

㉑丞相奏事毕。(《史记·张丞相列传》)

㉒成就作佛已，当脱度十方天下人。(东汉·支娄迦谶

① 东汉以后的例句主要引自梅祖麟(1999)。

译《道行般若经》)

⑧闻是言已,恍惚不知其处。(东汉·支娄迦谶译《文殊师利问菩萨署经》)

⑧公留我了矣,明府不能止。(《三国志·杨洪传》)

⑧广敛毋讫,果还入狱。(《后汉书·钟离意传》)

⑧作数曲竟,抚琴曰……(《世说新语·伤逝》)

⑧叙情既毕,便深自陈结。(《世说新语·言语》)

问题是:应当怎样来看待这些结构?

魏晋南北朝以前的这些结构应该是主谓结构,“V_1+N”是述宾结构做主语,“V_2”是谓语。这是没有问题的,不必细说。那么,魏晋南北朝的这些结构应该怎样分析呢?有的学者认为,这一类结构也不是述补结构,而是主谓结构。其理由是:在“V_1+N”和“V_2”之间可以插进副词,说明“V_2”是谓语。这种看法是有道理的。确实,我们看到魏晋南北朝时期的这样的一些例句,在这些完成动词前面都有副词:

⑧言誓已竟,身即平复。(元魏·慧觉等译《贤愚经》卷一)

⑧洗手既竟,次当呪愿。(元魏·慧觉等译《贤愚经》卷二)

⑨作愿适竟,余处悉断。唯雨宫里,七日七夜。(元魏·慧觉等译《贤愚经》卷一三)

⑨发言已讫,合境皆获自然之食。(元魏·慧觉等译《贤愚经》卷八)

⑨明教适毕,即捐国土,于此庐地树下,除须发著法服作沙门。(吴·康僧会译《六度集经》卷八)

⑨劝合众人供养众僧,偿罪已毕,复遭我世,蒙得过度。(元魏·慧觉等译《贤愚经》卷六)

⑭告下遍已，七日头到。（元魏·慧觉等译《贤愚经》卷八）

这说明魏晋南北朝的B类结构确实有继承先秦两汉的一面。

但是，也应该看到，从东汉到魏晋南北朝，这种结构也发生了新的变化。在拙作(2001)一文中说过，先秦到西汉的文献中，“已”都放在持续动词后面，可以说是表示“完结”，即发生在一个时段中的动作过程的完结。而在东汉魏晋南北朝的佛典译文中，“已”可以放在非持续动词后面，可以说表示“完成”。因为非持续动词没有过程可言，“已”只能表示发生在一个时点的动作的完成。表示持续动词完结的“已”可以在前面加副词，在语法上可以说是做谓语。但表示非持续动词完成的“已”在前面不能加副词。如下列例句：

⑮觉已惊怖，向王说之。（元魏·慧觉等译《贤愚经》卷一）

⑯到竹林已，问诸比丘。（元魏·慧觉等译《贤愚经》卷四）

⑰舍是身已，当生梵天，长受快乐。（齐·求那毗地译《百喻经》）

⑱驼既死已，即剥其皮。（齐·求那毗地译《百喻经》）

我们无法想象“觉已”、“到竹林已”、“舍是身已”、“死已”的“已”前面加“适、方、既”等副词，因为这在语义上是不许可的。这种“已”，我认为是受梵文“绝对动词”的影响，是表示“做完一事再做另一事，或某一情况出现后再出现另一情况”。在语法上，它只能是表示动相的补语。

受这种“已”的影响，魏晋南北朝有一些“讫/竟/毕”也可以用在非持续动词后面，表示“完成”。这种“讫/竟/毕”前面也不能加上副词。这样的例子不很多，但毕竟是有的。上述“还主人竟”就是一例。再举几个例子：

⑲余妇语曰:“汝不须言。汝夫状貌,正似株机。若汝昼见,足使汝惊。”株机妇闻,忆之在心。豫掩一灯,藏著屏处。伺夫卧讫,发灯来著。见其形体,甚用恐怖。(元魏·慧觉等译《贤愚经》卷二)

⑩食饱已讫,便命令坐,为其说法。(元魏·慧觉等译《贤愚经》卷七)

⑩王与夫人相可已讫,俱共来前。(元魏·慧觉等译《贤愚经》卷九)

⑩时驳足王即许之,言:“当取诸王,令满一千,与汝曹辈,以为宴会。”许之已讫,一一往取,闭著深山。(元魏·慧觉等译《贤愚经》卷一一)

⑩王博戏已,问诸臣言:“向者罪人。今何所在?我欲断决。”臣白王言:“随国法治,今已杀竟。”(元魏·慧觉等译《贤愚经》卷五)

⑩自伺大家一切卧竟,密开其户,于户曲内,敷净草座。(元魏·慧觉等译《贤愚经》卷五)

⑩尔时树神语太子言:“波婆伽梨是汝之贼,刺汝眼竟,持汝珠去。”(元魏·慧觉等译《贤愚经》卷九)

⑩太子闻语,而答之言:“若有此事。我能为之。”共相可竟,即往为守。(元魏·慧觉等译《贤愚经》卷九)

这种“已/讫/竟/毕”都只能看作动相补语。如果“已/讫/竟/毕”前面是个述宾结构“V+N”,那么整个“V+N+已/讫/竟/毕”是分用式的述补结构。

在后代的文献中,还可以看到“V+讫/竟/毕+N”这样的形式[1]。如：

⑩便以此夜诵竟之。(《冥报记》卷中)

⑱歌竟其一阕。(《宣室志·补遗》)

⑲循虎迹，十余里溪边，奴已食讫一半，其衣服及巾鞋皆迭折置于草上。(《太平广记·原化记》)

⑪刘肥接诏，看诏迄，刘肥便收拾行程欲赴长安。(《前汉书平话》卷中)

⑪圣王、景王二太子拜毕三王。(《前汉书平话续集》卷下)

"V＋竟＋N"很少见，"V＋讫＋N"在《元典章》里大量使用，"V＋毕＋N"在明清以后比较常用。这种"竟/讫/毕"只能看作是动相补语，它们和"V＋N＋竟/讫/毕"中的"竟/讫/毕"性质是一样的。

从唐代开始，在"V＋N＋完成动词"格式中，"了"取代了"已/竟/讫/毕"的位置，形成了"V＋N＋了"，随后又演变为"V＋了＋N"，"了"成为一个动态助词。众所周知，动态助词"了"是经由"动词——动相补语——动态助词"这样一个过程发展来的。如果魏晋南北朝"V＋N＋竟/讫/毕"都是主谓结构，"竟/讫/毕"都是谓语动词而不是补语，那么，取代它们的"了"也就只能说是动词。从动词直接发展为动态助词，这不符合动态助词形成的规律。有的学者认为，魏晋南北朝的"V＋完成动词"应该看作动补结构的一种，"如果否认这类完成动词的补语资格，我们将难以解释完成体动词的产生过程"。[2] 这说得很对，尤其对非持

① 例句引自石锓(2000)。

② 见吴福祥(1999)。

续动词后面的完成动词来说，更是如此。但是，既然“到已”是述补结构，那么，为什么“到竹林已”就不是述补结构呢？难道这两个“已”的性质不一样吗？所以，从动态助词形成的过程来看，也应该说魏晋南北朝的“竟/讫/毕”至少有一些（放在非持续动词后面的一些）已经发展为补语。那么，魏晋南北朝由“V（非持续动词）＋N＋已/竟/讫/毕”构成的B式，就应该是分用式的述补结构。

三

C类较简单，大家都认为这是能性的述补结构。这种述补结构最早的例子是：

⑫今壹受诏如此，且使妾摇手不得。（《汉书·外戚传》）

魏晋南北朝的例句如：

⑬各自唱言：“我能读解此之二偈。”及至龙边，读偈不得。（隋·阇那崛多译《佛本行集经》卷三七）

“不得”原是放在动词前面的助动词，为什么会移到动词后面呢？请看下面例句：

⑭先王之使其民，若御良马，轻任新节，欲走不得，故致千里。（《吕氏春秋·适威》）

⑮主父欲出不得，又不得食，探爵鷇而食之。（《史记·赵世家》）

这种结构的来源是“欲V而不得V”，“不得”还是放在动词前面的。但是，当后面一个动词因重复而删除，中间的“而”也删除，就成了“欲V不得”，表示想做某事而不能。“想做某事”的意思可以用“欲”表示，也可以通过语境来表示，用后一种表示法，就成了“摇手不得”，表示某种意愿不能实现。

这种“V＋O＋不得”的格式，到宋代宾语移到“不得”后面，变成“V不得O”如：

⑯禁止不得泪，忍管不得闷。（黄庭坚《卜算子》）

这种变化过程，在拙作(1995)中已经说过，这里不重复。这里所要说的是：拿“V不得O”和“V＋O＋不得”对比，那么，前者可以说是合用式的述补结构，后者可以说是分用式的述补结构。分用式的述补结构后来都统一为合用式的述补结构，这是汉语语法史的发展规律。如果说魏晋南北朝时期的“打头破”和“还主人竟”都不是分用式的述补结构，那么，分用式的述补结构就只有“V＋O＋不得”这一种，这种发展规律也就表现得不那么清楚了。

附带说一下，魏晋南北朝时期还有一种“V＋O＋得”的形式，这在本文第一部分已经提到过：

⑱比丘挽索，羂其手得，系着床脚。（吴·支谦译《撰集百缘经》卷三）

这里再补充一个例句：

⑰耆域白佛：此般特四月之中不能诵扫帚名得，行道放牛牧羊人皆诵得此偈。（姚秦·竺佛念译《出曜经》卷一九）

这种“V＋N＋得”中的“得”是动相补语，表示动作的完成，而不表示可能，所以这种结构不属于C类。它也不属于A、B和D类，是特殊的一类。因为数量很少，所以本文没有单列一类加以讨论。这里要讨论的是它的来源。在本文第一部分已经说过，这种较少见的“V＋O＋得”是较常见的“V＋得＋O”的变形。

有没有另一种可能:这种"V+O+得"是由否定形式"V+O+不得"类推而来的?我想不可能。因为"V+O+不得"的"得"是表可能的,这种"V+O+得"的"得"是表实现的。表可能的"得"由上古的助动词"得"后移而来,表实现的"的"由上古的动词"得"虚化而来,两者的发展途径不一样。表可能的否定形式"V+O+不得"不能类推出表实现的肯定形式"V+O+得"。

四

D类不多见。下面大概是魏晋南北朝唯一的例子。

⑱寡妇哭城颓,此情非虚假。(《乐府诗集·懊侬歌》)东晋隆安初民谣

"哭城颓"无疑是分用式的述补结构。这类在魏晋南北朝也有相应的合用式,如:

⑲啼枯湘水竹,哭坏杞梁城。(庾信《拟咏怀》)

只不过"枯"是形容词而不是动词。

到唐五代,可以见到这样的例句:

⑳玘良圣妇,哭烈长城。(《敦煌变文·王昭君变文》)

㉑六宫送处皆垂泪,三殿辞时哭断肠。(《敦煌变文·欢喜国王缘》)

㉒余则为渠说,抚掌笑破口。(《祖堂集》卷四)

后来,这种分用式的述补结构消失了,合用式的述补结构继续存在。这和其他分用式的述补结构的发展是同一个趋势。直到现代汉语中,这种合用式的述补结构还很常见,如"哭湿了手绢"、"走坏了两双鞋"之类。

要讨论的问题是:"哭城颓"(Vi+O+C)这种格式是怎么来的?既然"哭"是不及物动词,为什么能以"城"为宾语?合用式也有同样的问题:"啼枯"(Vi+C)为什么能带宾语?

通常的回答是:"哭城颓"(Vi+O+C)是由"Vt+O+C"类推而产生的。但是,类推能不能使不合语法的形式(不及物动词带宾语)成为合语法的形式?我们知道,一种不合语法的形式要变成合语法的形式,要经过很长时间的语法演变。先秦的连动式"V_1+V_2+N"中,两个动词都必须是及物动词,Vi插在"V_1-N"中间直接带宾语是不可能的。只有经过长期的语法化过程,原来在"V_1-N"中间的"V_2"由及物动词虚化为不及物动词,才出现在"V-O"之间可以插入不及物动词的语法地位,从而出现魏晋南北朝的"V+C+O"。说由于类推就使得"哭"之类的不及物动词在"哭城颓"这样的格式里带宾语,恐怕有些简单。

那么,"哭城颓"(Vi+O+C)这种格式是怎么来的?《论衡》中的这些例句或许对我们有些启发:

⑫③行事至诚,若邹衍之呼天而霜降,杞粱妻哭而城崩,何天气之不能动乎?(《论衡·变动》)

⑫④夫以杞粱妻哭而城崩,襄子军有哭者乎?(《论衡·变动》)

⑫⑤(女)然缟素而哭河,河流通,信哭城崩,固其宜也。(《论衡·变动》)①

例⑫③⑫④都是"哭而城崩","哭"是原因,"城崩"是结果,但"哭"和"城崩"还是作为两件事情来叙述的,中间有"而"隔开。

① 这几个例句是北京大学中文系胡敕瑞副教授提供的。

例⑫的“哭城崩”，中间“而”去掉了，形式上和庾信诗的“哭城颓”完全一样。但“哭城崩”和“哭而城崩”出现在《论衡》的同一篇文章里，而且《论衡》中还有“杞梁之妻哭而城崩”二见，“杞梁妻哭而城崩”一见，“此复一哭崩城”一见，所以我们不能说《论衡》中的“哭城崩”是“述＋宾＋补”式，它只是连动式“哭而城崩”的紧缩。但这种形式进一步发展，到魏晋南北朝时，随着“打头破”类“述宾补”式的形成和广泛使用，就重新分析为“述＋宾＋补”式的述补结构了。怎么知道《论衡》中的“信哭城崩，固其宜也”是紧缩的连动式，而东晋民谣的“寡妇哭城颓，此情非虚假”是分用式的述补结构？因为前者的“哭城崩”是两个事件，后者的“哭城颓”是一个事件。这从上下文的语义可以判断：前者说的是相信“哭——城崩”这种因果关系，后者说的是“此情”，即能“哭城颓”这种感情。这也可以从结构上判断：前者可以插进“而”，后者不能。而且，在《论衡》时代，不及物动词“哭”是不能带宾语的，所以“哭城崩”不可能是“述＋宾＋补”。只有到了魏晋南北朝，出现了“打破头”这种“Vt＋Vi＋O”这种语法格式，稍晚还出现了例⑲“啼枯湘水竹，哭坏杞梁城”那种用“Vi＋A/Vi”构成述补结构再带宾语的格式，说明不及物动词不能带宾语的规则已经打破，在这种大的语法背景下，“哭城颓”才有可能从连动式重新分析“述＋宾＋补”式的述补结构。

从“哭(而)城崩”到“哭城颓”，我们看到的是这样一个发展过程：“哭”和“城V”本来是两个先后发生的动作，“哭”和“城”不直接发生语义关系。但是后来两个动作凝缩成一个结构，原来的边界消失了，“城V”从一个独立发生的过程变成“哭”产生的结果，“哭”和“城”也就形成了某种语义联系。这过程有点和

“叩头且破”发展为“打头破”相似。当然，在这过程中，已有的“打头破”之类的述补结构对它也会有一些影响：要表示“打”这个动作使“头”产生“破”的结果，可以用“打头破”；那么，要表达“哭”这个动作使“城”产生“颓”的结果，也可以用“哭城颓”。这也可以说是“类推”。我不否认这种类推作用，但是，我认为，光是类推，不可能使“Vt＋O＋C”中的“Vt”换成“Vi”，必须先有“V（而）城崩”这样的句式，然后类推才能起作用，通过重新分析而使连动式变为“述宾补”式的述补结构。

至于“啼枯”、“哭裂”之类的结构，其产生的途径又有所不同。这种由不及物动词加上动作结果构成的形式早就有了，如：

⑫⑥减食主父，百日而饿死。（《战国策·秦策》）

⑫⑦就而揠之，明日枯死。（《论衡·自然》）

只是它们还不是述补结构，更不能带宾语。这种形式凝固成述补结构和带宾语是在魏晋南北朝时期的事情，这应该说是受了当时日益增多的“Vt＋C＋O”式的述补结构的影响：因为“啼枯”之类也是表示动作及其结果，所以受“打破”之类的影响而形成了述补结构；既然是述补结构，作为一个整体，就可以带宾语。述补结构带宾语，并没有违反当时的语法规则。在这一点上，它是和“哭城颓”不同的。

五

以上我们论证了魏晋南北朝存在“动＋宾＋补”式的述补结构，并把它们分为A、B、C、D四种格式。这四种格式都有相应的“动＋补＋宾”式。

A. 动＋宾＋补：打头破——动＋补＋宾：打破头

这一类是由不及物动词或形容词充当结果补语。两种格式都在魏晋南北朝产生，但来源不同。到宋代统一为后一种格式。

B. 动＋宾＋补：还主人竟——动＋补＋宾：诵竟之

这一类是由完成动词充当动相补语。前一种格式产生在魏晋南北朝，做补语的主要是“已/竟/讫/毕”；到唐代，用“了”做补语的大量出现。后一种格式产生在唐代，以“竟/讫/毕”做补语的例子不多；从晚唐五代开始产生了“V＋了＋O”式，“了”已由动相补语发展为动态助词。宋代以后，前一种格式逐渐消失。

C. 动＋宾＋补：读偈不得——动＋补＋宾：禁止不得泪

这一类是用“不得”充当能性补语。前一种格式产生在东汉，后一种格式到宋代才产生。后来逐渐统一为后一种格式。

D. 动＋宾＋补：哭城颓——动＋补＋宾：啼枯湘水竹

这一类动词是不及物动词，补语和A类一样，是结果补语。两种格式都在魏晋南北朝出现。后来统一为后一种格式。

从补语的性质来看，A、B、C、D四式的补语可分成三类：(1)结果补语：A和D式。(2)动相补语：B式。(3)否定的能性补语：C式。从历史发展来看，后来这些补语都从宾语后移到了宾语前。

前移的原因是什么？这需要各类分开讨论。

1. 结果补语。结果补语的“动＋宾＋补”的词序，是符合认知的“像似原则”的：先是动作施加于某个物件，然后产生某种结果。而“动＋补＋宾”的词序，却是与符合认知的“像似原则”不一致的：不可能在动作施加于某个对象之前，就产生某种结果。那么，为什么这种符合认知的“像似原则”的“动＋宾＋补”式词序反而被那种与认知的“像似原则”不一致的“动＋补＋宾”式词序所取代了呢？这和补语的虚化有关。在汉语中，如果句子的各个成分都是实词，其词序一般是按“像似原则”的顺序来排列的。（这里说的是“一般”。词序还和信息的焦点等因素有关，这里不能细说。）如连动式带宾语，总是先发生的动作在前，后发生的动作次之，动作的对象在最后；比如“击破沛公军”，是先“击（之）”，然后“破（之）”，最后才是这两个动作的对象“沛公军”。兼语式也是这样，先是动作施加于对象，然后对象（兼语）发出另一个动作；比如“助苗长”，先是动作“助”，其次是对象“苗”，最后才是“苗”产生的动作“长”。但是，如果句子中有虚词，情况就会比较复杂。比如，由“于/于”构成的介词结构，一般都放在动词的后面，而不按时间顺序排列。又如“尽食其肉”和“食尽其肉”，两个“尽”的语义指向都是“其肉”，但一个放在动词前面，一个放在动词后面。当然，这也可以从认知的角度解释：前一个“尽”是副词，副词说明用什么方式进行动作，所以在动词前面；后一个“尽”是补语词，补语说明用动作的结果，所以在动词后面出现。不过，从汉语史的事实来看，在魏晋南北朝以前只有“尽食”，从魏晋南北朝开始才有“食尽”。为什么会这样？这就不能用直接用认知来解释，而只能从语言的演变来解释。可见，涉及虚词的问题，就需要较多的考虑到语言结构本身，至少要把认知的解释和语言结构本身的解释结合起来。现在回到“动＋宾＋补”式的述补结构后来统一为“动＋补＋宾”式的问题上来。在这里，补语的前移，显然与补语虚化程度的加深有关。吕叔湘（1944）在讨论动词后面的“得”、动结词（结果补语）和宾语的位置时，就已经指出：“由此可知此三者与动词之吸力，以‘得’为最强，次则动结词，而宾语最弱。”又说，从历史上看，动结词超越宾语而前，“表示其依附动词之趋势之增盛，亦即其虚词化之程度之加深也”。历史上述补结构的产生和发展是一个过程，在这个过程中，补语的虚化程度是逐渐加深的。在开始时，补语的动词性还比较强，所以可以作为一个相对独立的句子成分，按照像似原则来组成句子，这就是“动＋宾＋补”式的述补结构。随着述补结构的发展，补语的虚化程度逐步加深，而它对动词的依附性也越来越强，所以，就逐渐前移而紧贴在动词后面了。当然，从认知的角度，也可以说“述语＋补语”是一个“完形”(gestalt)，是一个单一的心理意象，所以补语要和述语紧贴着。但这只能说明“述语＋补语”的性质，而不能说明它为什么形成，不能说明为什么在历史上曾有过“动＋宾＋补”式的动结式，以及为什么这种“动＋宾＋补”式的动结式还保留在一些现代汉语的方言中。也就是说，“动＋宾＋补”式的动结式是符合认知的“像似原则”的，“动＋补＋宾”式的动结式是符合认知的“完形原则”的，但历史上为什么“像似原则”会被“完形原则”取代，现代方言中为什么“像似原则”会和“完形原则”并存，这些还要结合语言的演变来加以解释。

2. 动相补语。准确地说，如果就“动＋宾＋已/竟/讫/毕”而言，这种格式并没有被“动＋已/竟/讫/毕＋宾”取代，因为后代的“动＋已/竟/讫/毕＋宾”只有少数例子，不是语言演变的主流。“动＋宾＋已/竟/讫/毕”的历史演变是：“已/竟/讫/毕”被“了”取代，形成“动＋宾＋了”，然后变为“动＋了＋宾”，“了”发展为动态助词。这个问题学界已讨论得很多，无须赘述。这里要讨论的问题是：“动＋宾＋已/竟/讫/毕/了”这种格式，是符合认知的"像似原则"的:先说"动+宾"这样一个事件,然后说这个事件已经完毕。那么,"动+宾+了"为什么会被"动+了+宾"取代呢?其原因和结果补语一样,是"了"的逐步虚化,使它和动词贴近。当"了"演变成动态助词之后,它既然是表示动词的"体"的,当然要紧贴在动词后面,这更是符合"完形原则"。但从"动+宾+了"到"动+了+宾"的演变过程,还应当结合整个语言系统的变化细致地加以说明。

3.否定的能性补语。"动+宾+不得",也是符合"像似原则"的:想做某件事,但没有可能。所以"动+宾"在前,"不得"在后。当然,上古汉语的表达法"不得+动+宾"也是符合"像似原则"的。倒是后来通行的"动+不得+宾"难以用"像似原则"说明。为什么后来统一于这种"动+不得+宾"的格式呢?答案还是:"不得"逐步虚化,所以要贴近动词。但"不得"从宾语后面移到宾语前面从而贴近动词,显然还有一个重要因素:受到"动+得+宾"的类化。这个问题学界也已讨论得很多,无须赘述。不过这再一次告诉我们:在讨论语言演变的机制和动因的时候,从认知角度考虑可以扩大我们的视野,但它不能代替对语言系统本身的诸因素相互关系的考察;这两者应该很好地结合起来。

参考文献

曹广顺 2000 《试论汉语动态助词的形成过程》,《汉语史研究集刊》第二辑。

何乐士 1984 《史记语法特点研究》,《两汉汉语研究》,山东教育出版社。

黄伯荣主编 1996 《汉语方言语法类编》,青岛出版社。

蒋绍愚 1995 《内部构拟法在近代汉语语法研究中的运用》,《中国语文》第3期。

—— 1999 《汉语动结式产生的时代》,《国学研究》第六卷。

—— 2001 《〈世说新语〉、〈齐民要术〉、〈洛阳伽蓝记〉、〈贤愚经〉、〈杂宝藏经〉中的"已"、"竟"、"讫"、"毕"》,《语言研究》第1期。

梁银峰 2000 《先秦汉语的新兼语式——兼谈结果补语的来源》,《中国语文》第4期。

刘承慧 1999 《论使成式的来源及其成因》,《国学研究》第六卷。

—— 2002 《汉语动补结构历史发展》,瀚芦图书出版有限公司。

吕叔湘 1944 《与动词后"得"与"不"有关之词序问题》,《汉语语法论文集》,商务印书馆,1984。

梅祖麟 1991 《从汉代的"动杀"和"动死"来看动补结构的发展》,《语言学论丛》第十六辑。

—— 1999 《先秦两汉的一种完成貌句式》,《中国语文》第4期。

石 锓 2000 《浅谈助词"了"语法化过程中的几个问题》,《汉语史研究集刊》第二辑。

宋绍年 1994 《汉语结果补语式起源的再探讨》,《古汉语研究》第2期。

太田辰夫 1958 《中国语历史文法》,江南书院。蒋绍愚、徐昌华译,北大出版社,1987。

王 力 1958 《汉语史稿》,科学出版社。

魏培泉 2001 《说中古汉语的使成结构》,《史语所集刊》71本第四分。

吴福祥 1999 《试论现代汉语动补结构的来源》,《汉语现状与历史的研究》,中国社会科学出版社。

—— 2000 《关于动补结构V死O的来源》,《古汉语研究》第3期。

杨伯峻、何乐士 1992 《古汉语语法及其发展》,语文出版社。

张显成 1994 《从简帛文献看使成式的形成》,《古汉语研究》第1期。

赵长才 2002 《能性述补结构否定形式"V(O)不得"和"V不得(O)"的产生和发展》,《汉语史研究集刊》第五辑。

志村良治 1964 《中国中世语法史研究》,三冬社。江蓝生、白维国译,中华书局,1995。

周迟明 1958 《汉语的使成复合性动词》,《文史哲》第4期。

(原载《国学研究》第十二卷,2003年12月)

从"尽V—V尽"和"误V/错V—错V"看述补结构的形成*

在研究述补结构产生的时代的时候,研究者会遇到一个困扰:像"扑灭"这样的结构,在最早的历史文献《尚书》里就有,它究竟在什么时候由连动结构发展为述补结构,从形式上确实不大好确定。因此,本文想另找一个途径来看述补结构的产生和发展。笔者注意到,在先秦和两汉,除极少数例外,只有"尽+V",到六朝时才出现表示动作及其结果的"V+尽";在汉代,只有"误+V",从东汉到唐代"错"开始代替"误",但仍放在动词前面,说成"错V",直到《朱子语类》中才有"V+错"和"错+V"并存。这样一些明显的、不容易混淆的形式对比,有助于我们对述补结构历史发展的研究。

1. "尽V"—"V尽"

1.1 先秦的"尽V"

关于先秦的"尽V"①,要从先秦的"尽"说起。先秦的"尽"

* 本文承《语言暨语言学》约请之审查人提出宝贵意见,并据此做了一些修改,谨此致谢。

① 为了方便,本文把《礼记》、《公羊传》、《穀梁传》、《管子》例句都作为先秦的语言资料。

有三种用法，我们把它们分别记作“尽[1]”、“尽[2]”和“尽[3]”：

(1)“尽[1]”。动词。用作谓语，后面不带宾语。

①楚师辽远，粮食将尽。(《左传·襄公八年》)

②楚师多冻，役徒几尽。(《左传·襄公十九年》)

③王禄尽矣。(《左传·庄公四年》)

④楚师方壮，若萃于我，吾师必尽。(《左传·宣公十二年》)

⑤且财尽则怨，力尽则怼。(《公羊传·庄公三十一年》)

“尽[1]”表示主语所表达的事物“全部不复存在”。

“尽[1]”的主语也可以是一个谓词性词组，这时“尽[1]”的词义有些改变，这到下面再说。

(2)“尽[2]”。动词。用作述语，后面带宾语。“尽[2]”比“尽[1]”的用例多。

⑥臣下竭力尽能以立功于国，君必报之以爵禄，故臣下皆务竭力尽能以立功，是以国安而君宁。(《礼记·燕义》)

⑦舜尽事亲之道。(《孟子·离娄上》)

⑧尽荆、越之竹，犹不能书。(《吕氏春秋·明理》)

⑨是犹以卵投石也。尽天下之卵，其石犹是也。(《墨子·贵义》)

⑩彖寿不能尽其学，当年不能行其礼。(《墨子·非儒》)

⑪臣愿获尽辞而死，固所愿也。(《国语·晋语》)

“尽[2]”可以看作是不及物动词的使动用法。先秦的使动用法都是只表达动作的结果，而不表达是什么动作产生这种结果。“尽[2]”也是一样。不过“尽[2]”表达的结果可以是“某一个动作使对象(宾语)全部不复存在”，也可以是“某一个动作施及对象(宾语)的全部，无一遗漏”。这“某一个动作”，通常是意义比较宽泛的“用”(如例⑥)或“行”(如例⑦),也可以是比较具体的动作,如例⑧可以看作是“伐”,例⑨可以看作是“投”,例⑩可以看作是“学”,例⑪可以看作是“言”,这要根据上下文而定。

(3)“尽[3]”。副词。放在动词前面,用作状语。表示动作的周遍性。又可分为两类:

a.“尽”的语义指向是指主语,表示施事或当事的动作的周遍性。

⑫天大雷电以风,禾尽偃。(《尚书·金縢》)

⑬悉师,王卒尽行。(《左传·成公二年》)

⑭杀尉止、子师仆,众盗尽死。(《左传·襄公十年》)

b.“尽”的语义指向是指宾语,表示动作施加于受事的周遍性。

⑮尽借邑人之车,锲其轴,麻约而归之。(《左传·定公九年》)

⑯陈相见许行而大悦,尽弃其学而学焉。(《孟子·滕文公上》)

如果前面是受事主语,则“尽”仍是表示动作施加于受事的周遍性。

⑰古者公田为居,井灶葱韭尽取焉。(《穀梁传·宣公十五年》)

从形式上看,a类的“尽+V”大多和后代的述补结构“V+尽”无关,因为这类结构中的“尽”只能在动词前面,不能放到动词后面去,如“尽偃”不能说成“偃尽”,“尽行”不能说成“行尽”,所以这一类我们不多讨论。只有表示当事全部具有某种性状的“尽V”和后代的“V尽”有关,如“尽死”,后来可以说成“死尽”。

而b类的“尽＋V”似乎正好和后代的述补结构“V＋尽”语序相反，“尽弃”的语序颠倒成“弃尽”，“尽取”的语序颠倒成“取尽”，就成了述补结构。尤其是“尽”和“杀”、“诛”、“灭”、“食”等动词结合时，先秦毫无例外的全都是“尽杀”、“尽诛”、“尽灭”、“尽食”，而六朝都有相应的“杀尽”、“诛尽”、“灭尽”、“食尽”。所以我们将着重考察先秦主要文献中的“尽杀”、“尽诛”、“尽灭”、“尽食”、“尽死”，下面将它们全部列出：

⑱晋士芀使群公子尽杀游氏之族，乃城聚而处之。（《左传·庄公二十五年》）

⑲冬，晋侯围聚，尽杀群公子。（《左传·庄公二十五年》）

⑳夷之搜，贾季戮臾骈，臾骈之人欲尽杀贾氏以报焉。（《左传·文公二十六年》）

㉑晋人克栾盈于曲沃，尽杀栾氏之族党。（《左传·襄公二十三年》）

㉒兴徒兵以攻萑苻之盗，尽杀之。（《左传·昭公二十年》）

㉓越王授有子四人。越王之弟曰豫，欲尽杀之，而为之后。（《吕氏春秋·审已》）

㉔尽杀崔杼之妻子及枝属。（《吕氏春秋·慎行》）

㉕郐君以为内难也而尽杀其良臣。（《韩非子·内储说下》）

㉖倨傲易令、错仪、画制、作议者，尽诛。（《管子·法法》）

㉗归罪于先縠而杀之，尽灭其族。（《左传·宣公十三年》）

㉘执齐庆封而尽灭其族。（《左传·昭公四年》）

㉙尽灭郤氏之族党。（《左传·昭公二十七年》）

㉚子常杀费无极与鄢将师，尽灭其族。（《左传·昭公二十七年》）

㉛皆曰:“高、国得君,必偪我,盍去诸?”固将谋子,子早图之!图之,莫如尽灭之。(《左传·哀公六年》)

㉜臣之罪大,尽灭桓氏可也。(《左传·哀公十四年》)

㉝一攻而不得,前功尽灭。(《战国策·东周策》)

㉞于是使吏尽灭春申君之家。(《战国策·楚策》)

㉟知氏尽灭,唯辅氏存焉。(《战国策·赵策》)

㊱乃杀费无忌,尽灭其族。(《吕氏春秋·慎行》)

㊲子尝事范氏、中行氏,诸侯尽灭之。(《吕氏春秋·不侵》)

㊳翟人至,及懿公于荣泽,杀之,尽食其肉,独舍其肝。(《吕氏春秋·忠廉》)

㊴杀尉止、子师仆,盗众尽死。(《左传·襄公十年》)

㊵南史氏闻大史尽死,执简以往。(《左传·襄公二十五年》)

㊶人其尽死,而我独存乎!(《庄子·在宥》)

㊷今越人起师,臣与之战,战而败,贤良尽死。(《吕氏春秋·似顺》)

㊸日至,苦菜死而资生,而树麻与菽,此告民地宝尽死。(《吕氏春秋·任地》)

㊹十日不食,无畴类尽死矣。(《管子·枢言》)

(意为“拼死”的“尽死”不列。)

在先秦的文献里,“尽”和另一个动词紧挨着出现,其形式绝大部分是“尽 V”而不是“V 尽”。是“V 尽”的只有下列寥寥几例:

㊺若为诸侯戮者,鲁诛尽矣,必不加师,请为戮也。夫戮出于身实难,自他及之何害?苟可以安君利国,美恶一心

也。(《国语·晋语》)

㊻今宫室崇侈,民力雕尽。(《左传·昭公八年》)

㊼若夫山林匮竭,林麓散亡,薮泽肆既,民力凋尽,田畴荒芜,资用乏匮,君子将险哀之不暇,而何易乐之有焉?(《国语·周语》)

㊽筑氏为削。长尺博寸,合六而成规。欲新而无穷,敝尽而无恶。(《周礼·考工记》)

㊾魏安厘王攻赵救燕,取地河东;攻尽陶、魏之地;加兵于齐,私平陆之都;攻韩拔管,胜于淇下。(《韩非子·有度》)

㊿初时者,魏数年东乡攻尽陶、卫,数年西乡以失其国。(《韩非子·饰邪》)

但分析其结构,《国语》例"鲁诛"是主语,"尽"是谓语。其余几例"V尽"都是并列结构。《韩非子》两例,可以和下列例句对比:

51当燕之方明奉法、审官断之时,东县齐国,南尽中山之地。(《韩非子·饰邪》)

52魏氏将出兵而攻留、方与、铚、胡陵、砀、萧、相,故宋必尽。(《战国策·秦策》)

显然,"尽"是一个和"攻"并列的动词,"攻尽陶卫之地"是"攻陶卫之地而尽陶卫之地"的意思。

这就很清楚地说明,述补结构"V尽"在先秦还没有出现。

1.2《史记》和《论衡》中的"尽V"

《史记》中"尽"的用法和先秦时几乎完全一样。"尽[1]"、"尽[2]"的例句这里不再列举,只列举《史记》中"尽[3]"的"尽杀"、

“尽诛”、“尽灭”、“尽去”、“尽死”：

(53)秦使武安君白起击，大破赵于长平，四十余万尽杀之。(《秦本纪》)

(54)阳虎欲尽杀三桓适，而更立其所善庶子以代之。(《鲁世家》)

(55)曰：“故晋之群公子多，不诛，乱且起。”乃使尽杀诸公子。(《晋世家》)

(56)句践将尽杀其妻子，燔其宝器，悉五千人触战。(《越世家》)

(57)武安君计曰：“前秦已拔上党，上党民不乐为秦而归赵。赵卒反复。非尽杀之，恐为乱。”乃挟诈而尽坑杀之。(《白起传》)

(58)楚已使项伯收九江兵，尽杀布妻子。(《黥布传》)

(59)汉毋攻我。我尽出善马，恣所取，而给汉军食。即不听，我尽杀善马，而康居之救且至。(《大宛列传》)

(60)诸侯虏吾属而东，秦必尽诛吾父母妻子。(《项羽本纪》)

(61)庄公蒯聩者，出公父也，居外，怨大夫莫迎立。元年即位，欲尽诛大臣。(《卫世家》)

(62)昭公子因文公母弟须与武、缪、戴、庄、桓之族为乱，文公尽诛之，出武、缪之族。(《宋世家》)

(63)简公元年，诸公子谋欲诛相子驷，子驷觉之，反尽诛诸公子。(《郑世家》)

(64)田常于是尽诛鲍、晏、监止及公族之强者，而割齐自安平以东至琅邪，自为封邑。(《田完世家》)

(65)朱虚侯首先斩吕产，于是太尉勃等乃得尽诛诸吕。

(《齐悼惠王世家》)

⑥乃使令尹尽诛射吴起而并中王尸者。(《吴起传》)

⑥今期而多后,不可尽诛,诛最后者一人。(《魏豹彭越列传》)

⑥项氏臣可尽诛邪?(《季布传》)

⑥遂尽诛其后母与弟及大臣不听从者。(《匈奴列传》)

⑦又遥闻高后尽诛佗宗族,掘烧先人冢,以故自弃。(《南越列传》)

⑦尽诛所与谋者。(《淮南衡山王列传》)

⑦景帝闻之,使使尽诛此属。(《游侠列传》)

⑦戌者,言万物尽灭,故曰戌。(《律书》)

⑦攻崔氏,杀成、强,尽灭崔氏,崔杼妇自杀。(《齐世家》)

⑦且虞之亲能亲于桓、庄之族乎?桓、庄之族何罪,尽灭之。(《晋世家》)

⑦乃令国中诸从重耳亡者与期,期尽不到者尽灭其家。(《晋世家》)

⑦六卿欲弱公室,乃遂以法尽灭其族。(《晋世家》)

⑦周之子孙封于江汉之间者,楚尽灭之。(《楚世家》)

⑦吾欲尽灭田氏适,以豹代田氏宗。(《田完世家》)

⑧其后及田常杀简公,尽灭高子、国子之族。(《司马穰苴列传》)

⑧周之子孙在汉川者,楚尽灭之。(《伍子胥列传》)

⑧于是遂使吏尽灭春申君之家。(《春申君列传》)

⑧公子光出其伏甲以攻王僚之徒,尽灭之,遂自立为王,是为阖闾。(《刺客列传》)

㉞子不尝事范、中行氏乎？智伯尽灭之，而子不为报雠，而反委质臣于智伯。（《刺客列传》）

㉟吴士民罢弊，轻锐尽死于齐、晋。（《越世家》）

和先秦时的“尽V”相比，《史记》中的这种结构有一个特点：《史记》“尽”修饰的动词可以是双音节甚至是四个音节的，这在先秦没有出现：

㊱武安君计曰：“前秦已拔上党，上党民不乐为秦而归赵。赵卒反复。非尽杀之，恐为乱。”乃挟诈而尽坑杀之。（《白起传》）

㊲（寒）〔暮〕卧岸下百余人，岸崩，尽压杀卧者，少君独得脱，不死。（《外戚世家》）

㊳乃尽案诛三长史。（《酷吏列传》）

㊴哙欲以兵尽诛灭戚氏、赵王如意之属。（《樊哙传》）

㊵犯者众，吏不能尽诛取，于是遣博士褚大、徐偃等分曹循行郡国。（《平准书》）

㊶车甲珍器尽收入于燕。（《乐毅传》）

㊷并逮治王，尽收捕王母兄弟美人，系之河内。（《淮南衡山王列传》）

㊸晋追，遂围临菑，尽烧屠其郭中。（《晋世家》）

㊹至郡，遂案宁氏，尽破碎其家。（《酷吏列传》）

㊺强弩射之，即尽虏破宛矣。（《大宛列传》）

㊻以夷灭月氏，尽斩杀降下之。（《匈奴列传》）

《史记》中还有一例，可以和六朝时的例句对比：

㊼今汉王复兴兵而东，侵人之分，夺人之地，已破三秦，引兵出关，收诸侯之兵以东击楚，其意非尽吞天下者不休。

(《淮阴侯列传》)

《论衡》中仍然绝大多数是"尽V"。《论衡》中"尽杀"、"尽诛"等例句不多,全部列举如下:

⑱暮寒,卧炭下,百余人炭崩尽压死。(《吉验》)

⑲阴过非一也,何不尽杀?(《雷虚》)

⑳始皇二十年,燕使荆轲刺秦王,秦王觉之,体解轲以徇,不言尽诛其间。(《语增》)

⑩夫秦虽无道,无为尽诛荆轲之里间。(《语增》)

⑫夫诛从行于梁山宫及诛石旁人,欲得泄言、刻石者,不能审知,故尽诛之。(《语增》)

⑬如刺秦王在间中,不知为谁,尽诛之,可也。(《语增》)

⑭荆轲之间何罪于秦而尽诛之?(《语增》)

⑮传增言坑杀儒士,欲绝诗书,又言尽坑之。(《语增》)

⑯儒书言:卫有忠臣弘演,为卫哀公使,未还,狄人攻哀公而杀之,尽食其肉,独舍其肝。弘演使还,致命于肝,痛哀公之死,身肉尽,肝无所附,引刀自刳其腹,尽出其腹实,乃内哀公之肝而死。(《儒增》)

在《论衡》中,"尽"在动词后面的仅有一例:

⑰使天地有口能食,祭食宜食尽。(《祀义》)

这一例中的"食尽"仍然是连动结构,但它和一般的连动结构已有所不同,它对六朝述补结构的产生是有影响的,可以说是从连动结构到述补结构的过渡,分析详后。

又:《史记》标点本中也有一例"V尽":

⑱府库坏漏尽,腐财物以巨万计。(《五宗世家》)

此例又见于《汉书·景十三王传》,标点本作"府库坏漏,尽腐财物,以巨万计”。按:《汉书》标点本是,“尽”应属下读。

1.3 六朝的“V尽”

“V尽”在六朝时开始出现得较多。我们调查了《世说新语》和《六度集经》、《生经》、《贤愚经》、《杂宝藏经》、《百喻经》等六部作品,找到下列例句:

⑽人皆如此,但可结绳而治,但恐狐狸貉啖尽。(《世说新语·品藻》)

⑾以泆荡之行,家贿消尽。(《六度集经》卷三)

⑾尔昔为王,女时为鬼,以色诳尔,吞尽尔民。(《六度集经》卷四)

⑿肉垢消尽,处在空寂。(《六度集经》卷五)

⒀人命若炽火上炒少膏著中,须臾燋尽。(《六度集经》卷八)

⒁人命譬若织机经缕,稍就减尽。(《六度集经》卷八)

⒂恩爱之着,永以除尽。(《生经》卷二)

⒃众僧威减,应当灭尽(《生经》卷二)

⒄王闻是语,恐人民死尽。(《生经》卷五)

⒅时夜叉鬼食妻子尽。(《贤愚经》卷一)

⒆时世无佛法,又灭尽八关斋文,今不可得。(《贤愚经》卷一)

⒇汝家父母大小,近日失火,一时死尽。(《贤愚经》卷三)

(121)一婆罗门,虽复高经,性不清廉。贪蜜甜故,舐封都尽。明日至会所,呈封乃入。次是梵志,无印欲入。典事语言:汝有封不?答言我有,以甜故舐尽。(《贤愚经》卷五)

(122)从非有想非无想处起,入灭尽定。(《贤愚经》卷六)

⑫3如是展转，十段香木，悉皆售尽。(《贤愚经》卷六)

⑫4舍宅所有一切具足，子孙七世，食用不尽。(《贤愚经》卷六)

⑫5遍阎浮提，悉皆来集，噉食其肉。一胁肉尽，即自转身，复取一胁，皆复食尽，故处还生。(《贤愚经》卷七)

⑫6烧七铁丸，令色正赤，逼象吞之。象不敢违，吞尽即死。(《贤愚经》卷十)

⑫7世有佛号毘婆尸般涅盘后，经法灭尽。(《贤愚经》卷一二)

⑫8未经几年，家物耗尽。诣兄丐之，兄复矜之，与钱十万，用尽更索。(《贤愚经》卷一二)

⑫9檀越前时以宝施僧，令汝举之。今僧食尽，当用裨佐。(《贤愚经》卷一三)

⑬0父母居家，都以死尽。(《杂宝藏经》卷二)

⑬1谷帛饮食，悉皆充满，用尽复生。(《杂宝藏经》卷二)

⑬2前弃水草者，渴旱死尽。(《杂宝藏经》卷三)

⑬3所生苗稼，变成金禾，皆长数尺，收刈已尽。(《杂宝藏经》卷四)

⑬4与钱十万，得去未久，以复用尽。(《杂宝藏经》卷四)

⑬5欲如狗啮枯骨，涎唾共合，谓为有味，唇齿破尽，不知厌足。(《杂宝藏经》卷五)

⑬6共求鬼言：汝今自杀无量人民，食肉不尽。(《杂宝藏经》卷八)

⑬7尔时如来降化外道邪见六师及其眷属，悉使破尽。(《杂宝藏经》卷八)

⑬⑧我等徒众，都破散尽。(《杂宝藏经》卷八)

⑬⑨今至水所何故不饮？愚人答言：君可饮尽。(《百喻经》五)

⑭⓪迷失道路，不知所趣，穷困死尽。(《百喻经》一四)

⑭①而此病者市得一雉，食之已尽，更不复食。(《百喻经》六二)

⑭②故今者食一雉已尽，更不敢食。(《百喻经》六二)

⑭③昔有一猕猴持一把豆，误落一豆在地。便舍手中豆，欲觅其一。未得一豆，先所舍者，鸡鸭食尽。(《百喻经》八八)

这些"V 尽"有的可以肯定是述补结构，有的不是。分析详后。

1.4 述补结构"V 尽"是如何产生的

从上面的语料可以看出，述补结构在东汉时已有萌芽，到六朝时述补结构就肯定已经形成了。那么，"V 尽"这种述补结构是怎样产生的呢？是不是先秦两汉时的"尽 V"颠倒一下语序就成了述补结构"V 尽"？

这是不可能的。因为我们无法说明先秦两汉时的"尽 V"的语序为什么会颠倒而成"V 尽"；而且，"尽 V"的"尽"是副词，"V 尽"的"尽"是动词，两者词性不同。我们之所以用先秦两汉的"尽 V"和六朝的"V 尽"加以对比，来探讨述补结构的产生，是因为这两者的区别十分明显，先秦两汉几乎全是"尽 V"，说明那时还没有述补结构；六朝"V 尽"大量出现，说明述补结构在那时已经产生。但本文并不认为六朝的"V 尽"是由先秦两汉的"尽 V"直接演变而成的。

我认为述补结构"V 尽"的产生是通过两个途径：(1)由主谓

结构"V尽"重新分析而来。(2)由连动结构"V尽"重新分析而来的。

先说由主谓结构"V尽"重新分析而来。请看前面已举过的几个例句：

⑭一婆罗门，虽复高经，性不清廉。贪蜜甜故，舐封都尽。明日至会所，呈封乃入。次是梵志，无印欲入。典事语言：汝有封不？答言我有，以甜故舐尽。(《贤愚经》卷五)

这段话中的"舐封都尽"是个主谓结构，"舐尽"是个述补结构，但它们说的是同一回事。

⑮此病者市得一雉，食之已尽，更不复食。(《百喻经·病人食雉肉喻》)

这句话中的"食之已尽"是个主谓结构，但如果去掉副词"已"，"食之尽"就是通常所说的"隔开的述补结构"，如果再去掉中间的"之"就成了六朝文献中常见的述补结构"食尽"。在这句话中，如果用"食尽"来替换"食之已尽"，意思也不变。

⑯人有诣祖，见实视财物。客至，屏当未尽。(《世说新语·雅量》)

⑰所生苗稼变成金禾，皆长数尺。收刈已尽。(《杂宝藏经》卷四)

"屏当未尽"和"收刈已尽"都是动词做主语的主谓结构，如果把中间的副词"未"和"已"去掉，就都可以看作述补结构。

这种"VP(主语)＋副词＋尽(谓语)"的主谓结构可以上推到《史记·魏其武安侯列传》："君除吏已尽未？"但在《史记》的时代，还没有发展出"除吏尽"和"除尽"这样的结构。

这种以谓词性词组做主语，"尽"做谓语的结构，"尽"的词义和上面所说的“尽[1]”有些不同。“尽[1]”表示“全部不存在”，而“VP(主语)＋副词＋尽(谓语)”中的“尽”表示动作施及全部对象。注意：“VP＋尽”和“VP＋毕”意义不一样。“毕”的语义指向仅仅指动词，表示动作的完毕，而“尽”的语义指向兼及动作和动作对象，即使动作的对象不出现，“尽”表达的意义仍然是动作施及对象全部，无一遗漏。如“屏当未尽”表示财物未全部屏当(收拾)，“收刈已尽”表示金禾已全部收刈。由这些主谓结构发展来的“V 尽”，如“舐尽”、“食尽”、“屏当尽”、“收刈尽”，其中的补语“尽”也是这个意思。

也许有人要问：“动词＋副词＋尽”当然是主谓结构，但是为什么把中间的副词去掉，剩下来的“动词＋尽”就不能再看作主谓结构，而要看作述补结构呢？当然，从理论上讲，“动词＋尽”可能是主谓结构，也可能是述补结构。在六朝文献中的“V 尽”究竟是什么结构，确实是要仔细分辨的。分辨的主要依据是：虽然形式上同是“V 尽”，但主谓结构的“V 尽”中的“V”是指称，述补结构的“V 尽”中的“V”是陈述。关于动词表指称和动词表陈述的问题，现在还研究得不够。但是，根据上下文仔细分析，大体上还是能辨别的。如上引例⑫⑤“复取一胁，皆复食尽”(《贤愚经》卷七)，“食”前有副词“复”，可见“食”不是指称而是陈述，因此，这个“食尽”是述补结构而不是主谓结构。

再说由连动结构“V 尽”重新分析而来。

前面说过，在《论衡》中有一例“V 尽”：

⑩⑦使天地有口能食，祭食宜食尽。

上面说主谓结构“食之已尽”可以发展为述补结构“食尽”，但是，《论衡》例中的“食尽”，在前面有一个助动词“宜”，“食尽”

不可能是主谓结构。那么,"食尽"是什么结构呢?

我们可以用《论衡》中的一些例句来加以比较。

⑱饮酒用千锺,用肴宜尽百牛。(《语增》)

⑲外出戒慎之教,内饮酒尽千锺。(《语增》)

这些例句中都有两个动词:"用"和"尽","饮"和"尽"。"用"和"尽"分别有自己的宾语"肴"和"百牛","饮"和"尽"也分别有自己的宾语"酒"和"千锺",但在语义上"百牛"就是"肴"的一部分,"千锺"就是"酒"的一部分。"尽"的对象和前面的"V"的对象大致相同。"祭食宜食尽"中的"食"和"尽"也是两个动词,对象都是"祭食",只不过"祭食"出现在动词前面,而两个动词"食"和"尽"紧贴在一起,没有隔开罢了,从语义上仍可以理解为"祭食宜食而尽之",所以,"食尽"应是动词的连用。

其实,早在《孟子》中就可以看到这样的句子:

⑳逢蒙学射于羿,尽羿之道。(《离娄下》)

在《史记》中也有这样的句子:

㉑拔剑切肉食,尽之。(《樊哙传》)

这些句子中都有两个动词"V"和"尽",其对象大致相同或完全一样。如果把这两个句子译成现代汉语,可以说"学尽了羿的本事","吃尽了肉"。我们当然不能根据翻译来研究语法史,但是这样的翻译正好说明了古今汉语的差异。这种句子中的"尽",就是先秦的"尽[2]",表示某个动作施及对象的全部,无一遗漏。至于这"某个动作"究竟是什么,常常是要根据上下文而定的。既然这两句话前面已经说了"学射于羿"和"拔剑切肉食",那么,不言而喻,"尽羿之道"是通过"学"来达到的,"尽之"是通过"食"来达到的;而这种把动作和状态(遍及对象的全部)放在一起的表达手段正是后来产生的述补结构所提供的,所以译成现代汉语时,用“学尽”、“吃尽”来翻译完全正确。而且,既然前面已经有一个动词表示施行的动作,所以“尽”的动作的意味就相对减弱,主要表示动作施行的状态(遍及对象的全部,无一遗漏)。也就是说,“V而尽之”所表达的语义和后代述补结构“V尽”所表达的语义大致相同,所以,连动结构“V而尽之”有可能发展为述补结构“V尽”。

从语法形式来看,例⑮⑮中,“尽”都和前面的动词分别在两个小句中。《论衡》“祭食宜食尽”中的“食尽”连在一起,而且后面没有宾语,动作的对象出现在动词前面,这是一种语法史上的新形式。① 这种新形式虽然还不是述补结构,但它对六朝的述补结构“V尽”的产生是有影响的,可以说是从连动结构到述补结构的过渡。

为什么《论衡》的“祭食宜食尽”还不是述补结构,而六朝的“V尽”是述补结构?主要是因为在《论衡》中“尽”的使动用法还比较常见,我们能找到像“用肴宜尽百牛”、“内饮酒尽千锺”这样

① 先秦时,如果一个句子是叙述一个具体的过程,及物动词的受事论元必须在句中出现(只有极少数例外)。如果是作格动词,受事论元可以处于宾语的位置上,也可以处于主语的位置上。如果不是作格动词而是中性动词,如“食”,则受事论元只有在被动句和否定句中可以处于主语的位置上,(如《战国策·燕策》:“枣栗之实足食于民矣。”《论语·乡党》:“沽酒市脯不食。”)别的情况下都必须处于宾语位置;如果受事论元作为主语出现,就必须在宾语位置上有一个“之”复指。(如《墨子·贵义》:“草之本,天子食之,以顺其疾。”)但《论衡》中的“祭食宜食尽”,受事论元出现在主语位置上,而“食”后面却没有“之”复指。和先秦的语法规则相比,这是一个很大的变化。这种变化是从什么时候起发生的,又是怎样发生的,这是汉语语法发展的大问题,还需要深入研究。关于“作格动词”和“中性动词”的讨论,可参看大西克也《施受同辞刍议》(将刊于《第四届国际古汉语语法研讨会论文集》)。

的例句，所以，可以把“祭食宜食尽”分析为“祭食宜食而尽之”。而在六朝时“尽”的使动用法已经衰落，一般只用在“尽力”、“尽忠”、“尽形寿”等比较固定的组合中。所以，像例⑭《百喻经·猕猴把豆喻》“昔有一猕猴持一把豆，误落一豆在地。便舍手中豆，欲觅其一。未得一豆，先所舍者，鸡鸭食尽”这样的句子，我们无法再把它理解成“鸡鸭食而尽之”，因为在我们调查的六朝文献中，找不到“尽之”或“尽豆”这样的对应形式。再如《六度集经》中的“吞尽尔民”，在我们调查的六朝文献中，找不到“尽尔民”，所以我们也不能把“吞尽”看作连动，只能说是述补结构“吞尽”带宾语“尔民”。

当然，六朝的“V 尽”有一些“V”是不及物动词，而且前面有当事主语，如上引例句“家贿消尽”、“肉垢消尽”、“人命若炽火上炒少膏著中，须臾燋尽”等，这些“V 尽”可以分析为“V 而尽”，“V”和“尽”分别对主语进行陈述，如分析为“家财消而家财尽”，“肉垢消而肉垢尽”，“膏燋而膏尽”，而且，我们确实在六朝文献中找到了“傥能有是，财物悉尽”、“心垢都尽”（均见《贤愚经》卷一二）这样的例子，那么“V 尽”就应该看作两个并列的不及物动词做谓语。但是，有些“Vi＋尽”不能这样分析，就应该看作是述补结构了。如“唇齿破尽”不能分析为“唇齿破而唇齿尽”，因为“唇齿破尽”的意思是“唇齿全部破了”，而不是说“唇齿全部没有了”。“父母居家，都以死尽”，同样不能分析为“父母死而父母尽”。所以，“破尽”和“死尽”都是述补结构。

以上说的是述补结构“V 尽”的两个来源。但到在六朝时发展成述补结构时，这两者已经合流。比如同是“食尽”，就不能再分别哪一个是由连动结构发展而来，哪一个是由主谓结构发展而来。

这么说，是不是说六朝的述补结构“V尽”和先秦两汉的“尽V”毫无关系呢？那倒也不是。先秦两汉的“尽V”和六朝的述补结构“V尽”没有发展演变的关系，但是六朝的述补结构“V尽”和先秦两汉的“尽V”在意义上却十分接近。

前面说过，先秦时的“尽V”的“尽”表示“全都”的意思。而六朝的述补结构“V尽”，不论是由连动结构“V＋尽”还是由主谓结构“V＋尽”发展而来，其补语“尽”都表示动作施及对象的全体（或者当事全部都有某种状态），无一遗漏。所以，如果是同一个动词[1]，先秦时构成“尽V”，六朝时构成“V尽”，其意义基本一样。下列先秦两汉的例句中的“尽V”，在六朝时大概都可以换成“V尽”，这有六朝时相应的“V尽”为证：

先秦两汉的例句：

⑮越王授有子四人。越王之弟曰豫，欲尽杀之，而为之后。（《吕氏春秋·审已》）

⑮执齐庆封而尽灭其族。（《左传·昭公四年》）

⑮知氏尽灭，唯辅氏存焉。（《战国策·赵策》）

⑮翟人至，及懿公于荣泽，杀之，尽食其肉，独舍其肝。（《吕氏春秋·忠廉》）

⑮今汉王复兴兵而东，侵人之分，夺人之地，已破三秦，引兵出关，收诸侯之兵以东击楚，其意非尽吞天下者不休。（《史记·淮阴侯列传》）

⑮杀尉止、子师仆，盗众尽死。（《左传·襄公十年》）

---

① 这种动词有一定的范围：限于及物的动作动词和不及物的状态动词，如“杀、灭、食、吞”和“死”等。“行、走、来、笑”等不及物的行为动词在上古可以构成“尽V”，但在后来不能构成相应的述补结构“V尽”。

六朝相应的例句：

⑱知彼公时旧臣，都已杀尽，彼臣若在，年几虽老，犹有智策，今已杀尽，岂不天资我也。（《宋书·索虏传》）

⑲时世无佛法，又灭尽八关斋文，今不可得。（《贤愚经》卷一）

⑳世有佛号毘婆尸般涅盘后，经法灭尽。（《贤愚经》卷一二）

㉑未得一豆，先所舍者，鸡鸭食尽。（《百喻经·猕猴把豆喻》）

㉒尔昔为王，女时为鬼，以色诳尔，吞尽尔民。（《六度集经》卷四）

㉓父母居家，都以死尽。（《杂宝藏经》卷二）

当然，上述六朝例句中的"杀尽"、"食尽"不能换成"尽杀"、"尽食"，这是由于语法上的原因：如果换成"尽杀"、"尽食"，后面就必须跟宾语，否则句子不能成立。但从语义看，"杀尽"、"食尽"和"尽杀"、"尽食"几乎没有区别。

正因为先秦两汉的"尽 V"（除了表示施事施行动作的周遍性的以外）和六朝新产生的"V 尽"语义十分接近，所以，随着述补结构的兴起和汉语语法格局的改变，人们在语言使用中会用"V 尽"来代替"尽 V"。

当然，说"尽 V"和"V 尽"语义基本相同，那就是说两者还有一些区别。区别在于："尽 V"的"尽"是副词做状语，表示的是动作的范围，语义相当于今天所说的"全"；"V 尽"的"尽"是动词（已开始虚化）做补语，表示的是动作的状态，语义相当于今天所说的"完"。这里有一个极好的例句：

⑭如是展转，十段香木，悉皆售尽。（《贤愚经》卷六）

“悉”、“皆”是副词“尽”的同义词，当然“悉皆售尽”不能换成“尽售尽”，但“悉皆售之”完全可以换成“尽售之”。“悉”、“皆”、“尽”都是表示范围，各段香木都卖了。而“售尽”的“尽”表示“售”的状态，香木卖得一点也没有剩余。所以“悉皆”和“尽”并不重复，用现代汉语说，就是“全卖完了”。

也许是为了显示这种区别，后来就自然地形成一种分工：做状语表示范围用“悉”、“皆”、“都”，做补语表示状态用“尽”。所以，在六朝时，“尽V”还略多于“V尽”，到后来，随着述补结构的发展，“V尽”用得越来越多，最后占了压倒优势，而“尽V”就逐渐衰微了。

现在把“尽V”—“V尽”的问题做一个小结：从语法结构看，“尽V”和“V尽”没有发展继承的关系，述补结构“V尽”是由主谓结构“尽V”和连动结构“尽V”重新分析而产生的。但在“V尽”产生之后，“V尽”对“尽V”的逐步替换，又是在语法演变的大背景上，主要由于语义和语用的原因而实现的。在“尽V”—“V尽”替换过程中这种语法和语义、语用的综合的作用，是我们在汉语语法史研究中应该很好注意的。过去在语法史研究中对语义和语用注意得不够，今后应当加强。

2. 误V/错V—V错

弄清楚了“尽V”—“V尽”的发展，“误V/错V”—“V错”的发展就比较容易弄清楚了。

先看历史事实：

(1)先秦文献中“误”约20例，无一用于“误V”。

(2)《史记》中“误V”共6例：

⑯功臣宗室共不羞耻，误居正位。(《律书》)

⑯宦者忘之，误置其籍代伍中。(《外戚世家》)

⑯误中副车。(《留侯世家》)

⑯建读之，曰：“误书！‘马’者与尾当五，今乃四，不足一。”(《万石君列传》)

⑯其同舍有告归，误持同舍郎金去。(《万石君列传》)

⑰误中太子。(《淮南衡山王列传》)

(3)《论衡》中“误V”共8例：

⑰如不可食之物，误在菹中。(《福虚》)

⑰人误以不洁净饮食人。(《雷虚》)

⑰人误不知，天辄杀之。(《雷虚》)

⑰跌误中石，不能内锋，箭摧折矣。(《儒增》)

⑰不妄乱误以少为多也。(《艺增》)

⑰误设计数，烦扰农商。(《答佞》)

⑰留侯张良椎秦始皇，误中副车。(《纪妖》)

⑰不绝，则文载竹帛之上；不舍，则误入贤者之耳。(《对作》)

《论衡》中还有主谓结构“V误”两例，但六朝文献中未见：

⑰子骏，汉朝智囊，笔墨渊海，穷无以应者，是事非议误，不得道理实也。(《乱龙》)

⑱共一“乱”字，理之与乱，相去甚远。然而读者用心不同，不省本实，故说误也。(《案书》)

(4)《世说新语》中“误V”共3例：

⑱范宣年八岁，后园挑菜，误伤指。(《德行》)

⑱乱兵相剥掠，射误中工，应弦而倒。(《雅量》)

⑱孙子荆年少时欲隐，语王武子当枕石漱流，误曰漱石枕流。(《排调》)

(5)五部六朝佛典中“误V”共9例：

⑱弯弓发矢，射山麋鹿，误中睒胸，矢毒流行，其痛难言。(《六度集经》卷五)

⑱至孝之子，实为上贤。吾射麋鹿，误中之耳。(《六度集经》卷五)

⑱夜渴行饮，误得国人所种莲华池水。(《六度集经》卷五)

⑱那赖时亦诵经，误蹈题耆罗首。(《六度集经》卷七)

⑱那赖曰：误蹈尔耳，祝誓何重。(《六度集经》卷七)

⑱(四七)儿误杀父品第四十(《贤愚经》卷一〇)

⑲下手得石，捉而掷之，误折马脚，非故尔也。(《贤愚经》卷一〇)

⑲挽弓射之，药箭误中睒摩迦身。(《杂宝藏经》卷一)

⑲昔有一猕猴，持一把豆，误落一豆在地。(《百喻经·猕猴把豆喻》)

(6)“错”表示“误”义，见于汉末。张永言引《郑志》记赵商问：

⑲《族师》之职，邻比相坐；《康诰》之云，门内尚宽。不知《书》、《礼》孰错？

从汉末到南北朝，“错”用作谓语和述语较多，而用作状语(“错V”)较少。汪维辉(2000)举东汉至隋的“错”45例，其中“错V”9例：蔡邕《表贺换录误上章谢罪》1例(“错奏谬录”)，《三国志》及裴注2例（“错应曰”，“前错用陈纪”），《法显传》1例（“错行戒律”），《出三藏记集》2例（“错得其药方一匣”，“错征其事”），《百喻经》1例（见下），《水经注》1例（“错为‘渊’也”），《颜氏家训》1例（“错作‘许缘反’”）。（又有《启颜录》一条，见《太平广记》，是后时资料，故不计在内。）

在我们查检的《百喻经》中有2例：

⑲⁴妇语人言：“我夫已觉，更无出处。唯有摩尼可以得出（摩尼者齐云水窦孔也）。”欲令其人从水窦出。其人错解，谓摩尼珠。所在求觅，而不知处。（《百喻经》九四）（此例汪2000已引）

⑲⁵凡夫错解，便求世界有边无边及以众生有我无我。（《百喻经》九四）

（7）“V错”在上述文献中皆无，《王梵志诗》、敦煌变文、《祖堂集》中亦无。

直到《朱子语类》中才“错V”和“V错”一起出现，出现的次数大致是1∶1。下面各举若干例：

⑲⁶“习矣不察”，人多错看此一语。（卷一二）

⑲⁷伊川之语，想是被门人错记了。（卷一五）

⑲⁸圣人固不会错断了事。（卷一六）

⑲⁹如人错吃乌喙，才觉了，自不复吃。（卷三〇）

⑳⁰五峰只缘错认了性无善恶，便做出无限病痛。（卷四三）

⑳¹晚年大喜，不惟错说了经书，和佛经亦错解了。（卷四五）

⑳²不成错行了也是道！（卷六二）

⑳³伯恭又错会伊川之意。（卷七三）

⑳④被人错解作“辅”字，至今误用。（卷七八）

⑳⑤临陈时，是胡乱错杀了几人。（卷一一〇）

⑳⑥只是不曾仔细读那书，枉用心，错思了。（卷一一九）

⑳⑦如此，便不会错用工夫。（卷一一三）

⑳⑧说道理底，尽说错了。（卷一三）

⑳⑨如今说得大错，不肯从近处说。（卷五二）

㉑⓪公合下认错了，只管说个“容”字，不是如此。（卷一六）

㉑①论他个，又却只是见错。（卷一六）

㉑②只缘他合下见得错了。（卷一三九）

㉑③且得它见得不错，已是好。（卷九七）

㉑④或说慎独。曰：公自是看错了。（卷一六）

㉑⑤艮斋看得西铭错。（卷九八）

㉑⑥谓如一人有过失，或做错了事。（卷二六）

㉑⑦且如做些事错，才知道错，便是向好门路。（卷一六）

㉑⑧元初本心自是好，但做得错了，做得不合宜。（卷三四）

㉑⑨须是知得古人之法，方做不错。（卷二一）

㉒⓪如有好底人无私意而过，只是理会事错了。（卷二六）

㉒①到下面问“今之从政者何如”，却是问错了。（卷四三）

㉒②如暴戾愚狠，便是发错了羞恶之心；含糊不分晓，便是发错了是非之心；如一种不逊；便是发错了辞逊之心。（卷五三）

㉒③却是向来解错了此两字。（卷八一）

㉒④既发若不照管，也不得，也会错了。（卷九四）

㉒⑤只是行得错底，便流入于恶矣。（卷一〇一）

㉒⑥刘道修向时章疏中说“道学”字，用错了。（卷一一六）

㉗有一人下一服热药，便道他用药错了。（卷一三五）

㉘且如论古人，便是论错了，亦是曾考论古人事迹一过。（卷一一八）

㉙他都记错了。（卷一三九）

㉚它记得意错了。（卷九四）

把《朱子语类》中的“错 V”和“V 错”加以比较，有两点值得注意：(1)有些动词如“说”、“看”、“认”、“记”、“解”、“会”、“用”、“行”，“错 V”和“V 错”两种形式都有；有些动词只有“错 V”，如“吃”、“断”、“思”、“杀”；有些动词只有“V 错”，如“见”、“问”、“论”、“做”、“发”、“理会”。(2)“错”做补语的形式比较多样，有“V 错”、“VO 错”、“V 得错”、“V 得 O 错”、“V 不错”、“V 得不错”等。这使我们有理由推测：“V 错”的形式可能不是在《朱子语类》中刚刚出现的，可能在《朱子语类》之前的一个时期中就已存在了，只是在我们查找的文献资料中没有发现而已。

“误 V/错 V”—“V 错”的发展，有几点值得注意：

(1)上古只有“误 V”，从“误 V”首先要经过词汇替换，成为“错 V”，然后再发展为“V 错”。

(2)“V 错”产生得相当晚，在我们调查的材料中，敦煌变文、《祖堂集》都没有“V 错”，直到《朱子语类》中才见到。述补结构在六朝时产生，在唐代已有了很大的发展，为什么唐代既没有“V 误”也没有“V 错”呢？一个可能的解释是：“误”和一个动词结合在一起表示动作错误（“误 V”）的使用频率一直不高，而“错 V”代替“误 V”虽然始于汉末，但直至魏晋南北朝都用得不多。这种用原有的形式“误 V/错 V”表示动作错误的尚且得不多，那么用新兴的形式“V 误/V 错”表示动作错误就会更少了。这一事实告诉我们，述补结构作为一种语法结构产生后，并不是所有的动词、形容词都一齐进入这个格式充当补语的。由不同的词充当补语的述补格式产生时间有先有后，它们产生的时代和产生的条件，需要我们细致的研究。

(3)述补结构“V错”的产生，我们看不到像“V尽”那样的由连动结构、主谓结构重新分析而成的过程。那么，述补结构“V错”是怎样产生的呢？应该说是在述补结构蓬勃发展的背景下，由其他述补结构类推而产生“V错”，然后逐步取代原有的“错V”。至于“V错”对“错V”的逐步替换，则和“V尽”对“尽V”的逐步替换一样，是在语法演变的大背景上，主要由于语义和语用的原因而实现的，即：由于“V错”和“错V”语义基本相同，所以人们在语言使用中可以用“V错”代替“错V”。而且，在语义上，“错V”只是表示一个动作，这个动作错了，“V错”则兼表动作和结果，实施了这个动作，而其结果是错的，用“V错”可以表达更复杂的语义；在语法功能上，“V错”可以扩展成“V得错”、“V不错”这样的能性述补结构。这就使得“V错”在表达功能上胜过“错V”，因此它逐渐取代了“错V”。[①]

最后，附带提出两个问题。(一)从本文所讨论的“尽V”—

① 但这是就发展的大势而言的。实际上，后来“误V/错V”并没有完全被“V错”取代。这是因为，虽然多数情况下“误V/错V”所表达的语义可以被“V错”涵盖，但有一些“误V/错V”和“V错”的语义并不完全相同。(1)“误V/错V”的“V”如果不表示动作的过程，而是表示动作的结果，如“误中”、“误伤”、“错得”，就不能用“V错”代替。(2)“误V/错V”可以表示明知错误仍然去做。如李端《弹筝》：“欲得周郎顾，时时误拂弦。”以及上引《朱子语类》：“临陈时，是胡乱错杀了几人。”而“V错”通常表示做事的结果和主观意图不相符，不想做错却做错了。所以，上面两例中的“误V”、“错V”也不能换成“V错”。直到现代汉语中仍然说“宁可错杀一千，不可放过一个”，这个“错杀”不能改为“杀错”。这个问题太田辰夫《中国语历史文法》已经提及(见《中国语历史文法》中译本198—199页)。

"V尽"和"错V"—"V错"来看，其结构是从从"右中心"(right headed)变为"左中心"(left headed)。本文只是描写了这种历史演变，但未能探讨其动因。这种演变的动因是什么？这是很值得研究的。(二)这种结构的变化是不是体现了汉语语法发展中的一种有一定普遍性的趋势？比如，从连动结构发展为述补结构，是否也是从"右中心"变为"左中心"？"尽V—V尽"和"错V—V错"的展和"连动结构—述补结构"的发展否有关系？如果有关系，又是什么关系？这也是很值得的。这些都是牵涉到汉语语法结构演变的重要问题，希望专家和同行能予以指教。

参考文献

梅　广　2002　《迎接一个考证学和语言学结合的汉语语法史研究新局面》，《中央研究院第三届国际汉学会议论文集》，中研院。

汪维辉　2000　《东汉——隋常用词演变研究》，南京大学出版社。

魏培泉　2000　《说中古汉语的使成结构》，《史语所集刊》，第七十一本，第四分，中研院。

太田辰夫　1958　《中国语历史文法》日本江南书院。中译本：蒋绍愚、徐昌华译，北京大学出版社。

Huang, James C. T.　1995　History Syntax Meets Phrase Structure Theory: Two Note on the Development of Verb-Complement Construction, Paper presented at ICCL4/NACCL 7.

Peyraube, Alain　1991　Syntax Change in Chinese: on Grammaticalization, *Bulletin of the Institute of History and Philology of Academia Sinica*, Taiwan 59-3, pp. 617-652.

(原载《语言暨语言学》第五卷第三期，台北，2004年7月)

汉语"广义处置式"的来源
——兼论"词汇替换"

一 问题的提出

1.0 汉语处置式是一种十分复杂的句式，它经过了长期的历史发展，在历史上出现过的各种处置式所用的语法标记不同，结构形式和表达功能也不同。这些不同的处置式是否有同一来源？对此学者们持有不同的看法。

1.1 梅祖麟(1990)说："处置式是一种多元性的句式，本身包括几个小类，而且从历时的角度看，产生的方式也是层层积累。"他把处置式分为三类：

(甲)双宾语结构　$VB+O_1+V(+于/与)+O_2$

(乙)动词前后带其他成分

(丙)单纯动词居末位　VB+O+V

他认为这三类产生的时间和产生的方法都不相同。

1.2 冯春田(2000)持另一种意见。他说："用同一个处置介词的'将'或'把'字处置句式，认为它有两种以上的来源或形成途径，这是很有问题的。"他认为汉语处置式"是同一基本类型的处置式本身的嬗变"。

1.3 吴福祥(2002)赞同冯春田的这种意见，他把处置式的发展“一以贯之”。他说，“连动式＞工具式＞广义处置式＞狭义处置式＞致使义处置式”是一个连续发展过程。“连动式＞工具式＞广义处置式”是重新分析，连动式的前一动词虚化就成了表工具的介词，工具式重新分析就成为广义处置式。“以”、“持”、“将”、“捉”、“把”等都同时兼有表工具和表处置的用法，可见从工具式很容易重新分析为广义处置式。“广义处置式＞狭义处置式＞致使义处置式”是功能扩展，广义处置式中的动词是三价动词，狭义处置式中的动词是二价动词，致使义处置式中的动词是一价动词。动词从三价扩展到二价到一价，处置式就从广义处置式到狭义处置式到致使义处置式。

1.4 这个问题确实比较复杂。我认为，要弄清这个问题，需要对处置式不同的类别一类一类地做深入研究，弄清各类处置式的历史来源，然后才能对这个问题做出正确的回答。答案产生在研究之后，而不是产生在研究之前。处置式的类别也比较复杂，各人的分法不同。梅祖麟(1990)分为三类，吴福祥(1996)也分为三类，但类别和梅祖麟(1990)不同，他的三类是：

> (1)广义处置式　即梅祖麟(1990)所说的“甲型处置式”。
>
> (2)狭义处置式　即梅祖麟(1990)所说的“乙型处置式”和“丙型处置式”。
>
> (3)致使义处置式　这类处置式在结构上，“去掉介词后，所剩的部分是可以独立的一般施事句”；在语义上，“与由使役动词构成的兼语式语义相近。”

本文按照吴福祥(1996)的分类。其中“狭义处置式”的来源已讨论得比较多,“致使义处置式”的来源我原先曾做过讨论(见蒋绍愚 1999),但我自己也还觉得还没有完全弄清楚,这两类在此都不打算讨论,本文将集中讨论“广义处置式”(即梅祖麟 1990 所说的“甲型处置式”)的来源。“广义处置式”有用“以”字做标记的和用“将/把”字做标记的两类,这两类是同一来源,还是不同来源?这是本文讨论的重点。

二 当代学者对“广义处置式”的讨论

2.0“广义处置式”的特点是处置式中有两个宾语。梅祖麟(1990)把这种处置式又分为三类:

(1)处置(给):把 O_1 给 O_2

(2)处置(作):把 O_1 当作 O_2

(3)处置(到):把 O_1 放到或放在某处

2.1 最早谈到“广义处置式”的是太田辰夫(1958)。他在《中国语历史文法》第二部 17.12“处置”一节中说“处置句可以分为六类”,即:

(1)有两个宾语(直接、间接)的　这种处置句在古代汉语中也有,是用“以”来代替“把”的。

(2)表示认定、充当的　这种处置句古代汉语中也有,也用“以”。

(3)比较、比喻

(4)改变

(5)命名

(6)一般的处置句

上面所讲的(1)—(5)都是带两个宾语的，是有点特殊的东西。普通的处置句不像这样带两个宾语，而是在动词后面带补语或后助动词，或者动词重复使用。

(太田辰夫《中国语历史文法》，修订译本，241—243页)

但他对这六类都只列举了例句，而没有详细讨论，更没有论述古代用"以"的处置句和后来用"将/把"的处置句之间的关系。

2.2 P. A. Bennett(1981)明确提出：古代汉语中的"以"字结构是把字句(处置式)的前身。他说：

古代汉语的"以"字结构可以用在双宾语结构中，可以放在动词前或动词后，如：

教人以善。　　尧以天下与舜。

"以"字结构也可以用来表示动作的工具。同样可以放在动词前或动词后。如：

文王以民力为台。　　杀人以梃与刃。

像"尧以天下与舜"这样的句子就和后来的处置式"尧把天下给舜"很接近。

在《史记》中，"以"字结构也可以用在双宾语结构中：

良数以太公兵法说沛公。

到了《世说新语》中，出现了一种新的形式：用"以"字结构把宾语提前，而动词后面跟的是处所词：

家人常以琴置灵床上。　　以百钱挂杖头。

P. A. Bennett 的意见影响很大，学界一般都接受他的说法，把先秦的"以"字句看作是最早的处置式。有的研究者还把《尚书·盘庚》"盘庚作，惟涉河以民迁"和"今予将试以汝迁，永建乃家"看作处置式。如果是这样的话，那么，处置式在中国最早的传世文献中就已经出现了。

2.3 陈初生(1983)认为金文中已经有“以”字处置式，而且认为这种处置式的词序“似是上承远古和上古前期的宾语前置而来”，在前置宾语“加一个介词‘以’为语法标志”，就产生了“以”字句处置式。他对后代的“将/把”字处置式是由连动式演变而来的看法表示怀疑，认为后来的“将/把”字处置式是在“以”字处置式的基础上，“随着语言的不断发展，介词的替换(当然不是简单替换)”而形成的。

2.4 关于通常所说的先秦的“以”字处置式及其和后代的“将/把”处置式的关系，有两个关键的问题，这在 P. A. Bennett (1981)中都没有解决好：

(1)先秦的“以”字句最常见的用法是表工具，这和通常所说的先秦的“以”字处置式是什么关系？通常所说的先秦的“以”字处置式和后代的“将/把”字句究竟是不是同一种语法结构？

P. A. Bennett(1981)只说了“像‘尧以天下与舜’这样的句子就和后来的处置式‘尧把天下给舜’很接近”，而没有明确说先秦的“以”字句和后代的“把”字句究竟是语义相似，还是结构相同。同时，他也说到了“‘以’字结构也可以用来表示动作的工具”，但没有说明表工具的“以”字句和表处置的“以”字句是什么关系。

(2)通常所说的先秦的“以”字处置式是怎样发展为后代的“将/把”字句的？

P. A. Bennett(1981)认为“把”字句的产生是重新分析(reanalysis)的结果。他认为，“把(将)”从表示“持”的动词虚化为表示工具的介词以及处置式中的宾语标志(object marker)，都是不难理解的。“因为‘把(将)’处在连动式中前一个动词的位置上,但后面那个动词在意义上比它重要;而正如洛德(C. Lord “Serial Verb in Transition” Studies in African Linguistics 4. 1973)所说‘意义上不大重要的成分常常变得在句法上也不太重要’,所以它虚化为表示工具的介词……而‘把(将)’虚化为宾语标志,则是因为在这种句式中‘把(将)’的宾语和后一个动词的宾语是同一个,后一个动词的宾语往往被删去,只保留前一个宾语;而‘把(将)’又不如后一个动词重要,所以失去了实义而变为宾语的标志。”照他的这种说法,后代的“把/将”字句是由“把(将)”表示“持”义的连动式演变而来的,而不是从先秦的“以”字句发展而来的。

2.5 梅祖麟(1990)对“甲型处置式”做了进一步的研究。他把“甲型处置式”分为三类,把“处置(到)”出现的时间提前到《史记》,而且,在上述两个问题上做了明确的回答。

(1)他说:“先秦最常见的‘以’字用法是作为介词引出工具语,意思是‘用’、‘拿’……处置(到)用‘以’字把宾语提前,是一种新兴的语法功能。”又说:“处置(到)里‘以’字的用法是从‘用’、‘拿’义的‘以’字引申出来的……引出工具和引出受事这两种语法关系密切,前一种用法很容易转变成后一种用法。”这就是说,汉代表处置(到)的“以”字是从先秦表工具的“以”发展来的,发展的原因是“引出工具和引出受事这两种语法关系密切”。

(2)他在叙述处置式中介词的变化时说:“从先秦到隋代,处置(给)只有两种演变:一是‘将’、‘把’、‘持’替代了‘以’字,一是‘给’义单音节动词复词化而变成‘V 与’。”“处置(作)……到了隋代，“将”开始替代‘以’字。”“到了隋代，处置（到）句式里‘以’、‘将’通用。”又说：“处置（给）、处置（作）、处置（到）这三种句式都是结构继承先秦、西汉，体现 V_B 的词汇前后不同。”那么词汇的变化又是怎样发生的呢？他说：“‘以’字是介词，‘将’开始是动词。在处置（给）、处置（作）、处置（到）三式里‘以’、‘将’通用的情况下，‘将’字受到了‘以’字的沾染，就开始虚化为介词。”这是他对于“甲型处置式”从先秦的“以”字句到后代的“将/把”字句的演变过程的说明。至于“乙型处置式”和“丙型处置式”，他认为另有来源。

2.6 冯春田（2000）对这两个问题也提出了自己的看法。他认为：“处置介词‘以’同样是来源于动词‘以’（‘用’义）的，它与表示工具的‘以’其实是同一介词，只是由于句子语义关系的制约，才有表工具或表处置对象等的不同。”“以”字句只限于处置“给”、“作”、“到”三类，“但汉语的处置句式在古代汉语里已基本形成。”后来的“将”、“捉”、“把”、“拿”等，“在一定程度上是汉语不同时期内处置介词的替换。”“进入唐代以后，‘将’字处置句的语法意义扩大，突破了处置给、作、到的范围。”简言之，他认为所有的处置式都是由“以”字句发展来的，只是经过了处置介词的词汇替换和处置式的功能扩展。他不赞成“‘将/把’为连动式前一动词虚化说”，他说：“自上古到近代处置介词就有‘以’、‘将’、‘捉’、‘把’、‘拿’等”，如果说这些介词都由连动式前一动词虚化而来，“事实上似乎不可能这样一律”。

2.7 吴福祥（2002）的意见已见前述。他认为“连动式＞工具式＞广义处置式”是重新分析，连动式的前一动词虚化就成了表工具的介词，工具式重新分析就成为广义处置式。他说，很多汉语方言来自“执持”义的处置介词都可以同时用作工具介词，很多西非语言源自“take”义动词的功能词可以同时用作工具标记和受事标记，可见从工具式很容易重新分析为广义处置式。至于从广义处置式发展为狭义处置式则是功能扩展的结果，广义处置式中的动词是三价动词，狭义处置式中的动词是二价动词，致使义处置式中的动词是一价动词。动词从三价扩展到二价到一价，处置式就从广义处置式到狭义处置式到致使义处置式。但他主要以“将”字句为例，没有太多地涉及从“以”字句到“将/把”字句的问题。

2.8 刘子瑜(2002)的看法和上述几位学者有较大的不同。她认为：

(1)表处置的“将”是由连动式直接虚化而来，中间并不存在一个由工具语—表处置的虚化过程。处置式语法化的途径是：1.首先在“动(将)＋宾＋动＋处所语/处所介词组”中“将”虚化为介词，处置式萌芽。2.“将”引出受事宾语的功能扩展，促使连动式“动(将)＋宾$_1$＋动＋宾$_2$(之)”重新分析，产生“介(将)＋宾$_1$＋动＋宾$_2$(之)”处置式。3.“宾$_2$(之)”脱落。4.“介(将)＋宾$_1$＋动”结构复杂化。

(2)“以”字结构不是处置式，“以”字结构与“将/把”处置式不是一种结构，无论是语法意义还是句法结构，二者都有相当大的差异。

语法意义上的差异是：

《孟子》里表“处置(给)”、“处置(到)”的“以”字结构中，“以”的宾语均为无生的事物，并且都是泛义宾语，是不定指的。

结构上的差异是：

A."以"字结构在动词前后的位置灵活，既可放在动词前，也可放在动词后，如：

陈子以时子之言告孟子。(孟子 103)

子路，人告之以有过，则喜。(孟子 82)

B."以"的宾语常常省略，如：

小人有母，皆尝小人之食矣，未尝君之羹，请以遗之。(左传 15)

C."以"的宾语可以前置，如：

君若以力，楚国方城以为城，汉水以为池，虽众，无所用之。(左传 292)

D."以"字结构中不仅可以省略直接宾语，还能省略间接宾语，如：

明日，子路行，以告。(论语 203)

E.有时连动词都可以省略，如：

书曰"崔氏"，非其罪也；且以告族，不以名。(左传 706)

这些特点一直保存到六朝和唐五代时期的"以"字句中，例如：

王获器喜，以赐小女。(六度 46)

其心和悦，安详雅步，受其毁辱，不以为恨。(生经 93)

两儿以惠人，宜急舍彼果可一相见。(六度 9)

奉加载官，授以帝位。(六度 18)

龙王见之，用一切故，勤劳入海，欲济穷士，即以珠与。(生经 75)

赐之以七宝百珍，赏之以绫罗锦彩。（变774）

若在大臣，大臣中尊，教以正法。（变574）

就是汉代产生的"处置（到）"，也有与之相应的"以"字结构置于动词之后的例子。如：

树吾墓上以梓，令可为器。（史记1472）

必树吾墓上以梓，令可以为器。（史记2180）

不仅如此，"以"的宾语仍然可以省略，同时，宾语的位置也可以居前，如：

臣曰："斯杀不酷，唯以投大海中。"（六度28）

其城纵广四百八十里，皆以七宝作城，其城七重，其间皆有七宝琦树，城上皆有七宝，罗縠缇缦以覆城上。（道行471）

上述学者的意见都使我们对处置式形成的途径和机制做进一步的思考，使处置式的研究更加深入。下面，我们在学者们研究的基础上，讨论"广义处置式"的来源。

三 "广义处置式"的来源

3.0 前面说过，"广义处置式"有两种：用"以"字做标记的和用"将/把"字做标记的。我认为，这两种句式不是同一来源。下面分别讨论。

3.1 先讨论用"以"字做标记的处置式。

3.1.1 首先，对这种句式的性质怎么看？

通常所说的"以"字处置式都是"广义处置式"，包括"处置（给）"、"处置（作）"、"处置（到）"三种格式。其中"处置（作）"比较特殊[1]，这里暂不讨论。这里先讨论表“处置(给)”的“以”字句。这种格式中“以$+N_1$”是放在动词前面的，但是在古汉语中，同样是“给”类动词的“以”字句，“以$+N_1$”也有放在动词后面的。这一点，刘子瑜(2002)已经举了一些例子，并因此而认为“以”字结构不是处置式。冯春田(2000)虽然很明确地把表示处置“给”、“作”、“到”的“以”字句看作处置式，但他也说“处置介词‘以’……与表示工具的‘以’其实是同一介词”，而且举出了一些相应的例句。如：

以其女妻伯比。(《左传·宣公四年》)

秦妻子圉以宗女。(《史记·秦本纪》)

且饮食人以不洁净，小过也……人误以不洁净饮食人，人不知而食之耳。(《论衡·雷虚》)

我还可以补充一些例子：

庄公通焉，骤如崔氏，以崔子之冠赐人。(《左传·襄公二十五年》)

太子曰：“君赐我以偏衣、金玦，何也？”(《国语·晋语一》)

主不积务于兵者，以其国予人也。(《管子·参患》)

毋予人以壤，毋授人以财。(《管子·山至数》)

天子不能以天下与人。(《孟子·万章上》)

故君子之富也，与民以财，故士民乐之。(贾谊《新书·大政上》)

---

① 除了“致使义处置式”以外，早期处置式中的介词(包括“以”和“将”、“把”等)的语法作用都是引进动词的受事。但有不少“处置(作)”中“以”字的作用不是这样。如“以仲子为巨擘”，不能说“以”的作用是引进“为”的受事“巨擘”。关于“以”字“处置(作)”的性质问题，刘子瑜(2002)也已谈到。

《论衡·雷虚》的例子最有启发。这是紧接着的两个小句,两句中有同样的动宾词组"饮食人",同样的介宾词组"以不洁净"。第一句"以不洁净"在"饮食人"之后,肯定是表工具的,"以"是表工具的介词,"不洁净"是动作"饮食"的工具。而第二句就是通常所说的"处置(给)"。为什么在第二句中"以不洁净"在"饮食人"之前,就不是表工具,"以"就不是表工具的介词,"不洁净"就不是动作"饮食"的工具了呢? 应该说,介宾词组"以不洁净"在动词前和动词后有语用上的差别,但在表工具这一点上,是没有差别的。所以,通常所说的表"处置(给)"的"以"字句和工具式"以"字句实质上没有差别。

不过,这种"以"字结构放在"给"类动词前面的句子,如 P. A. Bennett(1981)所举的"尧以天下与舜",确实和后代的"将/把"处置式"尧把天下给舜"很相近,其中的"以"字也可以看作是引进受事的。这本来是一种只在某种特定的语境中才有的用法(见下),但随着这种格式在语言中的长期使用,这种用法会逐渐凝固下来。到汉代,出现了"处置(到)""以"字句。和"处置(给)"相比,"处置(到)"有一点不同:句中的"以"字结构绝大多数在动词前面,而且不能移到动词后面去。这说明"处置(到)"中的"以"引进工具的作用减弱,而引进受事的作用加强了。但"以"字结构放在动词后面的例子也不是没有,而且也有"以"字放在动词前面,"以"的宾语省略的。如刘子瑜(2002)所举的例子:

树吾墓上以梓,令可为器。(史记 1472)

臣曰:"斯杀不酷,唯以投大海中。"(六度 28)

这是后代的"将/把"字处置式所不可能出现的形式,而恰恰是工具式“以”字句的特点。这说明表“复以弟子一人投河中”这类句子虽然处置性加强，但还保留一些工具式的特点，可以看作是保留了从工具式演变为处置式的痕迹。

3.1.2 但这只是对“以”字功能演变的描写，而不是对“以”字功能演变的解释。现在要讨论的是：“以”的作用本是引进工具，为什么能发展为表示处置（引进受事）？工具式和处置式究竟是什么关系？

工具式和处置式都由连动式发展而来，“以”、“持”、“将”、“捉”、“把”等原来都是动词，后来又都有表工具和表处置的用法，这是很明显的事实。但工具式和连动式有一个重要的区别：在工具式“$P+N_1+V+N_2$”中，必须是“$N_1 \neq N_2$”①，如“以戈逐子犯”，“逐”的是“子犯”，不是“戈”；而在处置式“$P+N_1+V+N_2$”中，必须是“$N_1=N_2$”②，如“当持是经典为诸沙门一切说之”，“说”的受事是“之”，也就是“经典”。两种句式中的 N_2 都可以不出现（处置式以不出现为常），在这种情况下，两者还是有区别的：在工具式“以$+N_1+V$”中，V 的受事(accusative)绝不是 N_1，“以釜甑爨，以铁耕”，“耕”的是田，不是“铁”。而在处置式“以$+N_1+V$”中，V 的受事(accusative)必须是 N_1，“但愿春官把卷看”，“看”的就是“卷”。所以，在 V 的受事(accusative)出现，或者虽不出现但显然隐含着的情况下，工具式和处置式的区别是很清楚的，工具式无法重新分析为处置式。

那么，“以”字处置式中的“以”表处置的功能是怎样发展来

① 工具句也有“以物易物”、“以暴易暴”、“以水济水”、“以水投水”等句子，但 N_1 和 N_2 虽是同一概念，却是不同的所指，因此，仍然是 $N_1 \neq N_2$。

② 致使义处置式除外。关于致使义处置式和工具式的关系，本文不讨论。

的呢？

这里仍不讨论"处置(作)"，只讨论"处置(给)"和"处置(到)"。上面说过，"处置(给)"中的"以"和工具式中的"以"实质上没有差别，"处置(到)"中的"以"也是从表工具的"以"发展来的。但这两种格式有这样的特点：(1)从结构看，在"以＋N_1＋V＋N_2"中，动词后面的宾语，都不是动词的受事(accusative)，在"以"字"处置(给)"句中，动词后面的宾语是与事(dative)，在"以"字"处置(到)"句中，动词后面的宾语是处所(locative)。这是由"给予"类动词和"放置"类动词的语义特点决定的，"给"类动词可以带与事宾语，"放置"类动词可以带处所宾语。因为动词后面不是受事，所以工具式和处置式的区别不明显，人们既可以把它们看作工具式，也可以把它们看作处置式。(2)从语义看，"给予"类动词和"放置"类动词都需要一个受事论元。如果在"以"字句中受事论元和工具论元同时出现，则两者绝不相混，这个句子很清楚地是工具句。如"以丝绸换粮食"，"以黄沙铺路"，都只能是工具句，而不可能转变为处置句。如果动词后面不出现受事，而只出现与事/处所，那么，这个受事论元就是隐含着的；如果动词后面只有与事/处所，同时动词前面有用"以"做标记的工具论元，那么这个工具论元就可能被看作受事论元。因为，用来给人的东西就是给人的对象，用来放置在某处的东西就是放置的对象。比如"以丝绸送人"，意思和"送人丝绸"一样；"以黄沙铺在上面"，意思和"在上面铺黄沙"一样。所以，在"以＋工具＋V＋D/L"的句式中，"以"的宾语原来是表示动作的工具的，但也可以理解为动作的受事。这样，"以"的功能就从引进工具变为引进受事，和后代表处置的"将/把"的功能一样了。

所以，能够表示处置义的“以”字句范围是有限的，只限于动词是“给予”类、“放置”类的“以”字句，而且动词后面不能是受事，只能是与事或处所，也就是说，只能从工具式转成“处置（给）”和“处置（到）”，而不能转成狭义处置式。笼统地说“引出工具和引出受事这两种语法关系密切，前一种用法很容易转变成后一种用法”是不妥当的，说“工具式‘以’字句重新分析就成为处置式‘以’字句”也失之宽泛。冯春田（2000）说：“这些‘以’字处置句能否扩展为其他语法类型（不限于处置“给”、“作”、“到”三类）的处置式呢？从理论上说这应该是可能的……不过，实际上的例子却极为难得。”我认为，根据上面所说，除了这三类以外，工具式和处置式的区别相当明显，超出这三类的范围，“以”字句就只能是工具式，不可能是处置式。找不到三类以外的例子，这不是由于文献不足，而正好是证明了没有这种可能性。

上面所说的工具式和处置式的区别以及工具式转变为处置式的条件是十分清楚的，这可以用学者们举过的例句来检验。梅祖麟（1990）引了《述异记》的一段文字：

> 王瑶宋大明三年，在都病亡。瑶亡后，有一鬼细长黑色，袒着犊鼻裈，恒来其家。或歌啸或学人语，常以粪秽投人食中。又于东邻庾家犯触人，不异王家时。庾语鬼：“以土石投我，了非所畏，若以钱见掷，此真见困。”鬼便以新钱数十，正掷庾额。庾复言：“新钱不能令痛，唯畏乌钱耳！”鬼便以乌钱掷之，前后六七过，合得百馀钱。（《太平广记》卷三二五引《述异记》，《古小说钩沉》，156）

这段文字中共有五个“以”字句。其中“以土石投我”、“以钱见掷”、“以乌钱掷之”一定是工具式，这是因为“$N_1 \neq N_2$”，而且 N_2 是受事，所以无法转变为处置式。“以粪秽投人食中”本来也是工具式，但可以理解为处置式，这是因为 N_2（人食中）是处所，V（投）的受事在后面没有出现，所以人们可以把前面的“粪秽”看作受事，于是“以”的功能就从引进工具变成了引进受事。“鬼便以新钱数十正掷庾额”介乎两者之间，这是因为“额”应是受事（这就是工具式），但也可看作处所“额上”（这就是处置式）。

3.2 然后讨论后代用“将/把”字做标记的“广义处置式”。

3.2.1 这些句式和“以”字句处置式有什么关系？有的学者认为，后代用“将/把”字做标记的“广义处置式”是在“以”字句处置式形成之后，由“将/把”替换了“以”而形成的，是处置介词替换的结果。这种看法值得商榷。

这里有必要对“词汇替换”的问题进行讨论。梅祖麟（1981）提出了“词汇兴替和结构变化”，说的是语法史上出现的两种变化：一是“结构变化”，出现了新的语法结构；一是“词汇兴替”，语法结构的框子没有变，但填框子的词汇发生了变化。这两种变化都是值得注意的，但比较而言，“结构变化”是更本质的变化。这一看法对与语法史的研究很重要，它告诉我们，研究语法史不仅要看到虚词的变化，还需要再深入一步，考察语法结构的变化。但是，对“词汇兴替”（或“词汇替换”）要正确理解。按照梅祖麟的说法，“词汇兴替”（或“词汇替换”）是语法演变的结果，而不是语法演变的动因。前面曾引述梅祖麟（1990）说“‘将’、‘把’、‘持’替代了‘以’字”，“‘将’开始替代‘以’字”，都是把这种“替代”作为语法演变的结果而不是作为语法演变的动因来说的。那么“词汇兴替”(或“词汇替换”)这种结果又是什么原因形成的呢?“词汇兴替”(或“词汇替换”)前提必须是几个词的词义或语法意义相同(至少是很相近),才能替换。原来说“天晴盖却屋,乘时刈却禾”,后来说“趁晴盖了屋,乘时刈了禾”,这是词汇替换。但这种替换只能发生在“了”演变成动态助词之后,如果“了”还是动词,它的语法意义和“却”根本不同,绝不可能替换“却”。原来说“鱼与熊掌”,后来说“鱼和熊掌”,这是词汇替换。但这种替换只能发生在“和”演变成连词之后,如果“和”还是动词“掺和”,它的词义和“与”根本不同,绝不可能替换“与”。原来说“为人害”,后来说“被人害”、“给人害”,这是词汇替换。但这种替换只能发生在“被”、“给”演变成被动标记之后,如果“被”、“给”还是动词,也绝不可能替换“为”。“了”、“和”、“被”、“给”等必须先完成词义或语法意义的演变,才能替换“却”、“与”、“为”,而绝不可能倒过来,“了”、“和”、“被”、“给”等先替换了“却”、“与”、“为”,然后引起词义或语法意义的演变。

对“词汇替换”的正确的理解是:几个原意相同或相近的实词,先后经过相同的语法化途径,从相同的起点达到了相同的终点,成为语法功能相同的语言单位,从而进入了同一个语法框架;而且,变化在后的那个语言单位逐渐取代了变化在前的语言单位。如处置式中的“将”被“把”取代就是如此。或者,是几个原意不同的实词,先后经过不同的语法化途径,从不同的起点达到了相同的终点,成为语法功能相同的语言单位,从而进入了同一个语法框架;而且,变化在后的那个语言单位逐渐取代了变化在前的语言单位。如被动句中的“为”被“被”取代就是如此。按照这种理解,推动语法变化的是主要语法化,而不是“词汇替换”;“词汇替换”是词义演变或语法化的结果,而不会是词义演变或语法化的原因。我赞同贝罗贝的观点:“我不相信词汇替换可以很好地解释汉语历史上的新形式的出现。”当然,语法化本身又有自己的动因,而且各种不同类型的语法化的动因各不相同,比如,“把”字语法化的动因,如 P. A. Bennett(1981)所说,是“把”在连动式中处于次要动词的位置,而“以”语法化的动因,如本文所说,是“以+N+给予类动词+D”和“以+N+放置类动词+L”这种句式的结构特点和语义特点。(“以”从工具介词演变为处置标记,处置标记比工具介词更虚,所以也是语法化。)

3.2.2 现在回到后代“将/把”字“广义处置式”的来源问题。如上所说,这个问题不可能用“词汇替换”来回答。如果“将/把”不表示处置,就不可能替换“以”。如果说“将/把”已经表示处置,所以能替换“以”,那么,问题又回到了原处:“将/把”为什么能表处置?什么是它的来源?可见,“词汇替换”说解决不了“将/把”字“广义处置式”的来源问题。

前引梅祖麟(1990)对“将”的虚化有一个解释:“‘以’字是介词,‘将’开始是动词。在处置(给)、处置(作)、处置(到)三式里‘以’‘将’通用的情况下,‘将’字受了‘以’字的沾染,就开始虚化变成介词。”这个说法还值得商榷:既然“将”原来是个动词,那它为什么能用在处置(给)、处置(作)、处置(到)三式里和‘以’通用?究竟是“通用”导致“虚化”,还是“虚化”导致“通用”?据我看,应该是“虚化”导致“通用”。既然“通用”不能作为“虚化”的原因,那么,对“将”虚化的原因还需要做出解释。

那么,后代“将/把”字“广义处置式”的来源究竟是什么?“将/把”字“广义处置式”会不会像“以”字处置式一样,由“将/

把"字工具式演变而来？从理论上讲，这是可能的，"以"字的演变途径，"将/把"可能再走一遍。而且，"将"和"把"确实也都有引进工具的用法。但是，研究历史语法，必须注意语法演变的时间问题。从现有研究成果来看，"将/把"字"广义处置式"在西晋就出现了，刘宋也有一些例子。如：

将一大牛，肥盛有力，卖与城中人。(《生经》卷三)

我今可将此女与彼沙门。(《增壹阿含经》卷四一)

将灵母弟置城上，诱呼灵。(《三国志·徐晃传》裴注)

而"将"引进工具的用法直到六朝晚期才出现。[①] 如：

雁持一足倚，猿将两臂飞。(庾信《和宇文内史春日游山》诗)

奴以斧斫我背，将帽塞口。(颜之推《还冤志》)

唯将角枕卧，自影啼妆久。(江总《病妇行》)

"把"也是如此。"把"字句初唐就有，而"把"引进工具的用法直到中唐才出现。如：

直把春偿酒，都将命乞花。(韩愈《游城南·嘲少年》)

轻将玉杖敲花片，旋把金鞭敲柳丝。(张祜《公子行》)

所以，说"将/把"字"广义处置式"由"将/把"字工具式演变而来，在时间上遇到了困难。退一步说，就算在处置式产生之前就有个别的"将"字用于工具式的例子，但由于"十分罕见"，也不可能成为重新分析的基础。

那么"将/把"字"广义处置式"是怎样产生的呢？我赞同刘

① 魏培泉(1997)认为《荀子·王霸》"百工将时斩伐"中的"将"是表工具的介词。但他也说：战国时期以及从汉到隋，"将"用于工具式"十分罕见"。

子瑜(2002)的意见:是从连动式演变而来。刘子瑜(2002)中找到的从东汉到六朝的一些“将”字句,其中有些“将”字都不可能是表工具的介词,但是,既可以看作是“持”或“携带”义的动词,又可以看作是表处置的标记,这正是从“连动—处置”的重新分析。

令数吏将建弃市,莫敢近者。(《汉书·赵广汉传》)

遂将后杀之。(《三国志·武帝纪》裴注)

三年春,可将荚、叶卖之。(《齐民要术》卷五243)

汉道士从外国来,将子于山西脚下种,极高大。(《齐民要术》卷一〇)

“将”的“持”或“携带”义汉代就有了,而且用得相当普遍。所以“将”字句由“连动”到“处置”的演变是完全可能的。这种“将/把”字句由连动式到处置式(包括狭义处置式和广义处置式)的演变途径,祝敏彻、王力、P. A. Bennett、贝罗贝等学者都已经讲得很清楚,这里不必重复。而且,现在对历史上不同时期出现的各种处置式研究得比较充分,“取”、“持”、“捉”等处置式都受到了关注。而这些表处置的虚词,原来都是有“握持”义,或者与“握持”义相关的,它们都以动词的身份进入连动式,而且是作为连动式中的第一动词,然后逐渐语法化,由动词变为表处置的标记。这确实是非常一律,而这正说明这些用“取”、“持”、“将”、“把”、“捉”等做标记的处置式的形成有共同的语法化的途径。“将/把”字广义处置式和“将/把”字狭义处置式的形成途径应该是一致的,即都是由连动式演变而来,而且“将/把”都是由“持”或“携带”义的动词演变为处置的标记。

这里需要强调的是:“将/把”字处置式有“将/把+N+V+N”

和“将/把＋N＋V”两种形式，这是它和“以”字处置式不同的地方。为什么会有这种不同呢？这正是因为它们的来源不同。“将/把”处置式由连动式演变而来，“将/把＋N_1＋V＋N_2”中的 N_1 和 N_2 可能是两个不同的东西（$N_1 \neq N_2$），也可能是同一个东西（$N_1 = N_2$）。当“将/把”句由连动句演变为处置式后，如果 $N_1 \neq N_2$，就成了“将一大牛，肥盛有力，卖与城中人”之类的“将/把＋N＋V＋N”型的处置式（广义处置式）；如果 $N_1 = N_2$，就成了“将符依法焚之”→“将符焚”之类的“将/把＋N＋V”型的处置式（狭义处置式）。而“以”字处置式是从工具句演变来的，工具句“以＋N_1＋V＋N_2”中的 N_1 绝不可能等于 N_2，所以它演变成处置式后只能是“将/把＋N＋V＋N”型的处置式（广义处置式）。反过来说，“将/把”字处置式有“将/把＋N＋V”（狭义处置式）这种形式，特别是“把”字句，最初都是“把＋N＋V”式，后来才有“把＋N＋V＋N”式，这就说明了“将/把”字处置式不可能是由工具句演变而来，因为从工具句演变而来，就不可能是 $N_1 = N_2$，也就不可能删除 N_2 而成为“将/把＋N＋V”式。

四 结 论

我同意梅祖麟（1990）的意见：“处置式是一种多元性的句式，本身包括几个小类，而且从历时的角度看，产生的方式也是层层积累。”处置式作为一种常用的、历时久远的语法格式，有不同的形成途径，这是不奇怪的。但是，我认为，从来源或“产生的方法”来看，不是梅祖麟（1990）所说的三类各有自己的来源，而是“以”字处置式（都是“广义处置式”）为一类，由工具式演变而来;"将/把"字为一类(包括用"将/把"字为标记的"广义处置式"和"狭义处置式"),由连动式演变而来。至于"致使义处置式"的来源,现在还不很清楚,需要继续研究。

参考文献

贝罗贝　1989　《早期把字句的几个问题》,《语文研究》第1期。

曹广顺、遇笑容　2000　《中古译经中的处置式》,《中国语文》第6期。

曹广顺、龙国富　2005　《再谈中古汉语处置式》,《中国语文》第4期。

陈初生　1983　《早期处置式略论》,《中国语文》第3期。

冯春田　2000　《近代汉语语法研究》,山东教育出版社。

蒋绍愚　1999　《元曲选中的把字句》,《语言研究》第1期。

刘子瑜　2002　《再谈唐宋处置式的来源》,《语言学论丛》第二十五辑。

梅祖麟　1990　《唐宋处置式的来源》,《中国语文》第3期。

太田辰夫　1958　《中国语历史文法》,蒋绍愚、徐昌华译,北京大学出版社,2003。

王　力　1958　《汉语史稿》,科学出版社。

魏培泉　1997　《论古代汉语中几种处置式在发展中的分与合》,《中国境内语言暨语言学》第4辑。

吴福祥　1996　《敦煌变文语法研究》,岳麓书社。

——　2003　《再论处置式的来源》,《语言研究》第3期。

章　也　1992　《汉语处置式探源》,《内蒙古师范大学学报》第4期。

朱冠明　2002　《中古译经中的"持"字处置式》,《汉语史学报》第3期。

祝敏彻　1957　《论初期处置式》,《语言学论丛》第一辑。

P. A. Bennett　1981　The evolution of passive and disposal sentences, JCL. 9.1.

(原载《历史语言学研究》第一辑,2008年3月)

把字句功能的历史演变

一 对把字句功能的讨论

把字句的语义功能是什么？这是一个学术界讨论得很热烈，意见也很分歧的问题。概括起来，对把字句的功能有两种看法：表处置和表致使。

王力(1943/1944)称把字句为“处置式”。

薛凤生(1989)认为把字句的语义是：在A把+BC中，由于A的关系，B变成C所描述的状态。

郭锐(2003)认为把字句的语法意义是“致使”，其语义构造可表示为：致使者(NPa)+把+被致使者(NPb)+致使事件谓词(V_1)+被使事件谓词(V_2)。

不过，薛凤生和郭锐以及其他主张把字句表致使的学者的分析主要是基于现代汉语。本文从汉语的历史发展来看把字句的功能究竟是处置还是致使。

首先要说明，究竟什么叫作“表处置”，什么叫作“表致使”。

“处置式”是王力先生提出来的。在王力(1943)中说：“大致说来，‘把’字所介绍者乃是一种‘做’的行为，是一种‘施行’(execution)，是一种处置。”在王力(1944)中，先举了(A)—(J)10个例句，然后说："处置式是把人怎样安排（A、H），怎样支使（G），怎样对付（B、I），或把物怎样处理（C、E、F、J），或把事情怎样进行（D）。它既然专为处置而设，如果行为不带处置性质，就不能用处置式。"哪些行为不带处置性质呢？王力（1943）列举了 5 项不能用"把"字：

（1）叙述词所表示者系一种精神行为。（如不能说"我把他爱"。）

（2）叙述词所表示者系一种感受现象。（如不能说"我把他看见"。）

（3）叙述词所表示的行为并不能使目的语所表示的事物变更其状况。（如不能说"我把楼上"。）

（4）叙述词所表示的行为系一种意外的遭遇。（如不能说"我把一块手帕拾了"。）

（5）叙述词系"有"、"在"一类字者。（如不能说"我把钱有"，"他把家在"。）

而像"谁知接接连连许多事情，就把你忘了"，"偏又把凤丫头病了"一类句子，他称为"继事式"，"继事式并不表示一种处置，只表示此事是受另一事影响而产生的结果"。继事式可以表示精神行为、感受现象、意外的遭遇，可以用不及物动词（王力 1943）。他把"继事式"看作"处置式"的"转化"或"活用"（王力 1943/1944）。

对王力先生这种看法，吕叔湘（1948）有过一个评论，这里就不引述了。

按照王力先生这种看法，用动作动词（打、推等）、附着动词（挂、放等）表示对对象（人、物、事情）施行一种有目的的行为，使对象的状况(形状、性质、处所、地位等)发生变化,这才叫作“处置”。而且,只有表示处置的把字句才叫“处置式”。

但是,在王力(1943/1944)中,也把下列句子作为处置式的例句:

要把一先的韵都用尽了。

他把书老拿着。

才把心里烦难告诉你听。

狐狸把老虎给骗了。

那一日不把“宝玉”二字叫二百遍?

怨不得不把我搁在眼里。

由着奴才们把一族中的主子都得罪了。

把这些句子看作处置式是合理的。所以,我们可以把“处置”的范围扩大一点:不限于动作动词和附着动词,也可以是言说动词(告诉、叫、说);不限于用动作动词使对象的状况发生变化,也可以是用动作动词而对象的状况不发生变化(用、拿着、抱、摸);不限于把人怎样安排,怎样支使,怎样对付,也可以是把人怎样对待(欺骗、得罪、轻视、夸奖)。但是,精神行为、感受现象、意外的遭遇,仍然不包括在“处置”的范围内。

王力(1958)的说法略有不同。书中说:处置式“主要作用在于表示一种有目的的行为,一种处置”。并且加注说:“正如动词不都表示动作一样,处置式不都表示处置。但是,在现代汉语里,这一种结构的主要作用是表示处置……我们认为;抓住一种结构的主要作用给它一个名称是合理的。”照这种看法,“处置式”的范围扩大了,把字句都是处置式;处置式主要表示处置,但有的不表处置。

表“致使”，薛凤生和郭锐的说法不完全一样。

薛凤生没有明确说把字句的功能是表致使，但他所说的把字句中A和BC的关系实际上是致使关系。他所说的把字句的语义是和“处置”对立的。(1)“上述公式中的C必须是对某种动作造成的B的状态性的描述性词语……描写在某一时刻B所处的状态或情形，而不是描写对B采取的行动或处置过程。”(2)A在把字句中承担的语义角色是：“B之所以成为C所描述的状态，是与它有关系的。”关系有深有浅，深的可以“是A直接造成B的状态”，浅的是“A没有主动也无意造成B的状态”。关系浅的当然不是处置，关系深的，照他的看法也不是处置，因为公式中的C表示的是B的状态，而不是A对B采取的行动或处置。

薛凤生所说的把字句的这种语义确实是存在的，前面引述的王力所说的“继事式”“表示此事是受另一事影响而产生的结果”就是这种把字句，这种句子的语义不能看作处置，只能看作致使。但这种解释不能概括所有把字句，因为有不少把字句中的C(VP)不能看作B的状态，只能看作A对B采取的行动或处置；因此，不能看作致使，只能看作处置。当然，实际上也有不少把字句既可以看作A对B采取的行动或处置处置，也可以看作B的状态，所以，既可以看作表处置，也可以看作表状态。具体分析见下。

郭锐所说的“致使”主要着眼于把字句中的V_1(致使事件谓词)和V_2(被使事件谓词)的关系。他将把字句分成两种类型：

(一)分析型把字句。句中包含表达致使事件的谓词V_1和被使事件的谓词V_2。由于致使事件导致被使事件产生，所以是一个致使情景。如：

他把衣服洗干净了。[致使事件：他洗衣服。→被使事件：衣服干净。]

（二）综合型把字句。有的把字句只有一个动词，仍然是一个致使情景。他用"隐含被使事件谓词"和"隐含致使事件谓词"来加以解释。如：

她……把针榷在头皮上刮了一下。

[她在头皮上刮针→针榷滑溜]　　隐含被使事件谓词

我把钱包丢了。

[我不小心→钱包丢了]　　隐含致使事件谓词

他所说的"致使"有时和"处置"并不矛盾：(V_1)可以是对(NPb)的处置，但从(V_1)和(V_2)的关系看，(V_1)导致(V_2)，所以仍然是表示致使语义。他说："'处置'实际上是一种特殊的'致使'：有意志力的(volitive)主动的(initiative)施行性的(agentive)致使。"而不能用"处置"解释的把字句也是致使。他认为"致使性"可以将把字句表达的各种语义统一起来。

薛凤生强调"C必须是对某种动作造成的B的状态性的描述性词语"，就是说C(即N后面的整个VP)都必须是描述B(即"把"后面的N)的状态。他自己举的例句"这班学生把王老师教惨了"是符合这一要求的，"C(教惨了)"确实是"B(王老师)"的状态。但如果把他的例句稍改一改，成为"王老师把这班学生管苦了"，就不好用他的定义解释："管"显然是"王老师"发出的动作，而不是"学生"的状态。郭锐并不要求整个VP都是描述N的状态，而是把"致使事件"和"被使事件"分开，这样，"王老师把这班学生管苦了"就容易解释："(王老师)管"是致使事件，"(学生）苦”是被使事件，“管”是S发出的动作，“苦”才是N的状态。不过，按郭锐的说法，“王老师把这班学生管苦了”也可以是处置。而按薛凤生的说法，把字句的C“不是描写对B采取的行动或处置过程”，也就是说，把字句不能表处置，只能表致使。

郭锐的说法，对于那些具有（V_1）和（V_2）的把字句当然十分适合，对于那些只有一个动词的把字句，他用“隐含被使事件谓词”和“隐含致使事件谓词”来解释，也有一定的道理。但是，是否真如他所说“‘致使性’可以将把字句表达的各种语义统一起来”呢？恐怕未必。薛文和郭文都是立足于现代汉语所做的分析。郭文中已经提到现代汉语中的把字句有些例外，如果考察历史，不能用“致使性”来解释的就更多。具体分析见下。而且，按照郭文那样分析把字句的语义，使得大部分现代汉语的把字句有一个统一的解释，固然是他的长处；但是，如果着眼于考察把字句的历史演变，那么，忽视了表“处置”和不表“处置”的差别，只看到它们的共同点（都表示郭文所说的“致使”），那又会忽略把字句语义功能的一个重大的历史变化：从表处置为主，到表致使为主。

这里还有一个问题应当说明。“处置”和“致使”这两个语义范畴，彼此间是有关联的。典型的处置，既要说出施行的动作，又要表明对象的变化，动作导致对象的变化，这确实包含着致使关系。这一点，对于把字句的功能从以表处置为主演变为以表致使为主，是十分重要的。这在下面将详细论述。但我们说把字句究竟是表处置还是表致使，主要指的是这种句式表示的是哪一种语义关系，构成这种句式的关键标记“把”起什么作用。

如果整个句式(如"我们把敌人赶跑了")是表示S对N施行V或VC这种处置,"把"的作用是标记处置的对象,那就应当认为这种把字句的句式是表处置;尽管谓语中的VC(赶跑)可以看作是致使关系,仍然不把这些把字句称为表致使。如果整个句式(如"你怎么把特务跑了")是表示S使N产生了V或VC这种状态,"把"的作用不是标记处置对象,而是表示S和[N+V/VC]之间的致使关系(大致相当于"使"),那就应当认为这种把字句的句式是表致使。说"我们把敌人赶跑了"这个句子中的"赶跑"表致使关系,这固然不错。但如果因为一个句子中包含"赶跑"这个表致使关系成分,就把这个句子的功能看作表致使,那么,"我们赶跑了敌人","我们把敌人赶跑了","敌人被我们赶跑了",这些句子的功能就都成了表致使,这样就使得一般动宾句、把字句、被字句这三种不同句式的功能混为一谈了。所以,我们在分析把字句这种句式的功能时,不把"我们把敌人赶跑了"的功能说成表致使。

二 几种历史文献中的把字句

本文的意图在于考察把字句语义功能的历史变化。本文选取《敦煌变文校注》、《祖堂集》、《全唐诗》、《元刊全相平话五种》、《儿女英雄传》五种历史文献全面分析其中的把字句,用以反映唐五代、元代、清末三个历史时期的把字句的面貌,以此为基础,对字句语义功能的历史变化加以考察。

在考察这些历史文献时,我们将把字句的语义功能分成四类:

(1)只能看作处置,不能看作致使。

本文所说的“处置”的定义如上所述,是扩大了的“处置”,即:在把字句[S+把+N+VP]中,V是S施加于N的动作,可以是动作动词、附着动词、言说动词等,但不能是精神行为、感受现象、意外的遭遇和不及物动词。N的状况通常发生了改变,但也可以不改变。整个句子大致可以理解为“S+VP+N”。

这类句子之所以不能看作致使,是因为句中的VP无法看作N的状态,其中的“把”不能读作“使”。

(2)只能看作致使,不能看作处置。

本文所说的表“致使”,限于这样一些把字句的功能:在把字句[把+N+VP]中,

A. VP表示N的状态,N和VP构成主谓关系;

B.“把”字可以用“使”字替换,整个句子可以读作“S使N产生VP的状态”。

这类句子之所以不能看作处置,是因为句中的VP无法看作施加于N的动作,其中的“把”只能读作“使”。

此外,像“把安老爷哭的没了主意”(详下)这样的句子,也属于这一类。分析见下。

(3)既能看作处置,又能看作致使。

这类句子的VP既可以看作S施加于N的动作,也可以看作S使N产生的状态。整句理解为“S+VP+N”和读作“S使N产生VP的状态”都可以。

(4)既不能看作处置,又不能看作致使。

这类句子中的V是精神行为、感受现象、意外的遭遇和不及物动词,所以不是处置。但VP不是N的状态,N和VP不构

成主谓关系，“把”不能读作“使”，所以也不是致使。（如“我把他忘了。”）

以上对四类的分析只是一个概说，详细的分析见下文。

下面是对几种历史文献中把字据的统计和分析。有一点必须说明：对于历史文献中哪些是把字句，哪些不是把字句（比如，是使用动词“把”的连动句或使用介词“把”的工具句），有时不易区分，对于把字句是表处置还是表致使有时也难以确定。所以下面的统计和分析只是我个人主观的看法，只能供参考。

（一）《敦煌变文校注》

把字句共35句。从形式分，以动词结尾的21次（单音13，双音8），以VC结尾的0次，V后面还有一个N的（“处置给”，“处置作”，“处置到”）13次，“V＋之”1次。从语义分，其类别如下：

（1）只能看作处置：20次。其中以施行性动词结尾的14次，“V＋之”1次，“处置作”5次。

却思城外花台礼，不把庭前竹马骑。（《维摩诘经讲经文四》）

莫遣违心于弟误，莫教失事把兄猜。（《双恩记》）

阿郎把数都计算，计算钱物千足强。（《董永变文》）

上来说喻要君知，还把身心细认之。（《维摩诘经讲经文三》）

莫把娇奢为究竟，莫耽富贵不修行。（《维摩诘经讲经文五》）

(2)只能看作致使:4 次。N 是 VP 的施事或当事。

断除邪见绝施为,莫把经文起违逆。(《维摩诘经讲经文一》)

如斯数满长无倦,能把因缘更转精。(《维摩诘经讲经文三》)

忽然只把这身心,自然不久抛生老。(《维摩诘经讲经文四》)

众生尽把真心,还似莲花未坼。(《维摩诘经讲经文三》)

(3)看作处置和致使均可:11 次。其中兼表动作和状态的动词结尾的 6 次,"处置到"、"处置给"5 次。

乾坤似把红罗展,世界如铺锦绣堆。(《维摩诘经讲经文一》)

能向老亲行孝足,便同终日把经开。(《维摩诘经讲经文一》)

数数频将业剪除,时时好把心调伏。(《维摩诘经讲经文三》)

把舜子头发悬在中庭树地。(《舜子变》)

莫将天女施沙门,休把娇姿与菩萨。(《维摩诘经讲经文五》)

(二)《祖堂集》

把字句共 9 次。从形式分,以单个动词结尾的 3 次,以 VC 结尾的 5 次,"V+之"1 次。从语义分,其类别如下:

(1)只能看作处置：8 次。其中单个 V 结尾 2 次，“V＋之”1 次，“VC”5 次。V 的施行性都很强。

大师把政上座耳拽。(卷一五)

师便把枕子当面抛之。(卷四)

师便把火筯放下。(卷一四)

沩山把一枝木吹两三下。(卷一四)

(2)看作处置和致使均可：0 次。

(3)只能看作致使：N 是 VP 的施事或当事，1 次。

莫把三乘相疋配。(卷一一)

(三)《全唐诗》

《全唐诗》作为语言研究的资料，不如敦煌变文和《祖堂集》可靠，但也有参考价值。

《全唐诗》中能确定的把字句共 158 句。从形式分，其中以单个动词结尾的 91 句(单音动词 86，双音动词 5)，VC 结尾的 5 句，V 后面还有一个 N 的(包括处置给，处置作，处置比，处置到)62 句。从语义分，其类别如下：

(1)只能看作表处置的：82 句。

以单个动词结尾的(包括单音动词和复音动词)大多只能看作表处置(73 句)。如：

欲知求友心，先把黄金炼。(孟郊《求友》)

貔貅睡稳蛟龙渴，犹把烧残朽铁磨。(司空图《狂题十八首》)

金舆远幸无人见，偷把邠王小管吹。(张祜《邠王小管》)

爱君气坚风骨峭，文章真把江淹笑。(李涉《岳阳别张祜》)

贫穷子，发誓切，待把凡流尽提接。（吕岩《敲爻歌》）

VC或V了结尾，而且V的施行性很强（5句）。如：

图把一春皆占断，固留三月始教开。（秦韬玉《牡丹》）

劝年少，把家缘弃了，海上来游。（吕岩《沁园春》）

“处置作”只能看作表处置（4句）。如：

有人把椿树，唤作白栴檀。（寒山诗）

谁把相思号此河，塞垣车马往来多。（令狐楚《相思河》）

(2)只能看作表致使的11句。N是VP的施事或当事。如：

闲吟料得三更尽，始把孤灯背竹窗。（陆龟蒙《闲吟》）

翻把壮心轻尺组，却烦商皓正皇储。（崔涂《读留侯传》）

(3)看作处置和致使均可：64句。

处置给，处置比，处置到（51句）。如：

今朝林下忘言说，强把新诗寄谪仙。（李山甫《禅林寺作寄刘书记》）

莫把新诗题别处，谢家临水有池台。（秦韬玉《送友人罢举授南陵令》）

不把丹心比玄石，惟将浊水况清尘。（骆宾王《代女道士王灵妃赠道士李荣》）

兼表动作和状态的单音动词结尾（13句）。如：

予家药鼎分明在，好把仙方次第传。（翁承赞《寄示儿孙》）

若把白衣轻易脱，却成青桂偶然攀。（杜荀鹤《恩门致书远及山居因献之》）

(4)既非处置，也非致使（1句）：

洞庭云水潇湘雨，好把寒更一一知。（黄滔《雁》）

（四）《元刊全相平话五种》

把字句共68次。从形式分，其中以单个动词结尾的5句（单音动词2，双音动词3），“V＋N”2句，“一V”5句，“V＋之”4句，“VC”28句，“V了”19句，“把”后面是个施事/当事主语句的5句。从语义分，其类别如下：

(1)只能看作处置：53次。

“把＋N”后面是施行性的单个动词。

把咸阳城内尽行戮诛。（《秦并六国平话》下）

把黄皓街市万刀。（《三国志平话》下）

“把＋N”后面是“V＋之”。

大王把此剑去深宫之内壁上挂之。（《武王伐纣平话》上）

遂把比干心肝食之。（《武王伐纣平话》中）

“把＋N”后面是施行性的“V了”。

张飞把妇人杀了。（《三国志平话》上）

把安魂定魄汤饮了。（《秦并六国平话》中）

“把＋N”后面是施行性的“一V”。

蒙恬把刀一举。（《秦并六国平话》中）

被鬼谷手中把旗一摇（《七国春秋平话》中）。

“把＋N”后面是施行性的“VC”。

复把金族拦住。（《三国志平话》下）

把一少年后生推出来。（《秦并六国平话》下）

张松把西川图献与荆王。（《三国志平话》下）

把太子赶出燕国。（《七国春秋平话》上）

(2)只能看作致使:5 次。都是“把”后面是个施事/当事主语句。

把众仙都加官位。(《七国春秋平话》中)

把固游太子交游东海。(《七国春秋平话》中)

把咸阳宫室不问官民将一炬火烧荡一空。(《秦并六国平话》下)

把武吉蒙宣前去。(《武王伐纣平话》下)

妲己教把箕子剪发为奴。(《武王伐纣平话》中)

(3)看作处置和致使均可:8 次。

“把+N”后面是既可表施行也可表状态的单个动词或 V 了或 VC。

妲己自把乌云鬓𩬛。(《武王伐纣平话》上)

把齐王藏了。(《七国春秋平话》中)

娘娘便把头发乱了。(《武王伐纣平话》上)

把袁达迷了出不来。(《七国春秋平话》中)

懒把兵书再展开。(《前汉书平话》中)

把水放尽。(《三国志平话》中)

把那秦王的尸骸撒放荒郊。(《秦并六国平话》下)

把长安变为尸山血海。(《三国志平话》下)

(4)既非处置,也非致使:2 次。

王贡把风一嗅。(《秦并六国平话》下)

把俺等尸首不埋。(《武王伐纣平话》上)

(五)《儿女英雄传》

《儿女英雄传》把字句约共 1400 句,只能看作处置约 280

句,看作处置和致使均可约620句,只能看作致使约480句,既不是处置又不是致使约20句。

(1)只能看作处置:

1."把+N"后面是单个的双音节动词,而且施行性很强。

那谈尔音被御史参了一本,朝廷差了一位甚么吴大人来把他拿问。(一五回)

那一个老羞成怒,就假公济私把他参革。(一六回)

2."把+N"后面是VV或V了V或一V,而且施行性很强。

便叫长姐儿道:"你过来,把师老爷的烟点点。"(三七回)

给你新大奶奶湿个手巾来,把粉匀匀。(二七回)

张金凤道:"姐姐这就为难了?等我再把我那为过的难说说。"(二六回)

那女子走到跟前,把那块石头端相了端相。(四回)

只见那女子左手把弓靶一托,右手将弓梢一按。(六回)

就这个一杯,那个一盏,冷的热的轮流把我一灌。(一五回)

半跪半坐的把他一搂搂在怀里,"儿呀""肉"的哭起来。(二〇回)

3."把+N"后面是"VC"、"V了"、"V了+量词",V是施行性动词,N是有生的,是V的对象。

那陀头一时气忿,把妇人用刀砍死。(一一回)

就让你这时候一刀把他杀了,这件事难道就算明白了?(一八回)

如今你要放他,正是君子不见小人过,"得放手时须放

手,得饶人处且饶人”,咱们就把他放了罢。(三二回)

又把儿子着实责了一顿。(一八回)

那大师傅就把我推推搡搡推到那间柴炭房里去。(七回)

说着,把张姑娘搀起,送到东间暂避。(一〇回)

却见褚大娘子把灵前跪的那个穿孝的少妇搀起来。(二〇回)

便是褚大娘子,把他搀了一把,说:“姑娘,起来朝上谢客。”(一七回)

不曾打寅初,便把公子叫醒。(三四回)

安老爷因命他:“你把大爷叫来。”(一五回)

那大人便点手把他叫到公案前。(三四回)

有的N是无生的,V是施行性动词,“把+N+VC”也是表处置。如:

站住! 搁下筐子,把衣裳解开!(三四回)

只见他把那馒头合芝麻酱推开。(二一回)

4. V前有“给我”、“给他”、“遣人”等词语,或V后面有复指代词“他”,表明V不是N的状态,而是S施行的动作。

却说褚大娘子把姑娘的眉梢鬓角䍐给他缴了几线,修整了修整,妆饰起来。(二八回)

把你读的十三部经书,以至《论》、《孟》都给我理出来。(三三回)

你尚且有那胆量智谋把你尊翁的骸骨遣人送到故乡,你母女自去全身远祸。(一九回)

你让我把这只底子给姑娘纳完了他罢。(二四回)

5."把"前面有状语，表明把字句中的"VC"是施行的动作而不是呈现的状态。

公子见问，便从靴掖里把自己记下的个底儿掏出来。(一三回)

(2)只能看作致使：

1. V是"乐/急/羞/喜欢"等表示感情的词，或是"忙/热"等表状况的词，"V得C"表示N的状态。

把他乐得手舞足蹈。(一八回)

把个安太太急得烧子时香。(一回)

把他羞得面起红云(八回)

把安太太喜欢的，拉着他的手说道：(三二回)

把位安太太忙得头脸也不曾好生梳洗得。(一回)

因此就把这位小爷热得十分高兴。(四〇回)

把个公子应酬得没些空闲。(三八回)

2."把＋N"后面是"一A/Vi"。

只见他把脸一红，低着头说道。(四〇回)

老爷听了这话，把脸一沉，问道："阿哥！"(一二回)

3."把"后面的[N＋VP]是个受事主语句。VP是描述N的状态，句中的"把"可以用"使"替换。这又分几种情况：

A. VP是"V在/V给/V成/V作＋ N_2"等。

只见他忙忙的把那张弹弓挂在北墙一个钉儿上。(六回)

我两个同张老大、女婿、大侄子都在这厢房里鸦默雀静儿的把饭吃在肚子里了。(二七回)

把匣子交给叶通。(三九回)

参见：那头乌云盖雪的驴儿便交给华忠。(二三回)

说看妹子分上才把这弹弓借给我们。(二六回)

把那肘子切作两盘分开。(九回)

他登时把一段风肠化作柔肠,一腔侠气融成和气。(一九回)

这类句子,是通常所说的"处置到","处置给","处置作",原先是表处置的,由于"V在/V给/V成/V作"凝固程度逐渐加深,"N_1+V在/V给/V成/V作+N_2"逐渐形成受事主语句,而且不能再说成"挂弹弓在北墙","借弹弓给我们","化风肠作柔肠"等,所以这类把字句应该看作表致使。

B. "V了/VC"只出现在N后面,不出现在N前面[①]。

公子连忙站起来,把两个媳妇都现在有喜不能上路的话说了。(四〇回)

公子便把失了那块砚台的话说出来。(一三回)

才要把方才的话诉说一遍,安老爷道:"我在那边都听见了。"(二二回)

怎的只顾把话儿说远了?(三〇回)

C. VP是表状态的"V得C"或"V+得来C"、"V了个C"。

把你我的两间屋子给收拾得一模一样。(二九回)

如今他把我的行藏说的来如亲眼见的一般。(五回)

把一碗面忒儿喽忒儿喽吃了个干净。(六回)

① 《儿女英雄传》中只有"我只说了句'咱们这就等跟着小子到外头享福去罢'",没有"我只说了句'咱们这就等跟着小子到外头享福去罢'的话"。《红楼梦》中只有"说了贾母的话",没有"说了贾母……的话"。两部书中都没有"说出来……的话","诉说一遍……的话","说远了……的话"。

D. VP是“V+N2”。

张姑娘便把那一双包了个包儿。(二七回)

金、玉姊妹见他把方才的话如云过天空,更不提起一字。(三一回)

原来姑娘被张金凤一席话,把他久已付之度外的一肚子事由儿给提起魂儿来。(二六回)

便叫把手下的酒果挪开了几样。(三九回)

E. VP前有“都/也/一概”等副词。

他还是把一肚子话可桶儿的都倒出来!(二五回)

便把那两个小丫头子也支使开。(四〇回)

回来且把饮旨酒、赏名花、对美人的这些风雅事儿,以至那些言情遣兴的诗词、弄月吟风的勾当,一切无益身心的事,一概丢开。(三〇回)

4.“把”后面是个施事/当事主语句;或“把”后面是个被动句。

至于安公子,空吧嗒了几个月的嘴,今日之下,把只煮熟的鸭子飞了。(二五回)

参见:倘然这一翻脸,要眼睁睁儿的把只煮熟了的鸭子给闹飞了。(四〇回)

把自己相处了一年多的一个同衾共枕的人,也不知“是儿时孟光接了梁鸿案”,这么两天儿的工夫,会偷偷儿的爬到人家那头儿去了!(三〇回)

一时把安太太婆媳笑个不住。(三四回)

知道谁去谁不去呢,就先把你哭的这么个样儿!(四〇回)

那水直串到本工的土泊岸里,刷成了浪窝子,把个不曾

奉宪查收的新工，排山也似价坍了下来。（二回）

我一时大意，就随着大家出来，不想把那块砚台落在那庙里，这便如何是好？（一〇回）

才一欠身儿，左边儿那个孩子早把个咂儿从嘴里脱落出来。（三九回）

再不想这套话倒把位见过世面的舅太太听进去了。（二八回）

只见他从头至尾看了一遍，撂在桌儿上，把张一团青白煞气的脸，渐渐的红晕过来。（一八回）

只见他把这许多年憋成的一张冷森森煞气横纵的面孔，早连腮带耳红晕上来。（一九回）

再加自己家里的老底儿，人家比自己还知道，索性把小时候拉青屎的根儿都叫人刨着了。（一九回）

不想我的干女儿没得认成，倒把个亲女儿叫弟夫人拐了去了！（三二回）

就把个孩子养在裤裆里了。（三九回）

5.[S＋把＋N＋V＋(得)＋C]。V是S的动作，但处置性不强，或不是对N的处置；C是N的状态。整句意思是：SV，使N成了C的状态。

他便望着那银子大哭起来。这一哭，倒把安老爷哭的没了主意。（三九回）

他婆媳……重新又哭起来。这一哭，可把舅太太哭急了。（四〇回）

一句话，把邓九公问急了。（一六回）

问来问去，把个邓九公问烦了，说道：（一七回）

及至把我家问得牙白口清，千肯万肯，人家这才不要了！（二六回）

一句话，倒把金、玉两个问的笑将起来。（三一回）

何小姐道：……把个戴勤问的闭口无言，只低下头。（三六回）

果然把个姑娘说急了，只见他拉住褚大娘子说道：（二六回）

一桩桩一件件，都把他说答应了。（二三回）

莫若容媳妇设个法儿，先澈底澄清把他说个心肯意肯。（二三回）

这一阵穿插，倒把个姑娘的眼泪穿插回去了。（二〇回）

不上几年，倒把座能仁寺募化的重修庙宇，再塑金身。（一一回）

6. 把＋N＋不＋VP。

所以才把他家不曾留得一个完人，道着一句好话。（三四回）

（3）看作处置和致使均可：

1. “把＋N”后面是“V了”、“一V”、“VC”、“V得C”，既可表示施行于N的动作，也可表示N的呈现的状态。

我的爷，你要把老爷的大事误了，这可怎么好！（一四回）

那殿头官又把旗儿一展。（序）

那两三个笨汉见他进去，随即把门关上。（一四回）

轮起大巴掌来，把桌子拍得山响。（一六回）

2. N是身体的一部分，V既可表示人（S）施行的动作，也可表示身体的一部分（N）的状态。

那女子就把身子一扭,甩开左脚,一回身,噔的一声,正踢在那和尚右肋上。(六回)

不想他把拳头虚幌了一幌,趸回身去就走。(六回)

在那里把头碰的山响,口中不住讨饶。(六回)

(4)既不是处置,也不是致使(不能理解为"使+N+VP",也没有隐含致使谓词):

1. V是心理动词、感受动词、不及物动词。

把前后的话一想。(一九回)

玉凤姑娘一面吃饭,把他这段话听了半日。(二一回)

因此要趁着今日,把这一腔离恨哭个痛快,便算合他作别。(二一回)

2. N不是V的受事。

我方才把这庙里走了个遍,怎的不曾见个人来?(七回)

3. V不是有目的行为。

谁想那天我们老爷子在我何亲家爹祠堂里,才说得句叫我们这位小姑奶奶叫二叔、二婶声"父母",就把他惹翻了,把我也吓住了。(三二回)

忙的他把个绳头儿不曾拴好,一失手,连钩子掉在屋里地下。(三一回)

三 把字句功能的历史变化

从上面对语料的调查来看,把字句的语义功能在历史上是有变化的。把字句在初期以表处置为主,后来表致使的逐渐增多,最后以表致使为主。这种变化是怎样发生的呢?

（一）演变的趋势：从表处置为主到表致使为主

从敦煌变文、《祖堂集》和《全唐诗》来看，唐五代的把字句以表处置为主，有部分表处置的把字句看作表致使也可以（主要是“处置给”、“处置到”、“处置比”，少量是以既可表施行也可表状态的单个动词结尾），只能看作表致使的很少（三种语料共 16 句）。这和唐五代把字句的句子结构有关。唐五代把字句的谓语主要是单个动词（单音很多，双音很少），而且多数动词施行性较强，可以表状态的不多。有一些是 V＋N（“处置给”、“处置到”、“处置作”、“处置比”），谓语是 VC 的在这三种语料中总共才 10 句，而且 V 的施行性都很强。这种结构决定了当时的把字句以表处置为主。

这里要讨论一下郭锐（2003）的一个看法：在把字句中，不但包含 V_1（致使事件谓词）和 V_2（被使事件谓词）的可以看表作致使，而且只有一个 V 的也应该看作表致使，因为，虽然只有一个动词，但这个动词会使对象发生变化，只是这种变化是隐含着的，在句中没有出现而已，他称之为“隐含被使事件谓词”。他认为这样的解释，就可以将把字句的语义统一起来：把字句全都是表示致使。这样的看法是否符合事实呢？换句话说，是否所有的把字句都包含或隐含对象的变化呢？事实并非如此。在初期把字句中，有很多处于句尾的单个动词只表示向对象施加的动作，找不出任何隐含的对象的变化。在《全唐诗》中，这样的把字句有 40 句（单音 38 句，双音 2 句）。在《敦煌变文校注》中，这样的把字句有 11 句（单音 7 句，双音 4 句）。这些动词是：

《全唐诗》：看 10，吟 4，说 2，读 2，誇 2，欺 2，掬 2，笑，吹，轻，

咏，辱，摸，试，矜，量，撚，行，知，宽，定，倚赖，拈弄。

《敦煌变文校注》：搊，骑，攀，猜，跪，摵，玩，计算，寻觅，供奉，毁辱。

下面举一些例句：

纵把书看未省勤，一生生计只长贫。（贾岛《咏怀》）

把君诗句高声读，想得天高也合闻。（杜荀鹤《哭山友》）

思君一见如琼树，空把新诗尽日吟。（许浑《寄殷尧藩》）

悠然放吾兴，欲把青天摸。（皮日休《初夏游楞伽精舍》）

莫把少年空倚赖，须知孤立易蹉跎。（罗邺《秋夕寄友人》）

却思城外花台礼，不把庭前竹马骑。（《维摩诘经讲经文四》）

若要上方膳帝释，出门轻把白榆攀。（《长兴四年中兴殿应圣节讲经文》）

望儿孙，嘱神鬼，把阎王橙子千回跪。（《长兴四年中兴殿应圣节讲经文》）

阿郎把数都计算，计算钱物千疋强。（《董永变文》）

所以，在初期处置式中，即使按郭锐的看法也不能解释为“致使”的把字句是很多的。

把字句在初期以表处置为主，也和把字句的起源有关。把字句是从连动式“把（动词）＋N＋V”演变来的。在唐诗中，有些“把＋N＋V”的句子究竟是连动式还是把字句很难分辨。例如：

明年此会知谁健，醉把茱萸子细看。（杜甫《九日蓝田崔氏庄》）

报我楼成秋望月，把君诗读夜回灯。（白居易《酬微之开拆新楼初毕相报末联见戏之作》）

落花如雪鬓如霜，醉把花看益自伤。（白居易《花前有感，兼呈崔相公刘郎中》）

应该说，上面第一句是连动句，第三句是把字句，第二句介乎两者之间。但不管是连动式还是把字句，其中“看”的对象都是“把”字后面的N。从这个角度说看，说把字句[S＋把＋N＋V]的语义大致相当于动宾句[S＋V＋N]的语义是可以的，也就是说，把字句[S＋把＋N＋V]和动宾句[S＋V＋N]一样，V是S施加于N的动作，而不是N呈现的状态。初期处置式的“把＋N＋V＋之”可以证明这一点。

到了明清时期，把字句的谓语变得复杂了，很常见的是“VC”或“V了”，但这种把字句仍有不少表处置而不表致使。如上面引的《儿女英雄传》中的一些例句：

那陀头一时气忿，把妇人用刀砍死。（一一回）

就让你这时候一刀把他杀了，这件事难道就算明白了？（一八回）

不曾打寅初，便把公子叫醒。（三四回）

究竟是理解为“用刀砍死妇人”，“一刀杀了他”，“叫醒公子”（即理解为表处置）好呢？还是理解为“使妇人用刀砍死”，“一刀使他杀了”，“使公子叫醒”（即理解为表致使）好呢？显然应该理解为表处置。当然，郭锐所说的“致使”是着眼于“VC”或“V了”既有动作又有结果，但我们从整个句式来看，还应该说这些句子是表处置而不是表致使。

尽管如此，从本文对《儿女英雄传》的统计可以看出，到明清时期，把字句虽然还有不少是表处置的（约280句），但表致使的大大增加（约480句），还有很多既可以看作表处置也可以看作表致使(约 620 句)。所以,把字句历史演变的总趋势是:初期以表处置为主,后来表致使的逐渐增多,最后以表致使为主。

演变的原因有两个:1. 处置与致使有关联。2. 汉语语法的历史发展。

(二) 演变的原因之一:处置与致使的关联

我们说处置和致使是两个不同的语义范畴,不能把它们混为一谈,但同时,也应该看到,处置和致使是有关联的。

在前面第二部分,我们将把字句的语义功能分为成四类,在那里曾经说过:只能表处置的把字句,整个句子大致可以理解为"S+VP+N"。那只是一种大致的说法。严格地说,不能说把字句[S+把+N+V]的语义就等同于动宾句[S+V+N]的语义。王力(1944)说:"假如处置式的意义和普通主动句的意义完全相同,则中国语何必有这两种不同的形式?"这话说得很对。即使是以单音动词结尾的初期把字句[S+把+N+V],其语义和动宾句[S+V+N]的语义也是有区别的。区别在于:(1)把字句是强调 N,动宾句是强调 V。(2)把字句的 V 大多数是表处置义的,不能是表精神行为、感受现象,意外遭遇的动词;动宾句的 V 不一定有处置义,可以是表精神行为、感受现象,意外遭遇的动词。这两点又互相关联:正因为把字句是强调 N,是表示"把人怎样安排,怎样支使,怎样对付,或把物怎样处理,或把事情怎样进行",所以 V 一般要有处置义。

什么是"处置义"? 前面说过,典型的处置义应该是对对象(人、物、事情)施行一种有目的的行为,使对象的状况(形状、性质、处所、地位等)发生变化。"处置"有强弱之分。"摇"、"掷"、

“弹”、“烧”等动词是强的处置义。“看”、“说”、“誇”、“欺(轻视)”等动词是弱的处置义。在敦煌变文、《祖堂集》和《全唐诗》的把字句中,动词也可以是“看”、“说”、“誇”、“欺(轻视)”等弱的处置义,而且数量不算少①。但作为一种和普通动宾句有区别的句式,处置式把字句主要还是要求 V 是有处置义的,即这个动作会使对象的状况发生变化。而述补结构是最能表达动作及其引起的对象的变化的,所以,越到后来,把字句中以述补结构结尾的越多。

纵观把字句的历史发展,初期把字句以单个 V 结尾为主,后来单个 V 逐渐减少,用“VC”、“V 了”、“V 得 C”的越来越多,这是不争的历史事实。造成这种变化的原因是什么?一般认为是由于述补结构的发展。这样说当然没有错,但仅仅说到这一点还不够,还应在把字句本身的发展中找原因。一般认为述补结构在六朝时产生,到唐代已经是一种很能产的语法格式了,为什么在唐代的把字句中 VC 还那么少见?这就不能不说是和把字句本身的发展有关。因为把字句是从连动式“S+把+N+V”演变来的,而这种连动式中的 V 多数是单个动词,所以,初期把字句也大多是单个动词结尾。而后来把字句中的 VC 越来越多,固然与述补结构的发展有关,但更主要的是由于把字句这种句式语义上的要求:处置式既然是表达动作对对象的处置,就既要说出施行的动作,又要表明对象的变化。在初期,这种对象的变化是隐含的,到后来,就用补语来表达。述补结构适合处置式

① 在《全唐诗》中有不少弱处置义的动词处于把字句的名尾,“把+N+看”就有 10 句,如“柳营时把阵图看”。这可能与诗歌的韵律有关。

语义表达的要求，所以后来大量进入把字句。

把字句这种句式语义上的要求（既要说出施行的动作，又要表明对象的变化），是很值得注意的。这说明“处置”和“致使”两个语义范畴之间有关联。这是把字句的语义功能从以表处置为主演变为以表致使为主的第一个关键因素。如果“处置”和“致使”是两个毫不相干的语义范畴，就不可能有这种历史演变。

（三）演变的原因之二：汉语语法的历史发展

形成这种历史演变的另一个重要因素，是汉语语法（特别是述补结构和受事主语句）的历史发展以及由此而造成的把字句结构的变化。

把字句的结构大体可以写作[S＋把＋N＋VP]。在表示处置的把字句中，N是处置的对象，VP是对N施行的动作；N可以看作是VP的前置宾语。其结构可以写作：

[S＋把＋N（处置对象）＋VP（对N施行的动作）]

而在表示处置的把字句中，N是陈述的对象，VP是N呈现的状态；N是VP的主语。其结构可以写作：

[S＋把＋N（陈述对象）＋VP（N呈现的状态）]

把字句要由表处置变为表致使，就需要：1. VP由表施行的动作变为呈现的状态。2. N由处置对象变为陈述对象，即N成为动作的施事、当事，更多的是成为动作的受事主语。这就牵涉到受事主语句的历史发展。

这两项变化是怎样发生的呢？下面分别讨论。

1. VP由表施行的动作变为表呈现的状态。

汉语中有些VP（V、VC、V了、V得C）既可以表示施行的动作，也可以表示呈现的状态。这在汉语发展的不同阶段情况是不同的。总的趋势是：越到后来，表示呈现的状态的越多。

早期的把字句[S＋把＋N＋V]，很多以单个动词结尾，V是S施行的动作，N是V施行的对象。这些把字句都是表处置的。但也有的V，本身就既可以表示施行的动作，也可以表示呈现的状态。如：

【开】先秦常见的用法是“开＋N”，但也有“N＋开”。如：

天门开阖，能为雌？（《老子》）

门开，公召而入。（《晏子春秋·内篇·杂下》）

【藏】先秦既有“藏＋N”，也有“N＋藏”。如：

藏金于山。（《庄子·天地》）

稼生于野而藏于仓。（《吕氏春秋·审己》）

【传】先秦既有“传＋N”，但也有“N＋传”。如：

古之圣王，欲传其道于后世。（《墨子·贵义》）

功名传于后世。（《吕氏春秋·当染》）

如果这种V出现在把字句的句尾，构成[把＋N＋V]的句式，那么，这种把字句就既可以看作表处置，也可以看作表致使。敦煌变文和唐诗中的一些把字句就是这样：

能向老亲行孝足，便同终日把经开。（《二十四孝押座文》）

予家药鼎分明在，好把仙方次第传。（翁承赞《寄示儿孙》）

天应不许人全见，长把云藏一半来。（孙魴《湖上望庐山》）

有的V原先只有“V＋N”的形式，“N(受事)＋V”是后来出现的。如下列动词：

【脱】原先只有“脱＋N”，到唐代出现“N＋脱”。如：

脱衣就功。（《国语·齐语》）

见牝狐死穴中，衣服脱卸如蜕，脚上著锦袜。(《广异记·李麐》)

【展】原先只有"展+N"，到唐代出现"N+展"。如：

展其臂。(《战国策·燕策》)

江铺满槽水，帆展半樯风。(白居易《江夜舟行》)

既然唐代已经有了"N+脱"和"N+展"的形式，那么，下列把字句也可以看作表致使：

乾坤似把红罗展，世界如铺锦绣堆。(《维摩诘经讲经文一》)

若把白衣轻易脱，卻成青桂偶然攀。(杜荀鹤《恩门致书远及山居因献之》)

不过，这种单个动词可以表状态的毕竟为数不多。后来，把字句以单个动词结尾的逐渐减少，"VC"、"V 得 C"和"V 了"逐渐增多。据杨平(2002)统计，在《朱子语类》中，"动词后带表结果的修饰语"的把字句和"以单纯动词居末"的把字句大约是2∶1。据本文统计，在《元刊平话五种》中，以"VC"、"V 了"结尾的和以单个动词结尾的比例大约是9∶1。"VC"、"V 得 C"和"V 了"适合于表状态，这种结构的变化，就使得[S+把+N+VP]中的 VP 表示 N 的状态的可能性大大增加了。

但是，把字句中的 VP(V、VC、V 了、V 得 C)究竟哪些是表示施行的动作，哪些是表示呈现的状态，还需要具体分析。

首先是取决于其中 V 的性质。一般来说，如果 V 的施行性很强，那么，VC 就不大可能表状态，也不大可能构成"N(受事)+VC"。比如，在历代的文献中，没有看到"N(受事)+推开"的形式，也没有"N(受事)+推到+L"的形式，这说明"推开"和"推到”不适合表状态。所以，上面《儿女英雄传》的“只见他把那馒头合芝麻酱推开”(二一回)和“那大师傅就把我推推搡搡推到那间柴炭房里去”(七回)，我们归入“只能表处置”一类。但有些施行性很强的 V(如“吃”)，前面或后面加上修饰语或补语以后，也可以表状态(见下)。结果补语 V 得 C 一般是表状态的，但有些既可以表状态，也可以表施行。如“拍得 C”，既有“惊堂木拍得仿佛旺鞭似的响”(《最近官场秘密史》卷九)，当然是表 N(惊堂木)的状态；又既有“拍得门山响”(《红楼梦》三〇回)，还是侧重在施加于 N(门)的动作。所以，上面《儿女英雄传》的“轮起大巴掌来，把桌子拍得山响”(一六回)，我们归入“看作处置和致使均可”一类。还有些 V 得 C，如“收拾得 C”，只见到“N＋收拾得C”的例句，没有见到“收拾得＋N＋C”的例句，说明只能表状态，不能表施行。所以，上面《儿女英雄传》的“把你我的两间屋子给收拾得一模一样”(二九回)，我们归入“只能表致使”一类。究竟哪些“VC”、“V 了”和“V 得 C”能表状态，哪些不能，这个问题还需深入研究。

2. 受事主语句的历史发展。[①]

我们看到这样的情况：同一个 VC，在早先没有“N(受事)＋VC”，到后来出现了“N(受事)＋VC”。如：

---

① 既然表致使的把字句中的 N 是陈述的对象，VP 是 N 呈现的状态，那么也可以说 N 的语义角色是当事，[N＋VP]的关系是“当事＋陈述”的关系。不过，本节所讨论的这类把字句是从表处置的把字句演变来的，在表处置的把字句中，N 是 VP 的受事。考虑到这种历史演变关系，我们仍把这里讨论的 N 的语义角色看作受事，把[N＋VP]的关系看作“受事＋陈述”的关系，并把它和受事主语句的历史发展联系起来讨论。

【展开】在唐宋时只有“展开＋N”，到元代才见到“N(受事)＋展开”。如：

展开一卷读一首，四顾特地无涯垠。（唐顾云《池阳醉歌赠匡庐处士》）

粉筝才擲罢，锦笺初展开。（元张可久《梅友元帅席上》）

【放尽】在宋代只有“放尽＋N”，到明代才见到“N(受事)＋放尽”。如：

放尽穷鳞看圉圉。（苏轼《蝶恋花》）

三日晴和放尽梅，雾笼窗晓暗香来。（宋《四朝闻见录·附录》）

必俟二月上旬河水融泮，闸水放尽。（明毕自严《度支奏议》云南司卷一〇）

正因为看到了这些文献资料，所以我们才说《元刊全相平话五种》中的例句可以看作表致使：

懒把兵书再展开。（《前汉书平话》中）

把水放尽。（《三国志平话》中）

为什么同一个 VC，在早先没有“N(受事)＋VC”，到后来能出现“N(受事)＋VC”？这是由于汉语受事主语句的历史发展。汉语受事主语句先秦就有，但后代不断发展，形式和数量都有很大变化。这是汉语语法发展的一个大问题，需要做专题研究，本文只能就把字句涉及的例句做一些具体的分析。

比如，《儿女英雄传》中的例句：

只见他忙忙的把那张弹弓挂在北墙一个钉儿上。（六回）

这个句子也可以看作表达的是“挂那张弹弓在北墙一个钉儿上”的意思，是一种处置。确实，在六朝时是有这种句子结构的。如：

仲容以竿挂大布犊鼻(巾军)于中庭。(《世说新语·任诞》)

在宋代时也还偶尔见到：

挂搭衣服冥钱在上焚之。(《梦华录》卷八)

但在《全唐诗》中,已经都是“N挂在L”了。只有卷二五有一句：

藕丝挂身在虚空。(顾况《行路难》)

但卷二六五载同一首诗,就作“N挂在L”：

藕丝挂在虚空中。

再如下面的例句也都是“N挂在L”：

笠子挂在树头上。(《朝野佥载》)

敕书挂在凤皇楼。(《古尊宿语录》卷六五)

可见从唐代开始,“N挂在L”这种受事主语句就已经形成而且定型。因此,《儿女英雄传》中的“把那张弹弓挂在北墙一个钉儿上”应该看作是[把+受事主语句],是表致使的把字句。

在《儿女英雄传》中也能见到这样的句子：

早各各的把兵器掣在手里。(一一回)

掣那把刀在手里。(一八回)

但(一八回)例应该看作是仿古的句式,从历史发展的总趋势看,这种[V+N+在+L]的结构早已消失了。又如：

把一碗面忒儿喽忒儿喽吃了个干净。(六回)

我两个同张老大、女婿、大侄子都在这厢房里鸦默雀静儿的把饭吃在肚子里了。(二七回)

“面”和“饭”当然是“吃”的受事。那么,上述例句中的“面”和“饭”究竟是“吃”的前置宾语呢？抑或是“吃了个干净”的受事主语呢？这也要从受事主语句的历史发展来考察。确实，“N（食物）＋VP（以“吃”为主要动词）”的形式，在明代以前似乎没有见到，但明代以后就有了。如：

活跳跳的金鱼儿，吃在嗉儿里。（《时调集·霓裳续谱》卷七）

饭儿是吃在肚子里了。（《儿女英雄传》九回）

热酒一盅吃在肚内。（《刘墉传奇》五五回）

你身子住在房里，茶饭吃在肚。（《五凤吟》一〇回）

两盘肉已吃得干干净净。（《白牡丹》二〇回）

却剩了一段鱼脊骨吃不干净。（《二十年目睹之怪现状》二〇回）

一众匪友酒毕饭饱，连五爷家的锅巴都吃得干干净净。（《清风闸》四〇回）

虽然“吃”施行性很强，但前面加上了修饰语，后面加上了补语，整个结构就可以表示状态，也就可以做受事主语句的描写性谓语了。所以上述《儿女英雄传》的两例，是表致使的把字句。

又如：《儿女英雄传》的“只能表致使”的3之B：

把两个媳妇都现在有喜不能上路的话说了。（四〇回）

为什么说只能表致使呢？这是因为：前面已经说过，在《红楼梦》和《儿女英雄传》中，没有“说＋C/了……的话”的形式，无法把“……的话”看作“说”的前置宾语，而只能把[N（……的话）＋说＋C/了]看作受事主语句，“说＋C/了”表“N（……的话）”的状态。这种[N（……的话）＋说＋C/了]的受事主语句在明代以前没有，但明清时期就有了，《儿女英雄传》中就有不少。如：

我一句话还不曾说出来。（《东堂老》一折）

两个淫声艳语，无般言语不说出来。（《金瓶梅》七八回）

这段话文若说出来时：直教铁汉也心酸，总是石人亦泪洒！（《醒世恒言·李玉英》）

鲍文卿正待要说，又忍住道："不说罢。这话说了，恐怕惹老爹怪。"（《儒林外史》二五回）

我的话到底说了没有？（《红楼梦》六〇回）

那知珍哥弃故迎新，绝无往日之意，不疼不热的话说了几句。（《醒世姻缘》四三回）

你那一路不要见外人的这句话，便不枉说了。（《儿女英雄传》二〇回）

周兄弟，你这话说远了。（《儿女英雄传》二一回）

他老人家这话说了可不是一遭儿了。（《儿女英雄传》二七回）

一句话不曾说出来，他便说道：（《儿女英雄传》三五回）

可见，汉语的受事主语句是逐步发展的，其结构形式和具体的构成（如以"食物"为"吃"的受事主语，以"话"为"说"的受事主语），都是越到后来越丰富多样。受事主语句的这种发展，也是把字句越来越多的表示致使的一个重要原因。

受事主语句的发展，是汉语发展的总趋势，在现代汉语中，受事主语句肯定很多，所以，现代汉语的把字句有很多可以看作表致使。但我们研究历史上的把字句，就不能仅仅根据现代的语感，而要根据当时的语言资料。比如"解开"，我们现在当然可以说"头发披散，衣服解开"，"解开"可以是表示N（受事）呈现的状态。但是，我们查检了历代的文献，都没有看到"N（受事）＋解开"的形式，直到《儿女英雄传》中，5个"解开"还都是"解开＋

N”，所以，直到晚清，“解开”只能表施行的动作，“把＋N ＋解开”也就不能看作表致使。正因为如此，《儿女英雄传》的例句：

站住！搁下筐子，把衣裳解开！（三四回）

我们没有把它看作表致使，而还是看作表处置。

3. 把字句的新形式[把＋N(施事/当事)＋VP]的出现。

表处置的把字句中的N都是动作的受事。上面所说的由表处置演变为表致使的把字句，其中的N也是受事，只不过这个N充当的是VP的受事主语。但除此之外，把字句还有一种形式[把＋N(施事/当事)＋VP]，这种形式的把字句之只能表示致使。这种形式的把字句是新出现的，可以分为三小类，三类的形式不同，来源也不同。

(1)那顾肯堂重新和了弦弹起来，弹得一时金戈铁马破空而来，一时流水落花悠然而去。把他乐得手舞足蹈。(《儿女英雄传》一八回)

(2)只见他把脸一红，低着头说道:(《儿女英雄传》四〇回)

(3)至于安公子，空吧嗒了几个月的嘴，今日之下，把只煮熟的鸭子飞了。(《儿女英雄传》二五回)

第(1)类，句中的动词大多是表感情的，而且大多可用作使动，可以构成“V得＋N＋C”这样的形式。如《儿女英雄传》中就有这样的句子：

只乐得他手舞足蹈，眼笑眉飞。（一五回）

从“乐得他手舞足蹈”到“把他乐得手舞足蹈”，很显然是用“把”字将“乐”的宾语“他”提前。但既然形成了“把他乐得手舞足蹈”这样的句子，从形式上分析，也可以看成是[把＋当事主语句]，句子的功能也可以说是表致使。当然，“把安太太喜欢的，拉着他的手说道”未必有相应的“喜欢得安太太拉着他的手说道”这样的句子,“把 N 喜欢得……”可能是从“把 N 乐得……”类推而来的。

第(2)类,“红”是形容词。把字句的谓词一般不能是形容词。这种句子是从“把头一抬”、“把身子一扭”类推而来的。但“把头一抬”、“把身子一扭”既可以看作致使也可以看作处置,“把脸一红”就只能看作表致使了。

第(3)类是通常所说的“致使义把字句”。这类句子产生得很早,在敦煌变文和唐诗中就有。初期把字句的结构一般都是“S 把＋N(受事)＋VP”,为什么会出现这种“把＋N(施事)＋VP”的把字句,其原因迄今未能很好地解释。晚唐五代时期的这种“致使义处置式”的语义和“使”字句没有什么不同,所以,从功能方面看,也说不出有什么不同于“使”字句的特别功用。在《元刊平话五种》中也是如此。但到明清时期,这种把字句的语义特点表现得十分明显:不仅是一般的表示致使,而且是表达一种对叙述者来说是不曾意想到的,甚或是不如意的结果。如上述《儿女英雄传》“只能看作致使”第 4 类的句子,绝大部分都是这样。下面重复引其中两个典型的例句:

那水直串到本工的土泊岸里,刷成了浪窝子,把个不曾奉宪查收的新工,排山也似价坍了下来。(二回)

我一时大意,就随着大家出来,不想把那块砚台落在那庙里,这便如何是好?(一〇回)

这就和一般“使”字句区分开来,起了一般“使”字句起不到的作用,所以,成了一种颇为能产的句式。这种把字句的存在和发展,也是明清以后的把字句以表致使为主的原因之一。

这种把字句还有进一步的发展。在表达一种意想不到的、不如意的结果时，说话者故意把致使的原因隐去不说，这就使得其结果看起来像是无因而至的，从而也就更加突出其结果来得突然，对于当事人来说是一种不幸的突发事件。这从下列例句的比较中可以看得很清楚：

谁承望马嵬坡尘土中，可惜把一朵海棠花零落了。(《梧桐雨》四折)

怎么把个晴雯姐姐没了！(《红楼梦》七九回)

贾老儿既把个大儿子死了，这二儿子便成了个宝贝，恐怕他劳神，书也不教他念了。(《老残游记》一五回)

其实第一例和第二例的原因都是可以说出的。如果把第一例改为“马嵬兵变，把一朵海棠花零落了”，把第二例改为“抄检大观园，把个晴雯姐姐没了”，这就是一般所谓的“致使义处置式”。而像现在这样，不说原因，就显得有点特殊。进一步发展，第三例的原因就无法说出了，这种把字句，不是要表达某种原因导致这种结果，而是表达某人遭受了一种不幸的突发事件，所以，其语义功能就不是表致使，而是表遭遇[①]；但这种把字句还是由表致使的把字句发展来的。

除了上述几种类型外，还有一种把字句也只能看作表致使，即上述《儿女英雄传》(二)“只能看作表致使”的第5类。如：

他便望着那银子大哭起来。这一哭，倒把安老爷哭的没了主意。(三九回)

---

① 北京大学中文系博士生郭浩瑜的博士论文《汉语处置式的历史演变研究》把这一类把字句称为“遭遇义把字句”，并对这类句子的特点以及和致使义把字句的关系做了详细论证。本文同意她的论点。

虽然这不是[把＋施事/当事主语句]，但其语义关系是“由于A(哭)的关系，B(安老爷)变成C(没了主意)所描述的状态”，而且，“哭”不是施加于“安老爷”的动作，所以只能看作表致使。这种把字句可能是这样产生的：

首先有这样的句子：

问来问去，把个邓九公问烦了，说道：(一七回)

这个句子是这样变换来的：

问得邓九公烦了(V得OC，C指向O)→把个邓九公问(得)烦了

如果由于类推，把及物动词“问”换成“哭”，就出现这样的变换：

哭得安老爷没了主意(V得OC，C指向O)→把安老爷哭的没了主意

把字句从表处置到表致使，是其语义功能的发展。进一步说，同样是表致使，其语义功能也是有发展的。致使可以分为有意致使和无意致使两类。[S＋把＋N(受事主语)＋VP]都是有意致使，因为句中的V都是S发出的动作，N呈现VP这种状态，是S有意造成的。[(S)＋把＋N(施事/当事主语)＋VP]以及“把安老爷哭的没了主意”一类都是无意致使，“把”前面的S往往不是某个人，而是某个事件或某种情景；不是某个人有意使这种状态出现，而是这个事件或这种情景的影响致使这种状态出现。如：

那水直串到本工的土泊岸里，刷成了浪窝子，把个不曾奉宪查收的新工，排山也似价坍了下来。(《儿女英雄传》二回)

即使“把”前面有表示人物的S，也不是S有意导致了某种

状况出现，而只是说S在无意中出现了某种状况。如：

才一欠身儿，左边儿那个孩子早把个咂儿从嘴里脱落出来。(《儿女英雄传》三九回)

而且有些句子致使的原因根本无法说出。如：

再加自己家里的老底儿，人家比自己还知道，索性把小时候拉青屎的根儿都叫人刨着了。(《儿女英雄传》一九回)

所以，这类把字句都是无意致使。

从有意致使到无意致使，再发展为表遭遇，这也是把字句功能的一种重要发展。

参考文献

崔希亮　1995　《把字句的若干句法语义问题》，《世界汉语教学》第3期。

郭浩瑜　2010　《汉语处置式的历史演变研究》(北京大学博士论文，未刊)。

郭　锐　2003　《把字句的语义构造和论元结构》，《语言学论丛》第二十八辑，商务印书馆。

吕叔湘　1948/1990　《把字用法研究》，《吕叔湘文集》第二卷，商务印书馆。

王　力　1943/1985　《中国现代语法》，《王力文集》第一卷，山东教育出版社。

——　1944/1985　《中国语法理论》，《王力文集》第二卷，山东教育出版社。

薛凤生　1989/1994　《把字句和被字句的结构意义》，《功能主义和汉语语法》，北京语言学院出版社。

杨　平　2002　《朱子语类的"将"字句和"把"字句》，《汉语史论文集》，宋绍年、张猛、邵永海、刘子瑜编，武汉出版社。

(将刊于《庆祝梅祖麟先生八十寿诞论文集》)

近代汉语的几种被动式

本文根据下列几种不同时代、不同地域的语料，分析近代汉语表被动的四种句式："被"字句，"教(叫)"字句，"拨"字句和"着"字句。几种语料是：

1.《朱子语类》　　2.《元刊杂剧三十种》

3.《醒世姻缘传》　4.《型世言》

5.《儿女英雄传》　6.《海上花列传》

一 "被"字句

"被"字句一直是近代汉语被动式的主流。但在上述语料中"被"字句的情况有所不同。

1.《朱子语类》有很多不表被动的"被"字句。如：

①日所以蚀于朔者，月常在下，日常在上，既是相会，被月在下面遮了日，故日蚀。(卷二)

②释老虽非圣人之道，却被他做得成一家。(卷二九)

③"参也鲁。"鲁，是鲁钝。曾子只缘鲁钝，被他不肯放过，所以做得透。(卷三九)

④这道理处处都是：事父母，交朋友，都是这道理；接宾客，是接宾客道理；动静语默，莫非道理；天地之运，春夏秋

冬,莫非道理。人之一身,便是天地,只缘人为人欲隔了,自看此意思不见。如曾点,却被他超然看破这意思,夫子所以喜之。(卷四〇)

⑤曾皙被他见得高,下面许多事皆所不屑为。(卷二八)

⑥邵康节,看这人须极会处置事,被他神闲气定,不动声气,须处置得精明。他气质本来清明,又养得来纯厚,又不曾枉用了心。他用那心时,都在紧要上用。被他静极了,看得天下之事理精明。尝于百原深山中辟书斋,独处其中。王胜之常乘月访之,必见其灯下正襟危坐,虽夜深亦如之。若不是养得至静之极,如何见得道理如此精明!(卷一〇〇)

⑦本朝韩范张魏公诸人,他只是一个秀才,于这般事也不大段会。只是被他忠义正当,故做得恁地。(卷一三三)

⑧性只是理。然无那天气地质,则此理没安顿处。但得气之清明则不蔽锢,此理顺发出来。蔽锢少者,发出来天理胜;蔽锢多者,则私欲胜,便见得本原之性无有不善。孟子所谓性善,周子所谓纯粹至善,程子所谓性之本,与夫反本穷源之性,是也。只被气质有昏浊,则隔了,故"气质之性,君子有弗性者焉。学以反之,则天地之性存矣。"故说性,须兼气质说方备。(卷四)

这些"被"字句,牵涉到两个需要讨论的问题:(1)是否存在没有主语的"被"字句?(2)这些"被"字起什么作用?

有的学者认为,有一些"被"字句是没有主语的,有的还把这些句子称为"零被句"。另一些学者则认为所谓的"零被句"虽然所在的小句没有主语,但是主语是承上省略了,是可以补出的。究竟应该怎样看待这个问题呢?

确实，有些“被”字句虽然所在的小句没有主语，但是可以看作承前省略。如：

⑨问：“夹谷之会，孔子数语，何以能却莱人之兵?”曰：“毕竟齐常常欺鲁，鲁常常不能与之争，却忽然被一个人来以礼问他，他如何不动！如蔺相如秦王击缶，亦是秦常欺得赵过，忽然被一个人恁地硬振，他如何不动!”(卷八三)

这个“被”字句的主语可以看作是“齐”。这句的动词已有代词宾语“他”，显然，“他”指的就是“齐”。所以，补出主语后是一种“主宾同指”的特殊的“被”字句，这种“主宾同指”的“被”字句还不太少见。

但上述8例的主语无法补出。例①的“被”字句动词已有名词宾语“日”，不能说成“(日)被月在下面遮了日”。例②—⑦的“被”字后面已经有动作的施事“他”，如果勉强补出主语(受事)，就成了“(某甲)＋被＋他＋谓词”这样一种“施受同指”的句式，在通常情况下，这是不能成立的。比如例②和例③，如果机械地按被动句来读，“释老被释老做得成一家”，“曾点被曾点不肯放过”，都是读不通的[①]。例⑧的“被”字句主语也无法补出，只能说“只被气质有昏浊，则(本原之性)隔了”，不能说“(本原之性)只被气质有昏浊，则隔了”。

这些句子中的“被”字起什么作用呢？一般的“被”字句，都是用“被”字表示动作施及前面的主语(受事)。既然无法补出主语，被动的意义就无从表达，那么，上述例①—⑧中的“被”字还

① 如果真要表达“施受同指”，就要用“(某甲)＋被＋自家＋谓词”或“(某甲)＋被＋他自己＋谓词”的方式。

有什么作用呢？这8个例句要分两种情况。

在例①—④中，如果去掉“被”字，句子变成一个主动句，其基本意思仍然不变，而且读起来更顺。比如例③，是用“被”字句表达的。而在同一卷中，下面还有一句：

⑩“参也，竟以鲁得之。”曾子鲁钝难晓，只是他不肯放过，直是挨得到透彻了方住问。（卷三九）

用的是主动句式，意思和例③基本没有两样。那么为什么还要加上一个“被”字呢？这是为了表示意外，表示按常理做不到的事情，“他”却做到了。这种“被”字句在现代汉语中也允许出现，比如，可以说：“经过不懈的努力，终于被他考上了北大。”如果把这个句子去掉“被”字，改成主动式：“经过不懈的努力，他终于考上了北大。”基本的意思没有变，但那种表意外的语义就没有了。例①②和例④也都表示这种语义。这些就是王力(1958)所说的“不表被动的‘被’字句”，王力先生说，这种不表被动的“被”字句“脱离了被动意义而单纯地表示不幸”。不过我们可以把被动式所表达语义的范围扩大一点：被动式除表示“不幸”外，还可以表示“意外”。

在例⑤—⑧中，“被”可以读作“因为”。但这是一种含糊的说法，我们还须弄清：这是随文解读，根据上下文，这些句中的“被”字换成“因”字意思也差不多？还是在这些句子中的“被”已经是一个表原因的介词？这个问题也是学术界经常讨论的。我在(2005)中说：“近代汉语的有些‘被’字句可以表示原因”，“这些句子可以分为两类。一类是‘被＋N＋动词’，这仍然是前面说过的‘零被句’，表示遇到了某种情况，所以导致某种结果。其因果的意义是句式造成的，‘被’仍然是‘零被句’中表被动的介词。另一类是'被＋N＋形容词'，这种句子不能再看作'零被句'了，其中的'被'可以看作表原因的介词。"前者的例子如："太史公书项羽垓下之败，实被韩信布得阵好，是以一败而竟毙。"(《朱子语类》卷八)后者的例子如："只是被他忠义正当，故做得恁地。"(《朱子语类》卷一三三)不过，这样的说法比较简单，这里还应当进一步说明：后一类用法("被"成为表原因的介词)是由前一类用法逐渐发展来的。前一类的"被"，表被动的意义已经很弱了，只表达"遇到某种出乎意料的事情"的语义，同时又用在因果句中，所以人们会认为这种"被"本身就表示"因为"的意思[①]。既然人们有了这种理解，就会按照自己的理解来使用"被"字，把它用在一种并不需要表示"遇到某种出乎意料的事情"的语义的语句中，这就出现了后一类用法："被"成为一个表原因的介词。这是一种"语用推理"(pragmatic inferencing)。那么，前一类和后一类应该怎样区分呢？我在(2005)中是根据句中的谓词是动词还是形容词来区分的。现在看来，这种分类标准并不妥当。应该说，如果"被"还表示"遇到某种出乎意料的事情"的语义，就仍然是表被动的介词(尽管它已经不表示施受关系了)；如果不表示"遇到某种出乎意料的事情"的语义，就是一个表原因的介词。比如上面例⑤—⑧，仔细分析，"被"都没有表示"遇到某种出乎意料的事情"的语义：这些句子不是动态的，而是静态的；不是叙述一个事件，而是描写一种状态；与后面的句子不是时间先后关系，而只是因果关系。所以，不管谓词是形

① 现在有不少学者认为这种"被"本身就有"因为"的意思，这就是人们可能产生这种误解的一个最好的证明。

容词还是动词，句中的“被”都是表原因的介词。

2.《元刊杂剧三十种》“被”字句不多，也有很多不表被动的“被”字句。如：

⑪不争你杀了他楚使命，则被你送了我也汉随何！（《气英布》第一折）

⑫被这秋气重金疮越发作，好交我痛苦难消！（《三夺槊》第二折）

⑬被你思量杀我也！（《薛仁贵》第四折）

例⑪和例①同一类型，例⑫和例⑤—⑧同一类型。例⑬比较特殊：一般的“被$+N_1+V+N_2$”，V 总是 N_1 的动作。但是这句的意思显然是“我思量杀也”，V 似乎是 N_2 的动作。类似的句子在后代的作品中也有，如：

⑭孙小官也跳进去，拦腰抱住道：“亲亲姐姐，我被你想杀了！”（《二刻拍案惊奇》三五回）

应该怎样分析这些句子呢？让我们多看一些例句：

⑮被你盼望杀这爹爹奶奶，问俺那少年儿在也不在？（《汗衫记》第三折）

⑯子被你没主意了爷爷奶奶！（《薛仁贵》第二折）

例⑯最清楚，“被$+N_1+V+N_2$”中的 V 是使动动词，“你没主意了爷爷奶奶”是“你使得爷爷奶奶没主意”的意思。例⑮也是同样，“你盼望杀这爹爹奶奶”是“你使这爹爹奶奶盼望杀”的意思。那么，例⑬也是一样，“思量杀”是使动用法，使动的发出者仍是 N_1（你），是“你”使得“我”、“思量杀”。这和“被$+N_1+V+N_2$”中的 V 应是 N_1 发出的这条规律完全一致，特殊的只是句中的 V 是个使动动词。既然“被你思量杀我也”可以这样分析，那么，

“我被你想杀了”也就不难理解：它只是把“被你思量杀我也”这种句子中处在宾语位置上的“我”放到了主语位置上而已，“想杀”也是个使动动词，“你”是致事(causer)，“我”是使事(causee)，致事“你”使得使事“我”“想杀了”。这是和一般被动句不同的。

3.《醒世姻缘传》、《型世言》、《儿女英雄传》、《海上花列传》：不表被动的“被”字句很少见了，说明“被”字的语法化程度提高，成为一个专表被动的虚词。

二 “教(叫)”字句

1.《朱子语类》中“教”只表致使，不表被动。

2.《元刊杂剧三十种》中“教”用作被动句不多，“教”也写作“交”：

⑰只落得万古千秋教人做笑话儿说。(《范张鸡黍》第二折)

⑱分明见把自家请，交你做了人情。(《气英布》第二折)

3.《醒世姻缘传》用“教”和“叫”：

⑲素姐见狄希陈教他娘拉的去了，也不免的“张天师忘了咒，符也不灵了”。(五二回)

⑳我这里是叫人吵够了的了！(二一回)

4.《型世言》只用“教”：

㉑昨日他送这妇人到门，兑七十两银子去，却教这王生员道小人强占，希图白赖。(二六回)

5.《儿女英雄传》用“教”和“叫”：

㉒满算我教你们装了去了罢，我也是个带气儿的活人，

难道叫人定了我去我会不知道?(二六回)

㉓我也是叫你们唬糊涂了!(一二回)

"教"、"叫"和"被"都是表被动的虚词,但它们的来源各不相同。"被"是由表"遭受"的动词逐步虚化而成的,所以在例⑨中"被"还保留一点"遇到"的意思。"教"和"叫"是由使役义演变为表被动的,而"教"和"叫"又是分别由各自的本义演变成使役义的。从时间上说,"教"演变为使役义和表被动较早,唐代就有"教"表被动的。"叫"用作使役是从明代开始,用作被动就更晚一些。"教"和"叫"的演变途径即使在共时平面的语料中也可以看得很清楚。下面就以《醒世姻缘传》中的材料来加以说明。

㉔若教他领些兵去与那土官的兵马厮杀,这是断然没有的事。(九九回)

"教"既可理解为"教导",也可理解为表使役。

㉕才去叫门,又怕乔声怪气的教狄大娘听见。(四五回)

㉖我教他咂了这二日,可不咂下奶来了。(四九回)

上述例句中的"教"既可理解为表使役,也可理解为表被动。

㉗又叫丫头将椅子掇到珍哥炕边。(三回)

"叫"既可理解为"唤",也可理解为表使役。

㉘儿干的不成人事,岂可叫爹娘知道?(七回)

㉙只是叫媳妇怪咱。(七回)

上述例句中的"叫"既可理解为表使役,也可理解为表被动。

㉚你既受他三两银子,他抚养已成,又教他读书进学,这也难认回去了。我叫他再与你二十两银子罢。(四六回)

这个例句中的“教”和“叫”，如果理解为本义，就不能互换。如果理解为表使役，就可以互换。

6.《海上花列传》不用“教”和“叫”表被动，对话（苏州话）中用“拨”。

三 “拨”字句

用“拨”表被动，直到今天的吴语中还是如此。“拨”表被动的演变过程是：“给予——使役——被动”。这种演变过程在《海上花列传》可以看得很清楚。

㉛倪要想着我阿姐个好处，也拨我一口羹饭吃吃。（二〇回）——给予

㉜阿是倪余庆哥拨耐吃仔好物事？（五五回）——给予/使役

㉝拨来沈小红晓得仔末，也好哉。（九回）——使役

㉞巧珍睃见道：“难末拨洪老爷要笑杀哉！”（二五回）——使役/被动

㉟耐囡件拨倪骗得去哉。（三一回）——被动

四 “着”字句

“着”字被动式不多见，在六种语料里，只有《醒世姻缘传》中有10个例句：

㊱七爷着人打的雌牙扭嘴的，你可不奚落他怎么？（五三回）

㊲狄员外说："狄周也着雷劈杀了，是还省过来的。"（五六回）

㊳童奶奶虽是个能人，这时节也就"张天师着鬼迷，无法可使"，只得在贩子手里"食店回葱"，见买见交。（七一回）

㊴素姐骂狄希陈道："只说你在京里作了孽，着立枷枷杀了！"（七六回）

㊵你不来家，不着我破死拉活把拦着这点子家事，邪神野鬼都要分一股子哩！（七六回）

㊶敢仔是尤聪着雷劈了，别寻了这吕祥儿，一年是三两银子的工食雇的。（八五回）

㊷狄希陈道："我心里也想来，不是着他大舅主张着纳甚么中书，丢这们些银子，弄的手里醮醮的，我有不替你买得么？（八七回）

㊸可因淫雨不晴，将四乡的麦子连秸带穗弄得稀烂，臭不可当；蜀秫、棉花、黍、稷、谷、稻之类，着水浸得如浮萍蕴草。（九〇回）

㊹我好容易要的银子哩，路上着人查着使假银子的，这倒是我害二位师傅了。"（九六回）

在《元刊杂剧三十种》中有两个例句，"着"既可理解为使役，也可理解为被动：

㊺您每朝聚九卿，你须当起五更，去得迟呵着这两班文武在丹墀候等。（《七里滩》第三折）

㊻枉塑下观音般像仪，没半点慈悲的面皮，空着我盘问你个魔合罗口无气。（《魔合罗》第四折）

在《型世言》中有一个例句，"着"是使役动词，但如果看作表被动也讲得通：

⑰他原识两个字，心里极灵巧，凡一应紧要文书、词状、简札，着他收的，问起都拿得来，越发喜他有才。（三〇回）

“着”表被动是怎样演变来的？有两个可能：(1)“着”有“遭受”义，如果从“遭受”义演变为被动义，那就是和“被”、“吃”的演变同一途径。(2)“着”可以表示使役，如果从表使役演变为表被动，那就是和“教/叫”和“给”、“拨”的演变同一途径。

“着”的“遭受”产生于南北朝：

⑱汝为病邪？为着风邪？何以眼瞤？（《百喻经·人效王眼瞤喻》）

在《醒世姻缘传》中也有不少例子，但都是带名词性宾语。如：

⑲晁大舍推说着了气恼，病倒在床，等身子好了再商议罢。（九回）

⑳不惟房屋一些不动，就是囤放的粮食一些也不曾着水，器皿一件也不曾冲去，人口大小完全。（二九回）

“着”表使役是在唐代：

㉑昔齐景公夜梦见病鬼作二虫得病，着人遂向外国请医人秦瑗（缓）至齐国境内。（《敦煌变文·勾道兴搜神记》）

在《醒世姻缘传》中用得很多，绝大多数是“着＋N_1＋VP”的形式。如：

㉒奶奶着人叫我哩？（四九回）

㉓这两个儿子，一个在家中照管个客店，一个在田中照管几亩庄田，单着两个媳妇在家管顾婆婆。（五二回）

那么，《醒世姻缘传》中的“着”字被动式究竟是从哪一个途径演变来的呢？我认为是从使役式演变来的。理由有两点：

(1)上述“着”字被动式都是“着＋N＋VP”，没有“着＋VP”的，这是由使役演变而来的被动式的特点。这个问题，我在(2005)中简略地说过，但没有详细论证，这里再说一下。

为什么这样说呢？因为由“遭遇”义的动词“被”或“吃”虚化来的被动标记可直接放在动词前面，构成“被动标记＋VP”型的被动式(当然也可以构成“被动标记＋N＋VP”型的被动句)。使役式大多是“使役动词＋N＋VP”型的，所以由使役式演变来的被动式也大多是“被动标记＋N＋VP”型的。[①]

当然，使役式“着”字句也有“着＋VP”的。如：

㉞却把孝子张屠的喜孙儿，虚空里着扮做凡人奏闻。(《元刊杂剧·小张屠》第二折)

㉟将狄希陈的本上批了严旨，姑着降一级，调外任用。(《醒世姻缘传》八三回)

㊱不多几日，果然吏部咨行抚院，着起送晁梁赴京授官，兼领晁夫人的诰命。(《醒世姻缘传》九〇回)

㊲这是工部大堂着买缎子的官银。(《型世言》五回)

㊳婆子又吃地方飞申，亏毛通判回护自己，竟着收葬。(《型世言》六回)

㊴汴京一个女子，年纪四十多岁，忽然两颐痒，一挠挠

① 最典型的是“让”字被动式，全都是“让＋N＋VP”型的。“教/叫”字被动式绝大多数是“教/叫＋N＋VP”型的，“教/叫＋VP”型的极少。《儿女英雄传》有一例：“公子听了，只乐得眼花儿缭乱，心花儿怒发，不差甚么连他自己出过花儿没出过花儿教乐忘了。”(三〇回)“给”字被动句有“给＋VP”型的，如“衣服给淋湿了”，而且在北京话中是先有“给＋VP”型被动句，后有“给＋N＋VP”型被动句。这种句式的由来还有待于进一步研究。参见李宇明、陈前端(2005)。

出一部须来，数日之间长有数寸。奏闻，圣旨着为女道士。（《型世言》三七回）

不过这样的使役式很少，在本文调查的六种语料中，加起来不到10例。但是，既然存在这种"着＋VP"型的使役句，为什么不能由此演变为"着＋VP"型的被动句呢？

原因有两点：A. 从语义看，这些句子都有较强的命令语气，正因为如此，句中的使役对象（"着"的宾语）可以省略，省略的使役对象有的是"他"或"我"（复指上文已出现的某人），有的是"人"（泛指人们）。而强使役式不能转换成被动。①

B. 从句式看，这些句子中V的宾语不能移到句首。在拙作（2002）中分析过，由使役式演变为被动式的条件是：a. 使役式中V的宾语（受事）移到句首作为话题。b. 使役式原来的主语（施事）隐去。c. 使役式的话题变成被动句的主语（受事）。如：

我教纤手侍儿煎茶——茶，我教纤手侍儿煎——茶，（我）教纤手侍儿煎——茶教纤手侍儿煎

而"着＋VP"的使役式一般都是命令句，主语已经省去，但V的宾语不可能移到句首。例如，例㊻不可能转换成这样的使役式命令句：

＊⑹晁梁着起送赴京授官！

① 洪波、赵茗（2005）把"使役"分为三类：a. 命令型——高强度使役，b. 致使型——中强度使役，c. 容让型——低强度使役。并认为前面两类使役动词不能演变为被动介词。石毓智（2005）也说，"使令义"动词不能发展成被动标记，只有"容任义"动词能发展成被动标记。按："命令型"使役动词不能演变为被动介词，"容让型"使役动词能演变为被动介词，这都是对的。但"致使型"使役动词能不能演变为被动介词，还可以讨论。比如，太田辰夫（1958）所举的例句，如"五月贩鲜鱼，莫教人笑汝"，"春思翻教阿母疑"，"教"都是"致使"义，而不是"容让"义。

有一些"着＋VP"是意欲型使役式[1]，如果 V 的宾语移到句首，使役对象就不再能省略。例如，例㊼不能转换成这样的句子：

＊㊽缎子着买。

所以，这些"着＋VP"型的"着"字使役句不可能演变成"着＋VP"型的被动句。

(2)上述有些例句中有一些(如例㊺㊻㊼)"着"既可以理解为使役，也可以理解为被动，这显示了"使役——被动"的重新分析的过程。但没有一例"着"既可以理解为"遭受"，也可以理解为被动。如果仅从词义看，例㊶"着雷劈"的"着"可以理解为"遭受"义，但是从句式看，《醒世姻缘传》等几种文献中表"遭受"义的"着"只出现在"着＋N"的格式中，不出现在"着＋N＋VP"的，所以，这个例句也不会是从"遭受"义的"着"演变而来。

当然，这是仅就《醒世姻缘传》中的"着"字被动式而言。是否所有的"着"字被动式都是从使役式演变而成的，没有从表"遭受"的"着"演变而成的呢？那倒不能一概而论。

李蓝(2006)认为："现代汉语方言中'着'字式被动句确实应该分成使令型被动句和受动型被动句两种。南方汉语方言的'着'字式被动句来源于'着'字的'遭受'义，北方汉语的'着'字式被动句来源于'着'字的'使役'义，被动句的前身是使令句。"他通过对大量现代汉语方言材料的分析得出了这个结论。

这是一个很有意思的结论。可惜在本文分析的六种文献中，只有《醒世姻缘传》(有山东方言色彩)有 10 个"着"字被动式

[1] 我认为"使役式"除"命令型"、"致使型"、"容任型"以外，还有"意欲型"。"意欲型"是甲方要求乙方做某事，但是强制性比"命令型"弱。"意欲型"和"致使型"的区别是："致使型"表达客观的因果，"意欲型"表达主观的意图。

的例句,《元刊杂剧三十种》里有两个使役和被动两可的例句,而这些文献使用的都是北方方言。这些"着"字句可以为李蓝(2006)所说的"北方汉语的'着'字式被动句来源于'着'字的'使役'义"提供历史的证据。至于他所说的"南方汉语方言的'着'字式被动句来源于'着'字的'遭受'义"是否有历史的证据,由于材料的缺乏,现在还无法下结论,还有待于进一步的研究。[①]

参考文献

刁晏斌 1995 《〈朱子语类〉中几种特殊的"被"字句》,《古汉语研究》第3期。

冯春田 2005 《〈聊斋俚曲〉语法研究》,河南大学出版社。

洪波、赵茗 2005 《汉语给予动词的使役化和使役动词的被动介词化》,《语法化与语法研究(二)》,商务印书馆。

蒋绍愚 2002 《"给"字句、"教"字句表被动的来源》,《语言学论丛》第二十六辑。

—— 2005 《近代汉语研究概要》,北京大学出版社。

李 蓝 2006 《"着"字式被动句的共时分布与类型差异》,《中国方言学报》第1期。

李宇明、陈前瑞 2005 《北京话"给"字被动句的地位及其历史发展》,《方言》第4期。

石毓智 2005 《被动标记"让"在当代汉语中的发展》,《语言学论丛》第三十一辑。

太田辰夫 1958 《中国语历史文法》,蒋绍愚、徐昌华译,北京大学出版

① 李蓝(2006):"从方言类型来看,'着'字式被动句主要出现在西南官话中,与西南官话关系比较密切的湘语、赣语和湘南土话也比较常见;此外,还见于闽语、胶辽官话和兰银官话中。"在近代汉语的历史文献中,除了《金瓶梅》、《醒世姻缘传》、《聊斋俚曲》有山东方言色彩外,用上述方言写的文献很难找到。笔者查检过《花月痕》(作者魏秀仁,福建侯官人),书中没有"着"字被动式。因为作者是用官话写的,没有反映他的方言。

社,2005 修订译本。
王 力 1958 《汉语史稿》,《王力文集》第九卷,山东教育出版社,1988。

(原载《陕西师范大学学报》(哲学社会科学版)第 38 卷第 6 期,2009 年 11 月)

汉魏六朝汉译佛典中"来"的四种虚化用法

关于"来"的虚化,很多学者已有论述。文本选取汉魏六朝十种汉译佛典来加以考察,并对一些问题做进一步的讨论。

本文涉及的"来"的虚化有如下几种:(1)用于句末表示意愿或吩咐(祈使语气词);(2)放在动词或名词后面表示"……时";(3)用于句末表示事件的完成(事态助词);(4)放在动词后面表示动作的完成(动态助词)。

本文选取的十种汉译佛典是:

1.《修行本起经》　东汉 竺大力、康孟祥译 197 年
2.《六度集经》　吴康 僧会译 252 年
3.《生经》　西晋 竺法护译 286 年
4.《正法华经》　西晋 竺法护译 280 年
5.《妙法莲花经》　姚秦 鸠摩罗什译 406 年
6.《大庄严论经》　姚秦 鸠摩罗什译 401—410 年
7.《贤愚经》　元魏 慧觉译 445 年
8.《杂宝藏经》　元魏 吉迦夜、昙曜译 472 年
9.《百喻经》　陈 求那毗地译 492 年
10.《佛本行集经》　隋 阇那崛多译 578—592 年

下面分别讨论。

一 祈使语气词"来"

较早提出魏晋南北朝时期句末的"来"可表祈使语气的是蔡镜浩(1990)。他举的例子是(不全引,只摘取主要部分。下同):

①又趋陈留王曰:"我董卓也,从我抱来。"(《三国志·魏志·董卓传》注引《英雄记》)

②牂牁人兵作食,有先熟者呼后熟者,言:"共食来!"(《三国志·魏志·常林传》注引《魏略》)

③食粮乏尽若为活? 救我来! 救我来! (《乐府诗集·横吹曲辞五·隔谷歌一》)

④语将车人言:"与我物来!"(《百喻经·索无物喻》)

梁银峰(2007)专门讨论祈使语气词"来"的形成过程,认为是在处于祈使句语境的"V+NP+来"格式中的趋向动词语法化而成的。他举的例子是:

⑤语将车人言:"与我物来!"(《百喻经·索无物喻》)

⑥语比丘曰:"还我珠来。"(《大庄严论经》)

⑦淫女曰:"比丘,共作是事来。"(《摩诃僧祇律》)

⑧到已白言:"大王当知,某处林内有一象龙……可遣人搦彼象,取将示王来。"(《佛本行集经》)

但我认为这些例句的祈使语气是整个句子所有的,句中的"来"还是趋向动词。为什么这样说呢? 因为这些例句有一个共同点:句中的 V 都是有趋向性的动作,在 V 和"来"之间大都有一个指说话者的"我"字,"来"表示 V 的趋向是"我";而且"来"字还可以前移,说成"来从我抱","来与我物"等意思也大致不变。例⑧虽然没有“我”,但也表示动作是趋向和说话者同一处所的“王”,“来”也可以前移说成“取将来示王”。这些都是李明(2004)所说的“行为者向说话人在说话时间的位置靠近”,所以这些句子中的“来”还是表示趋向。这可以和下面的例句对比:

⑨愿尊者入城,见我母者,愿为我语:“速看我来。”(《杂宝藏经》卷七)

“速看我来”这个句子也有祈使语气,但“来”显然是趋向动词;说成“速来看我”意思也大致不变。

梁银峰(2007)还找出一些句子和上述例⑤—⑧“V+NP+来”的句子对比:

⑩随意与我物。(《佛说奈女祇域因缘经》)

⑪共作此事。(《摩诃僧祇律》)

⑫可还我珠!(《五灯会元》)

他认为这些句子中没有“来”,但也不影响语义的表达,可见上述句中的“来”是一个语气词。但这样的对比未必能说明问题。请看下面的例句:

⑬佛语阿难:“往索水来。”阿难承佛敕,即往索水。(《杂宝藏经》卷一)

两个紧接的句子,前一个句子有“来”,后一个句子没有“来”。但是否能说明前一个句子的“来”是语气词呢?当然不能。前一个句子是佛对阿难的吩咐,“来”是让阿难把水拿来;后一个句子是叙述阿难的行动,说话者“佛”不出现了,所以就不必用“来”。有没有“来”是语境和语义决定的,后一句没有“来”不能证明前一句的“来”不是表示趋向的动词,而是没有词汇意义的语气词。

那么,在魏晋南北朝时期有没有祈使语气词“来”呢?有的。

最明显的就是陶渊明《归去来辞》中“归去来兮”的“来”。朱庆之(1990)认为这个“来”是表示说话者意愿的语气词,并举出东晋佛典的例子证明当时有这样的“去来”。这种“去来”的“来”,如果是趋向动词,在语义上直接和“去”矛盾,所以只能是语气词。(当时也有并列结构的“去来”,如“出入去来”。还有“去+来(事态助词)”,见下。这些另当别论。)这种“去来”,在本文调查的十种佛典中也有,只是时代稍晚一些,而且不是表示自己的意愿,而是表示对对方的吩咐:

⑭汝等去来,宝处在近。(《妙法莲华经》卷三)

⑮遂至彼边,捉优波伽,而语之言:“汝摩那婆,去来去来!王今唤汝。”(《佛本行集经》卷五四)

⑯尔时长老大目揵连诣向其所,而语之言:“摩尼娄陀,汝今共我游行去来!”(《佛本行集经》卷五九)

还有《六度集经》中的一个例句很值得注意:

⑰太子宿命尝卖白珠。彼妾时为富姓女,乘车行路。相国时为御者。呼卖珠童曰:“视汝珠来!”持珠而不买,淫视言调。童子恚曰:“不还吾珠而为淫视,吾凿汝目!”(《六度集经》卷四)

“视汝珠来”是“富姓女”说的话,她要视的是卖珠童手中的珠,“来”不可能是表趋向的动词。所以,这个“来”只能是表示说话者意愿的语气词。如果这个判断不错,那么,应该说在三国时期已经有祈使语气词“来”了,比朱庆之(1990)说的东晋还要早一点。

当然,“与我物来”和“来与我物”毕竟是两种不同的句式,放在句首的“来”无疑是个表趋向的动词,而放在句末的“来”会使人感到兼有一些祈使的语气。我的意思并不是把这两种“来”完全等同起来，而只是说，蔡、梁两位所举的例句中那些句末的“来”动作性还很强，还处于语法化的过程之中，真正的祈使语气词是由这些“来”进一步演变而来的，但这些“来”本身还不是祈使语气词。这种处于语法化过程中的“来”，在十种汉译佛典中也不少见。下面略举一些：

⑱王喜，设酒为乐七日，曰“尔等为吾获神女来！”（《六度集经》卷八）

⑲王便以一指镮掷于镬中，命向诸臣：“仰卿镬中得此镮来！”（《杂宝藏经》卷七）

⑳而告之言：“汝等人辈，宜速急疾往如是处，求觅我子耶输陀来！”（《佛本行集经》卷三五）

至于语法化的过程，梁银峰（2007）已做了很好的论述，这里不再重复。

二 表示“……时”的“来”

表示“……时”的“来”的演变过程是：(1)“……以来”省缩为“……来”；(2)表“以来”的“来”进一步演变为表“……时”。

这种演变过程很多研究者都已说过，所以本文只是简单地做一些补充。

演变的第一步，本文调查的十种佛典中有不少例子，说明“……来”就等于“……以来”。如：

㉑吾自无数劫来，饮母乳湩。（《六度集经》卷一）

㉒吾从无数劫以来，精进求道，初无懈怠。（《生经》卷一）

㉓彼佛灭度来，如是无量劫。（《妙法莲华经》卷三）

㉔佛灭度以来，劫数长久。（《正法华经》卷四）

㉕我自少来，唯近已夫，不曾捉他其余男子。（《杂宝藏经》卷一〇）

㉖我自少以来，无侵世物。（《杂宝藏经》卷一〇）

㉗我受身来，生死长久，设积身骨，高于须弥。（《贤愚经》卷六）

㉘受身已来，涉历生死由来长久。（《贤愚经》卷六）

表示"……以来"的"……来"，原来都有一个时间的起点，这个起点可短可长，如"受身"、"灭度"是一个较短的时间，"无数劫"是一个很长的时间。但不论长短，从那个起点到所叙述的事件都有一段时间距离。后来的发展是：进入"……来"结构中的时间词语不再表示一个起点，这个时间和所叙述的事件没有时间距离，而是所叙述的事件就发生在这个时间段中。这时，"……来"表示的意义就从"……以来"变为"……时"。这种进入"……来"结构中的时间词语不会是"受身"、"灭度"之类的具体的时间，而是"先"、"昔"、"朝"、"小"这样的比较抽象的时间词语。如：

㉙朝来诸圣尽来索食。（《杂宝藏经》卷二）

㉚汝于昔来读诵外典亦甚众多。（《大庄严论经》卷一）

㉛其夫先来常善能作鸳鸯之鸣，即入王池作鸳鸯鸣偷优钵罗华。（《百喻经·贫人作鸳鸯鸣喻》）

㉜况我车匿小来共于圣子同日一时，俱长爱敬之心，相乐不已。（《佛本行集经》卷一八）

㉝彼城先来有二碣文。（《佛本行集经》卷三七）

也许我们会觉得，“……以来”和“……时”差别很大，怎么能从前者演变为后者呢？其实，在当时的语言使用者（或佛典译者）看来，两者差别不大，所以，一些本该用“……时”表达的格式也用“……以来”表达。如：

㉞我过去已来，于此树下曾以九百九十九头，以用布施。今施此头。便当满千。（《贤愚经》卷六）

㉟往昔已来，有如是法。（《佛本行集经》卷四）

㊱菩萨即问彼仙人言：“尊者，彼等二树出来几时？”仙人答言：“到今已来，二十九年。”菩萨又问：“彼树灭没尔来几时？”仙人报言：“昨夜半时，始没不现。”（《佛本行集经》卷二〇）

㊲况此沙门年少已来，出家未久，我今所问，云何得解？（《佛本行集经》卷三九）

三 事态助词“来”

事态助词“来”用于句末，表示事态的完成。事态助词“来”在《佛本行集经》中多次出现：

㊳释迦牟尼佛，皆悉供养来。（卷三）

㊴往昔久习来，今示从师学。（卷一一）

㊵人间悉解我试来，定知其胜汝不如。（卷一二）

㊶法行大精进，仁往昔作来。（卷一四）

㊷我以割舍亲爱来，汝今速将干陟去。（卷一七）

㊸我妙梵声聪慧之子，汝今将向何处掷来。（卷一八）

㊹其龙长寿，经历劫数，曾见往昔多诸佛来。（卷二六）

㊺自外诸书，各各是彼诸释种子寄与汝来。（卷二六）

㊻是等诸幻我见来，以是意中不贪乐。（卷二八）

㊼三世成就是事来，所以今日自度讫。（卷三三）

㊽彼人本性，厌离世间，志求解脱，于烦恼中，恒有惊怖，心常寂定。往昔已曾见诸佛来。（卷三七）

梁银峰（2004b）认为，事态助词“来”由“V（＋NP）＋来”中的趋向动词“来”演变而来。他认为，由于连动式“V（＋NP）＋来”中的“V（＋NP）”和“来”有两种语义关系，所以“来”的语法化有两种路径：

（1）“V（＋NP）”和“来”是逻辑上的先后关系，如果V是具有[—携带、挟持]语义特点的动词，“来”的趋向意义就变得不甚显著，语义的中心移到“V（＋NP）”上，“来”成为“V（＋NP）”的附属成分，表示“V（＋NP）”是过去曾经发生的。

（2）“V（＋NP）”和“来”是目的关系，“V（＋NP）＋来”可以变换为“来＋V（＋NP）”。这种格式的语义重心在“V（＋NP）”，“来”在语义上有所虚化。如果“V（＋NP）＋来”在时态上是过去时，“来”就会语法化为表过去曾经发生的事态助词。

本文所举的《佛本行集经》中的㊷㊸㊺几例，可以看作由第一种路径演变而来（因为连动式“V（＋NP）＋来”可以看作“V（＋NP）＋而＋来”）。在十种文献中较早的文献里，可以看到处于这种语法化过程之中的例句：

㊾国内金宝一切荡尽除我库中，汝于何处得是钱来。（《大庄严论经》卷三）

㊿我母为我入城求食，未曾一得来。（《杂宝藏经》卷七）

这两例的“来”既可以看成表趋向的动词，也可以理解为是事态助词。事态助词“来”就是在这种句式中逐渐演变而成的。

《佛本行集经》中还有一处很值得注意：在讲述太子成道的故事时，《佛本行集经》有这样两段叙述：

(51)作如是言：“其王子者，今在何处？于我国内生大欢喜。今汝何处舍离而来？”（卷一八）

(52)“汝今何故忽将我子掷弃旷野，犹如摆木。汝将我子置彼林内，令共种种诸恶虫兽恐怖之中，独自而住。汝弃舍来，不怜我子，而身背乎？”车匿报言：“国大夫人，奴身不敢弃舍太子。夫人，太子自弃舍奴。”（卷一九）

这两段讲的是同一件事。卷一八的一段说车匿“舍离而来”，“来”显然是趋向动词。而卷一九的一段说车匿“汝弃舍来”，这个“来”也可以理解为事态助词。这说明在隋代事态助词“来”已经基本形成，但有的还处于语法化过程中。

梁银峰所说的第二种路径举的是东晋佛典的例子：

(53)于是，鹦鹉摩纳都提子往诣佛所，语世尊曰：“沙门瞿昙，今至我家乞食来耶？”世尊答曰：“我今往至汝家乞食。”（《中阿含经》）

本文所举的《佛本行集经》中㊹㊽两例，是梁银峰所说的第二种路径。

上述《佛本行集经》中的其他例句无法分辨其语法化的路径，其中的“V（＋NP）＋来”既不能回溯到“V（＋NP）＋而＋来”，也不能变换为“来＋V（＋NP）”。这是因为这些句子中的“来”已经离语法化的起点很远；它们是成熟的事态助词，直接加在一个句子的句末。

(3)梁银峰(2004a)认为事态助词“来”还有另一个来源:由“以来”省略而成的“来”演变而来,即:V(+)NP+来(方位词)→V(+)NP+来(事态助词)。

他举的V(+NP)+来(方位词)的例句是:

(54)彼二人者,亡来七日。(《中本起经》)

(55)父丧来有年乎?(《六度集经》)

(56)迷来日久,作恶不罢。(《生经》)

(57)今此讲堂成来未久,画彩已竟。(《增壹阿含经》)

(58)头发髭须自然除落,犹如剃来,经于七日,威仪即成。(《佛本行集经》)

(59)此人在此学来积久。(《出曜经》)

(60)汝奉侍佛来二十五年。(《中阿含经》)

(61)我持粪扫衣来八十年。(《中阿含经》)

这些例句中的“来”确实是“以来”的省略。但正因为是“以来”的省略,在“来”后面一定还有话,说明在某事以来如何如何;“来”不会处于句末。那么,这种“来”又是怎样发展为处于句末的事态助词的呢?

梁文解释说:“有时句子出于表达的需要,表示时段概念的数量词或数量短语可以置于‘V(+)NP’之前,强调这种动作或事件是在某个时段以前发生的,这时‘来’就位于整个句子的末尾,具备了虚化的语法条件。”他举的例句是:

(62)头发自落,髭须犹若七日剃来,身体自然披服三衣,手擎钵器,彼四者即成出家。(《佛本行集经》)

(63)时此象宝,一日之中,即便调伏,堪任驾驭一切诸事,犹如无量百千数岁所调伏来。(《起世因本经》)

⑭时此马宝，一日之中应时调伏，堪受诸事，犹如无量年数调来。(《起世因本经》)

但是，例⑫是个很特殊的句子，它的意思和例㊿一样，是说“剃了以后经过七日”，但表达却用“犹若七日剃来”，这是很少见的，也许找不出第二个例子。例⑬⑭其实和表“以来”的“来”没有关系，而是在一个正常的叙述句句末加上一个事态助词“来”。退一步说，即使把这两例算上，也不过是三例。这样少的例句，怎么可能成为句法演变的条件呢？梁银峰在否定事态助词“来”直接来源于动态助词“来”的时候说：“试想一下，一个使用频率很低、使用范围很窄的语法成分(弱式)怎么能够衍生出一个很常见、而且使用范围很广的语法成分(强式)呢?”(梁银峰 2004a)这话说得很对。这话同样也适用于现在讨论的问题：由“以来”省略而成的“来”用于句末，是一个“使用频率很低、使用范围很窄的语法成分”，不可能衍生出一个“很常见、而且使用范围很广的”事态助词“来”。

另外，陈前瑞、王继红(待刊)认为，从时代来说，这三例也不适合作为由“以来”省略而成的“来”演变为事态助词“来”的过渡阶段的例证。“梁文列举的这三例具有过渡性的例证都是出自隋代的译经，而梁文所举的发展成熟的事态助词‘来’包括本文前文所举的许多成熟例证也都是隋代以前的，其中许多是元魏时期的。”我同意这个意见。

四 动态助词“来”

动态助词“来”是什么时候形成的？江蓝生(1995)和蒋冀

骋、吴福祥(1997)举的最早的例证是中唐张籍和白居易的诗。梁银峰(2004a)说:“笔者曾遍检东汉至隋代各类中土文献及六十余种汉译佛经,只在西晋的汉译佛经中发现一例”:

⑮诸佛之法,不以肉食,吾已食来,不须复办。(《法句譬喻经》)

梁银峰(2005)把通常所说的动态助词“来”称作“动相补语”,他说:“表示动作状态完成或实现的‘来’……在魏晋南北朝时期实际上已经出现萌芽。”除了上举《法句譬喻经》例以外,又补充一例:

⑯种种言语,先已闻来。(《正法念处经》)

但是他所举的两例“来”都处于句末,究竟是动态助词还是事态助词难以断定。

在本文查检的十种汉译佛典中,还没有见到很典型的动态助词“来”。有一些“来”,如果不仔细考察,会觉得很像动态助词“了”,如:

⑰诸道士一名阿兰,一名迦兰,学来积年,四禅具足。(《修行本起经》卷下)

⑱父丧来有年。(《六度集经》卷六)

⑲婆罗门等苦行来久,身形羸弊。(《大庄严论经》卷八)

⑳会值王大夫人亡来七日,王遣使者按行国界。(《杂宝藏经》卷四)

㉑今我父头,死来多日,颜色不变。(《杂宝藏经》卷一〇)

㉒昔有人乘船渡海,失一银釬堕于水中……诸人问言:“……失经几时?”言:“失来二月。”问言:“失来二月,云何此觅?”(《百喻经》卷一九)

⑬头发髭须自然除落，犹如剃来，经于七日，威仪即成。（《佛本行集经》卷三三）

但仔细考察，这些“来”还是“以来”的意思，是说某种动作或状况（可以是瞬间的，也可以是持续的）完成或实现以后直到如今有多少时间，比如“学来积年”是说他学习以来至今已多年，“亡来”是说她死亡至今已七日。这些“来”和“了”不同，首先在于“来”除了表示V完成或实现以外，还强调从那时至今的时间距离；其次，正因为如此，所以后面一定要有时间词语来表达这个时间距离。但感觉这些“来”很像“了”也不是毫无根据的，两者确实有相似之处：说“V来”的前提是这个V是已完成或实现了的，而“V已完成或实现”这种体貌，正是后来出现的动态助词“了”所表达的。如果说话者在使用“来”的时候，不强调从那时至今的时间距离，而且后面不跟时间词语，这个“来”的作用就和“了”一样。例⑬中的“来”就很像“了”，因为它不强调从那时至今的时间距离，后面虽然出现时间词语“七日”，但已用“经于”隔开，是另一小句，而不和“剃来”直接连接。这个“来”，至少可以看作从“以来”的“来”到动态助词“来”的过渡了。

由此可以看到，表示“以来”的“来”是动态助词“来”的来源。梁银峰(2005)说：“我们认为动相补语‘来’的产生与它的引申义‘以来’‘以后’密切相关。”这个看法是对的。

但十种佛典中有一例“来”疑似动态助词，提出来讨论：

⑭弟子……言：“……我今当买此驴。”瓦师喜欢，即便卖与，乘来归家。（《百喻经》三一）

这个“来”不可能是趋向动词，“乘来”的意思是“乘了”。但仅此一例，是否能说这就是动态助词，还不敢遽下结论。

但是，如果此例的“来”是动态助词，那么它就不可能是从“以来”的“以”演变来的。动态助词“来”是否还有别的来源？这是可以进一步研究的。

还有一点需要注意：“来”作为动态助词，发展是不充分的。一个明显的表现，就是“V 来”后面不能带宾语。关于这个问题，也有过不少讨论，这里不细说。梁银峰(2005)说他只发现了两例“V 来 O”式：

⑮把得闲书坐水滨，读来前事亦酸辛。(罗隐《王夷甫》)

⑯田父占来好岁，星翁说道宜官。(葛立方《锦堂春·元旦作》词)

其实这两例都不是“V 来 O”式。这两例应该这样读：

⑮把得闲书/坐水滨，读来/前事亦酸辛。(罗隐《王夷甫》)

⑯田父占来/好岁，星翁说道/宜官。(葛立方《锦堂春·元旦作》词)

前一例不是说“读了前事也觉得酸辛”，而是说“读了以后觉得前事也很酸辛”。后一例的停顿明显地在/处，意思是说：“田父占卜后，是好年成；星翁说道：岁时宜官。”

“V 来”不能带宾语，这种现象怎么解释？这也是需要进一步研究的。

余　论

为了和汉译佛典比较，我又查检了四部中土文献中的“来”。

(1)郦道元《水经注》。“来”共出现 251 次。其中是“以来”

省缩的2次：

汉来诸名人不应河在敦煌之南数千里而不知昆仑所在也。(卷一)

古来相传，有数女取螺于此。(卷三九)

(2)贾思勰《齐民要术》。“来”共出现46次。上述四种虚化用法未见。

(3)杨衒之《洛阳伽蓝记》。“来”共出现85次。其中是“以来”省缩的1次：

问其姓名，死来几年。(卷三)

表示“……时”的1次：

昔来闻死苦，何言身自当。(卷一)

(4)颜之推《颜氏家训》。“来”共出现48次。其中是“以来”省缩的一次：

此水汉来本无名矣。(《勉学》)

表示“……时”的3次：

向来未着衣帽故也。(《兄弟》)

是知虙之与伏，古来通字。(《书证》)

古来名士，多所爱好。(《杂艺》)

本文讨论的其他三种虚化用法在此三书中均未见。当然，这也和四书的内容有关：四书描写日常生活的内容不多，对话也不多，所以一些活的口语不容易进入其中。但无论什么原因，总之，在这些中土文献中找不到本文讨论的其他三种虚化用法，而这些用法在当时的汉译佛典中却多次出现。所以，汉魏六朝时的汉译佛典，是研究当时的活的语言的十分重要的数据。

参考文献

蔡镜浩　1990　《魏晋南北朝词语例释》,江苏古籍出版社。

陈前瑞、王继红　(待刊)　《句尾"来"体貌用法的演变》。

江蓝生　1995　《吴语助词"来""得来"溯源》,《中国语言学报》第 5 期。

蒋冀骋、吴福祥　1997　《近代汉语纲要》,湖南教育出版社。

李　明　2004　《趋向动词"来/去"的用法及其语法化》,《语言学论丛》第二十九辑。

梁银峰　2004a　《时间方位词"来"对事态助词"来"形成的影响及相关问题》,《语言科学》第 2 期。

——　2004b　《汉语事态助词"来"的产生时代及其来源》,《中国语文》第 4 期。

——　2005　《汉语动相补语"来""去"的形成过程》,《语言科学》第 6 期。

——　2007　《祈使语气词"来"的形成过程》,《汉语趋向动词的语法化》,学林出版社。

龙国富　2005　《从中古佛经看事态助词"来"及其语法化》,《语言科学》第 1 期。

王锦慧　2004　《往来去历时演变综论》,台北里仁书局。

朱庆之　1990　《佛经翻译与中古汉语词汇二题》,《中国语文》第 2 期。

(将刊于《汉译佛典语法研究论文集》)

《世说新语》、《齐民要术》、《洛阳伽蓝记》、《贤愚经》、《百喻经》中的“已”、“竟”、“讫”、“毕”

在谈到动词语缀“了”的来源时，人们常常说到“已”、“竟”、“讫”、“毕”，认为它们都是完成动词，可以构成“V＋(O)＋CV”的格式，后来被“了”代替，成为“V＋(O)＋了”。但是，“已”、“竟”、“讫”、“毕”的性质是否完全一样？本文根据《世说新语》、《齐民要术》、《洛阳伽蓝记》、《贤愚经》、《百喻经》五部书中的材料来讨论这个问题。

一　“已”、“竟”、“讫”、“毕”的不同。

(一)出现频率的不同。在上述五部书中，这四个词出现的频率很不一样。见下表：(只统计处在“V＋(O)＋X”格式中的次数)

	已	竟	讫	毕
世说新语	0	15	5	21
齐民要术	0	3	102	13
洛阳伽蓝记	0	0	3	0
贤愚经	296	70	90	4
百喻经	43	4	1	0

(《贤愚经》中的 296 次“已”包括“竟已”1 次，“讫已”5 次，“毕已”2 次。70 次“竟”包括“毕竟”2 次，“讫竟”2 次。90 次

“讫”包括“毕讫”15次,“讫已”5次,“讫竟”2次。《百喻经》的统计方法同,数字不一一说明。)

显然,在汉译佛典中“已”用得很多,在中土文献中“已”用得很少。在我们调查过的三部中土文献中,《世说新语》这样比较接近口语的作品中没有“已”,《齐民要术》这样篇幅较大的作品中没有“已”,《洛阳伽蓝记》是一部关于佛教的书,但不是佛典的翻译,而是中土人士的著作。这是一个很明显的差别。

(二)更重要的是用法的差别。

1.“竟”、“讫”、“毕”前面可以加时间副词。如:

①尔乃水出,咸得洗手。洗手既竟,次当呪愿。(贤二14)

②作愿适竟,馀处悉断。唯雨宫里,七日七夜。(贤十三64)

③行食与佛并僧遍讫,食乃还下,各在其前。(贤二14)

“已”前面一般不能加副词(“不已”是“不停止”的意思,不是这里讨论的“已”),如果有副词必须放在动词前。这说明“已”的性质已经不是做谓语的动词。如:

④既闻是已,复心念难。(贤十二57)

又如下面所引例㉓㉜㉝㊱。

也有少数例外,见下文例㊽。

2.“竟”、“讫”、“毕”可以用在一个句子的终了,后面不再接另一小句。如:

一人观瓶,而作是言:“待我看讫。”如是渐冉,乃至日没,观瓶不已。(百50)

“已”或是用在一个小句之末,后面再接另一小句,或者用在句中,后面再跟一个动词词组。(例见下)而未见用在一个句子的终了，后面不再接另一小句的用法。

3.“竟”、“讫”、“毕”前面的动词必须是可持续的动词；如果前面是一个动词词组，则是表示一个持续的动作。如：

⑤言誓已竟，身即平复。（贤一 7）

⑥洗手既竟，次当呪愿。（贤二 14）

⑦众僧食讫，重为其蛇广为说法。（贤三 18）

⑧发言已讫，合境皆获自然之食。（贤八 39）

⑨到作礼毕，共白之言。（贤一 1）

也有少数例外，详见下文例㊾—㊿。

“已”前面的动词（动词词组）也可以是可持续的动词，但也有很多是不可持续的瞬间动词、状态动词。用得最多的是“见（O）已”、“闻（O）已”。其他如：

⑩夜叉得已，于高座上众会之中取而食之。（贤一 1）

⑪得王教已，忧愁愦愦，无复方计。（贤三 15）

⑫觉已惊怖，向王说之。（贤一 2）

⑬蒙佛可已，于时金财即剃须发，身著袈裟，便成沙弥。（贤二 9）

⑭其儿生已，家内自然天雨众华，积满舍内。（贤二 10）

⑮其一山上，有柔软之草，肥瘦甘美，以俟畜生。须者往噉，饱已情欢。（贤二 14）

⑯散闍起已，泣泪而言。（贤三 21）

⑰我成佛已，自调其心，亦当调伏一切众生。（贤三 21）

⑱城南泉水，取用作墼。其墼成已，皆成黄金。（贤十一 52）

⑲城西泉水，取用作墼。墼成就已，变成为银。（贤十一 52）

⑳急疾还家，到已问婢大家所在。（贤四 22）

㉑到竹林已，问诸比丘。（贤四23）

㉒至佛所已，即言："瞿昙沙门及诸弟子，当受我请，明日舍食。"（贤四22）

㉓既取肉已，合诸药草，煮以为腮，送疾比丘。（贤四22）

㉔欲求善法，除佛法已，更无胜故。（贤四23）

㉕舍此头已，檀便满具。（贤六31）

㉖施七宝床，让之令坐。坐已具食，种种美味。（贤八40）

㉗值一木工口衔斲斤，褰衣垂越。时檀腻䩭问彼人曰："何处可渡？"应声答处，其口开已，斲斤堕水。（贤十一53）

㉘是王舍城王大健斗将。以猛勇故，身处前锋，或以刀剑矛矟伤克物命，故受此报。于是死已，堕大地狱，受苦长久。（贤四23）

㉙阿难灭已，此耶贳羁奉持佛法，游化世间。（贤十三67）

㉚我灭度已，一百岁中，此婆罗门，而当深化。（贤十三67）

㉛舍是身已，当生梵天，长受快乐。（百29）

㉜驼既死已，即剥其皮。（百42）

㉝彼既来已，忿其如是，复捉其人所按之脚，寻复打折。（百53）

㉞时树上人至天明已，见此群贼死在树下，诈以刀箭斫射死尸，收其鞍马，驱向彼国。（百65）

㉟尔时远人既受敕已，坚强其意，向师子所。（百65）

㊱既捉之已，老母即便舍熊而走。（百93）

"已"和"讫"、"竟"、"毕"的这种差别值得注意。"讫"、"竟"、"毕"都是"决定动词"，表示一个动作过程的结束，它们前面必须是持续动词，这是由它们的意义特点决定的，“V/讫/竟/毕”都可以翻译成现代汉语的“完”。“已”本来和“讫”、“竟”、“毕”一样，根据它的语义特点，前面也应该是持续动词。但是在上述例句中，我们看到有“死已”、“觉已”、“成已”、“至天明已”等说法，“已”前面不是持续动词，“死已”、“觉已”、“成已”、“至天明已”不能读作“死完”、“觉完”、“成完”、“至天明完”，这说明“已”的性质已经和“讫”、“竟”、“毕”不一样了，也和用在持续动词后的“已”不一样了。

二 这样，我们必须考虑“已”的性质。

有的学者如张洪年(1977)早已说过，“V＋O＋了”中的“了”是受梵文的影响而产生的。何莫邪(1989)也说，“V＋O＋已”中的“已”是受梵文的影响而产生的。辛岛静志(2000)说得更清楚，他说：

> 在汉译佛典里，在句末用“已”的例子十分常见。这种用法相当于现代汉语“看见了他就开始哭”的“了”，是一种时态助词。例如：西晋竺法护译《正法华经》“五百亿百千梵天……适见佛已，寻时即往”(《大正藏》第九卷90b16)；“贤者阿难……心念此已，发愿乙密，即从座起，稽首佛足。”(同97c29)；“比丘尼见说此颂已，白世尊曰：‘唯然，大圣！’”(同106c13)等等不胜枚举。但在佛典文献以外的中土文献里这种“已”的用例极为罕见，这一事实就使人联想到与原典有直接关系。在梵汉对比时，我们就发现这种“已”大多数与梵语的绝对分词(或叫独立式；Absolutive，Gerund)相对应。上面所举的“适见(佛)已”与梵语 dṛṣṭvā(H. Kern and B. Nanjio，*Sanddharmapuṇḍarīka*，St，Pertersburg 1980—12[*Bibliotheca. -Budaahica X*]第169页，第3行)相对应；

“念(此)已”与 cintaitvā(同 215.2)相对应;“说(此颂)已”与 bhāṣitvā(同 270.5)相对应。在梵语里绝对分词一般表示同一行为者所做的两个行为的第一个(“……了以后”),相当于汉译佛典的“已”。

这种看法用来解释“死已”、“觉已”、“成已”、“至天明已”的“已”很合适。既然这种“已”是用来翻译梵文的绝对分词的,而绝对分词是表示同一行为者所做的两个行为的第一个“了……以后”,那么,用“死已”、“觉已”、“成已”、“至天明已”来表示“死了以后”、“觉了以后”、“成了以后”、“到天亮了以后”,就很顺理成章;也就是说这种“已”前面的动词可以是非持续动词。“已”的另两个特点也可以由此得到说明:这种“已”是用来翻译梵文的绝对分词的,所以后面必须再跟一个动词词组或一个小句;它不是汉语中原有的完成动词,所以前面不能加副词。只是辛岛说“已”是“一种时态助词”,似乎不妥。

不过当时的佛典译者也不会用汉语中一个毫不相干的词来翻译梵文的“绝对分词”的。梅祖麟先生(1999)曾指出战国末期就有“V(O)已”,如《战国纵横家书》中的“攻齐已,魏为□国,重楚为□□□□重不在粱(梁)西矣。”是个完成动词。他还举出西汉的若干例子,如《史记·龟策列传》:“钻中已,又灼龟首。”钟兆华(1955)还举出《墨子·号令》中的一例:“开门已,辄复上蘥。”我们检查这些例句,看到“已”前面的动词都是持续动词。关于东汉到魏晋南北朝的完成动词,梅先生说,东汉多用“已”,用“讫、毕、竟”的不多,南北朝“已、讫、毕、竟”并用。文中都举了一些例子。我们看到,这些例子中的“已”前面绝大多数也是持续动词,这些“已”和“讫、毕、竟”是可以通用的。也有一些例子(东汉 4 例，南北朝 1 例；东汉 4 例见下）中“已”前是非持续动词，但都是在佛典译文中。现将这 6 例抄录在下面：

㊲是菩萨摩诃萨于梦中觉已，若见城郭火起时，便作是念。（支娄迦谶译《道行般若经》）

㊳成就作佛已，当度脱十方天下人。（支娄迦谶译《道行般若经》）

㊴既闻经已，无有狐疑大如毛发。（支娄迦谶译《道行般若经》）

㊵闻是言已，恍惚不知其处。（支娄迦谶译《文殊师利问菩萨署经》）

㊶佛饭去已，迦叶念曰……（竺昙果共康孟祥译《中本起经》）

㊷诸比丘从如来闻已，便当受持。（僧迦菩提译《增壹阿含经》）

在本文所调查的《贤愚经》、《百喻经》中，也有一些“已”前面是持续动词，“已”可以和“讫”、“毕”、“竟”通用。如：

㊸作是语已，寻时平复。（贤一 1）

作是语竟，飞还山中。（贤十一 52）

㊹佛说此已，诸在会者，信敬欢喜，顶受奉行。（贤一 6）

佛说法讫，举国男女得度者众，不可称计。（贤六 34）

㊺语已辞还所止。（贤四 22）

导师语竟，气绝命终。（贤九 42）

㊻供养已，即便过去。（贤六 34）

供养毕讫，即时过去。（贤六 34）

㊼食已，徐问所以来意。（贤八 40）

食讫，谈叙行路恤耗。（贤八 40）

“已”前有副词的在《贤愚经》中仅有1例，这一例的“已”前就是持续动词：

㊽告下遍已，七日头到。（贤八40）

这种完成动词“已”是和战国末期、西汉的“已”一脉相承的，是汉语原有的。它和梵文的“绝对分词”有相似之处：汉语原有的“V(O)已”的“已”表示动作的完成，梵文的“绝对分词”表示做完一事再做另一事，或某一情况出现后再出现另一情况。所以佛典译者用这个“已”来翻译梵文的“绝对分词”。

但两者毕竟不完全一样：“觉已”、“成已”、“死已”、“至天明已”的“已”原来在汉语中是不会有的。证据是：“攻齐已”、“钻中已”的“已”完全可以换成“竟”、“讫”、“毕”，而“觉已”、“成已”、“死已”、“至天明已”的“已”不能换成“竟”、“讫”、“毕”。所以，魏晋南北朝的“V(O)已”的“已”应分为两部分：A. 一部分是“V_1+(O)+已”中的“已[1]”（V_1 是持续动词），这种“已”是在佛教传入前就已存在的、汉语中原有的“已”。B. 另一部分是“V_2+(O)+已”中的“已[2]”（V_2 是非持续动词），这种“已”是用来翻译梵文的“绝对分词”的。在佛典译文中，“已[2]”用得比“已[1]”多。在《贤愚经》中296个“已”中有161个“已[2]”，占54.3%。在《百喻经》中，43个“已”中有40个“已[2]”，占93.0%。

这两种“已”在语法上应做不同的分析。从句子成分来说，两者都是补语，而且都是指动补语。从性质来说，“已[1]”是动词（完成动词），“已[2]”已高度虚化，只起语法作用，已经不能看作动词。从作用来说，“已[1]”表示动作的完结；“已[2]”本是梵文绝对分词的翻译，表示做了一件事再做另一事，或某一情况出现另一情况，进入汉语后，也可以表示动作的完成。“完结”和“完成”仅一字之差，但在语法作用上是不一样的。“完结”表示一个动作过程的结束，所以前面必须是持续动词(吃完)。“完成”是一种体貌，表示动作或状态的实现，前面可以是非持续动词(死了)，也可以是持续动词(吃了)；在后一种情况下，正如梅祖麟先生(1994)所说，是“把这些动作动词的时间幅度压缩成一个点”。所以，“吃完”和“吃了”的“吃”不一样，“吃完”的“吃”表示一个时段，“吃了”的“吃”表示一个时点。这样，我们可以看到，“V＋O＋已”中的“已”，在佛典传入并且有了汉译以后，有了一个很重要的变化。这种“已”原来是汉语固有的，它只能放在持续动词(或持续动词组成的词组)后面，表示动作的完结(即“已^1”)。佛典传入后，译经者用它来翻译梵文的“绝对分词”。“绝对分词”既可以放在持续动词后面，表示动作的完结，也可以放在非持续动词后面，表示动作的完成(或实现)。由于“完结”和“完成”相近，所以人们可以用汉语中固有的“已”(“已^1”)来翻译梵文的绝对分词。但“完结”和“完成”毕竟还是有区别的，所以，在佛典译文中用“已”(“已^1”)来翻译梵文的绝对分词之后，“已”的性质就起了变化，它产生了一种新的语法功能：表示动作的完成(或实现)。换句话说，就是产生了“已^2”。这种功能是原来汉语所没有的，是受梵文的影响而产生的。但由于“已^2”的频繁使用，它逐渐地“汉化”了，不但在佛典译文中使用，而且在口语中也使用。“已^2”在口语中使用的历史情况还有待于进一步考察。据初步的印象，应该说初唐时期“已”已经是口语词了(见下)。

在《贤愚经》、《百喻经》中，“竟”、“讫”也有少数放在非持续动词后面(“毕”没有放在非持续动词后面的)。现将全部例句列在下面：

㊾馀妇语曰："汝不须言。汝夫状貌，正似株机。若汝昼见，足使汝惊。"株机妇闻，忆之在心。豫掩一灯，藏著屏处。伺夫卧讫，发灯来着。见其形体，甚用恐怖。（贤二14）

㊿食饱已讫，便命令坐，为其说法。（贤七37）

51王与夫人相可已讫，俱共来前。（贤九42）

52时驳足王即许之，言："当取诸王，令满一千，与汝曹辈，以为宴会。"许之已讫，一一往取，闭著深山。（贤十一52）

53王博戏已，问诸臣言："向者罪人。今何所在？我欲断决。"臣白王言："随国法治，今已杀竟。"（贤五23）

54自伺大家一切卧竟，密开其户，于户曲内，敷净草座。（贤五27）

55尔时树神语太子言："波婆伽梨是汝之贼，刺汝眼竟，持汝珠去。"（贤九42）

56太子闻语，而答之言："若有此事。我能为之。"共相可竟，即往为守。（贤九42）

《百喻经》中的"讫"、"竟"、"毕"没有用在非持续动词后面的。

上述八个例句，有几个例句单看"讫"前面的动词，应该说是非持续动词。但联系上下文看，说的还是一个持续的动作过程。如例㊾54的"卧讫"、"卧竟"，相当于"睡着"，指一个入睡过程的完成。例51 56的"相可已讫"、"共相可竟"，相当于"商量完毕"。例52的"许之已讫"指答应他的一番话说完了。真正特殊的用法只有例㊿53 55三例。即使把八例都算上，也只占《贤愚经》160个"讫"、"竟"的5%。这和《贤愚经》中用于非持续动词之后的"已"占50%以上是大不相同的。这些"讫"、"竟"的特殊用法可以认为是受了“已”的影响。这不妨碍我们前面对“已”和“讫”、“竟”、“毕”的区别的论断。

三　魏晋南北朝的“已”和后来的“了”有很密切的关系。所以,上述对“已”的看法,也会影响到对“了”的分析。

魏晋南北朝时期“已”、“竟”、“讫”、“毕”的分布大概持续到唐代。《游仙窟》中还是没有“已”,只有“竟”(1 例)、“讫”(3 例)、“毕”(2 例)。也没有“了”。而《六祖坛经》中的“已”有 7 次,其中前面是非持续动词的 4 次:“闻已”(2 次)、“悔已”、“得教授已”。已有“VO 了”和“V 了”,其中 1 例是“闻了原自除迷”。这里有两点值得注意:(1)《六祖坛经》虽然是宣讲佛教教义的,但不是佛典译文,而是惠能讲说的记录,可见其中的“已[2]”已经是口语中用的词。(《游仙窟》中没有“已”,可能和作者的个人风格有关。)(2)其中既有“闻已”,又有“闻了”。“了”已经开始逐步代替“已”。

到晚唐,和佛教有关的文献中还有“已”,但更多的是被“了”代替。

“V(O)了”中的“了”怎样分析?

梅祖麟先生(1994)说:《敦煌变文集》中“V 了”的“了”有两种:

> 在下列句子中,“了”处在动作动词(偿、食、祭等)后面,是状态补语:
>
> 我是天女,见君行孝,天遣我借君偿债。今既偿了,不得久住。(变,887)
>
> 兵马既至江头,便须宴设兵士。官军食了,便即渡江。(变,20)

子胥祭了,发声大哭。(变,21)

在下列句子中,"了"处在成就动词(知、见、迷等)后面,是完成貌词尾:

王陵只是不知,若或王陵知了,星夜倍程入楚救其慈母。(变,44)

迷了,菩提多谏断。(变,521)

对君才见了,流泪两三行。(变,772)

他说:"'知'、'见'、'迷'是没有时间幅度的成就动词,后面的'了'不能读作'完'义的状态补语,只能读作表示完成貌的词尾。"

他的术语和本文不同,但应该说,这两种"了"的区分和性质与本文所说的"已[1]"和"已[2]"是一脉相承的。据此,也可以把"了"分为"了[1]"和"了[2]"。[注意:本文所说的"了[1]"是指持续动词后面的"了","了[2]"是指非持续动词后面的"了",和通常所说的现代汉语中的"了[1]"(即完成貌词尾)和"了[2]"(即句末语气词)不是一回事。]

把"V了[2]"中的"了[2]"看作完成貌词尾毫无问题。但是问题在于,这种"了[2]"有时出现在宾语后面。如《祖堂集》:"又上大树望见江西了,云:'奈许是你婆。'"如果说"圣君才见了"的"了"是完成貌词尾,那么"望见江西了"的"了"又如何分析呢?

这种"了[2]"在性质上是和"已[2]"完全相同的。梅祖麟先生上述对"见了"的"了"的分析,完全可以用在"见已"的"已"上。那么,也就可以把"见已"的"已"看作完成貌词尾。但这遇到一个很大的困难:如果前面的动词带宾语,"已"永远是出现在宾语之后的。因此,尽管“已[2]”不能读作‘完’义的状态补语,但不能说“已[2]”是表示完成貌的词尾。

反过来说,在分析“了”的时候,似乎也不能仅仅根据它“不能读作‘完’义的状态补语”,就断定它是完成貌的词尾。

吴福祥(1998)把“食了”的“了”叫作“结果补语”,把“迷了”、“死了”的“了”叫作动相补语。他有他的术语。但根据赵元任(1970)的定义,这两种“了”应该都属于动相补语(phase complement)。我认为动相补语可以分两种:A. 表示完结。前面是持续动词。就是我前面所说的“已[1]”和“了[1]”。B. 表示完成。前面是非持续动词。就是我前面所说的“已[2]”和“了[2]”。

B类动相补语离完成貌词尾已经很近了,但它要发展成完成貌词尾还必须再跨进一步:紧贴在动词后面,即使出现宾语,也不被宾语隔开。所以,“见了”的“了”,只有到《敦煌变文集》“见了师兄便入来”这样的句子里才是完成貌词尾。“迷了”、“死了”一般不带宾语(宋代才有“万秀娘死了丈夫”这样的例句),无法用这个方法检验。但语法发展是有规律性的,既然晚唐已出现了完成貌词尾“了”,我们可以认为,同时期和以后的“迷了”、“死了”的“了”也发展成了完成貌词尾,而在此以前的“死了”还是动相补语。“死了”在《贤愚经》中有一例:

㊺王语彼人:“二俱不是。卿父已死,以檀腻䩭与汝作公。”其人白王:“父已死了,我终不用此婆罗门以为父也。”(贤十一53,檀腻䩭品第四十六)

这个“了”显然也是不能读作“完”义的状态补语,但如果据此就认为是完成貌词尾，说完成貌词尾在北魏时已经出现，那大概时间太早了吧。

在追溯完成貌词尾“了”的来源时，人们常常说，“了”的前身是“已”、“讫”、“竟”、“毕”。但是根据上面的分析，更准确地说，“了”的前身只是“已”。所谓“完成貌词尾”，第一是说它表完成貌，第二是说它紧贴在动词后面。表完成这种语法功能不是从“了”才开始有的，我们所说的“已²”就具备这种功能了（而“讫”、“竟”、“毕”却不具备这种功能），梅祖麟先生（1999）所举的东汉支娄迦谶等译经中的例句，也许是我们目前看到的最早的“已²”。

后来“了”兴起并逐渐取代“已”，“了²”也具备表完成貌的功能。但“V＋O＋已²”和“V＋O＋了²”中的“已²”和“了²”还都是被宾语隔开的，还不是词尾；只有到“V＋了＋O”出现后，汉语中才产生了完成貌词尾。

参考文献

梅祖麟　1981　《现代汉语完成貌句式和词尾的来源》，《语言研究》第1期。

——　1994　《唐代、宋代共同于的语法和现代方言的语法》，《中国境内语言暨语言学》第二辑。

——　1999　《先秦两汉的一种完成貌句式》，《中国语文》第4期。

吴福祥　1998　《重谈“动＋了＋宾”格式的来源和完成体助词“了”的产生》，《中国语文》第6期。

辛岛静志　2000　《汉译佛典的语言研究》，《文化的馈赠——汉学研究国际会议论文集》，北京大学出版社。

Cheung, MUEL Hung-nin　1977　Perfective particles in the Bian wen language. Journal of Chinese Linguistics. 5,1. pp. 55 – 74.

Harbsmeier, Christoph 1989 The Classical Chinese modal particle yi, proceedings of the Second International Conference on Sinology, Section on Linguistics and Paleography, Taipei, Academie Sinica, pp. 475 - 504.

（原载《语言研究》2001 年第 1 期）

语言接触的一个案例
——再谈"V(O)已"

一

在拙作《〈世说新语〉、〈齐民要术〉、〈洛阳伽蓝记〉、〈贤愚经〉、〈百喻经〉中的"已"、"竟"、"讫"、"毕"》(《语言研究》2001年第1期)一文中,我提出了如下观点:

> 魏晋南北朝的"V(O)已"的"已"应分为两部分:A. 一部分是"V_1+(O)+已"中的"已^1"(V_1 是持续动词),这种"已"是在佛教传入前就已存在的、汉语中原有的"已"。B. 另一部分是"V_2+(O)+已"中的"已^2"(V_2 是非持续动词),这种"已"是用来翻译梵文的"绝对分词"的。在佛典译文中,"已^2"用得比"已^1"多。

这样,我们可以看到,"V+O+已"中的"已",在佛典传入并且有了汉译以后,有了一个很重要的变化。这种"已"原来是汉语固有的,它只能放在持续动词(或持续动词组成的词组)后面,表示动作的完结(即"已^1")。佛典传入后,译经者用它来翻译梵文的"绝对分词"。"绝对分词"既可以放在持续动词后面,表示动作的完结,也可以放在非持续动词

> 后面，表示动作的完成（或实现）。由于“完结”和“完成”相近，所以人们可以用汉语中固有的“已”（“已^{1}”）来翻译梵文的绝对分词。但“完结”和“完成”毕竟还是有区别的，所以，在佛典译文中用“已”（“已^{1}”）来翻译梵文的绝对分词之后，“已”的性质就起了变化，它产生了一种新的语法功能：表示动作的完成（或实现）。换句话说，就是产生了“已^{2}”。这种功能是原来汉语所没有的，是受梵文的影响而产生的。
>
> 在追溯完成貌词尾“了”的来源时，人们常常说，“了”的前身是“已”、“讫”、“竟”、“毕”。但是根据上面的分析，更准确地说，“了”的前身只是“已”。
>
> 我认为动相补语可以分两种：A. 表示完结。前面是持续动词。就是我前面所说的“已^{1}”和“了^{1}”。B. 表示完成。前面是非持续动词。就是我前面所说的“已^{2}”和“了^{2}”。

关于“已^{2}”是梵文中绝对分词的翻译，是根据辛岛静志先生的意见。辛岛静志《汉译佛典的语言研究》：“在梵汉对比时，我们就发现这种‘已’大多数与梵语的绝对分词（或叫独立式；Absolutive，Gerund）相对应……在梵语里绝对分词一般表示同一行为者所做的两个行为的第一个（‘……了以后’），相当于汉译佛典的‘已’。”

2005 年，辛岛静志先生给我看了他的一篇论文“A Project for Buddhist Chinese Dictionary”，文中列举了很多梵汉对勘的例句。句中的梵文绝对动词，都译作中文的“已”。这些梵汉对勘的材料无可怀疑地证明了汉译佛典中的“已^{2}”是语言接触的结果。

但是，佛典翻译是一种特殊的语言接触，它不是在操两种语言的人群在语言交际中的语言接触,而是书面翻译时的语言接触。由这种特殊的语言接触而出现的“已[2]”,后来是不是从书面扩展到了口语,从译经者扩展到了全民?“已[2]”和代之而起的“了[2]”究竟是什么关系?这些问题在我的上述文章中没有说得很充分,本文打算讨论这些问题。

本文选择了下列九种语料,对其中的“V(O)已”和“V(O)了”的使用情况进行调查和分析:

《佛本行集经》(隋阇那崛多译,成书 587—592)

《根本说一切有部毗奈耶破僧事》(唐义净译,义净 635—713)

《王梵志诗》(王梵志诗三卷本的写作时间约始于武德四年,止于开元二十六年,约 620—735)

《六祖坛经》(慧能 638—713,敦煌本 780—800)

《游仙窟》(张鷟著,张鷟生活于武后朝至开元中,约 680—730)

《寒山拾得诗》(寒山拾得生活于大历至元和间,约 750—820)

《入唐求法巡礼行记》(日僧圆仁著,作于 839—847)

敦煌变文(约 9 世纪到 10 世纪上半叶,所据版本为《敦煌变文集新书》)

《祖堂集》(952 年序)

二

先看“V(O)已”的情况。

2.1 在隋《佛本行集经》(约 420000 字)中,“V(O)已”用得非常广泛,共 2000 多处,占 48/10000。和魏晋南北朝的汉译佛典比较,有如下特点:

2.1.1“V(O)已”的 V 多数是瞬间动词、状态动词。最常见的是“见”、“闻”,“取”、“得”、“受”、“至”、“到”、“坐”、“住”、“知”等也很常见,还有“出”、“入”、“睡”、“觉”、“寤”、“生”、“死”等。这里仅举“死已”一例:

假令父母男女等,死已骨散发纵横。(卷三三)

这表明《佛本行集经》中的“已”很多是表示“完成”的“已[2]”,性质和后来表完成的“了”相同。

2.1.2“已”常用在“V 已 VV”,“V 已复/还/即 V”,“V 已 V”之类的格式中。如:

楼上遥望见云童子端政少双,见已喜欢,四方礼诸天诸神。(卷三)

时诸大臣闻已欢喜,往至彼林迎二童子,将还入宫。(卷五)

我今解身璎珞赐与,后脱为患,即还收取。取已转持,施彼国师。(卷八)

急疾奔驰,走诣王所。至已长跪,依所见事,即说偈言。(卷一二)

时瞿多弥右手执持须摩那鬘,遍历大众,向悉达所。到已立住,将此华鬘系悉达颈。(卷一三)

时净饭王即便敕唤此婆罗门,令入宫中。入已欢喜,即宣敕问彼婆罗门,作如是言。(卷一五)

尔时世尊即受迦罗龙王宫殿。受已入中,加趺而坐。

（卷三一）

更互相饮，饮已复吐。（卷二六）

以天栴檀细末之香散菩萨上。散已复散，雨而更雨。（卷三〇）

时彼大地六种震动。动已复动，涌已复涌。（卷五三）

穿过山崖石壁无碍，应念而行。入壁便出，出已还入。譬如雾中，没已即现，现已还没。（卷三〇）

还复以舌自舐于舌，遍覆其面。覆已还缩。（卷三三）

思惟一切皆悉是于破坏之法。生已即灭。（卷二七）

或坏一劫。或住一劫。坏已住。住已坏。或知无量坏劫，成已坏，坏已成。（卷四六）

这些"已"表示两个动作紧接着发生，这也和后来表完成的"了"相同。

2.1.3 上述"已"都可以看作是梵文绝对分词的翻译。但《佛本行集经》也有一些"已"和梵文的绝对分词不大一样。表现在三个方面：

（一）有的是"A＋已"。如：

自恣饱已，佛及大众洗钵澡手。（卷五五）

其王徒众五百乞儿逐彼王走，至于远处，皆悉疲乏。既疲乏已，悉各回还。（卷五九）

悉满盛水。其所满器，满已还覆。（卷五六）

摩尼娄陀渐至长大年盛壮已，于是父母为作三堂。（卷五八）

还有一些是"VC＋（O）＋已"。如：

左手举象，以右手承。从于空中，掷置城外。越七重

墙，度七重堑。既掷过已，离城可有一拘卢奢，而象坠地，即成大坑。(卷一三)

于彼树上取得果已，于先来至优娄频螺迦叶。(卷四一)

汝今且住，我当求师。若寻得已，当告汝知。(卷四六)

迦喽嗏头既睡觉已，咳哕气出。(卷五九)

还有的是“被动式＋已”。如：

时彼王仙既被射已，有两滴血出堕于地，即便命终。(卷二〇)

“梵语里绝对分词一般表示同一行为者所做的两个行为的第一个”，而这些例句中的“已”前面有的是形容词而不是动词；有的是述补结构或被动式，不是表示某人做了什么行为，而是表示某人处于什么状况。所以，这些“已”和绝对分词的用法不大一样。

(二)有的“已”连接的不是两个先后发生的动作，而是有条件或因果关系的两个小句。

若能见此大圣童子得菩提已，渐渐至于波罗奈国，当转无上最妙法轮。(卷一〇)

此是世间众生我见，各各皆以无明所欺，乐着诸有。着诸有已，即不能得。(卷三二)

大王！我于彼时闻是语已，故来至观看童子。(卷九)

(三)有的“已”前后是两个不同的行为者。

从兜率下，托净饭王第一大妃摩耶夫人右胁住已。是时大妃于睡眠中，梦见有一六牙白象。(卷七)

若彼出已，我女不久必取命终。(卷一〇)

时蜜多罗生惭愧已，于虚空中，有一天子，名曰净妙，从

兜率宫，共于无量无边最大诸天神王，恒常守护是大子者，在彼虚空，隐身不现而说偈言。（卷一一）

2.2《根本说一切有部毗奈耶破僧事》：共 170000 字，用“V(O)已”约 800 次，占 47/10000。

和《佛本行集经》一样，在《根本说一切有部毗奈耶破僧事》中，也有一些“已”和绝对分词不同。也表现在三个方面：

（一）“A＋已”：

犹如熟乳，既其冷已，有凝结生。（卷一）

粥既熟已，时彼外道却来告二女曰。（卷五）

便取妙药傅其疮上。疮既熟已，以刀割之出其脓血，复以妙膏傅上。（卷一三）

犹如浣衣，先除垢秽，既清净已，色即易染。（卷六）

犹如浣衣，先除麁垢，得清净已，色则易染。（卷六）

“VC＋已”：

尔时如来以慈善心慰喻王曰：“善哉大王！宜时就座。诸有疑难，恣其所问。”既坐定已，白佛言。（卷二〇）

其婢即以火烧木打羊。火着身上，被烧急已，走入王家象坊。（卷二〇）

“被动式＋已”：

是时世尊见毁呰已，告五人曰。（卷六）

龙王被诸呪师呪已，逼迫救彼不得。（卷一九）

时提婆达多被诃责已，默然而住。（卷一九）

（二）有的“已”连接的不是两个先后发生的动作，而是有条件或因果关系的两个小句。

汝诸弟子可诣彼出家。若出家已，勿恃豪姓种类摩纳

薄伽，勉励精懃常修梵行。（卷三）

未见日光形质柔软，可以爪甲掐而令断。见日光已，即便坚硬，虽加刀斧及以猛火，不能摧损。（卷三）

诸余有情见此食时，即相学食。既食味已，身渐坚重，光明隐没，悉皆幽暗。（卷一）

（三）有的“已”前后是两个不同的行为者。

于其夜中，额上忽然生一恶疮。经一宿已，王遂闻之，即便生念。（卷一三）

时众共议，人各依次一日作食供养。即随力所办，作食供养。其中有一童子，家贫，共母商量：“我家贫乏，依次办食云何得办？”时母答言：“爱子！可于最后而与供养。未至日来随力收办，即以充足。既至日已，铺以熊皮，如来踏上，行至坐处。造五百味饮食供养如来。”（卷一七）

缘不善故，地味遂灭。地味灭已，是诸有情共相聚集，互生怨叹，悲啼愁恼。（卷一）

尔时太子即遣使命苦役，损害摩揭陀国城邑人民。时诸人民既被逼迫苦已，时诸人众奏影胜王曰：“今被太子损害摩揭陀国人民城邑，愿王制约勿许使。”（卷一七）

在上述两部汉译佛典中，（一）、（二）、（三）诸例，和“绝对分词”不一样，而和后来表完成的“了”相近。对于这种现象怎么解释，到下面再讨论。

2.3《王梵志诗》无“V(O)已”。

2.4《六祖坛经》共 14000 字，“V(O)已”仅 8 次，占 0.6/10000。其中前七个不能用“毕”替代，是“已^2”，第八个可以用

“毕”代替，是“已[1]”。

门人集已，五祖曰：“吾向汝说，世人生死事大。”

众人见已，皆生敬心。

今既自归依三身佛已，与善知识发四弘大愿。

今既忏悔已，与善知识授无相三归依戒。

六祖闻已，即识佛意，便与法达说《法华经》。

十僧得教授已，写为《坛经》，递代流行。

法海等众僧闻已，涕泪悲泣，唯有神会不动，亦不悲泣。

大师言此语已，夜至三更，奄然迁化。

2.5《游仙窟》，无“V(O)已”。

2.6《寒山拾得诗》无“V(O)已”。

2.7《入唐求法巡礼行记》，约87000字，“V(O)已”仅2次。第一例是“已[2]”，第二例是“已[1]”。

其僧见许已，敷一座具满五百里地。(卷三)

今上览已，焚烧经疏。(卷四)

2.8《敦煌变文集新书》共约330000字，用“V(O)已”34次，占1/10000。其中28次都在卷一至卷四，即与佛教有关的变文中，卷五至卷八是与佛教无关的变文，其中总共只有8例。而且，《敦煌变文集新书》中“V(O)已”一般都是比较简单的用法。稍复杂的只有下面几例，但都没有超过《佛本行集经》和《根本说一切有部毗奈耶破僧事》的范围，而且都在卷一至卷四，可见，在敦煌变文的时代，“V(O)已”在口语中已经衰微了，只在与佛教有关的文献中还使用的比较多，而且是承袭以前汉译佛典的用法，但在使用频率上已经大不如前了。

善友既蒙龙王差鬼兵送出海岸，送已却回，见弟恶友，

问:(《双恩记》,卷二)

佛入城已,佛见众生,皆如孩子遇慈亲。(《维摩诘经讲经文二》,卷二)

太子座已,专注修行。(《八相变》,卷三)

到已不解●(仪)则,相挹而已。(《只园图记》,卷三)

求已重重礼,陈情切切深。(《欢喜国王缘》,卷四)

2.9《祖堂集》共70000字,用“V(O)已”70次,占10/10000。一般都是比较简单的用法。值得注意的是下面几例,特别是卷三例,没有后续的小句,这样的情况十分少见。其他三句都没有超过《佛本行集经》和《根本说一切有部毗奈耶破僧事》的范围:

彼既受已,遂有民主名焉。(卷一,《释迦牟尼佛》)

既出家已,至东京永和寺具戒。(卷二,《慧可禅师》)

次乃法付智严已。(卷三,《牛头和尚》)

过十劫已,众生根始熟。(卷一七,《岑和尚》)

三

再看“V(O)了”。

3.1《佛本行集经》:“讫了”10次,“讫了之时”1次,“悉偿令了”1次。

莫过悲啼生懊恼,汝作马功已讫了。我若当证甘露味,所可负载于我者。(卷二〇)

若仁苦行讫了之时,得心愿满。仁于彼时,仁分法分,复至我家,当受我食。(卷二五)

我于当时。求智求道。若负他债。悉偿令了。(卷二〇)

这些"了"全都是动词。"悉偿令了"的"了"无疑是个动词。"讫了"的"了"也是动词,和动词"讫"连用,还没有发展到后来"V了,V"那种程度。这从"讫了之时"可以得到证明。

3.2《根本说一切有部毗奈耶破僧事》"N了"和"V(O)了"共16次,其中"了已"6次,"已了"2次。

时蜜捺罗报曰:"汝痴妇女人,或言未庄饰,或言庄饰了。"时彼使女先于大家有所嫌恨,便告彼曰:"我之大家非未庄饰,意欲以汝璎珞及衣庄饰其身,别看余婿。"时蜜捺罗闻此语已,欲心便息而生害意。便告侍女言:"汝报淫女。庄饰既了,来某园林。"(卷一)

时迦摄自手造食了已,即往请佛。(卷七)

王舍城中事既了已,还至佛所顶礼佛足坐一面,而白佛言。(卷八)

其置寺外,别造六十四院,悉皆重阁。既造了已,供寺所须家具悉足。(卷八)

游狱事了,俱便返诣赡部洲中。(卷一〇)

舅洗浴回问其甥:"料理竟不?"答曰:"已了。"舅曰:"料理既竟,将来我看。"甥擎兔过与其舅,舅见其兔遂少一脚。(卷一二)

即设一计造一大堂。堂既了已,其儿年已六岁。令诸群臣击鼓宣令,尽唤国内所有男子尽入堂内。(卷一二)

唯愿大王放我殡葬其夫待了,即随王去。(卷一二)

是时仙人不敢东西。诸臣白王:"彼仙奉教,经于六日不敢东西。唯愿大王速与处分。”王便报言:“讨罪六日,汝今无过。今放汝去。”臣报仙人:“汝今六日已罚汝了。今奉王勅,任汝东西。”(卷一二)

遂即下针刺去恶血。王自执持千辐轮伞,盖阿难陀上。刺血了已,更傅好药。(卷一三)

若别谏时事不舍者,皆得麄罪。若作白四羯磨如法如律如佛所教谏诲之时舍者善。若不舍者,白了之时得麄罪,作初番了时亦得麄罪。若第三番羯磨结了之时而不舍者,得僧伽伐尸沙。(卷一四)

事既了已。便辞菩萨而退。(卷一六)

殡王已了。便建立太子为大王。(卷一八)

上述例句中的“了”绝大多数是句中的主要动词,有的可以受副词“既”修饰。“已了”是副词“已”修饰动词“了”。“了已”是动词“了”和动词“已”连用。只有“既造了已”和“已罚汝了”两例有所不同:副词“既”和“已”在“造”和“罚”前面,而不是在“了已”和“了”前面,这说明“造”和“罚”是主要动词,而“了”不是主要动词,而是“造”和“罚”的补语。和《佛本行集经》相比,《破僧事》中的这两个“了”语法化程度已经进了一步。不过,“造”和“罚”都是可持续动词,所以,这两个“了”还是“了[1]”而不是“了[2]”。

3.3《王梵志诗》“V(O)了”3次。

食了宁且休,只可待他散。(《亲客号不疏》,卷四)

欺枉得钱君莫羡,得了却是输他便。(《欺枉得钱君莫羡》,卷六)

若还都塞了,好处却穿破。(《幸门如鼠穴》,卷六)

这三例的“了”都是动相补语。但《王梵志诗》只有卷一至卷三时代比较确定，这些句子的时代可能较晚。

3.4《六祖坛经》“V(O)了”9次。

画人卢珍看壁了，明日下手。

辞违已了，便发向南。

愿闻先圣教者，各须净心闻了，愿自除迷，如先代悟下是法。

大师说法了，韦使君、官僚、僧众、道俗，赞言无尽。

志诚曰：“未说时即是，说了即不是。”

如今得了，递代流行。

大师言：法即付了，汝不须问。

六祖说偈已了，放众生散。

大师说偈已了，遂告门人曰：“汝等好住，今共汝别。”

《六祖坛经》的“了”，处于从主要动词到动相补语的过渡阶段。“辞违已了”和“说偈已了”的“了”是主要动词，受副词“已”修饰。“看壁了”、“闻了”、“未说时即是，说了即不是”、“得了”的“了”是表完成的动相补语，是“了²”。和《破僧事》相比，“了”的语法化程度又进一步。

3.5《游仙窟》无“V(O)了”。

3.6《寒山拾得诗》“V(O)了”2次。

死了万事休，谁人承后嗣。

但看木傀儡，弄了一场困。

“弄了一场困”的“了”相当于“罢/毕”，是主要动词。“死了万事休”的“了”是动相补语“了²”。

3.7《入唐求法巡礼行记》，“V(O)了”71次。

大多用作主要动词。也有动相补语，用于“V了，V”的格式,多数是“了[1]”。下面句子中的“了”是“了[2]”,而且用在句末,没有后续的小句。这种用法很值得注意。

晚间博士惠来,画帧功钱同量定了:五十贯钱作五副帧。(卷三)

3.8《敦煌变文集》。

3.9《祖堂集》。

这两部书中的“V(O)了”已有很多文章做了分析,认为下面敦煌变文例中的“了”是动态助词,《祖堂集》例中的“了”是事态助词。其他例句本文不再一一分析。

见了师兄便入来。(《敦煌变文·难陀出家缘起》)

与摩则大唐国内山惣被阇梨占却了也。(《祖堂集》卷六)

四 小 结

现在,我们根据上述材料做一些分析。

先说《佛本行集经》和《根本说一切有部毗奈耶破僧事》中为什么有些“V(O)已”的“已”和梵文的绝对分词不同。

我在(1999)中说过,汉语中原来只有“已[1]”,东汉至六朝汉译佛典中为了翻译梵文的绝对分词,用了这个“已”字,从而发展出“已[2]”。但是《佛本行集经》和《根本说一切有部毗奈耶破僧事》中有些“V(O)已”的“已”和梵文的绝对分词不同,这说明这些“已”并非梵文绝对分词的翻译。那么,这些“已”是怎么来的呢?答案只有一个:是存在于译经者的语言中的。译经者的语言中为什么会有这些和梵文的绝对分词不一致的“已”?那是他们受了语言接触的影响,使用了和梵文的绝对分词一致的“已[2]”

之后，又把它的用法扩大了。上面说的三方面的不同，都是可以解释的。

首先，一个表现两个动作先后相承的语法成分，后来用以表示一种性状或状况出现后会出现一种新的情况，这是很常见的，如后来的“了”就是这样，“了”开始时出现在“V了，VP”中，后来也可以用在“A/VC了，VP”中。这种变化导致上述(一)的例句出现。

同时，动作的时间相承和事件的事理相因也很接近，这也可以用后来的“了”来说明，“V了，VP”的基本用法是表示动作相承，但也可以表示事理相因。这就导致出现上述(二)的例句出现。虽然“了”的发展比我们现在讨论的例句晚，但其道理是一样的。

而且，我们把“已”分成“已¹”和“已²”两个，这是根据现代语言学的观点分析的结果，而当时的语言使用者不可能把它们分得这么清楚，在他们看来，还是同一个“已”。所以，既然“已¹”可以用于两个不同行为者的先后相接的动作，那么，“已²”也可以这么用。这就出现了上述(三)的例句。

所以，归结起来可以说，“已²”本是因语言接触而产生的，首先(而且是主要)存在于汉译佛典的书面语言中。但由于出现频率高，逐渐也影响到译经者的口头语言，他们在自己遣词造句时也会用“已²”，而且，有一些“已”的用法比翻译梵文的绝对分词的“已²”还要扩大一些。虽然这样的例句数量不很多，但毕竟存在，而且，不但在6世纪的阇那崛多的语言里存在，在7世纪的义净的语言里也存在。这一事实的重要意义在于，它清楚地说明了由梵汉翻译这种书面的语言接触而产生的“已²”，至少已扩展到译经者的口头语言之中。所谓“扩展”,一方面是指范围扩大,一方面是指用法变化。那么,在6—8世纪时,“已[2]”是否已经扩展到全民的语言之中了呢?我们找不到6—8世纪与佛教无关而又反映口语的材料,所以对此无法做出肯定的回答(《游仙窟》是与佛教无关的,但其中既无“V(O)已”也无“V(O)了”)。但《六祖坛经》的材料能给我们启发。慧能大致和义净同时,在他向大众宣讲佛法的讲话中就有一些“已[2]”。他是目不识丁的,但他可以听别人诵读佛经,他在说话中使用的“已[2]”可能是受佛经的影响而来的。但是,他向大众宣讲用“已[2]”,肯定大众也能听懂,可见当时大众的语言中也有“已[2]”。我们可以想象,由语言接触(翻译)而产生的“已[2]”,首先出现汉译佛典书面上,然后扩展到佛典的译经者或阅读者(听者)的口头语言中,然后通过这些人和大众的语言交流,逐渐进入全民语言中。

不过,像“已[2]”这样由书面的语言接触而产生的新形式在全民语言中能扩展多大,持续多久,这个问题还要慎重对待。在《六祖坛经》中,“已[2]”只是一些简单的形式,像《佛本行集经》和《根本说一切有部毗奈耶破僧事》中那些扩大了的“已[2]”,在《六祖坛经》并没有出现,可见“已[2]”在语言中扩展的范围是有限的。而且,根据汉语自身的发展趋势,从7世纪开始,“已”(包括“已[1]”和“已[2]”)已经逐渐衰减,代之而起的是“了”(包括“了[1]”和“了[2]”),所以,在《王梵志诗》和《寒山拾得诗》中没有“V(O)已”,只有“V(O)了”;而到9世纪的《入唐求法巡礼行记》中就只有2个“V(O)已”,却有较多的“V(O)了”,这比较真实地反映了当时语言的实际情况,也许,这两个仅有的“V(O)已”也是圆仁从他修习的佛经中得来的,而不是在当时大众的口语中存在的。敦煌变文中的“V(O)已”仅34处，数量不算多，而且有28处出现在与佛教有关的文章中，这还是受原先的汉译佛典的影响。所以，这进一步证明在晚唐五代的实际语言中，“V(O)已”确实是已经衰微了。《祖堂集》中的“V(O)已”比敦煌变文多，大概也是因为那些禅师受了佛典的影响，尽管禅宗是“不立文字，教外别传”，但不可能完全不接触佛典。

还有一个问题需要讨论：“V(O)了”(特别是“VO了^{2}”)的发展，是不是受了“V(O)已”(“V(O)已^{2}”)的影响？我的看法是：“了”的“主要动词—动相补语‘了^{1}’(表完结)—动相补语‘了^{2}’(表完成)”的语法化过程，是汉语自身的发展趋势。这和“V却O”、“V得O”、“V将O”的语法化过程是完全一致的。再扩大一点说，汉语完成体标记的形成过程又是和汉语持续体的形成过程一致的，它们形成的时代都是唐代。所以，如果没有语言接触，汉语自身也会有这些体貌标记的发展。只不过既然因为语言接触的缘故，在佛典翻译中较早地出现了表完成的动相补语“已^{2}”，它当然会对形式和功能都相似的“了^{2}”的出现和发展有影响。可以设想，假定在7世纪末8世纪初，“了”还只处在“食了”(“了^{1}”)的阶段，而在僧人们阅读的汉译佛典中已经有了“食已”(已^{1})和“闻已”(已^{2})，那些僧人就可能由于类推而在语言中说出“闻了”(了^{2})，然后通过与大众的语言交流把“闻了”(了^{2})带到全民语言中。所以，汉译佛典中“已^{2}”的存在可能会加速“了^{2}”的出现。但这里的前提是：由“了^{1}”发展为“了^{2}”本身是汉语发展的趋势。如果语言接触产生的形式和汉语自身发展的趋势相背，汉语大概是不会接受这种形式的，即使在某种情况下接受了，很快就会复原。元代一些文献中的“SOV”词序到明代恢复为“SVO”词序就是最好的例子。

这里还牵涉到一个语言接触的理论问题：A、B两种语言接触后，A语言的哪些语言形式可以进入B语言？是否必须是与B语言固有的形式相近的成分才能进入，还是与B语言差距越大的成分越容易进入？我对于世界上各种语言接触的情况知道太少，不敢回答这个普遍性的问题。但是就汉语而言，至少在我们看到的案例中，由语言接触而产生的形式，大体上都是因为与汉语固有的形式相近，或者符合汉语自身发展的趋势，所以才在汉语中保留下来。“已[2]”是一个例证。另一个例证是包括式的人称代词“咱们”。

“咱们”是因和阿尔泰语接触而进入汉语的，梅祖麟先生已经对此做了很好的论证。但是这种阿尔泰语的语言形式为什么能进入汉语？为什么在汉语中采取“咱们”(最早作“咱”，后来也作“咱门/咱每”，也写作“咱”)这种形式？这个问题还可以深入讨论。据我的看法，这不是和汉语自身毫无关系的。这个问题在拙作《近代汉语研究概要》(北京大学出版社，2005)中已经说过，这里再补充一些材料并加以申说。

确实，作为一种语法范畴，第一人称代词复数的包括式和排除式的区分，是汉语原来没有的。但不能认为说汉语的人观念上就没有包括和排除的区分。自古以来，说汉语的人在讲话时，有时要把对方和自己分开，有时要把对方和自己放在一起，这种区分不会没有。如：

我无尔诈，尔无我虞。(《左传·宣公十五年》)

尔为尔，我为我。(《孟子·公孙丑上》)

这是把对方和自己分开。

用之则行,舍之则藏,惟我与尔有是夫!(《论语·述而》)

这是把对方和自己放在一起。只不过这种区别是用词汇手段(用“我与尔”表示包括对方)而不是用语法手段(比如后来的“咱们”)而已。

吕叔湘(1940)讲到,有时活用的第一人称也可以意谓“尔或我,或任何人”,即包括听话人在内。如:

吾生也有涯,而知也无涯。(《庄子·养生主》)

这个“吾”显然不是只指说话者自己,而是指所有的人,包括听话者在内。先秦是如此,后来也是如此。“尔或我”很容易转而为“尔与我”。宋代产生的“自家”就是这样的,如下面《朱子语类》例的“自家”如果改为“咱们”亦无不可;《范文正公集》例的“自家”其为“尔与我”之义更为明显,即包括听话者在内:

人生天地间,都有许多道理。不是自家硬把与他,又不是自家凿开他肚肠,白放在里面。(《朱子语类》卷二五)

自家好家门,各为好事,以光祖宗。(《范文正公集》卷二二五)

以上是吕叔湘(1940)的论述。我还可以补充一些《三朝北盟会编》中的例子:

阿骨打云:“自家既已通好,契丹甚闲事,怎生和得?”

此是契丹男妇媳,且教与自家劝酒,要见自家两国欢好。

今来所计议事节,与自家上京时说底话煞别也。

粘罕且笑且言:“贵国与契丹家厮杀多年,直候敌不得,方与银绢。莫且自家门如今且把这事放着一边,厮杀则个。待你败时,多与银绢,我败时,都不要一两一匹,不知如何?”

良嗣谕以"马宣赞之意无他,盖以谓本朝与契丹曾厮杀,后来讲和,未若自家两家本无相争,便通交好,万世所无,乃是好事。"(以上均见《燕云奉使录》)

事已如此,自家懑这里斗口做甚?(《茅斋自叙》)

可见在北宋时,已经用"自家"或"自家懑"指谈话中的自己和对方。有意思的是,这些"自家"或"自家懑"都出现在金人的说话或是宋朝使臣对金人说的话中,而宋朝臣民相互谈话中如果指自己和对方,就用传统的"我辈"。如:

虞侯问疾,刘执虞侯手曰:"朝廷养兵三十年,我辈一技无所施。今日成大功,乃出于朝廷一中书舍人,我辈愧当死矣。"(《采石战胜录》)

当然,"自家"或"自家懑"不会是女真语的实录,而是把女真语译成汉语。但为什么不译成"我辈"而要译成"自家"或"自家懑"?大概这些经常与金人打交道的宋朝使臣知道金人嘴里说的是女真语的包括式人称代词,和汉语中传统的"我辈"有别,所以用口语中可以表示"你和我"的"自家"或"自家懑"来翻译。而金元以后,汉语中表示包括式的是"咱/喒"正是"自家"的合音,"咱门"正是"自家懑"的合音。正因为这种外来的语法形式"包括式"与汉语中固有的"自家"或"自家懑"有关,所以,当金元以后,在汉语中用"咱/咱门"来表示包括式,说汉语的人比较容易接受,甚至不会感到这是外来的东西,这样就在汉语中生了根。

参考文献

蒋绍愚　2001　《〈世说新语〉、〈齐民要术〉、〈洛阳伽蓝记〉、〈贤愚经〉、〈百喻经〉中的"已"、"竟"、"讫"、"毕"》,《语言研究》第1期。

吕叔湘　1940/1984　《释您、俺、咱、咱，附论们字》，《汉语语法论文集》（增订本），商务印书馆。

梅祖麟　1988　《北方方言中第一人称代词复数包括式和排除式对立的来源》，《语言学论丛》第十五辑。

遇笑容　2006　《浅谈"其人白王，父已死了"》，会议论文。

辛岛静志　1998　《汉译佛典的语言研究》，《文化的馈赠》，北京大学出版社。

Seishi Karashima　2005　A Project for Buddhist Chinese Dictionary, Berlin.

（原载《语言学论丛》第三十六辑，商务印书馆，2007 年 12 月）

也谈汉译佛典中的“NP_1，NP_2＋是也/是”*

1.1 在汉译佛典中有一种“NP_1，NP_2＋是也/是”句式，这种句式在东汉安世高的译经中还没有，在康孟祥和竺大力、竺昙果译的《中本起经》中就已经出现。如：

①佛告拘怜：尔时忍辱道人者，我身是也。恶生王者，拘怜是也。（《中本起经》卷上）

②佛告比丘：尔时天帝者，大迦叶是也。文陀竭王者，则是吾身。（《中本起经》卷下）

③佛告诸比丘：尔时高行梵志，则吾身是也；五百弟子，今若曹是也；时谏师者，舍利弗是也。（《中本起经》卷下）

在《六度集经》、《生经》、《贤愚经》、《杂宝藏经》中很多。下面举一些《生经》的例句：

④佛告诸比丘：欲知尔时甥者，则吾身是；女父王者，舍利弗是也；舅者，调达是也。女妇国王父，输头檀是也；母，摩耶是；妇，瞿夷是；子，罗云是也。（《生经》卷二）

⑤佛告诸比丘：欲知尔时仙人者，则今此和上是；时象

---

* 本研究为教育部文科研究基地 2005 年度重大项目《语言接触和汉译佛典语法比较研究——以梵汉对勘为基础》（05JJD740177）的一部分。

子者，死弟子是也；天帝释者，则我身也。（《生经》卷二）

⑥佛告诸比丘：欲知尔时水牛王者，即我身是。为菩萨时，堕罪为水牛，为牛中王，常行忍辱，修四等心，慈悲喜护，自致得佛。其余水牛诸眷属者，诸比丘是也。水牛之犊，及诸梵志仙人者，则清信士居家学者。（《生经》卷三）

⑦佛告诸比丘：欲知尔时孔雀者，我身是也；乌者，诸外异学也；天者，阿难也。（《生经》卷五）

⑧佛告诸比丘：欲知尔时阿夷扇持子，今清信士子是也；清信士者，则今父也；其仙人者，我身是也。（《生经》卷五）

1.2 研究者对这种句式很注意，但看法不一。袁宾（1989）首先注意到汉译佛典中的这种句子，但没有进一步分析。张华文（2000）认为这种句式是原始汉藏语 SOV 结构的遗留。江蓝生（2003）说：汉译佛典中的"N_1 者，N_2 是也"句式与先秦文献里以"是也"结句的判断句相似，可以认为是先秦句式的仿用。但按照古汉语判断句句法，如对位于句末的"是也"加以省略，则可省去"是"，不能省去"也"。所以，她认为汉译佛典中的"N_1 者，N_2 是"句式是受梵文影响，"梵文文法，判断句主语与表语间不用 be 动词……但在强调说明时，可在表语后加上 be 动词"。而汉译佛典中的"N_1 者，N_2 是"句式正是强调式，所以，"汉译佛经中以'是'结尾的特殊判断句很可能是译者受梵文影响而产生的句式"。陈秀兰（2003）也认为是梵文的影响，朱冠明（2005）、龙国富（2005）赞同江说，并举《法华经》的梵汉对勘加以支持。张美兰（2003）认为有两种可能：（一）这个句式产生的基础与上古汉语（B）式"T，NP 是也"式有某种关联。（二）可能与佛经原文句式表达有关。姜南（2008）不同意梵文影响说，她对鸠摩罗什译的《妙法莲华经》中的“S 是 N”74 例和“S，N 是”19 例逐一做了梵汉对勘，认为两种句式的差别不是由梵文的判断词是否放在句末而造成的，而是因为译者用“S 是 N”句式翻译原文的简单判断句，用“S，N 是”句式翻译原文的繁琐判断句。

关于这些不同的看法，我们将在下文讨论。（上述一些论文有的把汉译佛典中的“NP_1，NP_2＋是也/是”句式和元明时期的“NP_1，NP_2＋是也/是”句式一起讨论，本文只讨论汉译佛典中的“NP_1，NP_2＋是也/是”句式。）

2.1 首先要讨论的是：汉译佛典中的这种特殊句式是否可以分为两类：“NP_1，NP_2＋是也”和“NP_1，NP_2＋是”，而且，是否可以认为两者的来源不同：前者是先秦句式的仿用，后者是受梵文影响而产生的？

要讨论这个问题，首先要弄清楚汉译佛典中的这种特殊句式中“是”的性质。这种句式中的“是”不是指示代词，而是后置的系词。

从例②可以看到，在同一段文字中，表示判断既可以用“NP_1，NP_2＋是也”，也可以用汉语正常的判断句式“NP_1 是 NP_2”。

从例④可以看到，在同一段文字中，表示判断既可以用“NP_1，NP_2＋是也”，也可以用“NP_1，NP_2＋是”，“是也”和“是”用法是一样的，看不出有什么区别。从例⑤—⑧还可以看到，在同一段文字中，“NP_1，NP_2＋是也”和“NP_1，NP_2＋是”还可以和汉语正常的判断句式“N_1 者，N_2 也”、“NP_1，NP_2 也”并用，说明“NP_1，NP_2＋是也”和“NP_1，NP_2＋是”都是判断句。

特别是下面《六度集经》中的例句看得更清楚，“理家者，吾身是也”也可以说成“理家者，是吾身也”，说明两句中的“是”都是表判断的系词：

⑨佛告诸沙门：理家者，吾身是也；彼荡子者，调达是；以鼠致富者，盘特比丘是。（《六度集经》卷三）

⑩佛告诸沙门：理家者，是吾身也；国王者，弥勒是；鳖者，阿难是；狐者，鹙鹭子是。蛇者，目连是；漂人者，调达是。（《六度集经》卷三）

在这种句式中如果有“即”、“则”出现时，一般都是“NP_1，即＋NP_2＋是也/是”、“NP_1，则＋NP_2＋是也/是”，但也有“NP_1，NP_2＋即＋是也/是”、“NP_1，NP_2＋则＋是也/是”的，这很清楚地说明“是”是系词。如：

⑪菩萨实时用草作索。作索已讫，与婆罗门。一切施者，我身即是。（《大庄严论经》卷一五）

⑫佛告诸臣：欲知尔时四乌身不？今汝等四臣则是。安住国王，今波斯匿王是也。今者国王诸兵臣吏，卿等所将八万乌是。（《生经》卷三）

还有一些例句也可以说明汉译佛典“NP_1，NP_2＋是也/是”句式中的“是”不是代词，而是系词：

⑬称伽拔咤语诸宗亲言：称伽拔咤非我身是。（《大庄严论经》卷一五）

⑭欲知尔时净复净王发道意者，岂是异人？莫造此观。所以者何？则是今现莲华首菩萨是。（《正法华经》卷一〇）

例⑬把“非是”拆开用，“非是”的“是”是系词。例⑭重复用两个“是”字，可能是译者的误用，但说明在译者心目中，句末的“是”

和句中的“是”一样，是个系词。这种重复用两个“是”的句子不止一个，这里就不多引了。

2.2 然后再来讨论：这种句式究竟是中土文献固有的？还是受梵文翻译影响而产生的？

从形式上看，这种“NP_1，NP_2＋是也”句式，在中土文献中先秦就有。但“NP_1，NP_2＋是”句式在中土文献中是没有的。

那么，汉译佛典中的“NP_1，NP_2＋是也”句式是不是先秦的“NP_1，NP_2＋是也”的仿用或直接继承呢？

先秦文献中的“NP_1，NP_2＋是也”有不少，但“是”不是系词，而是指示代词。这一点江蓝生(2003)中已经说到。如果仔细分析，这种句式还可以分为三种类型：

(一)NP_1 和 NP_2 都是名词或名词性词组，NP_1 是一类，NP_2 是这一类中的一个。如：

⑮古之人有行之者，武王是也。(《孟子·梁惠王下》)

(二)NP_1 是名词词组或指称化的词组，NP_2 是名词；NP_1 比较抽象，NP_2 比较具体，两者分属不同的范畴。但 NP_1 这种抽象的东西体现在 NP_2 这个具体事物的身上。如：

⑯天地始者，今日是也。百王之道，后王是也。(《荀子·不苟》)

(三)NP_1 是主谓结构，表示一种状况，NP_2 是名词或指称化的谓词。这种句式表示 NP_1 这种状况体现在 NP_2 这个事物上。如：

⑰凡物不并盛，阴阳是也；理相夺予，威德是也。(《韩非子·解老》)

这三类虽然有区别，但都有一个共同的特点：NP_1 范围较宽

(是“类”),NP_2 范围较窄(是“个”),NP_1 和 NP_2 不同指,NP_2 只是 NP_1 的一个例证,所以 NP_1 和 NP_2 不能颠倒。“NP_2 是也”构成一个判断,这是先秦那种不用系词的判断,“NP_2”是主语,“是”是指代 NP_1 的指示代词,充当判断句的名词性谓语,“也”是表示判断的语气词。整个判断句的意思是“NP_2 就是这类/这样(指 NP_1)”。这三类句式都和汉译佛典中的“NP_1,NP_2+是也”性质不同,在汉译佛典中的“NP_1,NP_2+是也”是汉语中新兴的使用系词“是”的判断句,“NP_1”是主语,“NP_2”是表语,NP_1 和 NP_2 是同指的,都是具体的个人(前世的 NP_1 就是现在的 NP_2),“是”是连接 NP_1 和 NP_2 的后置系词,不是指代 NP_1 的指示代词。

既然先秦的“NP_1,NP_2+是也”和汉译佛典的“NP_1,NP_2+是也”有这样的区别,我们就很难说汉译佛典的“NP_1,NP_2+是也”是先秦“NP_1,NP_2+是也”的仿用或直接继承。

2.3 但是,到了《史记》中,“NP_1,NP_2+是也”出现一种新的类型。如:

⑱行见其友,其友识之,曰:“汝非豫让邪?”曰:“我是也。”(《史记·刺客列传》)

这个句子中的“我是也”表面上和先秦的“武王是也”、“后王是也”相同,但实际上不一样。按照文意,在“我是也”前面可以补上“豫让”,构成为“NP_1(豫让),NP_2(我)+是也”的句式,但这种句式中的“NP_1(豫让)”不是“类”而是“个”,这样,“NP_1(豫让)”和“NP_2(我)”就形成同指。既然“NP_1”和“NP_2”同指,“是”就从指示代词演变为表示两个同指成分的等同关系的系词,整个结构也就发生了重新分析,从“NP_1(话题),NP_2(主语)+是

（指示代词，名词性谓语）也”演变为“NP_1（话题），NP_2（主语）＋是（系词）也”。“我是也”显然不能理解成先秦那种“（豫让么），我是这类”，而应当理解为“（豫让么），我是”，“我是”是一个使用系词的判断句，只不过系词“是”的表语“豫让”承前省略了。这种承前省略表语的判断句今天还在用，如“你是张晓东吗？——我是。”

系词“是”在战国末期已经产生，在《史记》中已经出现，而且就在《刺客列传》中：

⑲此必是豫让也。（《史记·刺客列传》）

众所周知，系词“是”是从指示代词“是”演变而来的。《荀子·天论》：“日月星辰瑞历，是禹桀之所同也。”其中的“是”是个代词，但是这种位置的代词“是”后来就演变为系词。从“武王是也”到“我是也”，也是同样的演变路径。

2.4 这种“NP_1，NP_2＋是（系词）也”的句式，在西汉后期、东汉和魏晋南北朝的中土文献有进一步的发展。下面先把例句按时代列出，然后对其中一些例句加以讨论。

⑳钩弋夫人姓赵氏，河间人也。得幸武帝，生子一人，昭帝是也。（《史记·外戚世家》褚少孙补）

㉑单父吕公善相，见高祖状貌，奇之，因以其女妻高祖，吕后是也。（《论衡·骨相》）

㉒简子后废太子而立无恤，卒为诸侯，襄子是矣。（《论衡·骨相》）

㉓禹生石纽，今之汶山郡是也。（《三国志·蜀志·秦宓传》）

㉔布骑得太祖而不知是，问曰：“曹操何在？”太祖曰：

"乘黄马走者是也。"(《三国志·魏志·武帝纪》裴注引袁晞《献帝春秋》)

㉕太祖出,为寇所追,走入秦氏,伯南开门受之。寇问太祖所在,答云:"我是也。"遂害之。(《三国志·魏志·诸夏侯曹传》裴注引《魏略》)

㉖捐所破竹于野,成竹林。今竹王祠竹林是也。(《华阳国志》卷四)

㉗昔武王下车,出倾宫之女,表商容之间,以理人伦,以表贤德,故天授以圣子,成王是也。(《后汉书·郎颉传》)

㉘时司徒史鲍恢以事到东海,过候其家,而良妻布裙曳柴,从田中归。恢告曰:"我司徒史也,故来受书,欲见夫人。"妻曰:"妾是也。苦掾,无书。"(《后汉书·王良传》)

㉙宋武平中原,使将军陈倾致三钟,小大中各一,则今之太极殿前二钟,端门外一钟是也。(萧衍《钟律纬》)

㉚《鲁论》有二十篇,即今日所讲者是也。(皇侃《论语义疏序》)

㉛时又别集众录,谓之"别录",即今之《别录》是也。(阮孝绪《七录叙》)

㉜(介子推烧死绵山)百姓哀之,忌日为之断火,煑醴而食之,名曰寒食,盖清明节前一日是也。(《齐民要术》卷九)

《史记·刺客列传》中的"NP_2(我)是也",显然"NP_2(我)"是主语。主语在系词前面,这是汉语正常的语序。但上述例⑳—㉜就不同了。例㉘"NP_2 是也"中的"NP_2"是主语还是表语?似乎在两可之间。其余例句中"NP_2 是也"中的"NP_2"应当是表语。系词在表语前,这是汉语的特殊语序。

为什么处于“是”前的 NP_2 会从主语变为表语？这是基于两方面的原因。第一，这种判断句都是主语和表语同指的，所以从意义上说，主语和表语可以互换，“A 是 B”和“B 是 A”意思一样。第二，这种判断句“NP_2 是也”是不完整的，系词所连接的两项在小句中只出现一项，另一项承前省略。如果把省略的一项补上，补上主语和补上表语，基本意思没有区别。

这两点在例㉘中表现得最为明显：例㉘前面没有问话，只是说话的一方要见夫人，而对话的一方表示对方要找的“夫人”和“妾”是同一人。既然“夫人”和“妾”同指，那么，说“我是夫人”和“夫人是我”都可以，没有很大的差别。至于对话方所说的“妾是”一语究竟应该理解为省略表语还是省略主语，根据对话的情景，有两种可能。一是对话方强调自己，把“妾”作为主语，并省略表语；表语补出后，这句话应是“妾是（夫人）”，这就和《史记·刺客列传》例相同。二是对话方接着说话方的话，把说话方刚说过的“夫人”作为主语而承上省略，只说表语和系词“妾是”；补出主语后，这句话应是“（夫人）妾是”。后一种理解更符合对话的情景。这就出现一种表语在系词前的新句式。

例㉔㉕都是问答，但和《史记·刺客列传》例不同。《史记·刺客列传》例前面的问话是“汝非豫让邪”，要求对方针对这个问题回答。问话的焦点是“汝”，答话的焦点应当是“我”，焦点是句子的主语，所以“我是”应当是“主语＋系词”，而表语承上省略。例㉔㉕前面问的是曹操/太祖在什么地方，针对问题作答，要把曹操/太祖作为焦点，而把“乘黄马走者/我”作为一种新信息告诉问话者，所以“曹操/太祖”是主语但承上省略，而“乘黄马走者/我”是表语，处于系词“是”之前。

其余例㉑㉒㉓㉖㉗㉙㉚㉛㉜中，没有问话，不需要针对问题作答，上下文都是一种叙述，因此就可以根据“是”前的“NP_2”是新信息还是旧信息，来决定它是表语还是主语。因为，除了问答句，在一般判断句中，主语都是旧信息，表语都是新信息。而在这些例中“是”前面的 NP_2 显然是新信息，所以应该是表语；表语都在系词前。

根据上面所说，可以知道，这种中土文献的“NP_1，NP_2＋是也”句式，其中的“NP_2”，按照汉语传统的语序，应该是主语；但理解为表语，其基本意义也没有变；如果“NP_2”在上文中没有出现过，是一种新信息，它一般只能理解为表语。在这种情况下，“是”就成了后置的系词，表语在系词前。

这种表语在系词前的“NP_1，NP_2＋是也”句式，在中土文献中确实不多见。但这些少量例句告诉我们，这种句式在当时口语中是存在的。而且，这些句式在中土文献中出现的时代要比它们在汉译佛典中出现的时代要早得多。褚少孙是西汉元成间(公元前 48—前 12)的博士，王充《论衡》作书大约在东汉章帝时(公元 76—89)，而康孟祥和竺大力、竺昙果译的《中本起经》成书在东汉建安 12 年(公元 207 年)。所以应该说，汉译佛典的“NP_1，NP_2＋是也”，是对比它早一两百年的汉语口语中就存在的这种“NP_1，NP_2(表语)＋是(后置系词)也”的仿用或直接继承。

这种表语在系词前的“NP_1，NP_2＋是也”句式在表达上有什么特点？前面已经说过，在汉语的叙述句中，表语一般都是新信息，无论是“NP_1＋是＋NP_2”还是“NP_1，NP_2＋是也”，其中的“NP_2”都是新信息。这是它们的共同点。那么“NP_1，NP_2＋是也"和"NP_1＋是＋NP_2"有什么不同？不同之处是在"NP_1＋是＋NP_2"中，因为"NP_2"在系词前，所以显得特别强调。这个特点使它在汉译佛典中更适宜于表达某类故事，所以用得很多。而且，这些句子中的 NP_1 和 NP_2 都具有这样的关系：两者虽然同指，但还是有所不同，NP_1 是上文所谈论的，但是存在于过去的人或物，NP_2 是现今所存在的人或物；或者，NP_1 是上文所谈论的，但人们不很熟悉的人或物，NP_2 是人们熟知的人或物。下面会看到，汉译佛典"NP_1，NP_2＋是也"句式中 NP_1 和 NP_2 的关系也是这样。所以，汉译佛典中的"NP_1，NP_2＋是也"句式和中土文献中的这种"NP_1，NP_2＋是也"关系非常密切。

3.1 现在，再来看汉译佛典中的"NP_1，NP_2＋是"句式。

这种句式，在先秦至六朝的中土文献中没有，只出现在汉译佛典中。那么它是不是梵文原本的对译呢？确实，有不少学者这样主张。但从梵汉对勘来看，它和梵文原本无关。我不懂梵文，有关梵汉对勘的材料，都引自姜南(2008)。

(一)从同经异译看，同一句话可以译为"NP_1，NP_2＋是"，也可以译为通常的"NP_1，NP_2 也"判断句。如：

㉝时国王，则吾身也。(《正法华经》卷六)

㉞尔时王者，则我身是。(《妙法莲华经》卷四)

ahaṃ sa tena kālena tena samayena rāja abhūvam(abhūvam：系词。)

(二)从梵汉对勘看，《妙法莲华经》中是用"NP_1＋是＋NP_2"还是用"NP_1，NP_2＋是"，并不与梵文的语序对应。梵文语序为"表语＋系词＋主语"的，有的反而译为"NP_1，NP_2＋是"

(例㉟);梵文语序为"表语＋主语＋系词"的,有的反而译为"NP_1＋是＋NP_2"(例㊱);梵文不用系词的,有的也译为"NP_1,NP_2＋是"(例㊲):

㉟妙光法师者,今则我身是。(《妙法莲华经》卷一)

ahaṃ ca āsīt tada dharma-bhāṇ akaḥ (āsīt:系词。)

㊱彼即是汝身。(《妙法莲华经》卷二)

tvam eva so tādṛśako bhaviṣyasi(bhaviṣyasi:系词。)

㊲如来衣者,柔和忍辱心是;如来座者,一切法空是。(《妙法莲华经》卷四)

katamac ca bhaiṣajyarāja tathāgatacīvaraṃ/ mah[3] kṣantisaurtya-khalu punar bhaiṣajyarāja tathāgatacīvaraṃ

katamac ca bhaiṣajyaraja tathāgatasya dharmāsanaṃ/ sarvad-harmaśūnyatāpraveśaḥ khalu punar bhaiṣajyaraja tathāgatasya dharmāsanaṃ

例㊲的梵文原文,"tathāgatacīvaraṃ(如来衣)"、"tathāgatasya dharmāsanaṃ(如来座)"是主语,"mahākṣāntisaurtyaṃ-(柔和忍辱心)"、"sarvadharmaśūnyatāpraveśaḥ(一切法空)"是表语,句中没有系词。《妙法莲华经》的翻译采用"NP_1,NP_2是"的句式,加上了原文没有的系词,把表语"柔和忍辱心"、"一切法空"放在系词"是"前面。这句话在《正法华经》中是另一种译法:

㊳何谓着衣于如来被服?谓人忍辱和安雅,是则名为如来被服;何谓世尊师子之座?解一切法皆悉空寂,处无想愿,是为世尊师子之座。(《正法华经》卷六)

《正法华经》把梵文原文的主语译成表语,表语译成主语,而且加上了准系词“为”，采用的是汉语中常见的“NP_1 为 NP_2”的句式。《妙法莲华经》把梵文原文的主语译成主语，表语译成表语，这是忠实于原文的；但并没有采用“NP_1 是 NP_2”句式，而是采用“NP_1，NP_2＋是”句式，显然，这不是直译原文，而是要表示对“柔和忍辱心”、“一切法空”的强调。

所以，不能说汉译佛典的“NP_1，NP_2＋是”是根据梵文对译的结果。

3.2 那么，汉译佛典中的“NP_1，NP_2＋是”句式是怎样产生的呢？

我觉得回答这个问题并不困难，它是产生于“NP_1，NP_2＋是也”句式。汉译佛典中的“NP_1，NP_2＋是”产生在“NP_1，NP_2＋是也”之后。在东汉的汉译《中本起经》中还只有“NP_1，NP_2＋是也”，没有“NP_1，NP_2＋是”，在三国以后的汉译佛典中才出现“NP_1，NP_2＋是”。“NP_1，NP_2＋是”是“NP_1，NP_2＋是也”的变体。本来，在先秦的“NP_1，NP_2＋是也”中，“是”是指示代词，“NP_2＋是也”之所以能构成判断句，句末的语气词“也”起很大作用，可以说是不可缺少的。但是，到汉译佛典的“NP_1，NP_2＋是也”中，“是”已经演变为系词，“NP_1，NP_2＋是也”能构成判断句主要靠系词“是”，句末的“也”已经失去作用。用传统的“NP_1，NP_2＋是也”当然也可以，但去掉“也”字，用“NP_1，NP_2＋是”的句式，和汉语“NP_1＋是＋NP_2”的句式更加一致。在语法功能上，“NP_1，NP_2＋是也”和“NP_1，NP_2＋是”两种句式完全一样。最好的证明，就是在同经异译中，原文的同一句，一种译经用“NP_1，NP_2＋是”式，另一种译经用“NP_1，NP_2＋是也”式。如：

㊴佛告宿王华菩萨。欲知尔时众生喜见菩萨大士。今

药王菩萨是。(《正法华经》卷九)

㊵一切众生喜见菩萨。岂异人乎。今药王菩萨是也。(《妙法莲华经》卷六)

所以,"NP_1,NP_2+是"这种句式,只是"NP_1,NP_2+是也"式在汉译佛典中的变体,而不是由梵文的对译而形成的。

4.1 但是,"NP_1,NP_2+是也"式在中土文献中虽然有,但数量不多,"NP_1,NP_2+是"式是中土文献中没有的。但这两种句式在汉译佛典中却大量运用。这是为什么?应该说和梵文以及佛典的翻译有关。但究竟是什么关系,这是需要研究的。

一种可能的回答是:"NP_1,NP_2+是也"和"NP_1,NP_2+是"都是系词处于句末,这和梵文判断句一般的词序"主语+表语+系词"相合,所以熟悉梵文的译经者很容易接受这种句式。但是,这种回答只能解释这种句式在中土文献和在汉译佛典中的差异,而不能解释同是在汉译佛典中,为什么既有这种句式,又有"NP_1+是+NP_2"的句式。事实上,汉译佛典中"NP_1,NP_2+是也"、"NP_1,NP_2+是"和"NP_1+是+NP_2"句式都有,而且,在数量上,"NP_1+是+NP_2"句式还超过前者(见下)。所以,我们还要回答,同是在汉译佛典中,什么时候用"NP_1+是+NP_2"句式,什么时候用"NP_1,NP_2+是也"和"NP_1,NP_2+是"句式。

有些学者认为"NP_1,NP_2+是也/是"这种句式的使用和梵文原文的句式有关,即:梵文"在强调说明时,可在表语后加上 be 动词","NP_1,NP_2+是也/是"就是对这些强调句式的对译。江蓝生(2003)以及陈秀兰(2003)、朱冠明(2005)、龙国富(2005)等都持这种看法。但在本文 3.1 中,已经说明这种看法与事实有距离。

关于这种句式和梵文原典的关系，姜南（2008）提出另一种看法。她对《法华经》的两个汉译本中的判断句做了统计：在竺法护译的《正法华经》中，“S 是 N”式有 48 句，“S，N 是”式有 14 句，鸠摩罗什译的《妙法莲华经》中，“S 是 N”式有 74 句，“S ，N 是”式有 19 句。姜南认为，在《妙法莲华经》的 19 句“S ，N 是”式中，有 16 句都是“繁琐句式”。如：

㊶《法华经》：欲知尔时比丘法师号超光者，则吾是也。

㊷《妙法莲华经》：尔时妙光菩萨岂异人乎？我身是也。

Anyaḥ sa tena kālena tena samayena varaprabho nāme bodhisattvo mahāsattvo bhūd dharma-bhāṇakaḥ/na khalu punar evaṃ draṣṭavyaṃ/tat kasya hetoḥ/ahaṃ sa tena kālena tena samayena varaprabho nāma bodhisattvo mahāsattvo' bhūd dharma-bhāṇakaḥ.

[直译]：此时名为妙光菩萨大士的法师是别人。然而所见不应该如此。为什么呢？此时那个名为妙光菩萨大士的法师是我。

而那些“S 是 N”式，梵文原文都是简单的判断句。所以，她认为“S 是 N”式和“S，N 是”式的区分是：前者对译梵文的简单判断句，后者对译梵文的繁琐判断句。

姜南的分析统计是值得注意的。但是，她的对勘和统计只是说明了“S，N 是”和梵文的繁琐判断句有对应关系，却没有说明梵文的繁琐判断句为什么适合于用汉语的“S，N 是”来翻译。

我想，如果进一步分析，那么，就可以看到，那些“繁琐”判断句之所以“繁琐”，就是为了要先说“NP_1 是别人”，然后加以否定，再说“NP_1 是 NP_2”，通过这一反一正的对比，来强调那个肯定的表语 NP_2。

我不懂梵文，无法用梵文来一一检验；但在汉译佛典中，可以看到用“NP_1，NP_2＋是也/是”表达的句子，有两个特点：

（一）这种句式无一例外地用于叙述佛教中“前世的 NP_1 就是今生的 NP_2”之类的故事，这种故事强调的是今生的 NP_2。使用“NP_1，NP_2＋是也/是”句式对表达这种意思特别适合。因为，在这种句式中，NP_1 是旧信息，NP_2 是新信息，而且是强调的重点。汉语的通常的判断句“NP_1，是＋NP_2”中，NP_1 通常是旧信息，NP_2 通常是新信息，但一般来说不是句子的焦点（除非有重音加以强调）。而“NP_1，NP_2＋是也/是”中的 NP_2，既是新信息，又放在系词的前面，能起到强调、突出的作用，最适合于表示佛教故事中对今生的 NP_2 的强调，所以大量使用。

（二）有不少用“（前世的）NP_1，（今生的）NP_2 是也/是”的句子，前面常常有“岂异人乎”一类的表述。我对这类句子做了一个小统计：在《正法华经》中有 2 例，在《妙法莲华经》中有 6 例，在《贤愚经》中有 10 例。列举如下：

《正法华经》

㊸比丘欲知时王宝盖，岂将异乎？今现在佛宝焰如来至真等正觉是。（卷六）

㊹欲知尔时净复净王发道意者，岂是异人？莫造此观。所以者何？则是今现莲华首菩萨是。（卷一〇）

《妙法莲华经》

㊺尔时妙光菩萨岂异人乎？我身是也。（卷一）

㊻尔时常不轻菩萨岂异人乎？则我身是。（卷六）

㊼尔时四众常轻是菩萨者，岂异人乎？今此会中跋陀婆罗等五百菩萨、师子月等五百比丘尼、思佛等五百优婆塞，皆于阿耨多罗三藐三菩提不退转者是。（卷六）

㊽一切众生喜见菩萨岂异人乎？今药王菩萨是也。（卷六）

㊾尔时云雷音王佛所妙音菩萨伎乐供养奉上宝器者，岂异人乎？今此妙音菩萨摩诃萨是。（卷七）

㊿妙庄严王岂异人乎？今华德菩萨是。（卷七）

《贤愚经》

51佛告阿难：尔时大王摩诃罗檀那者，岂异人乎？今我父王阅头檀是。（卷一）

52尔时太子摩诃萨埵，岂异人乎？我身是也。（卷一）

53欲知尔时担蛇人者，岂异人乎？则我身是。（卷一）

54尔时比丘阿梨蜜者，岂异人乎？乃往过去定光佛是。（卷二）

55王女牟尼岂异人乎？我身是也。（卷二）

56尔时大富散檀宁者，岂异人乎？我身是也。（卷二）

57尔时五百诸贾客者，岂异人乎？今此五百比丘是也。（卷七）

58尔时刹罗伽利王者，岂异人乎？我身是也。（卷八）

59尔时大王阿婆罗提目佉者，岂异人乎？我身是也。（卷一一）

60尔时大臣以上衣服施佛及僧供养之者，岂异人乎？则我身是。（卷一三）

也有的汉译佛典用别的词句,意思也一样。如:

(61)彼时优波伽者,其人是谁?莫作异见,即我身是……于彼之时,梵德王者,其人是谁?莫作异见,此即输头檀王是也。(《佛本行集经》卷五三)

这些句子整句的意思都是说:"(前世的)NP_1 难道是别人吗?(不!)就是(今生的)NP_2。"也就是说,通过先否定后肯定的方法,来强调今生的 NP_2。而这种句子无一例外地采用"NP_1,NP_2+是也/是"句式。可见这种"NP_1,NP_2+是也/是"句式最适合表达对今生的 NP_2 的强调。

所以,江蓝生先生说:汉译佛典中的"N_1 者,N_2 是"的一些例句"都是在强调事实真相时的解释说明,不是一般的陈述介绍,正是强调式"。这是有道理的。只不过,这种强调式之所以采用"NP_1,NP_2+是也/是"句式,不是因为梵文的强调式判断词用在句末,而是因为这种句式适合表达梵文原典强调 NP_2 的语义。

我不懂梵文,所以本文所说可能有误,希望得到方家指正。

参考文献

陈秀兰 2003 《魏晋南北朝文与汉文佛典语言比较研究》,浙江大学博士后研究工作报告。

江蓝生 2003 《语言接触与元明时期的特殊判断句》,《语言学论丛》第二十八辑。

姜　南 2008 《基于梵汉对勘的〈妙法莲华经〉语法研究》,北京大学博士论文稿。

龙国富 2005 《从梵汉对勘看汉译佛经中的特殊判断句》,待刊。

袁　宾 1989 《敦煌变文语法札记》,《天津师大学报》第5期。

张华文 2000 《试论东汉以降前置宾语"是"字判断句》,《云南师范大学学报》第 5 期。

张美兰　2003　《〈祖堂集〉语法研究》，商务印书馆。

朱冠明　2005　《中古汉语佛典语法专题研究》，北京大学博士后出站报告。

（原载《中国语言学集刊》第三卷第二期，
中华书局，2009 年 3 月）

语言发展与语言接触

近年来，关于语言接触的问题谈的比较多，这是汉语和汉语史研究中的一个进展。确实，从古到今，汉语都不是在封闭状态下发展的，在汉语发展过程中，有过多次语言接触，都对汉语产生了影响。这种影响有的只是在某一个时期存在，有的一直持续下来。这种语言接触的过程、方式、结果和规律，都值得深入探讨。

在讨论语言接触及其影响的时候，有一个问题首先要弄清：某些语言现象究竟是语言接触的结果，还是汉语原有现象的历史发展？下面就两个案例做一分析。

一

1.1 在王力先生《汉语史稿》中，有一节“五四以后新兴的语法”。《汉语语法史》中扩展为一章，标题仍为“五四以后新兴的语法”，一开始就明确说到：

> “五四”以后，汉语的词法和句法受西方语法的影响，有相当大的变化。这里就重要的几点分别加以叙述：
>
> 1. 无定冠词的产生及其受到限制
>
> 2. 新兴的使成式

3. 新兴的被动式

4. 新兴的连接式

5. 新兴的平行式

6. 新兴的插语法

7. 新兴的复句——分句位置的改变

1.2 这里着重讨论第 1 节“无定冠词的产生及其受到限制”。下面摘引王力先生的论述和一些例句(例句只引一部分):

大家知道,英语、法语、德语等都有冠词(articles)……有定冠词和汉语的语法结构距离很远,所以汉语不能接受它的影响。无定冠词恰恰相反,它是汉语最容易接受的。在法语和德语里,无定冠词是借用数词“一”(法语 un,une,德语 ein,eine,ein)来表示的。在英语里,无定冠词虽不是借用数词“一”字(one)来表示,但是它所用的 a,an 也带有“一”的意思。因此,我们用“一个”、“一种”之类来对译,实在方便得很。久而久之,我们自己写的文章,也喜欢用“一个”、“一种”等。当然,我们不需要在汉语语法里分出无定冠词一个词类来(没有有定冠词和它相配,无定冠词也是不能成立的),我们只是说,这种起定冠词作用的“一个”、“一种”等,在“五四”以前的汉语里是没有的。

“一个”自然是汉语所原有的。但是,“五四”以后,“一个”的用途扩大了,本来可以不用“一个”的地方也用上了。

它的食量,在我们其实早是一个极易觉得的很重的负担。(鲁迅《伤逝》)

其实这在我不能算是一个打击。(同上)

只有一个虚空。(同上)

给我一个难堪的恶毒的冷嘲。(同上)

然而正数这时候,一个后悔又兜头扑上他的全心灵。(茅盾《子夜》)

在近代的白话文里,用"一个"往往是指点具体的数量……在新兴的语法中,"一个"只是指出后面跟的是名词或名词词组。

"一种"比"一个"更有启示性……我们知道,汉语的抽象名词前面本来是没有数量词的……"五四"以后,受西洋语法的影响,就要用"一个"来表示无定冠词……但是和具体名词没有分别了。为了更加明确,人们另用"一种"来作抽象名词的冠词。

在我是一种惊异和悲哀。(鲁迅《风筝》)

而且他对于我,渐渐的又几乎变成一种威压。(鲁迅《一件小事》)

好顺风呀!使我感到一种强烈的快慰。(叶圣陶《隔膜》)

这对他不仅是个经验,而且是一种什么形容不出来的扰乱。(老舍《骆驼祥子》)

这种无定冠词的"一个"和"一种",对汉语语法的发展起了很大的作用。它不但能凭造句的力量使动词、形容词在句中的职务(主语、宾语)更为明确("一个后悔又兜头扑上他的全心灵","在我是一种惊异和悲哀","使我感到一种强烈的快慰"),更重要的是,在很长的修饰语前面放一个"一个"或"一种",使对话人或读者预先感觉到后面跟的是一个名词性词组(鲁迅《伤逝》:"给我一个难堪的恶毒的冷嘲",老舍《骆驼祥子》:"一种明知不妥,而很愿试试的大胆和迷惑紧紧的捉住了他的心。")这样就大大增加了语言的明确性。

1.3 有的学者不同意王力先生的观点,崔山佳《现代汉语"潜显"现象研究》(以下简称"崔书")认为"一个"、"一种"带抽象名词等是汉语固有的用法,并非外来用法。

崔书首先引用王绍新(1989),说"个"称量抽象事物是"个"的用法在唐代最重要的发展。如:

有西院长老,勘我连下三个错。

大有好笑事,略陈三五个。

一场人我壮胸襟,一个无常专伺候。

福田一个无,虚设一群秃。

为谥之时,善行虽多,但限节以一个善惠以为谥也。

总未见人持个消息来。

是个什么道理,汝欲得会么?

又转引张万起(2001):《水浒传》中量词"个"称说事物的范围大大扩展了,由具体到抽象。文章列举了"个"后面的抽象名词:不是,人情,道理,缘由,念头,上着,证见,破绽,机会,消息。

然后举了清初白话小说《快心编》中"一个"后面跟抽象名词的56例。如:(例句用原文序号,有些例句不全引,下同)

(1)郝龙瞋目大喝道:"哇!好一个自在性儿,要我老爷宽恨!难道不晓得我老爷有一个将身准债的法儿么?"(《初集》卷一第一回)

(2)只见高墙插天,双扉紧闭,暗想一个计较:恐有人来撞见生疑,便走过后门去。(《初集》卷一第一回)

(3)魏毅道:"小人思量一个算计在此……相公不如往

京中去投他。"(《初集》卷二第三回)

又举后面带动词、形容词7例。如:

(57)我既然问起,自要一个明白。(《初集》卷四第八回)

(62)不曾打这贱人一个死。(《三集》卷一第二回)

(63)偏是他自己差了,也要坐在别人身上去,还要抱怨他一个死。(《三集》卷一第二回)

结论是:"'一个'后面带抽象名词的用法,不是受英语的影响,而是传统的地地道道的汉语用法。"

然后又举《快心编》中"一种"后面带抽象名词的例子18个。如:

(1)你一时忍不得,便要和他告理,固然是一种至情,自天性发出,原难隐忍……(《初集》卷一第一回)

(9)说话处不徐不疾,也不做那低声哑气的声音,自然有一种圆活玲珑的嗓子。(《初集》卷五第九回)

还有一例"一种"后面是动词性的:

(19)我看这李小姐眉目另有一种神情超越,夺目惊人,岂是那等漠然无识?(《二集》卷四第七回)

结论是:"'一种'后面带抽象名词的用法,作无定冠词的用法,不是受英语的影响,也是传统的地地道道的汉语用法。"

作者还举了其他白话小说中和明代戏曲中"一个"、"一种"带抽象名词的例子。如:

(1)虽然不读一句书,不识一个字,他自有一种性里带来的聪明。(《无声戏》第五回)

(2)……世间做戏的人,比寻常妓女别是一种娉婷,别是一般妩媚。(《连城壁》子集)

结论是:“上面例子中,‘一种’带的都是抽象名词……所以说,‘一种’也是起无定冠词的作用的。”

1.4 我们怎样看待这个问题?

首先,应该肯定,《现代汉语“潜显”现象研究》一书花了很大力气从明清两代的白话小说和戏曲中找到大量例句,说明“一个”、“一种”后面带抽象名词是明清时期的汉语中就有的,这是学术研究的一个进展。王力先生说:“汉语的抽象名词前面本来是没有数量词的。”但他没有明确说抽象名词前面加数量词是从什么时候开始。王绍新、张万起、崔山佳等学者根据自己的研究,指出唐代开始“个”就扩大到修饰抽象名词,到明请时期“一个”、“一种”修饰抽象名词就更多,这就把数量词“一个”、“一种”的发展说得很清楚了,这是“后出转精”。

但我还是赞同王力先生的意见:鲁迅、老舍等人作品中“一个”、“一种”的用法,已经不是数量词,而是受西方语言影响而产生的、类似“无定冠词”的用法。这些“一个”、“一种”的用法,和汉语传统的用法是不同的。汉语传统的用法,尽管使用的范围扩展到抽象名词,“一个”、“一种”还是数量词,而不是类似“无定冠词”的用法。只有到“五四”以后,在鲁迅、老舍等人的作品中的“一个”、“一种”,才是类似“无定冠词”的用法。

首先应该明确一点:并不是“一个”、“一种”放在抽象名词前面就都成了类似“无定冠词”的用法。汉语中在抽象名词前加数词或数量词是从古就有的(虽然数量不多),这只是把抽象事物作为一种可以分类的事物加以称述,和放在具体名词前面的数词或数量词没有本质的不同。为了避免纠缠,我们举一些数目是“三、五、六、十”等的为例:

故使言有三法。三法者何也？有本之者，有原之者，有用之者。于其本之也，考之天鬼之志、圣王之事。于其原之也，征以先王之书。用之奈何？发而为刑。此言之三法也。(《墨子·非命下》)

助帝王治，大凡有十法：一为元气治，二为自然治，三为道治，四为德治。(《太平经·六罪十治诀》)

贽说使者：请以五术省风俗，八计听吏治，三科登儁乂，四赋经财实，六德保罢瘵，五要简官事。(《新唐书·陆贽传》)

明人能护戒，能得三种乐，名誉及利养，死得生天上。(《法苑珠林》卷五)

显然，谁也不会把这些放在抽象名词前的数词或数量词看成无定冠词。所以，崔书说"一个"、"一种"放在抽象名词前就是无定冠词，这是一种误解。从唐代到明清，"一个"、"一种"放在抽象名词前面的逐渐增多，并不能证明从唐代到明清"一个"、"一种"就有了无定冠词的用法。这是两个不同的概念，是不能混淆的。

那么，类似"无定冠词"用法的"一个"、"一种"和作为数量词的"一个"、"一种"有什么不同呢？不同有三点：

(1)作为数量词的"一个"、"一种"，即使放在抽象名词前面，也起表数量的作用。所以，一般是不能去掉的。去掉以后或者是句子不通，或者是语义改变。如崔书所引"小人思量一个算计在此"、"别是一种娉婷，别是一般妩媚"，"一个"、"一种"去掉后句子就不通，"有一个将身准债的法儿"，"暗想一个计较"，如果去掉了"一个"、"一种"，语义就从一个特定的"法儿/计较"变为泛指的"法儿/计较"了。特别是"别是一种娉婷，别是一般妩媚"

两句,“一种”和“一般”对举,显然都是数量词。而类似无定冠词的“一个”、“一种”并不表数量,所以是可以不用的,试将《汉语语法史》例句中的“一个”、“一种”去掉,不仅意思不变,而且句子仍然通顺,例如:“其实这在我不能算是一个打击”说成“其实这在我不能算是打击”,“一个后悔又兜头扑上他的全心灵”说成“后悔又兜头扑上他的全心灵”,句子仍然通顺,语义也没有改变。当然,去掉以后,“使动词、形容词在句中的职务(主语、宾语)更为明确”的作用是没有了,而这正是无定冠词的作用,是和数量词的作用不同的。

(2)作为数量词的“一个”、“一种”,后面跟的大多是抽象名词。崔书的例证和统计可以说明这一点。而类似无定冠词的“一个”、“一种”后面跟的很多是形容词、动词,前面加“一个”、“一种”是为了明确句中职务(主语、宾语),也就是使动词、形容词指称化。这从《汉语语法史》的例句可以看出来。崔书所举的例子,也有跟形容和动词的,但数量不多,而且在前面加“个”或“一个”、“一种”不是为了明确句中职务(表示动词、形容词的指称化),而是各自有其原因。如:“自要一个明白”和“讨一个公道”一样,是把形容词用作抽象名词。“我看这李小姐眉目另有一种神情超越,夺目惊人”意思是“另有一种神情超越,夺目惊人的神态”。“不曾打这贱人一个死”、“还要抱怨他一个死”中的“一个死”是近代汉语中的一种特殊用法,和《儿女英雄传》第六回“商量了一个停妥严密”用法一样,用“一个 A”做补语,这和无定冠词的用法差得更远。

(3)类似无定冠词的“一个”、“一种”的一个重要作用是:“在很长的修饰语前面放一个‘一个’或‘一种’,使对话人或读者预先感觉到后面跟的是一个名词性词组”，如《汉语词汇史》所举的例子：“在我们其实早是一个极易觉得的很重的负担。”“一种明知不妥，而很愿试试的大胆和迷惑紧紧的捉住了他的心。”这种格式和作用更是汉语传统的“一个”、“一种”所没有的。崔书所举的例子，其中的“一个”、“一种”后面跟的多数只是单个的名词，即使是名词词组，也很简单。比如，“一个将身准债的法儿”、“一种圆活玲珑的嗓子”等，最长的修饰语不过是四个字，而且结构并不复杂。

确实，从唐代开始，汉语中“一个”、“一种”的用法扩展了，后面跟的可以是抽象名词，这是汉语自身的发展。但汉语自身的发展仅仅到此为止。进一步的发展，成为类似“无定冠词”的用法，是受西方语言影响的结果。①

不过，另一方面，也可以这样说；正因为在汉语传统用法中“一个”、“一种”后面可以跟抽象名词，“个”后面还可以跟“性状词”（见吕叔湘 1944），这种用法和“五四”以后的“一个”、“一种”有相近之处，所以人们对这种新用法不感到十分奇怪，而比较容易接受。这也是这种受西方语言影响而产生的新用法能在汉语中行得通的一个重要原因。

看来，一种受外来影响而产生的语法现象要在汉语中生根，多少要有一点汉语自身的因素在起作用。

---

① 在崔书中有一个例句，其中的“一种”表数量的意义已经很淡薄：“虽然不读一句书，不识一个字，他自有一种性里带来的聪明。”（《无声戏》第五回）如果不受西方语言的影响，汉语自身的发展会不会使这样的“一种”逐步演变为类似无定冠词的成分呢？也许不能排除这种可能。但无论如何，从现在的语言事实看，类似无定冠词的“一个”、“一种”是在“五四”以后出现的，应该说是受西方语言影响的结果。

二

近年还有一些讨论欧化句式的文章。这里也有同样的问题:这样的句式究竟是汉语固有的,还是受其他语言的影响?如果是其他语言的影响,究竟是什么语言的影响?

2.1 王金柱(1987)是专门讨论巴金的欧化句式的。文章引巴金的话说:“有一个时期我的文字欧化得厉害,我翻译过几本外国书,没有把外国文变成很好的中国话,倒学会了用中国字写外国文……在翻译上用惯了,自然会影响写作。”(《巴金文集》卷一四《谈我的散文》)关于巴金小说中的欧化句式,文章归纳了四点:

> 第一,在巴金的小说里,由联合结构或同位结构充任的主语、谓语、宾语多出现,有的使单句变为绵长的复句,有的则发展为一气呵成的排比。
>
> 第二,定语多,长,且复杂。
>
> 第三,状语多,长,且复杂。
>
> 第四,句子成分尤其是状语和分句的倒装。

关于第二点,文章举例说:

> 《灭亡》中的杜大心以极其激昂的语句表述他的爱憎观:“小孩底脑筋固然简单,但对于那些吃草根,吃树皮,吃土块,吃小孩,以至于吃自己,而终于免不掉死得像蛆一样的人,我是不能爱的;对于那般亲眼见着这样的惨剧而不动心,照常过着奢侈生活的人,我是不能爱的;对于那般趁这个机会发财的人,我更是不能爱的。”(《巴金文集》卷一《灭亡·第10章》)

“在脑里还留着他(周如水)的谦虚而温和的面貌的张若兰,这时候惊异地发现了他的另一种面貌。”(《巴金文集》卷三《雾(二)》)

巴金的欧化句式是作家个人的语言风格,但也有一定的普遍性,“五四”以后不少作品中也都有一些欧化句式,也都有定中结构复杂化的倾向。这都是受西方语言影响而形成的。

2.2 这种“定语多,长,且复杂”的句子,原先在汉语中有没有?我们在元代的一些文献中看到过一些定语很长的句子。

李崇兴(2005)是讨论元代蒙语对汉语的影响的。他认为这种影响表现在四方面,第一就是定中结构的复杂化。“定中结构的复杂化表现为‘的’字结构的复杂化和定语的多层化两个方面。”如:

重的交粗杖子、轻的交细杖子打的体例,自前行了三十余年也。(《元典章·刑部》卷二,依体例用杖子)

似那般假雕刻印信押字人每的罪过……(《元典章·刑部》卷一四,诈伪印信)

似这般要肚皮的人,与钞过钱人每明白指证,招伏文书与了呵,使见识,没病推辞着“病”么道,不对证的人每根底,依体例交罢了。(《元典章·刑部》卷八,取受被察推病依例罢职)

又知觉这贼每、赴官告报来的一个陈景春名字的里正。(《元典章·刑部》卷三,伪写国号妖说天兵)

蛮子田地里看守五河县的张千户小名的受宣的官人。(《元典章·刑部》卷四,倚势抹杀县尹)

廉访司官人每、监察每问的招了的无体例要肚皮来

的避罪在逃的部官、管民官、管军官、运司官、医官、管匠官等一十五个人。(《元典章·刑部》卷一六,万户寿童淹死军)

2.3 这样,我们在汉语的两个不同的历史时期,都看到了定中结构复杂化的现象。这两个不同历史时期出现的同一种定中结构复杂化的现象,彼此之间有没有关系呢?

应该说,这两个时期的定中结构复杂化,都是语言接触的结果,但前者对后者没有影响。《元典章》中所反映的蒙语对汉语的影响,虽然是汉语历史文献中存在过的事实,但这种语言现象在后来没有持续下来(这可以通过对明清时期汉语的调查得到证明),就不可能是20世纪作家作品中语言现象的来源。显然,巴金不可能是看了《元典章》然后形成自己的语言风格。巴金小说中的欧化句式是受西方语言影响的结果,这一点巴金自己已经说得很清楚。

三

上面两个案例告诉我们:汉语发展过程中的某种语言现象,究竟是汉语自身发展的结果,还是受语言接触的影响,对这个问题要做深入的考察。在汉语漫长的历史发展中,有时我们会看到,某种语言现象可能是似曾相识的,也就是说,在前一个历史时期曾有过类似的语言现象。那么,后一时期的这种语言现象是不是前一时期语言的发展呢?答案可能是“是”,也可能是“否”。本文的两个案例,就是属于“否”的例子。

从汉语史的研究来说,确定某种语言现象是什么时候开始出现的，是一个十分重要的问题。要做好这项工作，离不开周密的调查和深入的分析。调查是重要的，汉语史的文献资料十分浩繁，没有周密的调查，就可能发现不了某种语言现象早期的存在，这就做不好正确的溯源。《现代汉语"潜显"现象研究》做了很多细致的调查，找到了很多现代汉语语言现象的源头，对汉语史研究是有贡献的。分析也是重要的，没有深入的分析，就可能看不到两种语言现象之间本质的联系，或者，可能把表面相似而实质不同的两种语言现象误认为有历史联系；这都会导致溯源的错误。周密的调查和深入的分析是汉语史研究不可缺少的两个重要方面，要做好汉语史的研究，周密的调查和深入的分析是缺一不可的。

参考文献

崔山佳　2008　《现代汉语"潜现"现象研究》，四川出版集团巴蜀书社。

李崇兴　2005　《论元代蒙古语对汉语语法的影响》，《语言研究》第3期。

吕叔湘　1944　《"个"的应用范围，附论单位词前面"一"字的脱落》，《金陵、齐鲁、华西大学中国文化汇刊》第4卷。

王金柱　1987　《巴金小说中的欧化句式》，《中国现代文学研究丛刊》第4期。

王　力　1989　《汉语语法史》，商务印书馆。

王绍新　1989　《量词"个"在唐代前后的发展》，《语言教学与研究》第2期。

张万起　2001　《〈水浒传〉量词"个"的考察兼及汉语量词的发展趋势》，《中国语言学报》第10期。

（原载《汉学研究学刊》创刊号，马来西亚大学中文系出版，2010年10月）

语言中的文化信息

语言与文化有密切的关系。早在20世纪50年代，罗常培先生《语言和文化》一书就开始了两者关系的研究，80年代以来，又发表了不少研究语言与文化的论著。通过语言来研究文化，有两种做法。一是通过一些专业性的词语来研究文化，如：通过我国古代和纺织、印染有关的词语来研究古代的纺织和印染技术，通过我国古代有关谷物和农具的词语来研究古代农业的发展。这样做当然是不错的，但是这样的研究方法实际上就是通常文化史的研究法（只不过文化史的研究除了依据典籍资料外还要依据实物的考察），而和语言与文化的研究关系不大。本文则是通过另一种途径：通过一些日常生活中的常用词语和常见的语言现象，来发现其中的文化信息。下面分几个方面进行讨论。

一 语言反映习俗和礼仪

1. 古人吃什么粮食？这是农艺学的一个问题，可以通过文献和考古发现的实物来研究。这里不做这种研究，只是试图从古代习用的一些词语来进行分析。

"粟"是一种谷物，但又可以泛指谷物或粮食，可见是一种最常见、最普通的谷物。如：

《孟子·梁惠王上》："河内凶，则移其民于河东，移其粟于河内；河东凶，亦然。"

《论语·颜渊》："信如君不君，臣不臣、父不父、子不子，虽有粟，吾得而食诸？"

"稷"不能泛指谷物或粮食。但古代的祭祀的谷神叫"稷"，周的祖先弃也被尊为"后稷"，可见"稷"是先民相当重视的一种谷物。

《左传·昭公二十五年》："稷，田正也，有烈山氏之子曰柱为稷，自夏以上祀之。周弃亦为稷，自商以来祀之。"

古人认为美味的谷物是"粱"，这可以从"膏粱"、"粱肉"等词语中看出来。

《孟子·告子上》："言饱乎仁义也，所以不愿人之膏粱之味也。"

《礼记·丧大记》："不辟粱肉，若有酒醴则辞。"

"稻"也是一种古人认为是美味的粮食，但在典籍中不很常见，而且不像"粱"那样形成一些固定的词语，大概不是常吃的谷物，通常是用来做酒的。

《论语·阳货》："食夫稻，衣夫锦，于女安乎？"

2. 古代的一些方位词也给我们透露一些文化信息。

"左迁"是古代常用的词语，指的是降职。如：

《史记·淮阴侯列传》："项王王诸将近地，而王独远居此，此左迁也。"

但人们又常说"虚左以待"，"左"是尊位。如：

《史记·魏公子列传》："公子从车骑，虚左，自迎夷门侯生。"

尚左和尚右，是一个复杂的问题，历代情况不同。赵翼《陔余丛考》卷二一“尚左尚右”条：春秋时尚左，但凶事尚右；战国时尚右，至于信陵君的“虚左”，赵翼说：“此则车中之制，与他处不同。《礼记》：‘乘君之乘车，不敢旷左。’注：‘谓车上御者在右，所以便行事，而君则在左。’故乘车尊左也。”秦汉皆相沿尚右。他引《汉书·诸侯王表》“武有衡山、淮南之谋，作左官之律”颜师古注：“汉时依上古法，朝廷之列以右为尊，故谓降秩为左迁，仕诸侯为左官也。”后代尚左尚右屡有改变。赵翼说的是历代的礼制。而汉代出现的“左迁”一词，其意义已固定下来，虽然唐宋时已变为尚左，但“左迁”仍作为“降职”之义使用。“虚左以待”作为一个惯用语，其使用范围也从车乘扩大到居室的座次了。

古代还以“左”、“右”表示东、西。“江左”即江东，“陇右”即陇西。如：

> 《世说新语·方正》：“王丞相初在江左，欲结援吴人。”
>
> 《三国志·魏书·夏侯渊传》：“河西诸羌尽降，陇右平。”

本来，“左”、“右”是一种相对的方位，和东、西没有必然关系。之所以用“左”、“右”表示东、西，这反映古代以黄河流域为政治中心，以及天子坐北朝南的礼仪。在黄河流域坐北朝南而坐，当然其左面是东，其右面是西。

3. 人称代词是任何语言都有的。但古代人称代词的用法，反映古代的一些称谓习惯。

> 《孟子·尽心下》：“人能充无受‘尔’、‘汝’之实，无所往而不为义也。”

这说明，古人认为当面称人为“尔”、“汝”是对人不尊重的表现。如果尊重对方，则应该称“子”、“先生”，或者称“将军”、“王”。

由此也可以知道，对《孟子》中一句话的"若"应该如何解释：

《孟子·梁惠王上》："以若所为，求若所欲，犹缘木而求鱼也。"

这句话里的"若"只能是指示代词（此），不可能是人称代词，因为这是孟子对梁惠王说话，如果称之为"若"是大不敬的。

但如果两个人亲密无间则可以称"尔"、"汝"。如：

杜甫《醉时歌》："忘形到尔汝，痛饮真我师。"

韩愈《听颖师弹琴》："昵昵儿女语，恩怨相尔汝。"

二 语言反映古代的观念

有一些古代常见的词语是受古代的某种观念的影响而形成的，通过这些词语，可以追寻到古代的一些观念。比如：

1. 古代可以用"金"、"素"来指秋天，如"金风"即秋风，"素秋"即秋天。

张协《杂诗》："金风扇素节，丹霞启阴期。"

杜甫《秋兴》之六："瞿塘峡口曲江头，万里风烟接素秋。"

这是受五行观念影响。五行说以五行和五色、五音、四季、四方相配，秋季于五行为金，于五色为白，所以在语言中可以用"金"、"素"来表示秋天。

2. "姻缘"、"业债"等词语是受佛教思想影响。

敦煌曲子词《送征衣》："今世共你如鱼水，是前世因缘。"

范成大《藻侄比课五言诗》："事疑偿业债，形类窘拘囚。"

佛教以亲生为"因"，疏助为"缘"，认为世间万物均为因缘和合而成，以宿世因缘解释今生的关系。受这种思想影响，人们也把命定的夫妻缘分称为"因缘"。最初字就写作"因",后来才写作"姻"。

"业"也是佛教用语,是梵文 karman 的意译,指身、口、意三方面的善或恶的活动,会引起乐或苦的果报。但后来人们在使用中多指恶业。如:

沈约《均圣论》:"佛戒杀人,业最重也。"

另有"业障"一词,是梵文 karmāvarana 的意译,指所造的恶业能蔽障正道,包括害父害母等。如:

慧皎《高僧传·昙无谶》:"但是我业障未消耳。"

再进一步发展,就去掉了因果报应这一层意思,把"业"等同于"罪恶",而且和汉语固有的"孽"混同起来。汉语中原有"孽"表示"灾难、罪恶"之义。如:

《诗经·小雅·十月之交》:"下民之孽,匪降自天。"

《尚书·太甲中》:"天作孽,犹可违;自作孽,不可逭。"(《孟子》引《太甲》作"天作孽,犹可违;自作孽,不可活"。)

"业"和"孽"都是疑母字,"业"为业韵,"孽"为薛韵,都是入声韵,但韵尾不同。到后来入声韵尾合并为ʔ以至消失,两个字的读音相近,原来写作"业"的一些词语,后来也写作"孽"。如:

业海(范成大)——孽海(《镜花缘》)

业种(董西厢)——孽种(阮大铖)

业畜(《宣和遗事》)——孽畜(《西游记》)

业障(《金瓶梅》)——孽障(《儒林外史》)("业障"、"孽障"均指儿女,含不满之意。)

3. 有一些词在某个时期有特定的意义,这是受了当时某种思想观念的影响。如"悲",六朝是用来形容乐曲时,不是表示悲伤，而是表示优美动听。如：

> 陆机《文赋》："犹弦么而徽急，故虽和而不悲。"

这和六朝时的美学观念有关。六朝时认为悲音是最美的，所以在语言中可以用"悲"来表示优美动听。

又如"玄"。"玄"的本义是黑中带赤的颜色，又可以指黑色。《老子》经常把"玄"用为玄妙、深奥之义，魏晋时把老庄思想称为"玄学"。当时很多士大夫喜欢"清谈"，谈的内容就是"玄学"，因此"玄"又有了"清高"、"不涉世务"的意义。如：

> 《世说新语·规箴》："王夷甫雅尚玄远，常嫉其妇贪浊，口未尝言钱字。妇欲试之，令婢以钱绕床，不得行。夷甫晨起，见钱阂行，呼婢曰：举却阿堵物。"

"玄远"和"贪鄙"相反，其具体表现是口不言钱字，甚至必须要说"钱"的时候也只说"阿堵物"。"玄"的这种意义是受当时六朝思想观念影响而产生的。

三 语言反映观念的改变

人们的观念不是一成不变的。有些观念在历史上发生过变化，而且在一些常见的词语中反映出来。我们生活在现代，不了解历史上曾有过的观念，有时读到一些古代的文献，就会感到奇怪。或者虽然看到了观念的变化，却没有进一步探究其变化的原因。其实，这些常见的词语所反映的观念的变化，是值得深入研究的。本文只是提出这种现象，进一步的研究有待于文化史的专家去做。

1. 乌鸦：从吉兆到凶兆。

根据现代的习俗，乌鸦叫无疑是一种凶兆，是人们讨厌的。所以，当人们读到唐代的这些诗句时会感到疑惑不解：

杜甫《得弟消息》之二："汝懦归无计，吾衰往未期。浪传乌鹊喜，深负鹡鸰诗。"

白居易《答元郎中杨员外喜乌见寄》："南宫鸳鸯地，何忽乌来止？故人锦帐郎，闻乌笑相视。疑乌报消息，望我归故里。"

张籍《乌啼行》："少妇起听夜啼乌，知是官家有赦书。"

唐朝人听到了乌啼感到高兴，我们会觉得不好理解。其实，在宋代以前，人们对乌鸦并不讨厌，而是相当喜欢。《说文》："乌，孝鸟也。"因为乌鸦会"反哺"。晋代的成公绥写过一篇《乌赋》，对乌鸦大加赞美。所以，唐人以为乌啼是喜讯，没有什么可以奇怪。只不过后来观念变了，觉得乌啼是凶兆。这种观念的变化大致发生在宋代。

陆佃《埤雅》："今人闻鹊噪则喜，闻乌噪则唾，以乌见异则噪，唾其凶也。"

2. 太阳：从"白日"到"红日"。

从古到今人们看到的是同一个太阳。"太阳"这个名称是后起的，古代只叫"日"，这是概念改变了名称，概念本身没有变化。反映人们观念变化的是从"白日"到"红日"的变化。

"日"是什么颜色？古代文献里没有对这个问题的正面回答。但有一个现象很值得注意：在唐代以前，只有"白日"的说法；直到初唐诗人王之涣，还说"白日"：

屈原《九章·思美人》："开春发岁兮，白日出之悠悠。"

《汉书·景十三王传》:“白日晒光,幽隐皆照;明月曜夜,蚊虻宵见。”

王之涣《登鹳雀楼》:“白日依山尽,黄河入海流。”

到盛唐以后,才出现“红日”的说法(见陈白夜 1981):

李白《望黄鹤楼》:“四面生白云,中峰倚红日。”

王建《宫词一》:“蓬莱正殿压金鳌,红日初生碧海涛。”

李煜《浣溪纱》:“红日已高三丈透,金炉次第添香兽。”

那么,日究竟是白的还是红的?大概朝阳和夕阳是红的,而中天之日是白的。人们称之为“白日”或“红日”,都有道理。仔细考察,最初出现的“红日”都是指夕阳(李白)和朝阳(王建诗),到后来才把升高了的日也称为“红日”(李煜)。这种语言变化的背后反映出人们观念的变化。

四 语言反映文化交流

文化交流自古就有。一种不同文化的传入,必然会带来许多不同的事物和观念,在开始时,本民族的语言无法给这些新的事物和观念一个适合的名称,就只好先借用一些相近的名称来称呼它们。这种现象,正好是历史上文化交流的反映。

1.“道士”和“魔”。

东汉时佛教传入中国。佛教中一些特有的人物和观念,是当时的中国人不熟悉的,它们在汉语中是如何表达呢?

佛教徒,他们的信仰和外形都是中土所没有的。最初无以名之,就借用当时中土已有的名称“道士”或“道人”来称呼他们。其实“道士”或“道人”是道教的信奉者,和佛教徒是很不一样的。

但是要用中土固有的名称来称呼本来中土所无的佛教徒，就只好找一个大致相近的“对等物”。如下面例句中的“道士”或“道人”实际上不是指道教的信奉者，而是指佛教徒，也就是后来所说的“和尚”。

牟融《理惑论》：“仆尝游于阗，与沙门道士相见。”

《世说新语·言语》：“支道林常养数匹马，或言道人养马不韵。”

慧皎《高僧传·竺道潜》：“道士何以游朱门？”

给外来事物和观念命名的最直接的方法是音译。但有些音译词的内涵会逐渐发生改变。这也是文化交流中常见的现象。如梵文 māra，意思是一切扰乱身心破坏行善事之人和一切妨碍修行的心理活动，如烦恼、疑惑、迷恋等。原译作“磨”，梁武帝改为“魔”。白居易诗中的“诗魔”一词还保留这意思：

梁武帝《断酒肉文》：“酒是恶本，酒是魔事。”

白居易《裴侍中晋公以集贤林亭即事诗三十六韵见赠》：“客有诗魔者，吟哦不知疲。”

但从南北朝起，“魔”的意思就逐渐改变，成为一种有形体的鬼怪。这从梁武帝就肇其端：

《南史·梁纪中·武帝纪》：“同泰寺灾……帝曰：‘斯魔鬼也。’”

到敦煌变文和《西游记》中的“魔”，就和梵文 māra 相去甚远了。

2.“格致”和“民主”

到十八、十九世纪，西方的科技和观念传入中国。这些观念要用汉语表达，这又经历了和佛教词语的表达同样的过程。如西方的物理化学等,最初称为“格致”或“格物”,这也是为外来的事物勉强找一个中国古代固有的“对等物”。

薛福成《出使四国日记》:“天算、地理、格物、医学等书。”

郑观应《盛世危言·教养》:“故西人广求格致,以为教养之方。”

“民主”是对西方观念的另一种表达法。西方的政治制度和思想观念 democracy,是中国所没有的。为了表达这个概念,人们新造了一个词“民主”:

郑观应《盛世危言·议院》:“君主者,权偏于上;民主者,权偏于下。”

“民主”是和“君主”相对的,“民主”是“民作主”,“君主”是“君作主”。这两个词和汉语中固有的“民主”、“君主”表面上一样,但构词法大不相同。“君主”不必说,是古代常见的词,“君”和“主”是并列的语素。“民主”也早已出现,《尚书·多方》:“天惟时求民主,乃大降显休命与成汤。”但意思是“民之主”。“民主”从“民之主(即君王)”到“民作主”,可以反映中国从古代到近代观念和制度发生的变化。

3.“宅急便”

在文化交流过程中,会出现“输出—输入”的现象。即某个词语,本来是从中国传到邻邦的,但后来这个词语在中国反而消失了,又从邻邦传回来。

“宅急便”是一个很好的例子。现在人们看到“宅急便”,或者是不解其意,或者会认为这是日语,日语把“邮政”称为“邮便”。当然,“宅急便”这个词语中国古代是没有的,是日本的名称。但“邮便”这个词,以及“便”的“托人交付的信件”的意义,中国古代就有;日语把“邮政”称为“邮便”,把邮件称为“便”,其实是受汉语的影响。

苏轼《菩萨蛮·回文》:“邮便问人羞,羞人问便邮。”

欧阳修《与薛少卿书》:“又少便人作书入京。”

陈确《与张考夫书》:“但未知后会之期,便羽更望一及之。”

王世贞《鸣凤记》:“聊奉鸿便之笺,惭无拜使之敬。”

不过“邮便”一词,后来在汉语中不用了,“便”的“邮件”之义,现在也很少人知道,所以一看见“宅急便”,就不会想到这其实是源于汉语的了。

五 汉语词汇反映概念的变化:从“综合”到“分析”

汉语词汇的历史发展,有一种从“综合”到“分析”的趋势。这个问题在拙作《古汉语词汇纲要》中已经讲过,这里不细说,只举一些例子。

1. 古代用一个词表示“性状+事物”,后来“性状”和“事物”用不同的词分开表示。

骝,《说文》:“赤马黑毛尾也。”

骍,《诗经·鲁颂·駉》:“有骍有骐。”孔颖达疏:“骍为纯赤色。”

骠,《说文》:“黄马发白色。”

骢,《说文》:“马青白杂毛也。”

骊,《说文》:“马深黑色。”

今用“红马”、“黄马”、“白马”、“黑马”等。

2. 古代用一个词表示“动作＋对象”，后来“动作”和“对象”用不同的词分开表示。

沐，《说文》：“沐，濯发也。”

沬（颒），《说文》：“颒，洒面也。”

盥，《说文》：“盥，澡手也。”

洗，《说文》：“洗，洒足也。”

澣（浣），《说文》：“澣，濯衣垢也。”

今用“洗头”、“洗脸”、“洗手”、“洗脚”、“洗衣服”等。

3. 古代用一个词表示“方式＋动作”，后来“方式”和“动作”用不同的词分开表示。

瞻，《说文》：“瞻，临视也。”段注：“今人谓仰视曰瞻。”

顾，《说文》：“顾，还视也。”

睨，《说文》：“睨，衺视也。”

睇，《说文》：“睇，小衺视也。”

窥，《说文》：“窥，小视也。”

今用“仰看”、“回头看”、“斜看”、“偷看”等。

4. 古代用一个词表示“程度＋性状”，后来“程度”和“性状”用不同的词分开表示。

縓，《尔雅·释器》：“一染谓之縓。”

赪，《尔雅·释器》：“二染谓之赪。”

纁，《尔雅·释器》：“三染谓之纁。”

朱，《诗经·豳风·七月》：“我朱孔阳。”毛传：“朱，深纁也。”

赤，《易·说卦》：“困于赤绂。”郑玄注：“朱深曰赤。”

绛，《说文》：“大赤也。”

今用“浅红”、“粉红”、“大红”、“深红”等。

5. 古代用一个词表示"动作＋结果"，后来"动作"和"结果"用不同的词分开表示。

先秦用"破＋N"(100 多例)，"V＋破＋N"少见(仅 4 例)。"破"兼表动作和性状。

《孙子兵法·谋攻》:"孙子曰:凡用兵之法，全国为上，破国次之。"

汉代"V＋破＋N"增多，但"破"仍兼表动作和性状。

《史记·陈涉世家》:"章邯击，大破之。"

《史记·陈涉世家》:"章邯击破之。"

魏晋南北朝出现"V＋N＋破"，"破"表性状，和动作分离。

《百喻经·以梨打头破喻》:"见我头上无有发毛，谓为是石，以梨打我头破乃尔。"

《贤愚经》卷八:"左捉破器，右持折杖，卑言求哀，从人乞丐。"

《齐民要术·造神曲并酒》:"贮汁于盆中，搦黍令破，泻着瓮中。"

从"综合"到"分析"，不仅是语言结构的变化，而且反映了思想概念的变化。最初，人们看到黑马，就称之为"骊"，看到黑犬，就称之为"獹"，看到黑虎，就称之为"虪"；到后来，人们把性状和事物分开，用"黑马"、"黑狗"、"黑虎"来称呼它们，这不有点类似"离坚白"吗？战国时期名家提出"离坚白"，是认识论的一大发展。同样，词汇从"综合"到"分析"，也反映了人们分析和抽象能力的提高。

当然，这个问题不能说过头，不能说用"综合"式的词汇就表示当时的人没有分析和抽象的能力。事实上，"黑"这个抽象概念早就有了,可以用"黑"、"黎(黧)"、"卢"、"缁"等词表示;也早就有了"黑首"、"玈(卢)弓"、"缁衣"等"分析"式的表示法。而且,从"獹"、"垆"(黑土)、"泸"(黑水)、"鸬"(黑鸟)、"矑"(瞳人)这些同源词看,古人也早知道这些不同的事物都有同一性状"卢(黑)"。同时,"综合"式的词语也有它的用处,可以简便清楚地称述某种常见的事物或动作,所以,黑金为"铁",至今没有改用"分析"式的称述,而且在现代汉语中,一些新产生的词,仍是"综合"式的,如"拽"、"踹"、"甭"等。思想和语言都是复杂的,我们在注意到从"综合"到"分析"的这样一种发展的主要趋势时,不能把问题简单化。

六 语言与认知

人们生活在同一个世界上,但人们对世界的认识有同有异。这种对世界的认识,有的是文化层面的,有的是认知层面的。认知的差异,有的也反映在语言中。

1. 语言反映多角度的认知方式。

人们对同一事物可以从不同角度认知并命名,这是很常见的现象。比如 tomato 这种从美洲传来的水果,南方人称为"番茄",北方人称为"西红柿",四川贵州称为"毛辣角",就是一个例子。古代有一些同物异名,也是人们从不同角度认知的结果。如:

《说文》:"楣,秦名屋櫋联也。齐谓之产(檐),楚谓之梠。"

《说文》:"櫋,屋櫋联也。"

《说文》:"产,屋梠也。"段注:"檐之言廉也。"

《说文》:“梍,屋梠也。”段注:“梍之言比叙也。”

《释名·释宫室》:“梠,连旅之也(据《御览》改)。或谓之櫋。櫋,绵也。绵连榱头使齐平也。”

《释名·释宫室》:“楣,眉也,近前各两,若面之有楣也。”

古代屋檐口椽端的横木,有不同的名称。这些名称之所以不同,是因为方言的区别,但归根到底是认知的区别。不同方言区的人,有的着眼于其相对于墙的位置,称之为“楣”,有的着眼于其处于屋顶的边缘,称之为“檐”,有的着眼于其连接椽子的作用,称之为“櫋”、“梠”,有的着眼于其使椽子排列整齐的作用,称之为“梍”。事物有多方面的特性,这些不同的认知各自注意到事物的某一方面的特性,都是正确的。

对事物的认知是如此,对事件的认知也是如此。比如做一件事出了错,人们既可以把错误归结于动作,也可以把错误归结为对象。汉语和英语都是如此。如:

写错了字——写了错字。

We have mistaken the house.——We came to the wrong house.

两种表述法的意思基本上是一样的。

有的学者认为,汉语和英语的表述不一样。如:

她嫁错了人。——She has married the wrong guy.

汉语把错误归于“她”,英语把错误归于对方(guy)。仅就这个例子也许可以这样说,因为汉语没有“她嫁了错误的人”这样的说法。但是,仅就这一个例句而得出一种普遍性的结论,说“汉语把错误归于自己,英语把错误归于对方”,这种看法实际上不全面。因为汉语也可以说“她嫁了一个不合适的人”,或者说

“所适非人”，这同样是把婚姻的不美满归于对方。而上面说过，英语既可以说“We came to the wrong house”，把错误归于对象；也可以说“We have mistaken the house”，把错误归于动作。

确实，英语的“wrong”和汉语“错”不完全对等，很多英语中用“wrong”修饰宾语的句子，汉语中不能直译，通常要用“动词＋错”来翻译。如：

He arrested the wrong man. ——他抓错了人。

但这是因为英语的“wrong”有“not required, suitable or the most desirable”的意思，汉语的“错”没有这个意思。所以“wrong guy”，“wrong man”不能直译为“错误的人”。但如果不用“错”，而改用和“not required, suitable or the most desirable”相应的词语，还是可以翻译的，比如，可以译成“不合适的人”、“不该抓的人”，仍然是把意愿的差错归于对象。可见，这是汉英两种语言词汇的差异，而不是认知的差异。

不过，也应该看到，在汉语中表达这种意思时用“动词＋错”比较多，用“错（或不合适）＋宾语”的比较少。相反，英语中用“wrong”修饰宾语比较多，而用“动作＋结果”的比较少。如果通过英汉两种语言的大量句子的对比，得出结论说，“‘动作——结果’基模虽然在汉、英语都存在，但是在汉语中占主导地位，而在英语中占次要甚至边缘地位”，这才抓住了问题的实质。（参见戴浩一 1990、2002）

2. 语言反映认知角度的差异。

但不同语言确实也有反映出认知角度的差异的。这里只举一个例子：对时间的两种认知方式。

对时间的认知，实际上是人们对空间认知的投射。人们对

自己在空间的位移有两种认知方式:一种是人在动,处所不动(人在向前进);一种是人不动,处所在动(周围的东西在后退)。相应的,对时间的认知也有两种方式:(1)从时间隧道穿越而过。(2)时间列车迎面而来。

汉民族主要是后一种。早在《论语》中,就有这样的句子:

《论语·子罕》:“子在川上曰:逝者如斯夫!不舍昼夜。”

《论语·微子》:“往者不可谏,来者犹可追。”

在唐代诗人李白的诗中,也可以看到:

李白《行路难》:“弃我去者,昨日之日不可留。”

直到现在,我们还常说“光阴似箭”、“新年将至”、“迎来新的一年”。显然我们的祖先和我们都是这样的时间观念:时间列车迎面而来,又离我而去。

正因为这样,我们把迎面而来(但还没有到来)的一年称为“来年”,把弃我而去(已经过去)的一年称为“去年”。如果一列时间列车正在我们身边驰过,我们站在列车的中间,那么,列车的前部就是“前年”(已经过去),列车的后部就是“后年”(尚未到来)。

相比之下,说英语的民族对时间主要是另一种认知:穿越时间隧道。去年是“last year”,明年是“next year”。这就和乘坐汽车火车往前走一样;过去的一站是“last station”,前面的一站是“next station”。

当然,这个问题也不能绝对化。英语也可以说“Time is flying by”,“coming year”,这又是时间向我们驰来。而在汉语中,如果主体意识很强烈时,也可以说“我们带着新的期待,迈向新的一年”。但是,两种语言对时间认知的主要倾向不同,这是

很明显的。(参见 Clark 1973,戴浩一 1990)

语言和文化的关系是一个很值得研究的课题。以上都是一些不成熟的看法,请诸位指教。

参考文献

陈白夜　1981　《“白日”与“红日”》,《中国语文》第 4 期。

戴浩一　1990　《以认知为基础的汉语功能语法刍议》,《国外语言学》第 4 期。

——　2002　《概念结构与非自主性语法:汉语语法概念系统初探》,《当代语言学》第 1 期。

蒋绍愚　1989　《古汉语词汇纲要》,商务印书馆。

——　1998　《古汉语词汇和汉民族文化》,《语言学论丛》第二十辑。

——　2004　《汉语颜色词的历史演变》,《汉藏语研究——龚煌城先生七秩寿庆论文集》,中研院语言学研究所。

罗常培　1950　《文化语言学》,语文出版社,1989。

邢福义主编　1990　《文化语言学》,湖北教育出版社。

游汝杰　1993　《中国文化语言学引论》,高等教育出版社。

赵　翼　《陔余丛考》,《续修四库全书》,上海古籍出版社,1995。

《佛光大辞典》,佛光出版社,1988。

Clark, E. V.　1973　Space, time, semantics and the child. In T. E. Moore (ed.) *cognitive Development and the Acquisition of Language*. New York: Academic Press.

(原载《语文、经典与东亚儒学》,台北学生书局,2008 年 10 月)

东 西 南 北

汉语的复合方位词“东南”、“西南”、“东北”、“西北”不能倒过来说“南东”、“南西”、“北东”、“北西”(甲骨文中有“北西”,传世文献中从来没有)。这和英语说“southeast”,“northwest”等正好相反。这种顺序的差别是否有理由可说?我对英语不熟悉,无法讨论,本文只讨论汉语的顺序。

汉语并列式复合词中哪一个语素在前,哪一个语素在后,是否有一定的规律?这个问题已讨论了很久,大致有两种看法:一是认为和语素的声调有关,语素按四声排列。一是认为和认知有关,人们认为重要的(或正面的)语素在前,次要的(或负面的)语素在后。这个问题太大,本文不讨论。仅就“东南”、“西北”而言,其顺序也可以用声调来解释:“东南”、“西南”是“阴平—阳平”,“东北”、“西北”是“阴平—上声(或古入声)”。但如果把四方连起来说成“东南西北”时,它就不是按声调排列了,而是以“东”为起点按逆时针方向排列,即和认知有关。那么,“东南”、“西北”的顺序,会不会也和认知有关呢?

我认为,虽然在汉语中“东/西/南/北”都是表方向的词,但相比较而言,“东/西”比“南/北”更为基本。所以“东/西”和“南/北”连起来说的时候,总是把“东/西”放在前面,把“南/北”放在后面。

下面申述其理由。

一

先看现代汉语。

首先，在现代汉语中，有“东V西V”、“东一N西一N”、“V东V西”等格式，“东/西”不表示东方和西方，而是泛指“这里和那里”或“这个和那个”。如在老舍的《四世同堂》中就有以下一些：

东转西转，东扫西射，东倒西歪，东拼西凑，东张西望，东瞧西望，东扫西瞧，东想想西想想，东张张西望望，东打听西问问，东瞧瞧西看看，东晃一下西晃一下，东扑一下西扑一下，东一块西一块，东一束西一根，东一把西一把，东一脚西一脚，东一句西一句，你说东他说西。

相比之下，“南北”就很少类似的说法。在老舍的《四世同堂》中只有两个：

山南海北，走南闯北。

其他常用的也不多，只有“南来北往”、“南征北战”、“南辕北辙”等几个。

而且，其中只有“山南海北”和“南来北往”的“南/北”才是真正的泛指，而“南征北战”和“走南闯北”的“南/北”是多少还有一些实义的。因为从秦汉以来，中国的战争多数发生在南北之间，南北的政治经济的差异也大于东西，所以用“南征北战”表示久经征战，用“走南闯北”表示阅历丰富。至于“南辕北辙”的典故出处更是实指南方和北方，后来才逐渐虚化。

可见，在现代汉语中，如果是泛指，人们首先选用的是“东—

西”而不是“南一北”。

其次，在说四方的时候，可以有两种词序：“东南西北”和“东西南北”。与此相应的是，在说四季的时候也可以有两种词序：“春夏秋冬”和“春秋冬夏”。“春夏秋冬”是按季节的顺序排列（春是一年的开始），“东南西北”是从“东”开始按逆时钟方向排列，这种排列方式在现代汉语中比较常见。“春秋冬夏”打乱了季节顺序，把“春秋”放在前面，这似乎没有什么理由，但实际上是有历史原因的：因为最早只有春秋，后来才有冬夏，“春秋”比“冬夏”更基本，所以放在前面。与此相应，“东西”放在前面，也是因为“东西”比“南北”更基本。下面将会看到，在秦汉的文献中，“东西南北”的出现频率大大超过“东南西北”。

二

但仅仅从现代汉语来论证是远远不够的。“东南”、“西北”这样的词序是在古代形成的，所以，要论证其形成的原因，必须调查古代的文献。

在甲骨文中，有“北西”这样的方位表示法，在分别述说四方的时候，也常见“北—东—南—西”这样的顺序。由此推测，“东南”、“西北”这样的词序可能是在周代，特别是在春秋战国时期形成的。为此，本文查找了先秦和西汉前期的传世文献，包括以下三十二种书：

《易经》、《尚书》、《诗经》、《周礼》、《仪礼》、《礼记》、《左传》、《公羊传》、《穀梁传》、《论语》、《孟子》、《孝经》、《国语》、《逸周书》、《战国策》、《老子》、《墨子》、《庄子》、《荀子》、《晏子春秋》、《商君书》、《管子》、《慎子》、《孙子》、《吴子》、《尹文子》、《韩非子》、《吕氏春秋》、《新书》、《新语》、《淮南子》、《说苑》。

下面分几个方面排列例句并进行分析。

(一)"东—西"泛指方位。

九五,东邻杀牛,不如西邻之禴祭,实受其福……《象》曰:"东邻杀牛",不如西邻之时也。(《周易·既济》)

自西徂东,靡所定处;多我觏痻,孔棘我圉。(《诗经·大雅·桑柔》)

镐京辟廱,自西自东,自南自北,无思不服。(《诗经·大雅·文王有声》)

八十九十者东行,西行者弗敢过;西行,东行者弗敢过。(《礼记·祭义》)

《易》曰:"东邻杀牛,不如西邻之禴祭,寔受其福。"(《礼记·坊记》)

卑身而伏,以候敖者;东西跳梁,不辟高下;中于机辟,死于网罟。(《庄子·逍遥游》)

为治而去法令,犹欲无饥而去食也,欲无寒而去衣也,欲东西行也,其不几亦明矣。(《商君书·定分》)

公曰:"仲父命寡人东,寡人东;令寡人西,寡人西。"(《管子·小称》)

"当生者生,当死者死",言有西有东,各死其乡。(《管子·白心》)

夫人臣之侵其主也,如地形焉,即渐以往,使人主失端、东西易面而不自知。(《韩非子·有度》)

其妖孽有生如带，有鬼投其陴，有菟生雉，雉亦生鷃，有螟集其国，其音匈匈，国有游蛇西东，马牛乃言，犬彘乃连。（《吕氏春秋·明理》）

齐之好勇者，其一人居东郭，其一人居西郭，卒然相遇于途曰："姑相饮乎？"（《吕氏春秋·当务》）

因谓野人曰："子不耕于东海，不耕于西海也，吾马何得不食子之禾？"（《吕氏春秋·必已》）

事之适乱，如地形之惑人也，机渐而往，俄而东西易面，人不自知也。（《新书·审微》）

当此之时，万民倡狂，不知东西。（《淮南子·俶真》）

照惑者以东为西，惑也，见日而寤矣。（《淮南子·缪称》）

古者，民童蒙不知东西，貌不羡乎情，而言不溢乎行。（《淮南子·齐俗》）

夫乘舟而惑者，不知东西，见斗极则寤矣。（《淮南子·齐俗》）

趋舍礼俗，犹室宅之居也，东家谓之西家，西家谓之东家，虽皋陶为之理，不能定其处。（《淮南子·齐俗》）

用兵之道，示之以柔而迎之以刚，示之以弱而乘之以强，为之以歙而应之以张，将欲西而示之以东，先忤而后合，前冥而后明，若鬼之无迹，若水之无创。（《淮南子·兵略》）

至，见野人曰："子耕于东海至于西海。吾马之失，安得不食子之苗？"野人大喜，解马而与之。（《淮南子·人间》）

夫上之化下，犹风靡草，东风则草靡而西，西风则草靡而东，在风所由而草为之靡，是故人君之动不可不慎也。（《说苑·君道》）

“南北”泛指方向仅一次：①

杨子见逵路而哭之，为其可以南可以北。（《淮南子·说林》）

（二）四方连着说时有两种词序：“东西南北”和“东南西北”

“东西南北”在上述三十二种书中出现23次。下面仅举4例：

孔子既得合葬于防，曰：“吾闻之：古也墓而不坟；今丘也，东西南北之人也，不可以弗识也。”（《礼记·檀弓上》）

公子鱄辞曰：“夫负羁縶，执铁锧，从君东西南北，则是臣仆庶孽之事也。”（《公羊传·襄公二十七年》）

子来曰：“父母于子，东西南北，唯命之从。”（《庄子·大宗师》）

故古之王者，德迴乎天地，澹乎四海，东西南北，极日月之所烛，天覆地载，爱思不臧，虚素以公，小民皆之其之敌而不知其所以然，此之谓顺天。（《吕氏春秋·上德》）

“东南西北”在上述三十二种书中仅一次：

孔子欲行王道，东南西北七十说而无所偶，故因卫夫人、弥子瑕而欲通其道。（《淮南子·泰族》）

（三）四方分开说时有几种不同的顺序：

A. 以“东”起头的共22次。其中东南西北13次：

以玉作六器，以礼天地四方：以苍璧礼天，以黄琮礼地，以青圭礼东方，以赤璋礼南方，以白琥礼西方，以玄璜礼北方。（《周礼·大宗伯》）

---

① 《诗经》中有一次“南—北”的用例：“彼何人斯？其为飘风。胡不自北？胡不自南？胡逝我梁，衹搅我心！”（《诗经·小雅·何人斯》）虽然也是泛指方向，但因为说的是“飘风”，所以必然说“南北”而不说“东西”。

东方谓之青，南方谓之赤，西方谓之白，北方谓之黑，天谓之玄，地谓之黄。(《周礼·考工记》)

达其志，通其欲：东方曰寄，南方曰象，西方曰狄鞮，北方曰译。(《礼记·王制》)

封人社壝诸侯受命于周，乃建大社于国中，其壝东青土，南赤土，西白土，北骊土，中央衅以黄土。(《逸周书·作洛》)

且帝以甲乙杀青龙于东方，以丙丁杀赤龙于南方，以庚辛杀白龙于西方，以壬癸杀黑龙于北方，若用子之言，则是禁天下之行者也。(《墨子·贵义》)

其以东至开梧、南抚多鷃、西服寿靡、北怀儋耳，若之何哉？(《吕氏春秋·任数》)

非滨之东，夷、秽之乡，大解、陵鱼、其、鹿野、摇山、扬岛、大人之居，多无君；扬、汉之南，百越之际，敝凯诸、夫风、馀靡之地，缚娄、阳禺、驩兜之国，多无君；氐、羌、呼唐、离水之西，僰人、野人、篇笮之川，舟人、送龙、突人之乡，多无君；雁门之北，鹰隼、所鸷、须窥之国，饕餮、穷奇之地，叔逆之所，儋耳之居，多无君；此四方之无君者也。(《吕氏春秋·恃君》)

禹东至榑木之地，日出九津、青羌之野，攒树之所，抿天之山，鸟谷、青丘之乡，黑齿之国；南至交阯、孙朴、续樠之国，丹粟、漆树、沸水、漂漂、九阳之山，羽人、裸民之处，不死之乡；西至三危之国，巫山之下，饮露、吸气之民，积金之山，共肱、一臂、三面之乡；北至人正之国，夏海之穷，衡山之上，太戎之国，夸父之野，禺彊之所，积水、积石之山。(《吕氏春秋·求人》)

蚩尤明乎天道，故使为当时；大常察乎地利，故使为廪者；奢龙辩乎东方，故使为土师；祝融辩乎南方，故使为司徒；大封辩于西方，故使为司马；后土辩乎北方，故使为李。(《管子·五行》)

五弧五分矢，东方射东方，南方射南方，中央高射，西方射西方，北方射北方，皆三射。(《新书·胎教》)

今王将东面，目指气使以求臣，则厮役之材至矣；南面听朝，不失揖让之礼以求臣，则人臣之材至矣；西面等礼相亢，下之以色，不乘势以求臣，则朋友之材至矣；北面拘指，逡巡而退以求臣，则师傅之材至矣。(《说苑·君道》)

泰山，东岳也；霍山，南岳也；华山，西岳也；常山，北岳也；嵩高山，中岳也。(《说苑·辨物》)

岁二月东巡守……岁五月南巡狩，至于南岳，如东巡狩之礼；岁八月西巡狩，至于西岳，如南巡狩之礼；岁十一月北巡狩，至于北岳，如西巡狩之礼。(《说苑·修文》)

东西南北6次：

天龟曰灵属，地龟曰绎属，东龟曰果属，西龟曰雷属，南龟曰猎属，北龟曰若属。(《周礼·龟人》)

曾子曰："夫孝，置之而塞乎天地，溥之而横乎四海，施诸后世而无朝夕，推而放诸东海而准，推而放诸西海而准，推而放诸南海而准，推而放诸北海而准。"(《礼记·祭义》)

赐我先君履，东至于海，西至于河，南至于穆陵，北至于无棣。(《左传·僖公四年》)

东面而征，西夷怨；南面而征，北狄怨，曰："奚为后我？"(《孟子·梁惠王下》)

东面而征，西夷怨；南面而征，北狄怨，曰：“奚为后我？”（《孟子·滕文公下》）

故东夷、西戎、南蛮、北狄、中国诸侯，莫不宾服。（《管子·小匡》）

东西北南1次：

禹乃使太章步自东极，至于西极，二亿三万三千五百里七十五步，使竖亥步自北极，至于南极，二亿三万三千五百里七十五步。（《淮南子·地形》）

东北西南2次：

其在东夷、北狄、西戎、南蛮，虽大，曰子。（《礼记·曲礼下》）

苏秦将为从，北说燕文侯曰：“燕东有朝鲜、辽东，北有林胡、楼烦，西有云中、九原，南有呼沱、易水。”（《战国策·赵策二》）

B. 以“南”起头共21次。其中南北东西/南北西东11次：

日南则景短多暑，日北则景长多寒，日东则景夕多风，日西则景朝多阴。（《周礼·大司徒》）

南面而征，北夷怨；东面而征，西夷怨，曰：“奚为后我？”（《孟子·尽心下》）

古者尧治天下，南抚交阯，北降幽都，东西至日出所出入，莫不宾服。（《墨子·节用中》）

逢逢白云，一南一北，一西一东，九鼎既成，迁于三国。（《墨子·耕柱》）

将军有意听臣，臣请南使吴越，北使齐鲁，东使宋卫，西使晋楚。（《庄子·盗跖》）

由余对曰："臣闻昔者尧有天下，饭于土簋，饮于土铏，其地南至交趾，北至幽都，东西至日月之所出入者，莫不宾服。"（《韩非子·十过》）

句践之地，南至于句无，北至于御儿，东至于鄞，西至于姑蔑，广运百里（《国语·越语》）

故南方有不死之草，北方有不释之冰，东方有君子之国，西方有形残之尸。（《淮南子·地形》）

若我南游乎罔㝗之野，北息乎沉墨之乡，西穷窅冥之党，东开鸿蒙之光。（《淮南子·道应》）

昔者楚人地，南卷沅、湘，北绕颍、泗，西包巴、蜀，东裹郯、邳。（《淮南子·兵略》）

地形者，所以穷南北之脩，极东西之广。（《淮南子·要略》）

南东西北/南西东北 5 次：

往者，齐南破荆，东破宋，西服秦，北破燕，中使韩魏，土地广而兵强，战克攻取，诏令天下。（《韩非子·初见秦》）

苏秦为赵合从，说齐宣王曰："齐南有太山，东有琅邪，西有清河，北有渤海，此所谓四塞之国也。"（《战国策·齐策一》）

苏子为赵合从，说魏王曰："大王之地，南有鸿沟、陈、汝南，有许、鄢、昆阳、邵陵、舞阳、新郪；东有淮、颍、沂、黄、煮枣、海盐、无疏；西有长城之界；北有河外、卷、衍、燕、酸枣，地方千里。"（《战国策·魏策一》）

南取汉中，西举巴蜀，东割膏腴之地，北收要害之郡。（《新书·过秦》）

昔晋厉公南伐楚，东伐齐，西伐秦，北伐燕。（《淮南子·人间》）

南西北东 4 次：

既反侵地，正封疆，地南至于䱷阴，西至于济，北至于河，东至于纪酅。（《国语·齐语》）

南与楚境，西与韩境，北与赵境，东与齐境，卒戍四方，守亭障者参列。（《战国策·魏策一》）

既反其侵地，正其封疆，地南至于岱阴，西至于济，北至于海，东至于随，地方三百六十里。（《管子·小匡》）

十二牧行，而九州莫敢僻违；禹陂九泽，通九道，定九州，各以其职来贡，不失厥宜，方五十里至于荒服，南抚交趾、大发，西析支、渠搜、氐羌，北至山戎、肃慎，东至长夷、岛夷，四海之内皆戴帝舜之功。（《说苑·修文》）

南东北西 1 次：

外水曰辟雍，南蛮、东夷、北狄、西戎。（《大戴礼记·明堂》）

C. 以"西"起头的共 8 次。其中西东南北 3 次：

楚地西有黔中、巫郡，东有夏州、海阳，南有洞庭、苍梧，北有汾陉之塞、郇阳。（《战国策·楚策一》）

上有木禾，其修五寻，珠树、玉树、琁树、不死树在其西，沙棠、琅玕在其东，绛树在其南，碧树、瑶树在其北。（《淮南子·地形》）

丁壮丈夫，西至临洮、狄道，东至会稽、浮石，南至豫章、桂林，北至飞狐、阳原，道路死人以沟量。（《淮南子·氾论》）

西南东北 2 次：

赵地方二千里，带甲数十万，车千乘，骑万匹，粟支十年；西有常山，南有河、漳，东有清河，北有燕国。（《战国策·赵策三》）

西不尽流沙，南不尽衡山，东不近东海，北不尽恒山，凡四海之内，断长补短，方三千里，为田八十万亿一万亿亩。(《礼记·王制》)

西北东南1次：

古者禹治天下，西为西河渔窦，以泄渠孙皇之水；北为防原泒，注后之邸，嘑池之窦，洒为底柱，凿为龙门，以利燕、代、胡、貉与西河之民；东方漏之陆，防孟诸之泽，灑为九浍，以楗东土之水，以利冀州之民；南为江、汉、淮、汝，东流之，注五湖之处，以利荆、楚、干、越与南夷之民。(《墨子·兼爱中》)

西北南东/西南北东2次：

苏秦始将连横说秦惠王曰："大王之国，西有巴、蜀、汉中之利，北有胡貉、代马之用，南有巫山、黔中之限，东有肴、函之固。"(《战国策·秦策一》)

武侯谓吴起曰："今秦胁吾西，楚带吾南，赵冲吾北，齐临吾东，燕绝吾后，韩据吾前。"(《吴子·料敌》)

D. 以"北"起头的共4次。其中北南西东3次：

乘龙而至四海：北至于幽陵，南至于交趾，西济于流沙，东至于蟠木，动静之物，大小之神，日月所照，莫不祗励。(《大戴礼记·武帝德》)

流共工于幽州，以变北狄；放驩兜于崇山，以变南蛮；杀三苗于三危，以变西戎；殛鲧于羽山，以变东夷。(《大戴礼记·武帝德》)

会有一欲，则北至大夏，南至北户，西至三危，东至扶木，不敢乱矣。(《吕氏春秋·为欲》)

北西东南1次：

苏秦为楚合从说韩王曰："韩北有巩、洛、成皋之固，西有宜阳、常阪之塞，东有宛、穰、洧水，南有陉山，地方千里，带甲数十万。"(《战国策·韩策一》)

总起来看，四方分开说时，以"东"起头(22次)的比以"南"起头的(21次)略多，十字型排列的(共27次)比圆周型排列的(共23次)略多。(还有"南东西北/南西东北"5次未计在内。)但这样简单的统计说明不了实质性的问题。要说明实质性的问题还需要做进一步的分析。

首先，应该看到这三十二种书的时代早晚不同。最早的《诗经》、《周易》中只有"东—西/西—东"泛指方向的，没有四方分开说的。较早的《左传》、《孟子》、《墨子》中有如下例句(《庄子·盗跖》属于杂篇，时代较晚，所以不列于此)：

赐我先君履，东至于海，西至于河，南至于穆陵，北至于无棣。(《左传·僖公四年》)

东面而征，西夷怨；南面而征，北狄怨，曰："奚为后我？"(《孟子·梁惠王下》)

东面而征，西夷怨；南面而征，北狄怨，曰："奚为后我？"(《孟子·滕文公下》)

南面而征，北夷怨；东面而征，西夷怨，曰："奚为后我？"(《孟子·尽心下》)

古者禹治天下，西为西河渔窦，以泄渠孙皇之水；北为防原泒，注后之邸，嘑池之窦，洒为底柱，凿为龙门，以利燕、代、胡、貉与西河之民；东方漏之陆，防孟诸之泽，灑为九浍，以楗东土之水，以利冀州之民；南为江、汉、淮、汝，东流之，注五湖

之处,以利荆、楚、干、越与南夷之民。(《墨子·兼爱中》)

古者尧治天下,南抚交阯,北降幽都,东西至日出所出入,莫不宾服。(《墨子·节用中》)

逢逢白云,一南一北,一西一东,九鼎既成,迁于三国。(《墨子·耕柱》)

《左传》例说疆域的顺序是"东西+南北"。《孟子》三例都是泛指,说的是一回事,两例是"东西+南北",一例是"南北+东西",说明两种顺序都可以说,但"东西+南北"更为常说。《墨子·兼爱中》例"西—北—东"实际上说的都是禹治黄河,其方向是由西向东。"南"是说的禹治江汉。"西—北—东—南"是按先后排列的。《墨子·节用中》例,可参见《新书·修政语上》"是故尧教化及雕题蜀越,抚交趾,身涉流沙,地封独山,西见王母,训及大夏渠叟,北中幽都,及狗国与人身而鸟面,及焦侥。"先说"南"也是按时间先后的。《墨子·耕柱》例是泛指,据王引之说,应作"一东一西,一南一北"。这样看来,在较早的文献里,除了按时间先后排列外,用作泛指和表示疆域都用"东西+南北"的顺序。

在较晚的文献里,四方分开说的时候,和"东西+南北"的顺序不同的说法主要有两种:"东—南—西—北"和"南北+东西"。这都是受后来的一些观念而形成的。"东—南—西—北"的顺序显然和战国的五行说有关。五行说把"东南西北"、"春夏秋冬"都和五行相配,"五德终始"是圆形的循环,所以说四方分开说时也是圆周型的循环。"南北+东西"的顺序可能是受"经/纬"说的影响。《大戴礼记·易本命》:"凡地:东西为纬,南北为经。""经"比"纬"重要,所以"南北"放在"东西"前面。但这些都是较晚的事情。

所以，四方分开说时，特别是表示泛指时，较早是“东西＋南北”的顺序，这和四方连着说时“东西南北”的顺序是完全一致的。可见在华夏民族的观念里，“东西”比“南北”更为基本。

三

那么，为什么华夏民族自古就把“东/西”看作基本的方向呢？这里谈一点不成熟的意见。

（一）日出东方，日落西方，这是人们最容易感知的方位。但这是全人类共同的，仅仅根据这一点，不足以说明为什么有的语言以“东/西”为基本方位，有的不是。应该说“日出东方，日落西方”这一因素在有的民族的认知中由于其他因素而突显，在有的民族的认知中由于其他因素而减弱。在华夏民族的认知中是什么因素使之突显呢？是河流的方向。太阳从东向西，河流从西向东，这两个因素加在一起，使华夏民族自古就把“东西”作为基本的方位。下面的例句很好地说明了这一点：

> 昔者共工与颛顼争为帝，怒而触不周之山，天柱折，地维绝，天倾西北，故日月星辰移焉；地不满东南，故水潦尘埃归焉。（《淮南子·天文》）[①]

---

① 实际上，日月星辰是向西行的，中国的主要河流（如古代的“四渎”）是向东流的。所以，这里说的“东南”、“西北”都是偏指，这也说明“东/西”比“南/北”更为基本。古代也有认为日出于东南或东北的，如《淮南子·天文》：“日冬至，日出东南维，入西南维。至春、秋分，日出东中，入西中。夏至，出东北维，入西北维，至则正南。”但和这里说的“天倾西北……地不满东南”不是一回事。

云气西行云云然，冬夏不辍，水泉东流，日夜不休。（《吕氏春秋·圜道》）

《淮南子》虽然成书在西汉，但共工的故事是保存的远古神话。日月星辰从东往西行，河流从西往东流，这正是华夏民族感觉到的最基本的运动方向。《吕氏春秋》说的相类似：天上的运动向西，地上的运动向东，“东/西”是两个基本的方向。①

（二）华夏民族的房屋自古就是坐北朝南的。考古发掘的今甘肃秦安大地湾乙址的居住遗址，以901号大型房址为中心，南面有几个小区，每一小区都以一个较大房址为中心，其他房屋东西向排列。901号房由前堂、后室与东西厢房组成，其他房屋的构造都是具体而微。（见许倬云《万古江河·中国地区考古略说》）这种格局一直保留到周代和秦汉时期，周代和秦汉时期的房屋结构也是前堂后室，堂有东序、西序，两边有东夹、西夹。室的两旁有东房、西房。所以，在一家和一家之间，东邻、西邻的关系比南邻、北邻密切，在先秦文献中只出现过“东邻”和“西邻”，而没有出现过“南邻”和“北邻”。

九五，东邻杀牛，不如西邻之禴祭，实受其福……《象》曰：“东邻杀牛”，不如西邻之时也。（《周易·既济》）

西邻责言，不可偿也。（《左传·僖公十五年》）

在一座房屋内，人们经常说到的是东序、西序、东房、西房、

---

① 承北京大学对外汉语教育学院的张雁告知，彝语的方位表示法是：东：日出；西：日落；南：水尾；北：水头。东南、东北等方位用动物名称表示（见《彝语词汇学》）。由于彝族生活在金沙江、雅砻江一带，这些河流是南北向的，所以彝族用河流的位置来表示南/北。这可以作为汉语方位表示法受黄河、长江等流向的影响的旁证。

东夹、西夹(后来也说东阁、西阁)。(例句从略)

这种住房的排列和结构,也使人们觉得“东/西”比“南/北”更为基本。

(三)周秦是华夏文化形成的关键时期。周和秦原来都是僻居西隅的小国,后来逐渐向东方发展。在当时的政治地图中,“东—西”远比“南—北”重要。像“西周—东周”、“关西—关东”、“山西—山东”都是重要的政治术语,而“南—北”找不出这样的词汇来。上面引过的《诗经》的一个例句也能反映这一点:

镐京辟廱,自西自东,自南自北,无思不服。(《诗经·大雅·文王有声》)

这里首先说的是“自西自东”,然后才说“自南自北”,这首先是为了押韵,但和当时的实际情况也有关,首先是自西自东来到镐京辟廱,然后才是自南自北来到镐京辟廱。“东—西”比“南—北”重要。

在《诗经》中,与政治形势有关的“东—西”的还有一些。如:

我东曰归,我心西悲。(《诗经·豳风·东山》)

东人之子,职劳不来;西人之子,粲粲衣服。(《诗经·小雅·大东》)

自西徂东,周爰执事。(《诗经·大雅·绵》)

而“南—北”却只有关系自然方位的“南山—北山”、“维南有箕—维北有斗”,没有关系政治形势的。这也说明在周朝人心目中,在政治形势方面,“东西”比“南北”重要。

可以说,天文地理、居住方式、政治形势都影响着华夏民族对“东/西”和“南/北”的认知。这种认知是人们自己没有明确意识到的,但在语言使用中却非常一致地表现出来,而且毫无例外。这说明这种“集体无意识”是非常深层的，植根于全民族意识的深处，要把它发掘出来，不是那么容易。本文只是一种尝试，希望通过语言事实寻找它背后的“集体无意识”。不当之处，请各位指教。至于为什么英语的顺序恰恰和汉语相反，更希望听到达者的高见。

（原载《语范撷英（二）》，中国大百科全书出版社，2007年12月。收入论文集时有修改）

李白、杜甫诗中的“月”和“风”*

——计算机如何用于古典诗词鉴赏

计算机技术日新月异的发展，使得计算机在自然科学领域中得到广泛的运用。计算机在诗歌鉴赏中如何使用？这是一个需要探索的问题。计算机所擅长的是检索、分类、统计，而诗歌是感情的结晶，创造的艺术，用机械的检索、分类、统计手段来分析诗歌，无异于扼杀诗歌的生命。所以，正确的做法是计算机和人脑的结合：利用计算机强有力的检索功能，快速、全面、准确地提供有关资料，然后由熟悉诗歌的研究者从审美的角度来探索诗歌艺术的奥秘。

“意象”是古典诗词中艺术创造的一个重要因素。所谓“意象”，是诗歌中常出现的形象，这些形象以其自然的属性为基础，又融入了人文的因素，包含了深厚的文化积淀，如本文所考察的“月”和“风”。运用计算机技术鉴赏古典诗词，可以以意象为中心，用计算机提供某种意象在某个作家或某个时代的诗词中出现的全部例句和诗篇，在此基础上进行艺术分析，深入探究诗人的语言艺术。当然，根据目前计算机技术来对古典诗词进行鉴赏，还是有较大的局限性的。古人曾经说过：“炼字不如炼句，炼

* 本文的写作使用了北京大学中文系的“全唐诗检索系统”，特此致谢。

句不如炼意。"(《诗人玉屑》引《金针诗格》)用计算机来做古典诗词的鉴赏,主要是在"炼字"、"炼句"两个层面,也就是考察本文所说的"超常组合"。这样的研究有时也可以涉及"炼意",但那些不事雕饰、浑然一体、自然天成的"炼意",还无法涉及。其实,那样的"炼意"应属诗歌的上品。如张籍《秋思》:"洛阳城里见秋风,欲作归书意万重。忽恐匆匆说不尽,行人临发又开封。"沈德潜评曰"亦复人人胸臆语",和岑参的《逢入京使》同为"绝唱"。又如晏殊"梨花院落溶溶月,柳絮池塘淡淡风"(《无题》)也是传诵的名句,但没有任何超常组合。这样的意境如何用计算机技术来鉴赏,还是一个没有解决的问题。

"月"和"风"是古典诗词中经常出现的意象。本文以李白、杜甫的诗为范围,以这两个意象为中心,对这两位伟大诗人的艺术创造做一点探究。

对"月"和"风"的考察各分五项:

1.用什么字词来修饰"月/风":用"A+月"、"A+风"表示。

2.用什么字词来表述"月/风":用"月+V(或V+月)"、"风+V(或V+风)"表示。

3."月/风"和什么形象同现:用"月~N"、"风~N"表示。("月/风"可以和N并列,也可以和N分开出现。)

4."月/风"的表述和什么描述同现:用"月V/S"、"风V/S"表示。(这实际上是两个小句的紧缩,常用来表达诗人细微的观察和巧妙的构思。)

5."月/风"在诗篇中经常和什么情景、什么感情联系:用"月—X"、"风—X"表示。

从计算机检索的角度看,这些都是"月"、"风"和其他字词的各种组合。但从诗歌鉴赏的角度看，其中有的是通常的组合，研究的价值不大；有的是超常组合，反映诗人高超的语言艺术和奇妙的艺术构思，是研究的重点。

一 月

1. A＋月

“月”前面加修饰语，常见的有以下几类：

(1)性状＋月：“明月”、“落月”、“新月”、“寒月”、“孤月”等。这一类很常见。但李白和杜甫的诗中也有不同的表现(见下)。

(2)季节＋月。按理说，“季节”可以是“春、夏、秋、冬”，但在李杜诗中主要是“秋月”。这和诗歌描写的景象有关，因为“秋月”最圆最亮，最值得欣赏，也最能引起人的思念，所以常常成为诗人笔下的意象。

(3)处所＋月：“山月”、“江月”、“边月”、“碧溪月”、“石濑月”等。此类多见于诗歌，“月”和景物配合，形成一幅风景画。而在不同的背景下，“月”也各具不同的情态。“山月”常常是高山上之月，显得高远、清爽，如：“策马望山月，途穷造阶墀。”(李白《酬岑勋见寻》)[①]“江月”是江上或江中之月，月色和水色交融，显得光洁、柔和，如“江月光于水，高楼思杀人”(杜甫《江月》)。而“边月”出现在荒凉的边塞，往往给人高寒、肃杀之感，如“边月随弓影 胡霜拂剑花。”(李白《塞下曲》五)至于“峨眉山月半轮秋，影入平羌江水流”(李白《峨眉山月歌》)，则是在山峰

① 本文所引的诗题如果太长，就节取前面四至六个字。

上有月轮,在江水中有月影,而且一静一动,意境十分优美。

(4)地名＋月:"镜湖月"、"西江月"、"金陵月"、"鄜州月"、"瞿塘月"等。"月"本来是各地都能看到的,并不专属于一个地方。但诗歌中却常常有"地名＋月",描写的是诗人在某地所见之月,这往往是紧扣诗歌所表达的主题的。杜甫的《望月》最为典型:"今夜鄜州月,闺中只独看,遥怜小儿女,未解忆长安。香雾云鬟湿,清辉玉臂寒。何时倚虚幌,双照泪痕干。"事实上,同一个月亮,在长安的杜甫和他在鄜州的妻子都能看到。但杜甫把月亮称为"鄜州月",而且说"闺中只独看",显然是为了突出在战乱中独居鄜州的妻子的孤单,和诗人对她的想念。尾联两句,"月"字没有出现,但是是隐含着的,"双照"的主语就是"月",因为这两句表达的是诗人对夫妻团聚的愿望,所以,这个"月"是夫妻共望的明月,不必再强调是某地之月了。

以上在诗歌中都还是常见的组合。除此以外,还有一些超常组合。如:

> 漂月:五月入五洲,碧山对青楼。故人杨执戟,春赏楚江流。一见醉漂月,三杯歌棹讴。(李白《楚江黄龙矶南》)
>
> 水月:观心同水月,解领得明珠。(李白《赠宣州灵源寺》)
>
> 白月:大珠脱玷翳,白月当空虚。(杜甫《谒文公上方》)

"漂月"指漂在水中之月,很形象生动。"水月"是水中之月,佛教用以比喻虚幻之象。"白月"是佛教用语,望已前为白月,望已后为黑月。不过这些用语只增加了诗的哲理性,并没有增加诗的艺术感染力。

更值得注意的是下面一首诗:

> 玉阶生白露,夜久侵罗袜。却下水晶帘,玲珑望秋月。

(李白《玉阶怨》)

“玲珑”不可能是“望”的状语,应是“秋月”的修饰语,这可以用张祜的诗为证:

半夜四山钟磬尽,水精宫殿月玲珑。(张祜《东山寺》)

那么,为什么不说“望玲珑秋月”呢?因为这既不合汉语的习惯(汉语中只能说:玲珑之秋月),又不合近体诗的平仄和句法(“望玲珑秋月”是迭平,近体诗一般不用“1—4”句式),所以把“玲珑”放到动词“望”的前面。唐诗中这种句式并不少见,如:

如瓜煮大卵,比线茹芳菁。(韩愈《城南联句》)

这也是一种超常组合,可以造成一种“诗家语”。

又:杜甫诗中有“新月”、“初月”、“纤月”、“缺月”、“残月”,可见诗人观察之细。如“秦地应新月,龙池满旧宫”(《洞房》),“初月出不高,众星尚争光”(《成都府》),“风林纤月落,衣露净琴张”(《夜宴左氏庄》),“热云集曛黑,缺月未生天”(《湘江宴饯》),“卷帘残月影,高枕远江声”(《残夜》)。

2.月+V(或V+月)

第二种要考察的组合是“月”和什么动词(或形容词)组合,构成主谓和述宾关系。常见的组合有:“月出”、“月照”、“月皎皎”、“望月”、“玩月”等。

超常组合如:

月苦:我行值木落,月苦清猿哀。(李白《过汪氏别业》)

浮月:舟浮潇湘月,山倒洞庭波。(李白《书情题蔡舍人》)

月翻:薄云岩际宿,孤月浪中翻。(杜甫《宿江边阁》)

吐月:四更山吐月,残夜水明楼。(杜甫《月》)

“月”是无生命的,“苦”是一种心理状态,按常规“月”和“苦”

不能搭配。李白诗中说“月苦”，是一种移情作用，把诗人自己的感情移到月上去了。“月翻”，在通常情况下是不可能的，这里说的是江中之月在浪中翻滚，造语很奇特，但写景很贴切，很生动。通常“舟”不能“浮月”，这里的“月”也是江中之月，月夜行舟，船在映着月影的江面上行进，好像在月上漂浮。这是一种很美的意境，诗人用短短的五个字就写出了这种意境。通常“月”不能做“吐”的宾语，“山”也不能做“吐”的主语，但是“四更山吐月”一句，把月亮一点一点从山上出来的景象刻画得惟妙惟肖，显示出杜甫“炼字”的高超。

李白《月下独酌》之一是一首脍炙人口的诗：“花间一壶酒，独酌无相亲。举杯邀明月，对影成三人。月既不解饮，影徒随我身。暂伴月将影，行乐须及春。我歌月裴回，我舞影零乱。醒时同交欢，醉后各分散。永结无情游，相期邈云汉。”人能举杯邀月，月能随人徘徊，与人交欢，这是一种超常组合。但是，这种组合奇妙而不怪异。这首诗不像卢仝《月蚀诗》讲了一连串关于“月”的神话，而是根据人们平常对“月”的感觉加以合理的想象。“月亮跟我走”是小孩都熟悉的感觉，“我歌月徘徊”只是把这种感觉诗化而已。诗人在世上寂寞孤单，所以只能希望以月为友，与月相亲。带着这种感情看“月”，就会感到“月”似乎也在给自己友善的响应，于是就写出了“我歌月徘徊”和“醒时同交欢”、“永结无情游”这样的诗句。实际上，这也是诗人感情的外化。这种超常组合正是在此基础上形成的，它使读者感到新奇而又切近，所以千载之下，还能引起读者的共鸣。

3. 月～N

这里说的是“月”这个意象经常和什么别的意象一起出现。

一般来说，与“月”同属一类、人们经常由“月”联想到的事物，在诗歌中往往和“月”同时出现。常见的组合如：“日～月”、“星～月”、“云～月”、“风～月”、“花～月”等。“日”、“星”、“云”、“风”都是和“月”同类的天象，“花前月下”是人们普遍喜爱的美景，所以它们在诗歌中常常同时出现。

超常组合如：

冰～月：明明金鹊镜，了了玉台前。拂拭交冰月，光辉何清圆。（李白《代美人愁镜》二首之一）

松～月：故山有松月，迟尔玩清晖。（李白《送蔡山人》）

银河～月：含星动双阙，伴月照边城。（杜甫《天河》）

酒～月：抚酒惜此月，流光畏蹉跎。（李白《五松山送殷淑》）

从“月”一般不容易联想到“冰”。李白诗中把“冰月”并列，是着眼于它们“洁白”、“明亮”的共同点。明镜如月，美人似冰，冰月相映，更加明亮洁白。“松”是草木类，“月”是天象类，两者也差得较远。但是从古人的审美观念来看，这两者是联系在一起的。“明月松间照，清泉石上流”（王维《山居秋暝》），“松风吹解带，山月照弹琴”（王维《酬张少府》）。在古代诗人看来，“松—月”的关系并不亚于“花—月”的关系，而且可能比“花—月”更雅。“银河”和“月”虽然都出现在夜空，但在诗歌中同现的并不多，可能是因为人们不把它们看作同一类。在杜甫《天河》中，“银河”是主要形象，“月”是伴随“银河”而出现的。“月”和“酒”离得更远，两者的同现主要是在李白诗中。月下饮酒，“莫使金樽空对月”，在李白诗中十分常见，因此，“抚酒”就想到了“月”。

在李白诗中还有不少关于“月”的比喻，比如把“月”比作“白玉盘”等，是比较常见的。下面的比喻比较奇特：

月～雪：月华若夜雪，见此令人思。（李白《秋山寄卫尉》）

水～月：镜湖水如月，耶溪女似雪。（李白《越女词》之五）

两个相似的事物用作比喻，一般人容易想到，也因此容易变得陈旧，失去艺术的生命力。而两个差得较远的事物（如"月—雪"，"水—月"）用作比喻，则要透过表面，把握其内在的相同之点，所以一般人不容易想到，而这样的比喻，往往显得新鲜、生动。

4. 月 V/S

诗人往往对事物有一种非常细致的观察，也会细致地观察到两件事情之间的联系。这种联系有的比较隐蔽，而诗人能够发现；有的是人们习焉不察，而诗人却敏锐地觉察出来。但在古典诗词中，这种联系往往不是明白地说出，而只是把两件事情联系在一起，甚至是紧缩成一个句子，其间的联系要读者自己去体会。所以，这样的诗句既精炼又含蓄，非常耐人咀嚼。李杜诗对"月"的描写有很多这类诗句，下面选取一些加以分析。

雪霁/万里月，云开九江春。（李白《避地司空原》）

这不仅是说雪后夜空如洗，月光普照，而且使人想到月光照在雪地上，更加晶莹洁白，是一幅绝好的图画。

江动/月移石，溪虚云傍花。（杜甫《绝句》六首之六）

李杜笔下"月"这个意象千姿百态，这里出现的是"月移石"：月影在江边的石上移动而去。这是诗人的视觉印象，和上面所引"孤月浪中翻"相近。但这句诗不但写出了这种视觉印象，而且写出了造成这种印象的原因是"江动"。"江动—月移石"，前者是因，后者是果。这样由因果复句紧缩而成的诗句，在唐诗中是很多的。

星垂平野阔，月涌/大江流。（杜甫《旅夜书怀》）

这句看来好像和上一句一样，也是既写出视觉印象，又写出造成视觉印象的原因，只不过句式换成了“结果—原因”。其实不然。这首诗的诗题是《旅夜书怀》，诗人在夜间不可能放眼四望，他首先直接感受到的是“星垂”、“月涌”，然后进一步环顾四周，才觉察到“平野阔”、“大江流”。“星垂/月涌”和“平野阔/大江流”是诗人先后观察到的景象，当然，从事理上说，后者也是前者的原因。可见。这种紧缩小句能包含多种关系，其表现力是很丰富的。

风催寒梭响，月入/霜闺悲。（李白《独不见》）

“月入”是月光照进了室内。“月入”和“霜闺悲”有什么联系呢？这可以和李白另一首诗参看；《子夜吴歌·秋歌》：“长安一片月，万户捣衣声。秋风吹不尽，总是玉关情。何日平胡虏，良人罢远征？”时值深秋，在外面征战的丈夫还不回来，妻子思念丈夫，而在夜深人静的时候，独自对着户内的月光，心中更加悲伤。

天寒鸟已归，月出/山更静。（杜甫《西歧村寻置》之一）

“月出—山更静”，这不仅因为月出是在夜间，而且因为月光给山野涂上了一层静谧的色彩。这两句可以和王维的一首诗参看。王维《鸟鸣涧》：“人闲桂花落，夜静春山空。月出惊山鸟，时鸣春涧中。”写的也是月光下的春山的寂静。虽然王维诗中与“月出”直接联系的是“惊山鸟”而使山鸟鸣叫，但山鸟的鸣叫不是使人感到喧闹，而是更衬托了山中的寂静。

月明垂叶露，云逐渡溪风。（杜甫《秦州杂诗》之二）

这是另一种形式的紧缩。本来是两件相关的事情，可以分别用两个句子表达：“露垂于叶”和“月明（动词，照明）之”。但诗人为了表达的精炼，把前一个句子变成一个词组“垂叶露”，而且让它做“明”的宾语。这样，在短短的五个字中，包含了十分丰富的内容。下一句“云逐渡溪风”也是一样。这十个字，构成了一幅乡间风景画。

和“月～N”比较，“月V/S”这种组合更富于艺术表现力，它能表现出“月”的各种形态和相关事物的联系，使“月”这个意象千姿百态，而且充满动感，具有深厚的内涵。

5.月—X

在诗歌中，“月”可以出现于不同的情景中，可以和不同的感情相联系。但在多样性中还是有一个基调：和“月”联系的情景是宁静，和“月”联系的感情是思念。这是可以用计算机查找与“月”相关的诗歌，分析统计而得出的（当然需要人工干预）。

下面举两首典型的诗歌：

李白《静夜思》：“床前明月光，疑是地上霜。举头望明月，低头思故乡。”

杜甫《月夜》：“今夜鄜州月，闺中只独看。遥怜小儿女，未解忆长安。香雾云鬟湿，清辉玉臂寒。何时倚虚幌，双照泪痕干。”

二 风

“风”这个意象比“月”更虚一点，但用来表现“风”的方法大致和“月”相同。上面分析了李杜诗中“月”的意象，下面再分析李杜诗中“风”的意象就可以简单一些，相同之处就不再多说，重点说明一些不同之处。

1. A＋风

常见的组合：“微风”、“和风”、“烈风”、“北风”等。

诗歌中的组合：

天风：海寒多天风，白波连山倒蓬壶。（李白《古有所思》）

松风：松风清襟袖，石潭洗心耳。（李白《题元丹丘山居》）

雪山风：经心石镜月，到面雪山风。（杜甫《春日江村》之三）

渡溪风：月明垂叶露，云逐渡溪风。（杜甫《秦州杂诗》之二）

“风”不像“月”那样实，除了“微风”、“和风”、“烈风”、“北风”等组合，“风”没有多少性状可说。但是，风从不同的地方吹过，它给人的感觉不同，所以在诗歌中常常见到“处所＋风”的组合。这些组合在散文中少见，在诗歌中多用。

如“天风”。风本来是在天上刮的，为什么还要说“天风”呢？这是为了强调它是不同于“起于青苹之末”的微风，“天风”往往包含着强劲、威猛的意味。“松风”在唐诗中常见，如“松风吹解带，山月照弹琴”（王维《酬张少府》）。从松林中来的风带着一种清新之气，所以唐诗中“松风”还可以用来比喻优雅的琴声。刘长卿《听弹琴》：“泠泠七丝上，静听松风寒。古调虽自爱，今人多不弹。”“雪山风”不言而喻是带着寒气。“云逐渡溪风”和上面分析过的“月明垂叶露”一样，是一个紧缩的诗句，“渡溪风”是由“风渡溪”这个句子转换来的词组。

2. 风＋V

常见的组合：“风吹”、“风生”、“风暖”、“风清”等。

超常组合：

风开：雪尽天地明，风开湖山貌。（李白《经乱后将避地》）

风破：岁晏风破肉，荒林寒可回。（杜甫《山寺》）

风催：风催寒梭响，月入霜闺悲。（李白《独不见》）

风妒：影遭碧水潜勾引，风妒红花却倒吹。（杜甫《风雨看舟前落花》）

"开"、"破"都是使动用法，用"风＋使动"可以很精炼地表达出风使对象产生某种结果。王安石的名句"春风又绿江南岸"，得力的就是使动的"绿"字。"风"是没有生命的，但后面跟上使动后，就提升了一点生命度，好像风有意地使对象产生某种结果。"催"本来是人发出的动作，"风"后面用"催"使"风"生命度更加提升，而且用一个"催"把"秋风起"和"寒梭响"这两件事紧密地联系在一起。这也是一个"炼字"的好例子。说"风妒"就把"风"拟人化了。这些都是诗歌中特有的。

"风吹"虽很常见，但李白诗中有些"吹"的宾语很奇特：

吹霜：严风吹霜海草凋，筋干精坚胡马骄。（李白《胡无人》）

吹月：长风吹月度海来，遥劝仙人一杯酒。（李白《鲁郡尧祠》）

吹愁：东风吹愁来，白发坐相侵。（李白《独酌》）

吹梦：西忆故人不可见，东风吹梦到长安。（李白《江夏赠韦南陵冰》）

吹我心：狂风吹我心，西挂咸阳树。（李白《金乡送韦八》）

"霜"不是风吹来的，但是寒风凛冽就会有霜，所以诗人说"严风吹霜"显得十分形象。"月"更不是风能吹动的，是诗人把月在天空的运行想象为长风吹送的结果。"愁"、"梦"是抽象的东西，更不可能是风吹的对象，但在诗人奇特的想象中，它们也被风吹来吹去。最奇特的是"狂风吹我心，西挂咸阳树"，这似乎是违反常理的，但读者能理解，这是用诗的语言表达对远方朋友的思念。“反常合道为趣”,李白的这些诗句正是反常而合道的,所以有奇趣。

3. 风～N

常见的组合:“风～云”、“风～尘”、“风～花”、“风～月”等。

诗歌中特有的组合:

唐诗中很多“风”与其他事物的组合,形成“风+N”的结构。如:

风泉:为余谢风泉,其如幽意何。(李白《答长安崔少府》)

风竹:天云浮绝壁,风竹在华轩。(杜甫《奉汉中王手札》)

风蝶:风蝶勤依桨,浴鸥懒避船。(杜甫《行次古城店》)

风榭:雪篱梅可折,风榭柳微舒。(杜甫《将别巫峡》)

风磴:误疑茅堂过江麓,已入风磴霾云端。(杜甫《郑驸马宅》)

风壤:云山兼五岭,风壤带三苗。(杜甫《野望》)

需要注意的是:这种结构中 “风”和“N”不是简单的修饰关系,比如,“风泉”不是“风之泉”,也不仅仅是“风中之泉”,而是“风中叮冬作响之泉”。这可以有大量的诗句为证。如:

萝茑自为幄,风泉何必琴。(张九龄《始兴南山下》)

松月生夜凉,风泉满清听。(孟浩然《宿业师山房》)

其他如“风竹”是风中摇曳之竹。“风蝶”是风中飞舞之蝶。“风榭”是微风吹拂之榭。“风磴”是通到高处的石磴,因为高,所以有风。“风壤”是风吹日晒的土地。总之,“风”和“N”之间可以有多种关系,需要读者根据唐诗中的用例自己去想象和归纳。这是诗歌的词语和日常使用的词语不同的地方。

4. 风 V/S

沅湘春色还，风暖/烟草绿。（李白《春滞沅湘》）

雨色秋来寒，风严/清江爽。（李白《酬裴侍御》）

风起/春灯乱，江鸣夜雨悬。（杜甫《船下夔州》）

细雨鱼儿出，微风/燕子斜。（杜甫《水槛遣心》）

叶稀/风/更落，山迥日初沈。（杜甫《野望》）

阶前短草泥不乱，院里长条/风/乍稀。（杜甫《雨不绝》）

前两例“风 V”和“S”都是因果关系，不用细说。“风起/春灯乱”，也可以说是因果，但联系下一句“江鸣夜雨悬”，更确切的理解应是，两句写诗人在船中的所见所闻。见的是“春灯乱”，由此而知“风起”；闻的是“江鸣”，由此而知“夜雨悬”。这两句诗的表达和“星垂平野阔，月涌大江流”很相似。“细雨鱼儿出，微风燕子斜”受到宋代叶梦得的盛赞：“诗语忌过巧。然缘情体物，自有天然工妙，虽巧而不见刻削之痕。老杜‘细雨鱼儿出，微风燕子斜’，此十字殆无一字虚设。雨细着水面为沤，鱼常上浮而淰；若大雨，则伏而不出矣。燕体轻弱，风猛则不能胜，唯微风乃受以为势，故又有‘轻燕受风斜’之语。”（《石林诗话》卷下）说表现了杜甫的“体物”之细。从表现手法上看，这也是把“细雨”和“鱼儿出”，“微风”和“燕子斜”联系在一起，而这两者为什么有联系，是需要读者自己去体会的。

最后两例比较特殊。不论是按韵律还是按句法，“风”都应该单独一读，而不应该把“风”理解为“更落”和“乍稀”的主语。“落”的是“叶”，“稀”的是“长条”，句子应读为“叶稀/因风/而更落”，“院中长条/因风/而乍稀”。“风”本身就有吹动的意思，所以这两句仍属于“风 V/S”的组合，表达诗人观察到的“风(吹)”

和“叶落”，“条稀”的联系。

5.风—X

和“风”联系的情景：(和风)温暖；(烈风)寒冷。

和“风”联系的感情：(和风)愉悦；(烈风)悲苦。

典型的作品：

李白《宫中行乐词》之五：“绣户香风暖，纱窗曙色新。宫花争笑日，池草暗生春。绿树闻歌鸟，青楼见舞人。昭阳桃李月，罗绮自相亲。”

李白《北风行》：“烛龙栖寒门，光曜犹旦开。日月照之何不及此，唯有北风号怒天上来。燕山雪花大如席，片片吹落轩辕台。幽州思妇十二月，停歌罢笑双蛾摧。倚门望行人，念君长城苦寒良可哀。别时提剑救边去，遗此虎纹金鞞靫。中有一双白羽箭，蜘蛛结网生尘埃。箭空在 ，人今战死不复回。不忍见此物，焚之已成灰。黄河捧土尚可塞，北风雨雪恨难裁。”

杜甫《绝句》二首之一：“迟日江山丽，春风花草香。泥融飞燕子，沙暖睡鸳鸯。”

杜甫《登高》：“风急天高猿啸哀，渚清沙白鸟飞回。无边落木萧萧下，不尽长江滚滚来。万里悲秋常作客，百年多病独登台。艰难苦恨繁霜鬓，潦倒新停浊酒杯。”

三 李杜风格的比较

通过李白、杜甫诗中“月”和“风”的考察，我们也能看到李白和杜甫这两位诗人风格的不同。

李白想象奇特。如《月下独酌》之一“举杯邀明月”等奇妙的想象和“风吹/霜/月/愁/梦/我心”之类，这是杜甫诗中很少看到的。同时，李白句法自然，诗句和散文比较接近，一首诗常常倾泻而下，一气呵成。当然，李白也有“玲珑望秋月”这样离口语较远的句子，但这不是他的特色。

杜甫观察细微。如“细雨鱼儿出，微风燕子斜”，备受后人称赞。又如“星垂平野阔，月涌大江流”以及“新月”、“初月”、“纤月”、“缺月”、“残月”之类的描写，都体现出他体物之细的特点。同时，杜甫讲究“炼字”，句法凝练。如“四更山吐月”和“月明垂叶露，云逐渡溪风”，“叶稀风更落，山迥日初沈”之类，这是李白诗中所没有的。

四 “月”和“风”的意象的形成和发展

以上是对李白、杜甫诗中的“月”和“风”的考察。如果我们再向上追溯，从中国文学的源头《诗经》、《楚辞》到异采纷陈的六朝诗赋，考察那里的“月”和“风”，我们就会看到，“月”和“风”作为艺术的意象，是有一个形成和发展的过程的。这种考察，我们也可以借助计算机的检索，然后加以分析。

先说“月”。

在《诗经》中，虽然多次出现“月”（月亮），但基本上是作为一种天文现象来描写的。如：

日居月诸，照临下土。（《诗经·邶风·日月》）

东方明矣，朝既昌矣。匪东方则明，月出之光。（《诗经·齐风·鸡鸣》）

月和日是人们每天看到的，当然会被写进诗歌之中。但这种“月”只是一种自然之物，而不是审美对象。《诗经》中唯一和审美有关的“月”出现在《诗经·陈风·月出》中：

月出皎兮，佼人僚兮，舒窈纠兮，劳心悄兮。

月出皓兮，佼人懰兮，舒懮受兮，劳心慅兮。

月出照兮，佼人燎兮，舒夭绍兮，劳心惨兮。

但这里真正的审美对象是月下的美人，而不是月本身。月色增加了美人的美，使诗人赞叹不已，但“月”在诗人眼里，并不见得有什么动人之处。

在《楚辞》（不包括《惜誓》以下的作品，下同）中也是一样。《楚辞》中“月”六见，四处为“日月”，一处为“月与列星”，一处为“被明月兮佩宝璐”（“明月”为珠名）。

“月”作为艺术的意象出现是在东汉末。① 在被推崇为“五言之冠冕”的《古诗十九首》中，有三处提到“明月”，其中两处是：

明月皎夜光，促织鸣东壁。玉衡指孟冬，众星何历历。

愁多知夜长，仰观众星列。三五明月满，四五蟾兔缺。

这两处明月还只是夜间看到的景象，而不是诗人欣赏的对象，诗中也没有把明月和人的感情联系起来。第三处就不一样了：

明月何皎皎，照我罗床帏。忧愁不能寐，揽衣起徘徊。

在这首诗中，明月就不再是高挂在天上，与人无关的无情之物，而是能照在人们的床上，和人们如此贴近，能引起人们忧思的艺术形象了。

---

① 人们为月编织一些奇妙的想象是比较早的。在《天问》中已经说到“顾免在腹”，《淮南子·览冥》中已经记载了姮娥奔月的传说。但在东汉以前的诗歌中，“月”只是一种自然景象。

汉末的三曹父子在诗歌中都有月的描写。如：

月明星稀，乌鹊南飞。绕树三匝，无枝可倚。（曹操《短歌行》）

明月皎皎照我床，星汉西流夜未央，牵牛织女遥相望，尔独何故限河梁。（曹丕《燕歌行》）

清夜游西园，飞盖相追随。明月澄清影，列宿正参差。秋兰被长阪，朱华冒绿池。潜鱼跃清波，好鸟鸣高枝。（曹植《公燕诗》）

在曹操的诗中，以“月明星稀”烘托一种氛围，表达自己的悲壮之情。曹丕的诗继承了《古诗十九首》而又有发展，诗中的思妇的目光从照着床帏的明月转到银河和银河两边的牛郎织女，又想到自己和丈夫的分离，明月和人的感情紧密联系。曹植的诗把明月和月光写得非常美，从此，“西园”就成了后代文人描写月亮时常用的辞藻。但和后代相比，对明月或月色的描写还不十分细致。

六朝是文学自觉的时代。人们自觉地认识到美是文学作品区别于其他作品的必要条件。陆机明确提出了“诗赋欲丽”（《文赋》），在他的诗歌中，对“月”的描写就更加细致生动，而且有了更多的人的因素。请看下列诗句：

清露坠素辉，明月一何朗。抚枕不能寐，振衣独长悲。（《赴洛中道作》）

安寝北堂上，明月入我牖。照之有余辉，揽之不盈手。（《拟明月何皎皎》）

第一首是把明月和清露互相映照，描绘了清幽的夜景。第二首用一个“入”字把明月写得和人如此亲近，苏轼《水调歌头》“转朱阁，低绮户，照无眠”是其继承和发展；后两句把清澈的月光写得非常传神，张九龄《望月怀远》“海上生明月，天涯共此时。情人怨遥夜，竟夕起相思。灭烛怜光满，披衣觉露滋。不堪盈手赠，还寝梦佳期”，明显地是用陆机的诗意。在这些诗句中，“月”已经形成一个艺术的意象了。

谢灵运是我国第一个大量写山水诗的诗人，在他的笔下，山水成了人玩赏的对象，“月”也显得多姿多态。如：

明月：调弦促柱多哀声，遥夜明月鉴帷屏。（《燕歌行》）

秋月：析析就衰林，皎皎明秋月。（《邻里相送至方山》）

初月：眷西谓初月，顾东疑落日。（《登永嘉绿嶂山》）

晓月：晓月发云阳，落日次朱方。（《庐陵王墓下》）

海月：扬帆采石华，挂席拾海月。（《游赤石进帆海》）

石上月：暝还云际宿，弄此石上月。（《石门岩上宿》）

他把“月”和自然界的其他景物放在一起，组成一幅富有诗意的山水画。如：

野旷沙岸静，天高秋月明。（《初去郡》）

在谢灵运之后，刘宋的作家谢庄写了《月赋》，其中对月有很精彩的描写：

升清质之悠悠，降澄辉之蔼蔼。列宿掩缛，长河韬映。柔祇雪凝，圆灵水镜。连观霜缟，周除冰净。

后面又写道：

美人迈兮音尘阙，隔千里兮共明月。临风叹兮将焉歇，川路长兮不可越。

把明月和思念联系起来。苏轼的“千里共婵娟”显然是由此演化而来的。到六朝，“月”作为一个艺术意象，已经形成了。

在我们从陆机说到谢灵运的时候，我们不能忘记在他们之间的大诗人陶渊明。他笔下的“月”别具风格。如：

种豆南山下，草盛豆苗稀。晨兴理荒秽，带月荷锄归。（陶渊明《归田园居》之三）

“带月”不仅点出了时间，而且表现了作者劳作之后的愉悦心情。在陶渊明诗中，“月”这个艺术形象是和他的劳作联系在一起的。

再说“风”。

和“月”不同，“风”很早就已经成为艺术形象。《史记·乐书》：“昔者舜作五弦之琴以歌南风。”舜究竟是否曾“歌南风”，后代所传的《南风歌》究竟是否为舜所作，只能存疑。但《诗经》中的“风”已经是寄托人们感情的艺术形象，这应当不成问题。如：

北风其凉，雨雪其雱。（《诗经·邶风·北风》）

凯风自南，吹彼棘心。（《诗经·邶风·凯风》）

《楚辞》更不必说，如“袅袅兮秋风，洞庭波兮木叶下”（《楚辞·九歌·湘夫人》），就是传诵千古的名句。宋玉的《风赋》旨在讽喻，但对风的描写也很成功。

从战国到汉初，诗歌不多见。但有两个人所写的关于风的诗句却是人们熟知的：

风萧萧兮易水寒，壮士一去兮不复还。（荆轲《渡易水歌》）

大风起兮云飞扬，威加海内兮归故乡，安得猛士兮守四方。（刘邦《大风歌》）

荆轲和刘邦都不是诗人，但是他们即景生情，以景抒情，发自胸臆，不假雕饰，成了千古名句。可见，“风”很早就成了艺术形象，即使不是诗人也能使用。

为什么“月”成为意象较晚，而“风”成为意象很早呢？这大概是由于“月”离人们的生活比较远，最初，“月”只和昼夜和朔望有关，后来才成为审美的对象。而“风”和人们的生活很近，寒风与和风都会影响人的感情，所以在诗歌中“风”很早就不是单纯的自然之物，而是和人的感情相联系的了。

不过，“风”作为意象，也还有一个发展的过程。在后来的诗歌中，“风”也是更加地多姿多态。比如谢灵运的诗中，除了先秦已有的“秋风”、“清风”、“绪风”外，还有“和风”、“悲风”、“晨风”、“朝风”、“候风”、“远风”、“山穴风”。（例略）另外，在六朝的诗歌中出现了“松风”、“荷风”之类的词语，如：

松风遵路急，山烟冒垄生。（颜延年《拜陵庙作》）

荷风惊浴鸟，桥影聚行鱼。（庾信《奉和山池诗》）

同样是风，但在诗人看来，从松林间吹来的风和从荷池上吹来的风给人的感觉有所不同。用“处所＋风”的格式来表达的各种不同的风，既简洁，又生动，所以在唐诗中被广泛运用。而其来源当追溯到六朝。

陶渊明诗中的“风”也和他诗中的“月”一样，别具风格。

山涤余霭，宇暧微霄。有风自南，翼彼新苗。（《时运》之一）

平畴交远风，良苗亦怀新。（《癸卯岁始春怀古田舍》诗之二）

他两次写到吹拂着新苗的风。特别是前一句，在他笔下，风好像是有了生命，轻轻地抚摸着、呵护着新苗。这种观察和体会，是只有亲自在田间劳作的诗人才会有的。

从上面的讨论可以看到，“月”和“风”及其相关的意象的形成和发展过程是不相同的。对于中国古代文学中各种重要的意象是如何形成和发展的，值得深入研究。

五 余 论

运用计算机技术来鉴赏古典诗词，是一项刚刚开始的工作。本文只是做了一个小小的尝试。就本人思考所及，今后还有许多工作要做。下面仍就“月”和“风”的意象来谈几点想法。

1. 计算机检索的手段应进一步完善。

运用目前的计算机检索手段，可以很方便地找到唐诗中有“月”字、“风”字的诗句。但古典诗词中“月”和“风”都有很多代称和相关的辞藻，如“玉盘”、“金波”、“嫦娥”、“桂华”；“噫气”、“鸣条”、“起苹”、“扶摇”等。有不少诗中没有直接使用“月”字、“风”字，而是使用了这些代称和辞藻，同样构成了“月”、“风”的意象。所以，研究有关意象，也应该把这些代称和辞藻包括在内。由于时间关系，本文未能这样做，是一个缺憾。

下面举一首杜甫的诗来看一看诗人如何运用和“月”有关的辞藻：

杜甫《月》：“四更山吐月，残夜水明楼。尘匣元开镜，风帘自上钩。兔应疑鹤发，蟾亦恋貂裘。斟酌姮娥寡，天寒耐九秋。”

诗中除一、二两句是写实外，其余各句都用了有关“月”的比喻或辞藻，如“镜”、“钩”、“兔”、“蟾”、“姮娥”。

再举一首辛弃疾的词：

一轮秋影转金波，飞镜又重磨。把酒问姮娥，被白发欺人奈何？乘风好去，长空万里，直下看山河。斫去桂婆娑，人道是清光更多。《太常引（建康中秋，为吕叔潜赋）》

这首词写的是中秋之月，但没有用一个“月”字，用的全是“月”的代称和有关的辞藻。在研究古典诗词中“月”的意象时，如果用计算机来查检“月”字，这首词就会漏掉。如果在计算机软件中有“月”和“金波”、“飞镜”、“姮娥”、“桂”的相关链接，这首词就很容易查到。

这些代称和辞藻，在《初学记》、《艺文类聚》以至《渊鉴类函》、《佩文韵府》等古代的类书中搜罗得比较全。要用计算机来研究古典诗词中“月”和“风”的意象，可以利用古代的类书找出相关的词语，在计算机软件中做成和“月”、“风”相关的链接，这样可给研究者提供更多的方便。

2.研究的范围应进一步扩大。

就“月”、“风”而言，还可以做如下一些研究工作：

(1)比较更多的唐诗作家的风格。

比如李贺，他的风格和李白、杜甫都不相同。看下面李贺有关“月”的一些诗句，就可以明显地感觉到。

携盘独出月荒凉，渭城已远波声小。(《金铜仙人辞汉歌》)

吾不识青天高，黄地厚，唯见月寒日暖，来煎人寿。(《苦昼短》)

老兔寒蟾泣天色，云楼半开壁斜白。(《梦天》)

吴质不眠倚桂树，露脚斜飞湿寒兔。(《李凭箜篌引》)

(2)研究唐代散文中“月”、“风”的用法和描写，和唐诗比较，这样可以更清楚地看到唐诗语言的特点。

(3)以唐诗为中心，上溯汉魏六朝诗以至于《诗经》、《楚辞》，下探宋词、元曲，研究“月”、“风”意象的历史发展，并以此作为一个侧面，来研究中国古代诗歌艺术的发展演变。这一点，本文做了一个简略的考察，今后还可以做得更深入。

总之，运用计算机技术来鉴赏古典诗词前景是非常广阔的，有待于各方面专家的合作，共同推进这一既古老又现代的工作。

（原载《语言，文学与信息》，新竹清华大学出版社，2004 年 3 月。收入论文集时有修改和补充。）

《唐诗三百首》

白日依山尽，黄河入海流。欲穷千里目，更上一层楼。

（王之涣《登鹳雀楼》）

月落乌啼霜满天，江枫渔火对愁眠。
姑苏城外寒山寺，夜半钟声到客船。

（张继《枫桥夜泊》）

月黑雁飞高，单于夜遁逃。欲将轻骑逐，大雪满弓刀。

（卢纶《塞下曲》）

慈母手中线，游子身上衣。临行密密缝，意恐迟迟归。
谁言寸草心，报得三春晖。

（孟郊《游子吟》）

这些都是我们非常熟悉、非常喜爱的诗篇。这些诗，或是放声歌唱了祖国的壮丽山河，或是生动地描写了江南的夜景，或是展示了一场即将开始的激烈战斗，或是深情赞颂了无比温暖的母爱。它们都是唐代诗人的作品。唐诗是我国古代文化遗产中的瑰宝，许多名篇至今传诵不衰；唐诗也是中华民族的骄傲，有不少诗篇已被译成多种外语，得到了世界各国人民的喜爱。唐代的诗坛像星光灿烂的夜空，除了李白、杜甫、王维、白居易这些超级巨星外，还有许多大大小小的明星。如果我们想多读一些唐诗，该用什么本子好呢？有人可能会想到《全唐诗》，这是唐诗的总汇，它是在清代康熙年间编纂的，共收诗 48900 余首，作者 2200 余人，共 900 卷。但是这 900 卷的大书不大好读。作为一般的鉴赏，可以读一本非常通行的选本:《唐诗三百首》。刚才念的四首诗，都能在这个选本中找到。

“熟读唐诗三百首，不会吟诗也会吟。”这是《唐诗三百首》的编者“蘅塘退士”在《唐诗三百首》的序里引的一句谚语，他的意思是说，熟读他的这个选本，就可以出口成章了。这样说当然有些夸张。但是，自从这个选本问世以来，曾有不少人熟读了它，并通过它进入了唐诗这个艺术殿堂，这倒确是事实。

“蘅塘退士”是孙洙的号，孙洙是清朝乾隆时的进士，他的著作不多，他在历史上也不出名，但他编的这本《唐诗三百首》却是一本家喻户晓的唐诗选本。《唐诗三百首》选唐诗 77 家，共 313 首。选诗 313 首为什么叫《唐诗三百首》呢？这是在效仿《诗经》。《诗经》共 305 篇，连同有目无诗的 6 篇共 311 篇，而习惯上都称之为“诗三百”。《唐诗三百首》从实际篇数到书名都是模仿《诗经》的。

在中国历史上唐诗的选本很多。从唐代起就有唐诗的选本，如殷璠《河岳英灵集》、元结《箧中集》等；到明清两代选本就更多，如高棅《唐诗品汇》、沈德潜《唐诗别裁》，都是著名的选本。在所有这些选本中，《唐诗三百首》是流传最广的。据统计此书在 1956 到 1958 两年间就发行了 70 余万册，那么从 50 年代到今天，它的发行量大概已超过一千万册了。

为什么《唐诗三百首》流传如此之广呢？这有多方面的原因。首先，从唐代到清代将近一千年。在这一千年中，一些平庸的诗篇被时间淘汰了，一些优秀的诗篇却传诵不衰。这就为清人选唐诗提供了很好的基础。其次,《唐诗三百首》是以沈德潜的《唐诗别裁》为蓝本的,《唐诗别裁》是一个较好的选本,以它为蓝本,就可以"青出于蓝而胜于蓝"。但最重要的,还在于《唐诗三百首》本身选编的标准得当。蘅塘退士在《唐诗三百首》的序中说:"专就唐诗中脍炙人口之作,择其尤要者,每体得数十首,共300余首,录成一编,为家塾课本,俾童而习之,白首亦莫能废。"这就是说,(1)它选的是唐诗中脍炙人口的作品,(2)照顾到各种诗体,(3)这书原来是作为家塾课本给儿童读的,所以一般比较浅显易懂。这些都是它受人欢迎的原因。

下面,请大家看一张《唐诗三百首》入选五首以上的作家的简单统计表:

	总计	五古（乐府）		七古（乐府）		五律	七律（乐府）		五绝（乐府）		七绝（乐府）	
	313	33	7	28	14	80	53	1	29	8	51	9
杜甫	39	5		5	4	10	13		1		1	
李白	29	3	3	4	5	5	1		2	1	2	3
王维	29	5		3	9	4			5		1	2
李商隐	24			1		5	10		1		7	
孟浩然	15	3		1		9			2		5	
韦应物	12	7				2			1		1	
刘长卿	11					5	3		3			
杜牧	10					1					9	
王昌龄	8	1	2								3	2
李颀	7			5	1		1					
白居易	6			2		1	1		1		1	
岑参	6			3		1	1				1	
卢纶	6					1	1		4			
柳宗元	5	2		1			1		1		1	
张祜	5								1		4	

表的第一栏是《唐诗三百首》中所列的各种诗的体裁，大的类别有五言古诗、七言古诗、五言律诗、七言律诗、五言绝句、七言绝句六类，除五言律诗外，其他五类都附有乐府。乐府一般是沿用旧题的，如《关山月》、《子夜吴歌》、《燕歌行》等都是汉魏乐府旧题；但从语言形式看，有的是五言，有的是七言，有的和古诗相同，有的和古绝相同，所以可附在各类后面。《唐诗三百首》中各种体裁选得比较均衡，而且所选都是名篇，读者可以用它作范本，来学习、掌握唐诗的各种体裁和格律。

这个表的左边一竖行是在《唐诗三百首》中人选五首以上的作家，按入选数多少排列，共 15 人。其中最多的是杜甫(39 首)和李白(29 首)、王维(29)首，这三位确实是唐代最杰出的三位诗人。李商隐是晚唐杰出的诗人，他的作品也选的比较多，共 24 首。其他几个，孟浩然、韦应物、刘长卿、杜牧、王昌龄、李颀、白居易、岑参、柳宗元都是唐代著名的诗人。(卢纶的《塞下曲》有四首诗，张祜的《集灵台》有两首诗，如果按诗题算，他们都不到五首。)这样的选录比例，大体上也是比较恰当的。只是韩愈、刘禹锡只各选四首，高适只选二首，李贺一首也没有选，有点冷落了这几位诗人；另外，像杜甫的《咏怀》、《北征》、“三吏三别”这些名篇以及白居易的“新乐府”、《秦中吟》等也没有选，今天看来也是个缺点，这当然和作者的艺术观点有关。

正因为《唐诗三百首》选得比较精当，所以，通过这个篇幅不大的选本，我们可以窥见唐诗的概貌，也可以窥见唐诗所反映的丰富多彩的画面。

比如，当我们读到“九天阊阖开宫殿，万国衣冠拜冕旒”(王维《和贾至舍人早朝大明宫之作》)时，我们不难想象大唐帝国鼎盛时期的那种气派。但不久就爆发了安史之乱,“渔阳鼙鼓动地来,惊破霓裳羽衣曲”。白居易的《长恨歌》以这一历史事变为背景描写了唐明皇和杨贵妃的爱情悲剧,而杜甫作为这一事件的目击者,以无比沉痛的心情写下了一系列不朽的诗篇。如收在《唐诗三百首》中的《哀江头》:“杜陵野老吞声哭,春日潜行曲江曲。江头宫殿锁千门,细柳新蒲为谁绿?”从那以后,大唐帝国逐渐走向衰落,“寥落古行宫,宫花寂寞红。白头宫女在,闲坐说玄宗”(元稹《行宫》)。昔日的繁华和今日的寥落形成了鲜明的对比。到了晚唐时期,唐王朝更加衰落。“向晚意不适,驱车登古原。夕阳无限好,只是近黄昏。”(李商隐《登乐游原》)这位著名的晚唐诗人在诗中表达的不仅仅是个人的情怀,而是为唐王朝发出的叹息。当时的唐王朝,早已失去了昔日的辉煌,剩下的只是夕阳的余晖了。《唐诗三百首》的编者不很重视反映社会历史的诗篇,但尽管如此,我们还是从这本选集中看到了唐王朝兴衰的缩影。

《唐诗三百首》中不少诗篇反映了唐代诗人的生活。在我国古代的封建社会中,唐代是一个比较开放的时代。科举制度给唐代的读书人带来了较多的进入仕途的机会。“渡远荆门外,来从楚国游。”(李白《渡荆门送别》)青年时期的李白就是满怀希望离乡远游的。有一些人也确实在仕途上颇为得意,最后告老还乡。贺知章的《回乡偶书》:“少小离家老大回,乡音无改鬓毛衰。儿童相见不相识,笑问客从何处来。”在感慨中也流露出自得和欣慰。但也有不少有抱负的读书人进入社会后感到理想的破灭,李白是很典型的一个。“安能摧眉折腰事权贵,使我不得开心颜。”(《梦游天姥吟留别》)诗人傲岸的性格使他不见容于朝廷，因此他满腔的希望化为了满腔的愁闷。“抽刀断水水更流，举杯销愁愁更愁。”（《宣州谢朓楼饯别校书叔云》）还有的人因得罪朝廷而被贬，如柳宗元因参加王叔文集团的政治改革而两次被贬，他写下了《登柳州城楼》一诗：“岭树重遮千里目，江流曲似九回肠。”柳州的绿水青山非但不能排解他的忧闷，反而增添了他的愁绪。像这样一些以游宦、羁旅、离别、乡思为题材的诗，在《唐诗三百首》中选了不少。

唐代很多诗人在漫游中踏遍了祖国的山山水水，也写下了不少歌颂祖国大好河山的诗篇。李白以他的如椽的神笔描绘了奔腾的黄河，“君不见黄河之水天上来，奔流到海不复回”（《将进酒》）；浩瀚的长江，“孤帆远影碧空尽，惟见长江天际流”（《送孟浩然之广陵》）；险峻的蜀道，“蜀道之难，难于上青天”（《蜀道难》）；秀丽的庐山，“庐山秀出南斗旁，屏风九叠云锦张，影落明湖青黛光”（《庐山谣》）。其他诗人也留下了许多传诵不衰的诗作，如崔颢的《黄鹤楼》：“昔人已乘黄鹤去，此地空余黄鹤楼。黄鹤一去不复返，白云千载空悠悠……”这首诗曾被人誉为“唐人七言律诗”中“为第一”，而且有传说说李白到黄鹤楼本欲题诗，见到崔颢此作就不敢再作。这虽然未必真有其事，但也说明了人们对它的赞誉。又如：“青山隐隐水迢迢，秋尽江南草木凋。”这是多么旖旎的江南景色！这是晚唐著名诗人杜牧《寄扬州韩绰判官》中的诗句。这些都能在《唐诗三百首》中读到。还有张祜《题金陵渡》：“金陵津渡小山楼，一宿行人自可愁。潮落夜江斜月里，两三星火是瓜州。”作者虽然不太有名，但这首诗却写得很有意趣。今天，如果站在南京的江边隔江遥望，我们就会深切地体会到，这首诗的艺术魅力至今犹新。

唐诗中写景的诗往往是融情于景的。同样是黄河，在李白的《将进酒》中是汹涌奔腾，而在他的《行路难》中，却是另一番景象："欲渡黄河冰塞川，将登太行雪满山。"杜甫的《望岳》，不但描写了泰山的雄伟，而且写出了诗人的胸襟："会当凌绝顶，一览众山小。"柳宗元的《江雪》："千山鸟飞绝，万径人踪灭。孤舟蓑笠翁，独钓寒江雪。"这不仅是写景，更主要的是写出了诗人高洁的品格。

在《唐诗三百首》的一些诗中，还能看到边塞风光。唐代的疆域十分广阔，有很多志在建功立业的文人也奔赴边疆，因此有不少边塞诗。岑参是唐代著名的边塞诗人，他曾两次出塞，在塞外生活了五六年。在他的笔下，奇特的塞外风光既有粗犷的一面："轮台九月风夜吼，一川碎石大如斗，随风满地石乱走。"(《走马川行》)也有优美的一面："北风卷地白草折，胡天八月即飞雪。忽如一夜春风来，千树万树梨花开。"(《白雪歌》)高适和岑参齐名，人称"高岑"，他的名篇《燕歌行》描写了保卫边疆的激烈战斗："汉家烟尘在东北，汉将辞家破残贼……相看白刃血纷纷，死节从来岂顾勋。"也写出了军中的苦乐不均："战士军前半死生，美人帐下犹歌舞。"王昌龄的《出塞》更是大家熟悉的："秦时明月汉时关，万里长征人未还。但使龙城飞将在，不教胡马度阴山。"诗人盼望有李广那样的名将镇守边关，给国家带来安宁，给人民带来和平。

也有的诗人向往的是另一种生活，他们向往的是幽静的山林，安适的田园。王维和孟浩然是田园诗派的代表，在《唐诗三百首》中选了他们的一些诗作，如孟浩然的《过故人庄》："故人具鸡黍，邀我至田家。绿树村边合，青山郭外斜。开轩面场圃，把酒话桑麻。待到重阳日，还来就菊花。”诗人用质朴无华的诗句，描绘出乡村生活的画面和农家淳朴真诚的友情。“倚杖柴门外，临风听暮蝉。渡头余落日，墟里上孤烟。”这是王维《辋川闲居赠裴秀才迪》中的诗句。落日斜照着行人渐稀的渡口，村舍上升起了缕缕炊烟，再加上吹拂的微风，断续的蝉声，使这首诗像一首悠扬的牧歌，让人产生恬静安详之感。

唐诗不仅写了诗人自己的生活和感受，而且也写了各种各样的人物。在《唐诗三百首》中，就能看到久经沙场的老将（王维《老将行》），为人作嫁的贫女（秦韬玉《贫女》），初到婆家的新娘（王建《新嫁娘》），求法归去的日本高僧（钱起《送僧归日本》）。在这个篇幅不大的选本中，我们也能看到唐代社会的各个侧面。

和唐诗的题材与内容一样，唐诗的艺术风格、艺术手法也是绚丽多彩的。这在《唐诗三百首》中也能反映出来。我们可以拿两首诗做一比较。

(1)杜甫《闻官军收河南河北》：“剑外忽传收蓟北，初闻涕泪满衣裳。却看妻子愁何在？漫卷诗书喜欲狂。白日放歌须纵酒，青春结伴好还乡。即从巴峡穿巫峡，便下襄阳向洛阳。”

当时杜甫住在梓州。诗人饱受战乱之苦，流落他乡，忽然听到官军收复河南河北的消息，激动万分，写下了这首诗。诗中的感情就像三峡中湍急的流水，奔流直下，诗人插上了想象的翅膀，巴峡—巫峡—襄阳飞驰而过，顷刻之间就从蜀地飞回了故乡洛阳。全诗一气呵成，喜悦和急切思归之情跃然纸上，使读者不由得要和诗人一起纵酒放歌。这确实是老杜“生平第一首快诗”！

(2)李商隐《夜雨寄北（一作“寄内”）》：“君问归期未有期，巴山夜雨涨秋池。何当共剪西窗烛，却话巴山夜雨时。”

这首诗也是写久客思归，但完全是另一种风格和另一种表现手法。诗人久客蜀中，未有归期，他读着妻子的书信，听着窗外潇潇的秋雨声，想象着将来和妻子相聚之时，一起剪烛西窗下，再回想现在的巴山夜雨，一定别有一番滋味。诗歌在短短的28个字中，有意的重复使用同样的词语，第一句中用了两个“期”字，在第二句和第四句中两次出现“巴山夜雨”，使诗歌出现一种往复回环的旋律。但第二句的“巴山夜雨”是带着寒意的，是客居中寂寞和孤单的象征，而第四句的“巴山夜雨”却绝不是第二句的简单重复，在温暖的烛光之下，再回想“巴山夜雨”，昔日的孤寂，就成了那时欢娱的反衬。然而，这种欢娱只是诗人的一种想象，一种期盼；眼前所有的，仍然只有窗外的潇潇秋雨。全诗没有用一个“思”字，没有用一个“愁”字，但那种缠绵婉转的情调，却能深深地触动读者的心弦，并久久地萦绕在读者的心头。

但是，尽管不同时期、不同流派的唐诗有不同的风格，作为一个整体，唐诗还是有它共同的艺术特色。宋代严羽《沧浪诗话》曾把唐诗和六朝诗、宋诗加以比较：“诗有词理意兴，南朝人尚词而病于理，本朝人尚理而病于意兴，唐人尚意兴而理在其中。”“词”指的是文词，“理”指的是道理，“意兴”指的是蕴含丰富的形象和意象。他认为六朝的诗文词华美而内容贫乏，宋朝的诗喜欢议论而缺乏形象，唐诗则富于形象而且寓道理于形象和意象之中。他又说：“盛唐诸人，惟在兴趣……言有尽而意无穷。”指出了唐诗（特别是盛唐诗歌）的特点是形象鲜明，意境深远，意在言外。唐诗常常不是给读者讲道理，而是创造一种意境，让读者自己去领悟。正因为如此，所以在阅读的时候，不能满足于一知半解，浅尝辄止，而要力求细致深入，做到真正读懂，真正理解。下面以《唐诗三百首》中的两首诗为例来加以说明。

(1)孟浩然《春晓》:“春眠不觉晓，处处闻啼鸟。夜来风雨声，花落知多少。”

孟浩然这首诗是很有名的，很多人大概在童年时就读过。但是否真正读懂了呢？恐怕未必。比如“夜来风雨声”中的“夜来”是不是“黑夜来到”的意思？“处处闻啼鸟”的“闻啼鸟”，似乎说不通：“啼鸟”怎么能“闻”呢？是不是本应说成“闻鸟啼”，因为要押韵颠倒成“闻啼鸟”？这就需要多读一些唐诗才能明白。唐诗中“夜来”用得很多，如大家熟悉的白居易《卖炭翁》:“夜来城外一尺雪，晓驾炭车碾冰辙。”唐诗中不但有“夜来”，而且有“朝来”、“春来”、“秋来”、“老来”、“少来”等，这些都是时间词，“夜来”就是“夜里”，特别指昨天夜里，而不是“黑夜到来”的意思。唐诗中不但可以说“闻啼鸟”，而且可以说“闻猿”、“闻钟”、“闻新蝉”、“闻断续弦”等，也就是说，在表达“闻……声”的时候，“声”字可以不用，而读的时候可以把“声”字加上去，所以“闻啼鸟”就是“闻啼鸟声”，并不是倒装。唐诗中有一些词语，需要正确理解，如上面所举李商隐《夜雨寄北》中的“何当”，是“何时”的意思，读时不要理解错。

文字读懂了，意思还要进一步理解。一般都认为这首诗描写烂漫的春光和诗人的喜悦之情，其实这只说对了一半。“春眠不觉晓，处处闻啼鸟。”这两句是写一片悦耳的鸟声把诗人叫醒，向他报导了窗外烂漫的春光。但后面还有两句：“夜来风雨声，花落知多少。”诗人回想起夜间的风雨声，就想到一定有许多落花。春光最明媚的时候，就是春光衰歇的开始；这里包含着一种哲理,包含着一种叹息。我们可以拿李清照的《如梦令》来加以参照:“昨夜雨疏风骤,浓睡不消残酒。试问卷帘人,却道海棠依旧。知否,知否,应是绿肥红瘦。”这首词写的是海棠花盛开的春天,但诗人也是从夜间的风雨声就想到了落花,想到了春光即将消逝,因而发出了叹息。这种细致的感情是艺术家所独有的,那个卷帘人就觉察不到这一点,而以为海棠依旧,春光依旧。我们读孟浩然《春晓》的时候,应该仔细体会到这种艺术家的感情,而不要像卷帘人那样粗心。

(2)温庭筠《瑶瑟怨》:“冰簟银床梦不成,碧天如水夜云轻。雁声远过潇湘去,十二楼中月自明。”

这首诗的字句有两处需要解释:“冰簟银床”指凉爽的竹席和银饰的床,诗歌中常指女子的卧具。“十二楼”是仙人住的楼,这里指精致的楼阁。全诗四句是四个优美的镜头:陈设雅致的卧室,点缀着轻云的夜空,鸣叫着远去的大雁,沉浸在月光中的高楼。但这四个画面有什么联系?整首诗要表现的是什么?这就需要我们去深入理解。

我们要注意诗中惟一与人的活动有关的三个字:“梦不成”。这是贯穿四句的线索,也是理解全诗的关键。“梦不成”的主语当然是女子,这是可以从“冰簟银床”推想出来的。这四个画面都和这个女子有密切的关系。第一句,这雅致的卧室是这女子的所在。第二句,是她遥望所见的夜空,因为是她眼中所见,所以不免染上几分凄清。第三句,雁声是这女子所闻,“远过潇湘去”是她的想象。第四句,月光如水,照着这女子的高楼。

但这还是静的画面。要这画面动起来,还要加上我们的联想。这种联想不是毫无根据的,而是以诗人提供的画面为依据的。加上联想以后，我们就可以看到，诗中写的是一个女子，她有所思念而难以入梦，于是她起来遥望夜空，听到雁声划破夜的宁静又渐渐远去。北雁南飞，表明天气已经转凉；时光的流转，使人想到年华易逝，青春难再。雁声消失后，周围又归于宁静，陪伴她的只有皎洁的月光。

那么，诗题为什么叫《瑶瑟怨》呢？诗题和整首诗有没有关系？“瑶瑟”是玉镶的瑟，在古典诗歌中常常和离别之悲联系在一起。这个诗题点出女子“梦不成”是由于离别的相思，同时我们也可以想象，这个女子在“梦不成”以后就起来弹瑟。因此，在上面所说的活动中，始终有瑟声在伴随着。哀怨的瑟声，朦胧的月光，给这组画面增添了无限的柔情，也使我们得到了更多的美的享受。

温庭筠是晚唐时期的诗人，和李商隐齐名，时人合称“温李”。晚唐时的诗歌不像盛唐时那样雄浑高亢，而是趋于精致、细腻，也更加含蓄，更有象征意味。这首《瑶瑟怨》可以反映这一艺术特色。

从以上的分析可以看到，要真正读懂唐诗，理解唐诗，就一定要弄清它的词语和句法，在此基础上，还要进一步领会它的言外之意。如果我们能用这样的方法来读《唐诗三百首》，就一定能有较大的收获。“熟读唐诗三百首，不会吟诗也会吟。”让我们熟读这个精美的选本，在反复的吟咏中，来领略唐诗的魅力吧！

（原载《中华文明之光》上卷，北京大学出版社，1998年1月）

后　记

2000年，我曾出过一本《汉语词汇语法史论文集》（商务印书馆，2000年8月），收的是我在1980年至2000年间写的一些文章。十年过去了。在这十年间，我又写了一些文章。敝帚自珍，还是把这些文章选了30篇，汇集出版。

我写这些汉语历史词汇学和历史语法学的文章，是抱着一种探索的心理。所谓探索，一方面是不想重复别人已经说过的话，而是力求提出一些新的看法；另一方面，也明知这些看法并非定论，只是提出来和大家讨论。学术是在讨论中前进的。如果讨论的结果是肯定了我的意见，我当然很高兴；如果讨论的结果是否定了我的意见，我同样很高兴，因为学术研究前进了一步，我自己也得到了教益。这些年语言学的发展很快，无论是研究视角，研究方法，还是具体的研究成果，都有很大的进展。回过头来看看我所写的这些文章，觉得有些论点还需要进一步考虑，有些论证还需要进一步充实。但是，既然已经写了在刊物上发表，在收入集子时就不做改动（有几篇做了一些内容的补充而不是观点的改动），欢迎学者和读者提出批评。“活到老，学到老。”只要身体允许，我将继续探索这些问题，如果有了新的看法，还会在今后的文章中提出。当然，所谓新看法依然是一种探索，写出来仍然是为了和大家讨论。

“吾生也有涯，而知也无涯。以有涯随无涯，殆已。”要以短暂的一生去穷尽无限的知识，是不可能的。但如果把“随”理解为“探索”，我觉得在这种“随（探索）”的过程中自有一种乐趣。我从事学术研究，并不指望写出传世之作，其乐趣只在一个“随”字而已。

感谢商务印书馆愿意给我出这本集子。感谢责编宿娟为书稿付出的辛劳。

蒋绍愚

2011 年 9 月于北大